D1869623

LEBEN IM ALTEN HANNOVER

Siegfried Müller

LEBEN
IM ALTEN HANNOVER

Kulturbilder
einer deutschen Stadt

schlütersche
Verlagsanstalt und Druckerei

CIP-Kurztitelaufnahme der Deutschen Bibliothek

Müller, Siegfried;
Leben im alten Hannover: Kulturbilder
e. dt. Stadt / Siegfried Müller. —
Hannover: Schlütersche, 1986.
ISBN 3-87706-033-1

© 1986 Schlütersche Verlagsanstalt und Druckerei
— GmbH & Co. —, Georgswall 4, 3000 Hannover 1

Alle Rechte vorbehalten.
Nach dem Urheberrechtsgesetz vom 9. September 1965 i. d. F. vom 1. Juli 1985 ist die Vervielfältigung oder Übertragung urheberrechtlich geschützter Werke, also auch der Texte und Illustrationen dieses Buches — mit Ausnahme der Vervielfältigung gemäß §§ 53 und 54 URG — ohne schriftliche Zustimmung des Verlages nicht zulässig. Als Vervielfältigung gelten alle Verfahren einschließlich der Fotokopie, der Übertragung auf Matrizen, der Speicherung auf Bändern, Platten, Transparenten oder anderen Medien.

Druck: Schlütersche Verlagsanstalt und Druckerei
— GmbH & Co. —, Hannover

INHALT

VORWORT

Die Kulturgeschichte hat in den letzten Jahren wieder verstärkt das Interesse der historischen Forschung auf sich gezogen, aber auch das eines breiten Leserpublikums. Von dem Bemühen, unsere Kultur vergangener Jahrhunderte deutlicher in unser Bewußtsein zu rücken, zeugen die vielen wissenschaftlichen Publikationen und ebenso eine Reihe bedeutender Ausstellungen.

Ich begrüße es deshalb, daß auch die mittelalterliche und frühneuzeitliche Kulturgeschichte der Niedersächsischen Landeshauptstadt einen Bearbeiter gefunden hat, und ich bin davon überzeugt, daß dieses Buch dem Forscher und dem historisch interessierten Laien eine Fülle von Anregungen vermittelt.

(Dr. Johann-Tönjes Cassens)
Niedersächsischer Minister
für Wissenschaft und Kunst

GELEITWORT

Kultur erfaßt — bewußt oder unbewußt — alle Lebensbereiche und äußert sich in verschiedenen Erscheinungsformen. Für den Historiker erwächst daraus die reizvolle Aufgabe, dem kulturellen Leben vergangener Zeiten nachzuspüren, Entwicklungslinien aufzuzeigen und die die einzelnen Epochen prägenden Faktoren hervortreten zu lassen. Deshalb ist es sehr zu begrüßen, daß die Kulturgeschichte unserer Stadt, nunmehr für das Spätmittelalter und für die frühe Neuzeit, wissenschaftlich zuverlässig aufgearbeitet wurde. Der Autor, Siegfried Müller, legt mit seinem Buch eine Darstellung verschiedener Aspekte städtischer Kulturgeschichte vor.

Siegfried Müller hat über Jahre im Stadtarchiv Hannover das Material zusammengetragen, gesichtet und ausgewertet und dabei viele bisher ungedruckte Quellen ans Tageslicht gebracht. Auf diese Weise ist ein lebendiges Bild des Alltagslebens vergangener Jahrhunderte entstanden. Wir verfolgen dieses Leben von den Anfängen unserer Stadt bis ins 17. Jahrhundert, als Hannover Residenz des Landesherrn und damit erstmals zum Mittelpunkt eines größeren Territoriums, des Fürstentums Calenberg, wurde. Für den Leser werden die historischen Wurzeln unserer Kultur sichtbar gemacht, die zu bewahren Anliegen von uns allen sein muß.

Schmalstieg
Oberbürgermeister

Dr. Lehmann-Grube
Oberstadtdirektor

ZU DIESEM BUCH

Vor rund 100 Jahren erschien die erste und bisher letzte mittelalterliche und frühneuzeitliche Kulturgeschichte Hannovers, verfaßt von A. JUGLER. Sie ist eine Sammlung bunter Anekdoten, bestimmt von den Vorgaben der damaligen Kulturgeschichtsschreibung; heutigen Ansprüchen vermag sie freilich nicht mehr gerecht zu werden. 40 Jahre später legte O. JÜRGENS seine Abhandlung über das mittelalterliche Hannover vor, in der er erstmals einen kurzen Überblick über die verschiedensten Erscheinungsformen städtischen Lebens gibt. Die Kulturgeschichte hat seitdem ihre Forschungsperspektiven und damit auch die Quellenbasis erweitert und ihre Methoden verfeinert. Die Sichtung des verstreuten und von vielen als seit dem Zweiten Weltkrieg verloren geglaubten schriftlichen Materials ergab denn auch, daß zahlreiche bisher nicht erschlossene Quellen für die mittelalterliche und frühneuzeitliche Geschichte Hannovers vorhanden sind. Darin findet das Vorhaben, dem historisch interessierten Leser eine neue, diesen Zeitraum behandelnde Kulturgeschichte Hannovers vorzulegen, seine Berechtigung. Wichtige Quellen sollen vom Verfasser diesem Leser zu späterer Zeit in Form eines kommentierten Quellenlesebuches zugänglich gemacht werden.

Das vorliegende Buch will Fakten in größere Zusammenhänge einordnen und unter Einbeziehung neuerer Forschungsergebnisse allgemeinverständlich Entwicklungen über 400 Jahre Kulturgeschichte Hannovers aufzeigen. Dabei wurde, dem Charakter des Buches entsprechend, keine Vollständigkeit angestrebt. So mancher Aspekt städtischen Lebens konnte nicht behandelt werden, weil die Vorarbeiten hierfür fehlen.

Zu den angenehmen Aufgaben eines Autors gehört es, denen zu danken, die sich um die Entstehung dieses Buches verdient gemacht haben. Mein ganz besonders herzlicher Dank gilt Frau PROF. DR. BRIGIDE SCHWARZ, Universität Hannover. Sie hat in zeitraubender Arbeit das Manuskript ihrer gehaltvollen Kritik unterzogen und mich in Gesprächen auf so manches Problem aufmerksam gemacht. Ebenso herzlich danken möchte ich auch meiner Frau, ANNELORE RIEKE-MÜLLER. Sie hat meine Begeisterung für neu »entdeckte« Quellen ebenso geteilt wie sie mir tatkräftig geholfen hat, das Buch auf den Weg zu bringen. Die Kapitel 2.2., 2.5., 3.1. und 3.3. entstanden unter ihrer Mitarbeit. Frl. KARIN RIEKE, Hannover, war so freundlich, das Register zu erstellen. Ein »gratiam referre« schulde ich auch Mitarbeitern des Stadtarchivs Hannover, die meine Aktenwünsche stets prompt erfüllten. Dem Leiter, Herrn DR. MLYNEK, habe ich auch für seine liebenswürdige Erlaubnis zu danken, Quellen aus dem Stadtarchiv fotografieren lassen zu dürfen. Nicht zuletzt danke ich dem Leiter des Historischen Museums der Stadt Hannover, Herrn DR. RÖHRBEIN, für die freundliche Überlassung des Bildmaterials sowie dem Kustos, Herrn DR. ZANKL, für die Hilfe bei der Erschließung des reichhaltigen Materials.

Hannover, im Oktober 1985 SIEGFRIED MÜLLER

1. DIE QUELLEN

Wer der Kulturgeschichte früherer Jahrhunderte auf der Spur ist, ist angewiesen auf Quellen verschiedenster Art, die ihm Antworten auf seine Fragen geben können. Er kann keine »Augenzeugen« befragen, sondern muß auf schriftliche und gegenständliche Zeugnisse zurückgreifen. Wer sich mit Vergangenem beschäftigen will, in unserem Fall einer Kulturgeschichte Hannovers, muß sich also zunächst über die Quellenlage informieren. Seine erste Frage lautet deshalb: »Wo finde ich was?« Das »Wo« ist schnell geklärt: in erster Linie im Stadtarchiv Hannover und dann im Niedersächsischen Hauptstaatsarchiv in Hannover; Gegenstände im Historischen Museum der Stadt Hannover. Schwieriger ist es mit dem »Was«. Denn im Archiv findet er nicht etwa das Material wohlsortiert für seine Fragen, sondern jetzt beginnt die Sucharbeit. Das sei an einem Beispiel demonstriert: »Entsorgung«.

In den Archivfindbüchern, die erst das Material für den Benutzer erschließen, findet man unter »Entsorgung« nichts. Sie zeigen nur, welche Arten von Quellen in diesem Archiv zu finden sind. Man gewinnt so die Vorstellung von etlichen Festmetern Papier, was wenig hilfreich ist. Hier hilft nun die Überlegung, daß Entsorgung Angelegenheit der öffentlichen Hand ist, und das historische Wissen, daß sie das auch in der Vergangenheit war. Man wird also Verordnungen und Ausführungsbestimmungen des Rates zu bestimmten Punkten zu erwarten haben. Dafür gibt es die Ratsprotokolle und die Stadtordnungen. Die Ratsprotokolle Hannovers haben einen gleichmäßigen und hohen Informationswert, da sie seit 1348 überliefert sind, seit 1432 lückenlos, und sämtliche vor dem Rat verhandelten Angelegenheiten enthalten. Die Stadtordnungen (1534, 1536, 1543, 1544, 1546, 1558, 1603, 1696) ermöglichen uns, Entwicklungen im Entsorgungsbereich aufzuzeigen.

Damit können wir die Aktivitäten des Rates im Entsorgungsbereich für die uns interessierende Zeit fassen. Doch reicht das allein nicht aus. Um etwas darüber zu erfahren, wie Bürger auf Maßnahmen des Rates reagierten, brauchen wir zusätzliche Informationen, wie Briefe, Prozeßakten, Beschwerden etc. Um diese zu finden, müßten wir theoretisch mehr als 2500 Einzelakten durchsehen, die im Stadtarchiv liegen. Das ist glücklicherweise nicht notwendig, da für den größten Teil dieser Akten eine Karteikarte angelegt wurde. Sie informiert uns kurz über den Inhalt der Akte sowie über das Jahr, in dem das betreffende Ereignis stattgefunden hat.

Außer diesen Einzelakten gibt es noch die Urkunden, von denen das Stadtarchiv mehrere Tausend hat, und von denen nur etwa 500 aus der Zeit von 1163 bis 1369 gedruckt sind. Auch sie sind glücklicherweise ähnlich wie die Einzelakten durch eine Kartei erschlossen.

Leider sind wir bei den schon vorgestellten Serienakten nicht in einer so glücklichen Lage. Dafür ein Beispiel. Das Ratsprotokollbuch von 1451–1514 enthält auf 1268 Seiten 5271 Einträge. Diese Einträge sind nun keineswegs, wie man meinen könnte, nach Sachgruppen geordnet. Vielmehr trug der Stadtschreiber täglich die Angelegenheiten in der Reihenfolge ein, wie sie vor den Rat gebracht wurden. So kam z. B. ein Bürger mit seiner Vormundschaftssache; Erblasser stritten sich um das Erbe; ein Missetäter wurde verurteilt; ein Bäcker hatte sich wegen zu kleiner Brote zu verantworten; die Kaufleute stritten sich mit den Wollenwebern. Dann kam die Affäre eines Bürgers mit seiner Magd zur Sprache. Anschließend erfolgte der Rechenschaftsbericht der Bier- und Weinherren. Schließlich schloß der Rat den Anstellungsvertrag mit dem Schulmeister.

Gerade diese Serienakten machen aber den Reichtum des Stadtarchivs aus. Außer den Ratsprotokollbüchern und den Stadtordnungen sind hier die Ämterlisten zu nennen. Darin sind alle städtischen Ämter aufgeführt sowie die Namen ihrer Inhaber, geordnet nach Jahren. Dadurch ist es möglich, die politische Mitwirkung der Bürgerschaft langfristig zu verfolgen. Das Stadteidebuch enthält die Eide, die die Amtsinhaber leisten mußten. Auf diese Weise erfahren wir z. B. einiges über die Aufgaben der Amtsinhaber. Über die Aufgaben der übrigen städtischen Bediensteten geben Lohnregister Auskunft, in denen auch aufgeführt ist, wieviel Geld die Stadtkasse wann für wen oder was ausgegeben hat. Anhand der Bürgerbücher wissen wir, wer wann in Hannover das Bürgerrecht erworben hat. In den Steuerlisten (seit 1435) sind sämtliche Steuerpflichtige mit ihrer jährlichen Steuersumme, geordnet nach den vier Hauptstraßen, aufgeführt. Durch eine quantifizierende Analyse läßt sich so das Vermögen, gemessen an der Steuerleistung, feststellen. Haus- und Verlassungsbücher (seit 1428) informieren uns über Hausbesitzer und Besitzwechsel und erlauben es, die Wohnlage ausgesuchter Bevölkerungsgruppen zu ermitteln. Musterungsregister geben Aufschluß über die militärische Organisation der Bürgerschaft sowie über die bei den Bürgern vorhandenen Waffen. Wachordnungen des 17. Jahrhunderts erlauben uns einen Einblick in den Ablauf der Wache, aber auch in die Wachvergehen der Bürger. Letzteres kann man auch den Artillerieregistern dieser Zeit entnehmen. Innungsbücher informieren uns über Mitglieder und innere Organisation der Gilden (Statuten etc.). Leider gibt es Entsprechendes über Handelsfirmen kaum. Einen Eindruck von den geschäftlichen Aktivitäten der hannoverschen Händler im 16. und 17. Jahrhundert vermitteln uns einige Geschäftsbücher sowie einzelne an Geschäftspartner geschriebene Briefe. Über den Ablauf von Festen sind wir durch Hochzeits-, Tauf-, Kleider- und Begräbnisordnungen informiert. Diese Ordnungen sagen uns, wer wann was an Kleidung und Schmuck tragen durfte. Eine wichtige kulturhistorische Quelle für die Ausstattung der Wohnungen, für Hausgerät, für Kleidung, Schmuck und Artikel des höheren Bedarfs sind auch die Testamente. Aus Nachlaßinventaren können wir z. B. die Einrichtung der Bürgerhäuser rekonstruieren. Einblick in die Wirklichkeit des Alltagslebens geben auch Gerichtsprotokolle und Bruchregister (Geldbußenregister). Ihnen können wir die Namen der Verurteilten, das Urteil und oft auch ihr Delikt entnehmen.

Diese ganzen Serienakten müssen also Eintragung für Eintragung durchgesehen werden. Das heißt, aus der Fülle der Belege muß man die wenigen für ein Thema in Frage kommenden heraussuchen – eine zeitraubende Arbeit, der man sich für jedes Kapitel aufs Neue unterziehen muß. Alle diese Einträge sind in Mittelniederdeutsch geschrieben und dazu oft in einer Handschrift, die man nur als schwer lesbar bezeichnen kann.

Erzählende Quellen, die wenigstens den Ablauf der Ereignisse anschaulich schildern, wenn auch aus meist sehr einseitiger Sicht, gibt es für Hannover kaum. Hier wären die Tagebücher zweier Hildesheimer (Brandis) zu nennen, die im 15./16. Jahrhundert schrieben und die mit hannoverschen Honoratiorenfamilien verkehrten und damit zu den »Insidern« gerechnet werden können. Allerdings berichten sie uns nur am Rand über verschiedene Ereignisse in Hannover, in der Regel nur, wenn es sie selbst betraf. Über die Vorgänge während der Reformationszeit liefern einige Berichte bisher unbekannter Verfasser Informationen. Trotz ihres eindeutigen Charakters als Rechtfertigungsschriften geben sie einigen Aufschluß über den Ablauf der Ereignisse und die Formen der Auseinandersetzungen in der Stadt. Aus dem 17. Jahrhundert haben wir einige Chroniken von Hannoveranern. Sie überliefern uns zwar Informationen über ihre Zeit. Sofern sie jedoch über frühere Jahrhunderte berichten, ist Vorsicht geboten.

Nach dem Sammeln, Identifizieren und Ordnen dieser etlichen tausend Akteneintragungen beginnt die eigentliche Aufgabe des Historikers. Er muß die Quellen so einander zuordnen, daß sie ein möglichst vollständiges Bild des Alltagslebens geben. Er muß sie auswerten und interpretieren, Parallelen in anderen Städten suchen und die Besonderheiten Hannovers herausarbeiten.

2. DER POLITISCH-SOZIALE RAHMEN

2.1. Stadtentstehung, Stadtrecht und Landesherrschaft

Über das, was eine mittelalterliche Stadt ausmacht, gibt es viele Ansichten.[1] Stadt *(civitas)* im Rechtssinn war sie, wenn sie ein Stadtrecht besaß, in dem das Zusammenleben der Stadtbewohner, die Rechte und Pflichten der Stadt innerhalb des Stadtgebiets und gegenüber dem Landesherrn geregelt waren. Das Stadtrecht verlieh der Stadt-, später der Landesherr. Die älteste überlieferte Form des Hannoverschen Stadtrechts stammt von 1241. In diesem Jahr bestätigt der Landesherr, Herzog Otto das Kind (1204–1252) mit einer Pergamenturkunde Hannover die hergebrachten Rechte in der Stadt und gewährt zugleich neue Privilegien.[2] Daraus ergibt sich, daß Hannover schon vor diesem Zeitpunkt das Stadtrecht besessen hat, also »Stadt« im Rechtssinn war. Von einer Stadt Hannover *(civitas)* ist erstmals 1189 die Rede.[3]
Auf den Inhalt der sogenannten »Stadtrechtsurkunde« von 1241 wollen wir hier nicht näher eingehen.[4] Allgemein gesagt werden in ihr einige strittige Punkte geregelt, die nach moderner Auffassung straf-, zivil-, prozeß- und marktrechtliche Bestimmungen beträfen. Außerdem wird die rechtliche Stellung des Stellvertreters des Stadtherrn *(Vogt)* näher bestimmt. Das Stadtrecht wurde fortentwickelt durch die Rechtsfindung und -sprechung der Gemeinde, u. a. des Rates (Stadtstatuten und mündliche Konven-

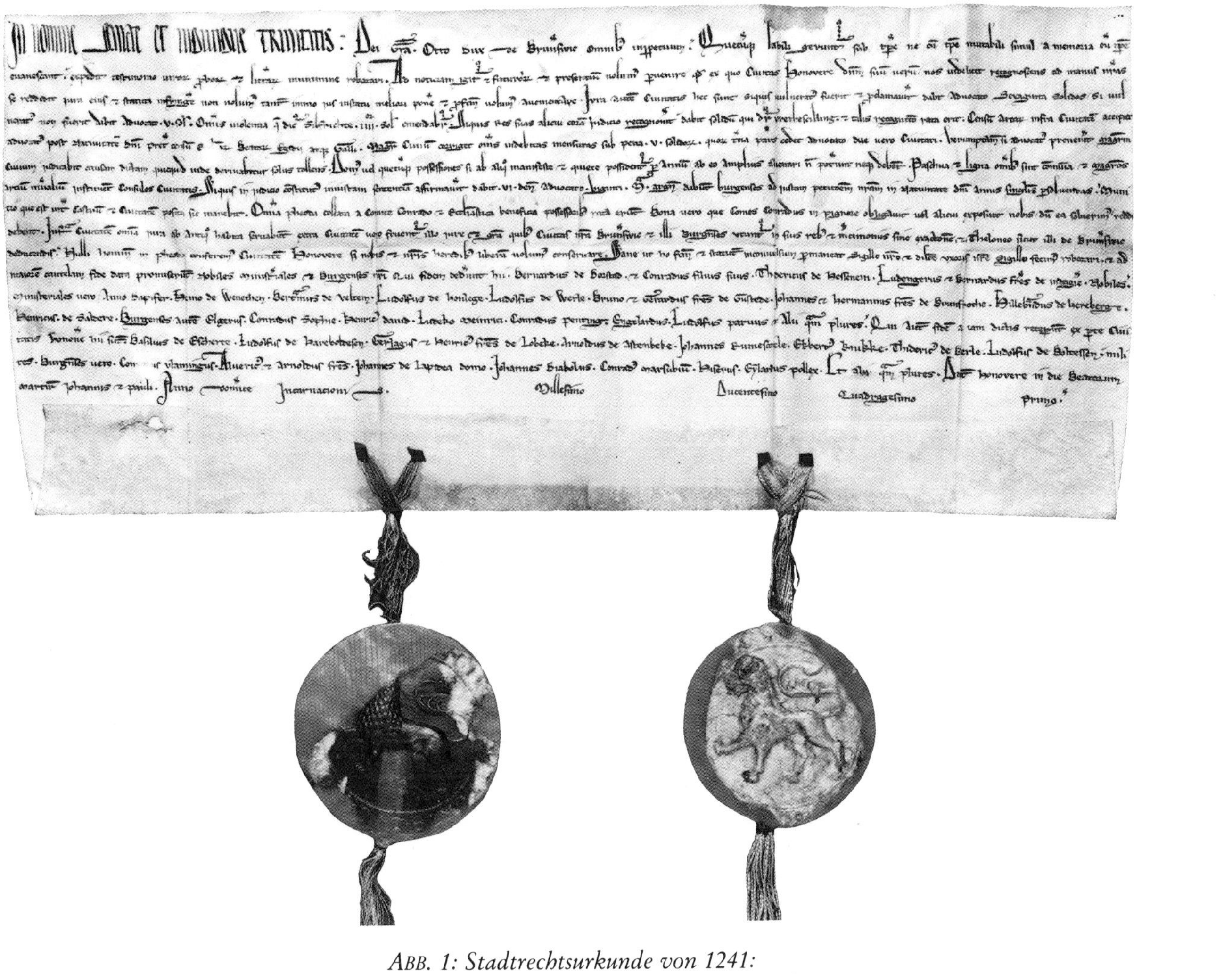

ABB. 1: Stadtrechtsurkunde von 1241:
Herzog Otto von Braunschweig-Lüneburg bestätigt und erweitert die Privilegien der Stadt Hannover.

tionen). Traten Probleme bei der Interpretation auf, holte man sich Rechtsauskunft in Minden, dem Zentrum des Rechtskreises des Mindener Stadtrechts.[5] Ende des 15. Jahrhunderts beginnt sich neben das heimische Recht das gelehrte Recht zu schieben.
Im Laufe der Zeit kam zu diesen durch Privilegierung verliehenen Rechten eine Fülle weiterer hinzu. Das ist zu verstehen vor dem Hintergrund, daß jede mittelalterliche Stadt bestrebt war, durch den schrittweisen Erwerb von landesherrlichen Hoheitsrechten immer unabhängiger von ihrem Landesherrn zu werden. Diesen Weg beschritt auch Hannover. Am Ende des 14. Jahrhunderts hatte es weitgehende Autonomie erreicht.[6] Das war möglich gewesen, weil die verschiedenen Erbteilungen des welfischen Territoriums und die zu dieser Zeit übliche heftige Fehdeführung viel Geld kosteten; Geld, das u. a. Hannover bereitstellte. Dafür mußte der Landesherr die kommunale Selbständigkeit der Stadt hinnehmen. Diese Autonomie behielt Hannover mehrere Jahrhunderte; bis zum Ende des 17. Jahrhunderts hatte der jeweilige Landesherr keine rechtliche Handhabe, die Regierung der Stadt zu kontrollieren. Tatsächlich aber war das Verhältnis zum jeweiligen Landesherrn von Höhen und Tiefen gekennzeichnet. Das gute Einvernehmen, wie es zur Zeit Erichs I. (1495–1540) lange bestand, wurde in der Folgezeit nicht mehr erreicht. Als 1584 sein Sohn, Erich II. (1540–1584), ohne männlichen Erben stirbt und Calenberg an Braunschweig-Wolfenbüttel fällt, weht ein neuer Wind: Herzog Julius versucht, *eine absolute Stellung einzunehmen.*[7] Der Sohn, Heinrich Julius, tritt in die Fußstapfen seines Vaters; seine Beamten *suchen der Stadt auf alle nur mögliche Weise zu schaden und ihre Rechte zu beschneiden.*[8] Eine weitere Zäsur ist am 16. Februar 1636 erreicht: Hannover wird zur Residenzstadt. Von nun an muß es den Landesherrn, Herzog Georg (gest. 1641) in seinen Mauern dulden, der dadurch die Möglichkeit direkter Kontrolle der Stadtpolitik erhält.[9] Bis 1714 leben die Herrscher in Hannover; anschließend siedelten sie nach London über, da sie gleichzeitig auch Könige von England (bis 1837) waren.

2.2. Das äußere Erscheinungsbild der Stadt: Stadtmark, Tore, Türme, Straßen, Kirchen, Häuser, öffentliche Einrichtungen und Gebäude

Die Landwehr

Wenn ein hansischer Kaufmann aus Lüneburg um 1500 in Geschäften nach Hannover zog, traf er schon vor der Stadt auf die ersten Zeichen hannoverscher Herrschaft. Er passierte die *Landwehr* zwei Kilometer nordöstlich des Steintors.
Seit dem 14. Jahrhundert, nach dem Lüneburger Erbfolgekrieg, hatte Hannover seine Stadtmark stellenweise durch mehrfache Wallgräben gesichert. Diese waren mit Büschen und sogenannten *Knicken* bestanden, lebenden Hecken, die durch das Knicken und Biegen der Zweige entstanden und schlechter zu überwinden waren als normale Hecken. Zur Pflege dieser Gräben und Hecken stellte die Stadt Wächter und Arbeiter an, die von den *Burmestern* überwacht wurden. Diese Landwehren öffneten sich nur an wenigen Stellen für die Handelswege. Sie waren dort durch *Türme* oder *Warten* gesichert, deren Namen wir heute noch kennen: Bischofshol, Kirchröder Turm, Döhrener Turm, Lister Turm, Pferdeturm, Neue Landwehr, Sturendeif/Steuerndieb, Lindener-Berg-Warte, Roter Turm. Diese Türme waren mit Wächtern besetzt, die den Verkehr in und aus dem Gebiet der Stadt kontrollierten und sich in Friedenszeiten um die Erhaltung der Landwehr und der Wälder kümmerten.[1] In Kriegszeiten vermehrte man die Besatzung, die auch die Umgebung beobachten und notfalls die Stadt durch Signale warnen sollte.[2] Im Norden der Stadt bildeten die Dörfer Vahrenwald und Hainholz Schutz gegen kriegerische Einfälle.[3] Deswegen war dort keine Landwehr.

Der Stadtwald

Hatte unser Kaufmann unter den kritischen Blicken der Wächter die Landwehr passiert, zog er weiter durch ein Gelände mit Wiesen, Äckern und Gärten. Zu seiner Linken lag die *Eilenriede,* der städtische Wald, der einen großen Teil des Gebietes innerhalb der Landwehr einnahm. Der Name taucht zum erstenmal 1333 auf. Im Kämmereiregister wird dazu vermerkt, man habe *Rotger vor de Elenriede koy to hodende* 12 Schillinge gezahlt.
Der Wald war im Mittelalter und in der Frühen Neuzeit nicht die »grüne Lunge« der Stadt, die als Erholungsraum genutzt wurde. Er stellte für die Bewohner der umliegenden Dörfer und Hannovers vielmehr einen wichtigen Wirtschaftsraum dar, dessen Holz sie zum Bauen und als Brennmaterial benötigten. Der Wald lieferte das Rohmaterial für Möbel und hölzerne Küchenutensilien, für Werkzeuge, zum Wagenbau, für Fässer, Brunnenröhren und Waffen.[4] Die Schuhmacher und Gerber brauchten Baumrinde zum Ger-

ABB. 2: *Herzog Georg von Calenberg als Feldherr, Ölgemälde, 17. Jahrhundert.*

ben, die Färber zum Färben. Ohne Holz war die Gewinnung von Holzkohle unmöglich. Genutzt wurde der Wald auch als Viehweide, vor allem zur Schweinemast, wobei sich das Vieh auch von den Zweigen und Früchten des Waldes ernährte. Für die Winterfütterung konnten Eicheln und Bucheckern gesammelt werden. Das Laub der Bäume diente als Streu für die Viehställe.

Da diese vielfältige Nutzung des Waldes völlig unkontrolliert geschah, ging weit mehr an Baumbeständen verloren als nachwachsen konnte. Nicht zu vergessen sind die Rodungen zur Gewinnung von Ackerflächen.[5]

Die starken Abholzungen im Mittelalter führten dazu, daß der einst zusammenhängende Wald von Hildesheim *(Nordwald)* bis Neustadt a. Rbg. *(Lauwald)* in der Umgebung Hannovers auf wenige Reste zusammenschmolz. Die Eilenriede reichte damals vom jetzigen Neuen Haus bis zum Lister Turm, an der Landwehr entlang bis zum Steuerndieb, von dort zum Pferdeturm und wiederum zum Neuen Haus. Ein kleineres Waldstück, das *Honholt*, lag südlich davon.[6]

Die Eilenriede gehörte zu dieser Zeit »allen«: Bereits 1241 hatte es in der Stadtrechtsurkunde Herzog Ottos von Braunschweig-Lüneburg für Hannover geheißen, daß *pascua et ligna omnibus sint communia,* daß also die Weiden und Holzungen allen gehörten, *Allmende* waren.[7] Damit hatten also auch die Bewohner der umliegenden Dörfer das Recht zur gemeinsamen Nutzung, was durchaus üblich war.[8] Erst 1371 wurde der Stadt das Eigentum an der Eilenriede und das Recht, sie zu *hegen,* von den Herzögen Albrecht und Wenzel bestätigt.[9] Dieses Privileg war der Lohn für Hannovers Unterstützung im Lüneburger Erbfolgekrieg – sehr zum Nachteil der zu kurz gekommenen Dörfler und des Landadels. Hannover ging nun schnell daran, diesen Besitz kenntlich zu machen und durch die schon besprochenen Landwehren zu sichern. Seit dieser Zeit beschnitt der Rat auch das Recht der hannoverschen Bürger, den Wald zu nutzen. Der erste uns bekannte Ratserlaß stammt von 1362. In ihm wird verboten, Holz für den privaten Verbrauch aus dem Gebiet innerhalb der Landwehr zu holen.[10] Damit tastete der Rat das altüberkommene Recht der genossenschaftlichen Allmende[11] an, was aber wohl nicht zu vermeiden war, wollte man den Wald vor seiner völligen Zerstörung schützen. Wiederholt erlassene Anordnungen des Rates und Holzordnungen zeugen von der Schwierigkeit, die Waldpflege durchzusetzen. Immer wieder mußte der Rat Bürger bestrafen, die zu viel Holz und »Heu« aus der Eilenriede geholt hatten.[12] Auch vor nichtstädtischem Waldbesitz machten die Holz suchenden Hannoveraner nicht halt: 1476 beschwerte sich Roland van Lubecke, sein Lehensbesitz, der Alte Wald, sei von einigen Bürgern der Stadt *verwüstet* worden.[13] Hatten Hannoveraner ihre Schweine trotz Verbot in die Wälder getrieben, schritt der Rat kurzerhand zur Pfändung.[14]

Seit dem Anfang des 16. Jahrhunderts ging der Rat gegen die anhaltenden Waldverwüstungen auch durch planmäßige Aufforstungen südlich der alten Eilenriede vor. Dazu teilte er Stücke von der allgemeinen Weide ab[15] oder er kaufte Landstücke, die sich an die Eilenriede anschlossen.[16] Diese Neuerwerbungen wurden jeweils durch Gräben, Zäune und Knicke abgegrenzt, die sich zum großen Teil bis heute erhalten haben.[17] Sie bildeten gleichzeitig an den äußeren Grenzen einen Teil der Landwehr.[18]

Das Eigentum der Stadt Hannover an der Eilenriede blieb nicht immer unangefochten. 1610 nahmen der Vogt der Neustadt und Beamte von Coldingen im Namen des Landesherrn die Eilenriede in Besitz. Der Streit um den Wald dauerte bis 1614, als Herzog Friedrich Ulrich das Eigentum der Stadt bestätigte.[19]

Wiesen und Weiden

Zur Allmende gehörten, wie wir schon gehört haben, auch Wiesen und Weiden, auf denen die Bürger der Stadt ihr Vieh weiden lassen konnten und von denen sie ihr Heu für den Winter holten. Wie bei der Waldnutzung stellte der Rat auch für die Nutzung dieser Allmendeteile Regeln auf. Zur Weideordnung von 1368 gehörte u. a. die Vorschrift, daß das Vieh nur unter Aufsicht eines städtischen Hirten auf die Weide durfte. Dieser trieb die Kühe morgens aus der Stadt und brachte sie abends wieder zurück.[20] Rinder wurden im Laufe der Zeit ein wichtiges Handelsobjekt. Das führte dazu, daß die Beweidung der Allmende immer stärker zunahm. Dadurch entstand ein Konflikt zwischen Rinderzüchtern und Bürgern, die nur Vieh für den eigenen Bedarf auf den Weiden hatten. Deshalb mußten die Weiderechte der Bürger noch weiter begrenzt werden, wollte man Überweidung vermeiden. Daher entschied der Rat 1432, daß jeder Hausbesitzer höchstens 6 Kühe, jeder Budenbesitzer 2 Kühe haben dürfe.[21] Dieses Problem der Allmendenutzung blieb aktuell. Anfang des 16. Jahrhunderts wurde die Zahl sogar auf 4 pro Haus und 2 je Bude verringert. Außerdem durfte man jetzt nur noch 12 *alte* Schafe pro Haus und 6 pro Bude halten.[22] Des weiteren wurde bestimmt, daß die Weiderechte nicht übertragbar waren. Man durfte also nicht für einen Mitbürger oder Fremden dessen Vieh auf die Weide treiben lassen.[23] 1549 wurden die Bestimmungen wieder etwas gelockert: Der Rat entschied ähnlich wie 1432: 6 Kühe pro Haus, 3 pro Bude. Für jede weitere Kuh mußte man eine Geldstrafe bezahlen; außerdem wurde sie geschlachtet. Diese Regelung galt auch noch 1696.[24]

Wegen der drohenden Überweidung wurde auch die Dauer der Weideberechtigung festgelegt. Die Hut begann am Walpurgistag (1. Mai) und endete am Michaelistag (29. September). Davon gab es aber Ausnahmen. Zumindenst um 1430 durfte man vor dem Leintor auf dem schmalen Streifen zwischen Stadtbefestigung und Leine so viele Kühe weiden lassen wie man wollte.[25] Allerdings konnte man dann auf die Weiden vor den anderen Toren kein Vieh mehr treiben. Nach der Kornernte wurden die Äcker als »Stoppelweide« genutzt. Einem Beschluß des Landesherrn von 1529 zufolge durften die Bürger und Einwohner (!) ihr Vieh (täglich) so weit treiben, *wie sie mit ihrem Vieh kamen.*[26] Sie durften also auch private Äcker, die in den Weidegebieten lagen, beweiden. Die Mast in den Wäldern hingegen, die vor allem für die Schweinezucht wichtig war, blieb denjenigen vorbehalten, die *darinne berechticheit weren.*[27] Die Zahl der Schweine, die jeder Einwohner hielt, war nicht begrenzt, weil sie in der Stadt gehalten und nicht auf die Weiden getrieben wurden.

Wie weit sich die Weiderechte der hannoverschen Bürger, wie sie *von altersher* bestanden, räumlich erstreckten, können wir einer Urkunde von 1529 entnehmen. In ihr bestätigt der Landesherr, Herzog Erich I., der Stadt, daß sich die Weiden von Hannover bis Stöcken, Engelbostel, Schulenburg, Godshorn, Langenfort, Bothfeld, Großbuchholz, Kirchrode, Wülfel und Laatzen erstrecken.[28] Auch die Eilenriede wurde, wie schon erwähnt, als (Wald)weide genutzt.[29] Außerdem konnte die Stadt die für sie wichtigen Weiden in der Neustädter bzw. Reder Ohe zunächst als Pfand vom verschuldeten Landesherrn erwerben.[30] 1572 belehnte Herzog Erich II. die Stadt, vertreten durch ihren Bürgermeister Heiso Grove, mit diesem Land.[31] Diese Belehnung wurde jeweils beim Regierungsantritt des neuen Landesherrn wiederholt.

Wie wir gesehen haben, konnte die Stadt das alleinige Nutzungsrecht an einer ganzen Reihe von Weiden erwerben. Ein Teil der Flur innerhalb der Landwehr blieb im Besitz von Kirche oder Landadel. Außerdem gab es große Gebiete, die im Besitz von hannoverschen Familien waren. Da die Weidegebiete zunächst nicht eingezäunt waren, kam es vor, daß Vieh auf diesem privaten Land weidete. 1468 drohten die Brüder Bruningk und Lubbert von Alten, das Vieh pfänden zu lassen, wenn es die Bürger weiterhin in dem *Klocksege* (Glocksee) hüteten.[32] Im 16. Jahrhundert gehörte die Glocksee dann auch zu den Weidegebieten der Stadt.[33]

Auf einer Reihe von Weiden, die die hannoverschen Bürger benutzten, hatten auch die Bewohner der umliegenden Dörfer Weiderechte, die sie vor allem durch die Anlage der Landwehr beeinträchtigt sahen.[34] So kam es immer wieder zum Streit mit einzelnen Dörfern. Solche Streitigkeiten häuften sich im 16. Jahrhundert, als die Dörfer in der Umgebung von Hannover an Bevölkerung zunahmen und versuchten, ihre Fluren zu erweitern und die landwirtschaftliche Nutzung zu intensivieren.[35] Der Landesherr setzte eine Kommission ein, die die Weiderechte zwischen Hannover, Kirchrode und Buchholz gegen die von Misburg abgrenzen sollte. 1574 entschied Herzog Erich II., daß die entsprechenden Gebiete durch *Mahlsteine* und *Mahlbäume* (Grenzsteine und Grenzbäume) gekennzeichnet werden müßten. Die Langenhagener beschwerten sich, daß ihr Weg auf die gemeine Weide durch einen Schlagbaum beim Lister Tor versperrt werde. Den hätten sie schon zweimal abgerissen. In diesem Fall bekam Hannover vom Herzog Recht, da dort bereits *seit alters her* ein Schlagbaum und Gräben gewesen wären.[36] 20 Jahre später konnten sich die Hannoveraner mit dem Dorf Herrenhausen ohne Einschaltung des Landesherrn einigen. Diesmal ging es um Hut und Weide in der Steintormasch, die ja zwischen der Stadt und Herrenhausen lag und deren Nutzung von beiden Parteien beansprucht wurde.[37]

Um solche Streitigkeiten zu vermeiden, ging die Stadt in der zweiten Hälfte des 16. Jahrhunderts dazu über, ihre Weiden vom *Ohe- und Steinherrn* vermessen und durch *Hausteine* (Grenzsteine) kennzeichnen zu lassen. Außerdem wurden sie jedes Jahr von neuem mit Zäunen und *Hagen* (Hecken) *umgeben.*[38]

Gärten und Felder

Im Laufe der Zeit wurde die allgemeine Weide immer mehr beschnitten durch die Anlage von Gärten und Feldern.[39] Diese Felder *(Kempe)* lagen in erster Linie in den höher gelegenen Teilen der Flur vor dem Steintor und vor dem Ägidientor.[40] So verzeichnet z. B. das Ratsprotokollbuch 1442, daß durch das Graben nach Ziegelerde zwei *Äcker* in der *lütteken Masch* weniger ertragfähig geworden wären.[41] Bei den Gärten vor den Stadttoren handelte es sich um Nutzgärten, die die Bewohner der Stadt bewirtschafteten.[42] Eine ganze Reihe von Gärten, die der Rat verpachtete, lagen vor dem Ägidientor auf urbar gemachten Riedenböden (Rieden = Moraste);[43] auch vor dem Leintor gab es offensichtlich solche Gärten, deren Nutznießer vor allem Angehörige und Ratsfamilien waren.[44] Im 17. Jahrhundert soll es um Hannover etwa 980 Gärten mit einer Fläche von rund 1000 Morgen gegeben haben.[45] Große Bedeutung für die städtische Versorgung hatten die Immen- und Hopfengärten. Durch Immen- oder Bienengärten wurde teilweise der große Bedarf an Wachs und Süßstoffen gedeckt. Hopfengärten lieferten einen der wichtigen Rohstoffe für das Bierbrauen.

1445 wehrte sich die Bürgeropposition gegen Rodungen in der allgemeinen Weide, wodurch sie einen doppelten Nachteil hatten: Einmal verkleinerten sich dadurch die Weideflächen für ihr Vieh, zum anderen profitierten in erster Linie Angehörige der Ratsfamilien von diesen Gärten und Feldern.[46] Die Zurückdrängung der Allmende durch die Intensivierung der Landwirtschaft nahm vor allem im 16. Jahrhundert zu. Das läßt sich deutlich an Verordnungen des Landesherrn ablesen. Deren Wiederholung zeigt, daß man vergeblich gegen eine Entwicklung anging. So bestimmte Herzog Erich I. 1529, daß *neyne* (keine) *wysche* (Wiese) *noch kempe* (Äcker) *ut der gemeinen weide gemaket werden* dürften.[47] 1574 wiederholte sein Sohn dieses Verbot. Für den Fall, daß sich jemand nicht danach richtete, stand es seinem Nachbarn frei, *solches durch Schleifung der Frucht* (Vernichtung der Ernte) *oder andere Maßnahmen zu verhindern.*[48]

Städtische Einrichtungen vor den Stadttoren

Auch andere für Hannover lebenswichtige Einrichtungen befanden sich vor den Stadtmauern. Die Fischerei in der Leine, in Gräben und Teichen bereicherte den Tisch der Haushalte mit frischem Fisch.[49] Auch die Wassermühlen waren an den Flußlauf der Leine gebunden. Die meisten Mühlen gehörten zunächst Adligen und wurden später, vor allem im 14. Jahrhundert, vom Rat übernommen. Diese Kommunalisierung verschaffte dem Rat nicht nur wichtige Einnahmequellen, sondern war auch Voraussetzung für eine unabhängige Ernährungspolitik.[50]

Die Mühlen lagen entweder direkt an der Stadtmauer, wie die Klickmühle, in der Korn gemahlen wurde. Andere wurden auf Flußinseln gebaut, die durch die in mehrere Arme aufgespaltene Leine entstanden. Dazu gehörte die Brückmühle, die 1626 in eine Lohmühle umgewandelt wurde, mit der Rinde zum Gerben gemahlen wurde.[51] Außerdem gehörte zu ihr eine Walkmühle (ab 1572). Die Luchtenmühle war bis 1641 die städtische Sägemühle; dann mußte sie der Befestigung der Neustadt weichen. Die Danzelmühle diente auch als Walkmühle und nach 1552 als Kupfermühle. Sie gehörte zu den Mühlen, die der Rat nicht aufkaufen konnte. Seit 1377 gehörte sie dem Hl.-Geist-Stift, ebenso die Hamelmühle, die ganz in der Nähe lag. Sie wurde als Lohmühle genutzt, später auch als Pulvermühle. Nachdem sie 1589 »in die Luft geflogen« war, wurde sie zur Ölmühle umgebaut.[52]

Weiter flußab lag die Hofmühle, am Hang des ehemaligen Lauenroder Burgbergs. Sie gehörte ebenfalls der Stadt. Auch eine Windmühle befand sich seit 1558 außerhalb der Stadttore, auf dem Himmelreich-Rondel im Süden der Stadt.

An der Leine, ungeschützt auf dem Ottenwerder, lag auch die Watertucht, der städtische Wasserhof, durch den die Bevölkerung mit Trink- und Brauchwasser versorgt wurde. Von 1527 bis 1535 baute man bei der Klickmühle, also direkt an der Stadtmauer, eine Bornkunst, ein durch Wasser getriebenes Pumpwerk.[53].

Erst nach dem Ausbau der Stadtbefestigung Mitte des 17. Jahrhunderts wurden die Mühlen und Wasserhöfe in die Sicherung der Stadt einbezogen.

Mußten Mühlen und Wasserhöfe außerhalb der Stadt liegen, weil sie auf viel fließendes Wasser angewiesen waren, war das bei anderen Einrichtungen deshalb der Fall, weil sie in der Stadt eine erhebliche Umweltbelastung dargestellt hätten oder zuviel Platz wegnahmen. Dazu gehörten das Färberhaus und die Röse-höfe, in denen der Kalk für die Bauten der Stadt gebrannt wurde. Der eine lag auf dem Lindener Berg beim Steinbruch.[54] Ein zweiter Hof lag südlich des Ägidientores bei der Einmündung des Schiffgrabens in die Masch.[55] Das hatte seinen guten Grund: Beim Brennen von Kalk verbrauchte man viel Holz und Torf als Brennmaterial. Da es in der Nähe der Stadt kaum noch Wald gab, mußte man das Brennmaterial aus größerer Entfernung heranschaffen. Zu diesem Zweck bauten die Bürger Hannovers 1365 den neun Kilometer langen Schiffgraben[56], der von der Leine südlich der Stadtmauer zum Stadt-Torf-Moor in Misburg führte, das die Stadt 1341 erworben hatte.[57]

Ebenfalls südlich des Ägidientors lag seit dem 14. Jahrhundert der städtische Ziegelhof, der mit dem zunehmenden Gebrauch von Ziegeln beim Bauen in Betrieb genommen wurde.[58] Auch er profitierte von dem Brennmaterial, das über den Schiffgraben herangeschafft wurde. Das Material für die Ziegel wurde direkt in der Masch abgebaut. Dafür mußten zum Teil Privatgrundstücke von Bürgern oder aus kirchlichem Besitz gepachtet werden, auf denen dann Ziegelerde abgegraben wurde. Anschließend konnten die Wiesen wieder benutzt werden.[59] Nach 1638 wurde der Ziegelhof weiter nach Süden auf den Beenekoken bei Engesohde verlegt, wohl, weil das Rohmaterial für die Ziegel abgebaut war und sich die Stadt inzwischen nach Süden ausweitete. Die Steine für die städtischen Bauten wurden am Lindener Berg gebrochen, wo der Rat 1476 einen Steinbruch aus geistlichem Besitz (Kloster Marienwerder) gekauft hatte.[60]

Zu den Einrichtungen, bei denen ein Standort in der Stadt zu gefährlich gewesen wäre, gehörte auch das Gießhaus. Es lag außerhalb der nordwestlichen Stadtmauer. In ihm wurden seit 1581 Geschütze, Glocken etc. gegossen. Nach dem Ausbau der Befestigung im 17. Jahrhundert lag das Gebäude dann zwischen dem äußeren und dem inneren Mauerring.[61]

Auf dem Werder, bei der ehemaligen Burg Lauenrode, hatten die Schützen ihren Übungsplatz, wo sie ihre Wehrhaftigkeit üben konnten. Hier stand der *Papageienbaum*, der den Armbrustschützen als Ziel diente[62] – verständlich, daß eine solche Anlage nicht in der dichtbewohnten Stadt selbst liegen konnte.

Außerhalb der Stadt befanden sich auch der Galgen, das Siechenhaus, der Stapelplatz[63], die Liebfrauenkapelle sowie zwei Badestuben. Außerdem war seit Ende des 14. Jahrhunderts »auf dem Specken« eine Gruppe von Buden entstanden.
Dieser Standort außerhalb der Stadtmauern barg in kriegerischen Zeiten die Gefahr in sich, daß sich der Feind dieser Einrichtungen bemächtigte und dadurch das Wirtschaftsleben der Stadt erheblich störte. Auch juristisch gesehen war die Situation des Gebietes innerhalb der Landwehr schwierig, da es sich ja zum größten Teil nicht in städtischem Eigentum befand. Hannover hatte zwar de facto die Verfügungsgewalt über dieses Gebiet und betrachtete sich auch als Gerichts- und Zollherr;[64] letzten Endes war es jedoch eine Frage der Macht, ob sich Hannover mit seinen Vorstellungen durchsetzen konnte.[65] Ein interessanter Fall ereignete sich 1443, als sich der Rat mit Dietrich von Berckhusen um die Abgaben von seinen Ländereien stritt, die innerhalb der Landwehr lagen. Der Rat argumentierte, er müsse ja schließlich auch Berckhusens Güter *begraven, beschutten, beschwermen unde beteren* (mit Graben umgeben, beschützen, beschirmen und bessern).[66] Da Berckhusen darauf nicht einging, entschied der Rat, daß er die Stadt zu verlassen habe.[67]

Die Stadtbefestigung

Während unser lüneburgischer Kaufmann durch das Gebiet zwischen Landwehr und Stadt nach Süden zog, sah er schon von weitem die Stadt, ähnlich wie sie sich uns in dem Stich von 1586 präsentiert: umgeben von Befestigungen, nur überragt von den Türmen der Kirchen.
Schon früh, seit Mitte des 12. Jahrhunderts, hatten die Bürger Hannovers ihre Stadt mit einem Wall als Schutz vor Überfällen und als Zeichen ihres Besitzstandes umgeben. Ende des 13. Jahrhunderts begann man, eine Mauer aus Kalkbruchsteinen zu bauen.[68] Sie war 8 bis 9 m hoch, etwa 1 m breit und hatte innen zu ebener Erde einen Wächtergang. Zur besseren Verteidigung baute man in diese Mauer Türme, die am Ende der Entwicklung im Abstand von zum Teil weniger als 30 m standen. Es sollen insgesamt etwa 34 Türme gewesen sein.[69] In die Mauer waren außerdem *bussenhole* (Schießscharten) eingelassen.[70] Dieses aufwendige Sicherungswerk bezahlten und unterhielten die Bürger allein. Die Erhaltung und der Ausbau der Befestigungen war ein großer Ausgabeposten im Stadthaushalt.
Die Steine für die Mauer brach man hauptsächlich in den Steinbrüchen der Stadt, vor allem am Lindener

ABB. 3: Hannover von Westen mit äußerem und innerem Leintor, 1586.

Berg. Von dort mußten sie über die Leine an die Baustellen geschafft werden. Das Holz holte der Holzvogt mit seinen Mühlenknechten aus dem städtischen Wald, der Eilenriede.[71] Die Erde für den Wall gewann man durch den Aushub eines Stadtgrabens, der etwa 13 m breit war.
Dieser Mauerring war nur an wenigen Stellen durchlässig, hauptsächlich an den drei Toren, die sich nach verschiedenen Himmelsrichtungen öffneten: das Steintor nach Norden in Richtung Bremen, das Leintor nach Westen zur Leine hin, das Ägidientor nach Südosten in Richtung Hildesheim. Sozusagen inoffizielle Maueröffnungen gab es noch an den Pforten, durch die die Bürger der Stadt zu den Mühlen, Wiesen, Weiden und Gärten vor der Mauer gelangen konnten und die im Belagerungsfall zur Besetzung der Gräben von innen her dienten. Die Tore wurden durch Türme gesichert, verschließbare Durchfahrten mit einem Fallgatter *(scotporten)*.[72] Zusätzlich schützten sogenannte *Zingeln* die Tore, unter denen man sich eine Art von spanischen Reitern vorzustellen hat, Böcke und Schlagbäume.[73] Außerdem waren sie mit Wächtern besetzt, die die Tore bei »lichtem scheinendem Tage« auf- und zuschließen mußten.[74] Nach Einbruch der Dunkelheit ließen sie niemand in die Stadt. Sie saßen vor dem Tor im Pforthaus *(porthus)*.[75] Mit der Errichtung der Mauer ließen es die hannoverschen Bürger nicht bewenden. Sie sicherten ihre Stadt außerdem durch einen Wall, der 25 m vor der Mauer lag, und durch Gräben.[76] 100 Jahre nach dem Bau der Stadtmauer erhöhte man den Wall und baute als Sicherung der ungeschützten Stadttore überwölbte Durchlässe durch den Wall *(Homeiden)*.
Die Gräben und der Fluß konnten nur über wenige Holzbrücken überwunden werden. Sie waren entweder Zugbrücken oder besaßen ein aufklappbares Joch, wodurch sie bei Gefahr unpassierbar gemacht werden konnten. In Kriegszeiten wurden nachts besondere Wächter auf die Gräben geschickt.
Im Westen und Südwesten bot die Leine zusätzlichen Schutz. Die in der Leine gelegene Insel, auf der wichtige städtische Einrichtungen lagen, war nach Westen nur durch den Bergfried vor dem Leintor gesichert. Das änderte sich erst durch den Bau der neuen Befestigungsanlage im 17. Jahrhundert, die an dieser Stelle die östlichen Leinearme einbezog.
Meistens standen größere Baumaßnahmen an der Stadtbefestigung im Zusammenhang mit einem der zahlreichen Kriege jener Zeit. So kamen z. B. 1545 die Vertretungsgremien der Bürgerschaft anläßlich des Schmalkaldischen Krieges zum Rat und baten ihn, er möge *in diesen geschwinden und gefährlichen Zeiten ... hin und wieder, wenn es nötig sei, die Stadtbefestigung besichtigen und daran bauen und ausbessern lassen.*[77]
Durch die Befestigungsbauten wurden private Grundstücke vor der Stadtmauer in Mitleidenschaft gezogen. So wurden z. B. 1314/15 mehr als 30 Katen vor dem Steintor abgerissen, die Familien des Landadels gehört hatten.[78] Die rechtlichen Auseinandersetzungen darüber konnten sogar Bürger anderer Städte betreffen: Ein Bremer Bürger besaß 1449 von einem Garten eine *Leibzucht* (Altenteil). Da dieser Garten *zu Wall und Graben* gemacht wurde, mußte Hannover ihm eine Entschädigung zahlen.[79] Unser hansischer Kaufmann mußte also noch bei Tageslicht vor der Stadtmauer ankommen, um in die Stadt eingelassen zu werden. Er überquerte dann zunächst über eine der Brücken den Stadtgraben. Anschließend hatte er das *äußere* und das *innere* Steintor zu passieren, bevor er die Stadt betreten konnte.

Das Innere der Stadt

Die Stadt selbst, die unser Kaufmann aus Lüneburg um das Jahr 1500 betrat, war schon das Ergebnis einer über 500jährigen Entwicklung. Im heutigen Altstadtgebiet lagen vor der Entstehung Hannovers das Dorf *Tigislege* und eine Lehnshofsiedlung.[80] Diese lag günstig an einem Leineübergang, der durch die Ausläufer des Lindener Berges und das Hohe Ufer östlich der Leine gebildet wurde. Hier führte auch die Handelsstraße von Hildesheim nach Bremen durch. Einen Teil dieser Handelsstraße bildete die spätere Leinstraße, die wohl älteste Straße Hannovers.[81] 1150 ist bereits eine Kaufmannssiedlung[82] mit einem Marktplatz und einer Kirche bezeugt – der Georgskirche (Marktkirche). Der Marktplatz war wahrscheinlich der nördlich der Kirche gelegene spätere Hokenmarkt.[83] 1163 wurde die zweite Kirche Hannovers gebaut, die Ägidienkirche. Zu dieser Zeit enstand auch die Besiedlung der südlichen Marktstraße und Köbelingerstraße als Verbindung zwischen Marktplatz und südlichem Leineufer. Außerdem wurde die Marktsiedlung nach Osten durch den Südteil der Osterstraße erweitert.[84] Jetzt entstanden auch die kleineren Seitengassen zwischen den vier Hauptstraßen.[85] 1189 wurde Hannover von König Heinrich VI. zerstört und anschließend auf derselben Stelle wieder aufgebaut. Spätestens seit 1215 wurde es durch die am linken Leineufer gelegene Burg Lauenrode geschützt.[86]
Durch den Bau der Stadtmauer nach 1241 war die Ausdehnung der Stadt bis in das 18. Jahrhundert festgelegt. Zunächst war aber die Stadt noch nicht ganz besiedelt. 1258 entstand im Norden der Stadt das Hl.-Geist-Stift, das eine recht große Fläche einnahm. Auch im 14. Jahrhundert gab es vor allem im Nordwesten der Stadt noch freie Flächen, auf denen 1333 unter anderem die Kreuzkirche, die dritte Pfarrkirche der Stadt, errichtet werden konnte.[87]
Hannover wurde jetzt immer mehr zum Handelsplatz. Mit dieser Entwicklung änderte sich auch die innere Struktur der Stadt. Machten *die schilfgedeck-*

Abb. 4: Kramerstraße mit Kreuzkirche.

ten Fachwerkhäuser, der weiträumige Marktplatz, auf dem Vieh graste, und die lückenhafte Bebauung mit ausgedehnten Gärten und Feldparzellen eher einen ländlichen als einen städtischen Eindruck[88], änderte sich das mit zunehmender Einwohnerzahl im Laufe der Jahrhunderte. Um 1435 zählte Hannover 712 Häuser[89], um 1689 1029.[90]

Um das Jahr 1500 fand unser hansischer Kaufmann eine Stadt vor, deren Inneres nicht mehr als 500 × 800 m bedeckte[91], und die in zwölf Minuten vom Steintor zum Ägidientor zu durchschreiten war.

Auf diesem Raum standen die Häuser der Bürger, die kirchlichen und städtischen Gebäude dicht beieinander. Vor allem von den Stadttoren konnte man den Eindruck der Enge bekommen, da aus Sicherheitsgründen zu ihnen jeweils nur eine Straße führte. Nur am Steintor verbreiterte sich die Straße zu einem kleinen Platz von etwa 40 m^2 Fläche.[92] Die Schmiedestraße, die von hier aus zum Marktplatz führte, erreichte eine Breite von immerhin bis zu 28 m.[93] Die übrigen Hauptstraßen wiesen eine Breite von etwa 8 bis 24 m auf, wobei sich immer wieder Verengungen und Erweiterungen ablösten. In den Seitengassen standen die Häuser vielfach nur 5 bis 7 m auseinander. Die Enge der Straßen wurde durch die vorkragenden Häuser noch verstärkt, wodurch weniger Luft und Licht in die Gassen gelangen konnte. Das wurde von den Stadtbewohnern durchaus so empfunden. So beklagte sich der Conrektor der Lateinschule, Mag. Andreas Niemeyer, 1596 beim Rat, *daß diese Gasse* (Judengasse) *auch fast eng sei, und weil wegen der hohen Gebäude auf beiden Seiten kein Licht hinein fällt, fast unsauber und ein ungesunder Ort sei, an dem er ohne Verletzung seiner Gesundheit nicht wohl wohnen könne.*[94]

Die Straßenzüge öffneten sich nur an wenigen Stellen zu platzartigen Erweiterungen. Der größte Platz Hannovers mit etwa 300 m^2 Fläche[95] war der Marktplatz, auf den noch zurückzukommen sein wird. Innerhalb der Stadt gab es also keine Parks oder ähnliche öffentliche Grünanlagen, wie wir sie heute im Stadtbild gewohnt sind. Die einzigen »Grünflächen« waren die kleinen Gärten hinter den Bürgerhäusern und die Friedhöfe, die auf den Kirchhöfen lagen.[96] Aber auch diese werden wohl weniger eine »Erholungszone« nach unseren heutigen Begriffen gewesen sein. Die Kirchhöfe wurden im Laufe der Zeit sogar teilweise bebaut.[97]

Während der Marktplatz bereits um 1200 gepflastert wurde[98], bestand der Belag der Straßen und Gassen zunächst aus Bohlen.[99] Zwar deutet die in einer Urkunde von 1359 für die nördliche Köbelingerstraße gewählte Bezeichnung *Neuer Steinweg (nova via lapidea)*[100] darauf hin, daß dort schon eher eine gepflasterte Straße lag, jedoch war das sicher die Ausnahme. Erst im 15. und 16. Jahrhundert ließ man die größeren Straßen pflastern, was jetzt allgemein üblich war.[101] Wie wir aus einer Beschreibung Hannovers in der Topographie Merians (um 1654) wissen, waren damals alle Straßen und Gassen *mit Kieselsteinen gut ausgepflastert.*[102] Im übrigen blieb die Pflasterung eines Grundstücks bzw. des »Bürgersteiges« vor dem Grundstück Privatsache. Doch mußte man dazu der vorreformatorischen Stadtordnung zufolge zunächst diejenigen damit beauftragen, die der Rat dafür angestellt hatte.[103]

Die Straßen waren nachts unbeleuchtet. Daher tat man gut daran, selbst ein Licht mitzuführen, um nicht über Abfall und Dreck zu stürzen oder Gesindel in die Hände zu fallen. Auch die Stadtregierung erließ dazu Vorschriften und bestimmte Anfang des 16. Jahrhunderts, niemand dürfe *nach der Zeit als die Glocke* (der Marktkirche) *hat neun geschlagen des Abends auf den Straßen gehen ohne Licht.*[104] Im 17. Jahrhundert gab es offenbar schon die Möglichkeit, zumindest bei besonderen Anlässen Lampen an den Eckhäusern aufzuhängen. So geschah es 1665 anläßlich der Festlichkeiten für Herzog Johann Friedrich.[105] 1690 gab es schließlich eine städtische Straßenbeleuchtung. Jetzt wurden Hannovers Straßen nachts von 300 Laternen erhellt.[106].

Mit der wachsenden Vielfalt des städtischen Lebens wuchs auch die Zahl der öffentlichen Einrichtungen und Gebäude in der Stadt. Den Mittelpunkt Hannovers bildete der Marktplatz, auf dem Waren verkauft wurden. Er diente aber auch als Versammlungsplatz der Bürgerschaft. Am Marktplatz standen die beiden imposantesten Gebäude Hannovers, deren Architektur das Selbstbewußtsein, die Macht und den Reichtum der Bürger versinnbildlicht: das Rathaus und die Marktkirche. Auf dem Marktkirchenturm wachte der *Türmer.* Er hielt Ausschau; morgens und abends blies er.[107] Abends löste ihn der Nachtwächter ab, der jede Stunde blasen und die Stadt(ruhe) bewachen mußte.[108] Das Rathaus war nicht nur der Tagungsort der Stadtregierung. Dort hatten auch Weinkeller und Tanzsaal, Gefängnis, Schreiberei und Küche ihren Platz. Ein Teil des Baues zur Marktseite hin war an die Kaufleute als »Kaufhaus« vermietet. Die Speicher wurden zum Lagern von Korn genutzt.[109] Am Markt, angebaut an das Rathaus, stand die Gerichtslaube, unter der die Gerichtsverhandlungen in Straf- und Privatsachen stattfanden. Außerdem füllten ursprünglich Verkaufsstände der Kaufleute, Bäcker, Fleischer und Schuhmacher den Platz.[110] Auch die zentrale Lage der Waage zeigt, welche Bedeutung der Wirtschaft für die Stadt zukam.[111] Sie stand, sozusagen »um die Ecke«, in der Köbelingerstraße. 1565 mußte sie einem Erweiterungsbau des Rathauses weichen und befand sich nun mitten auf dem Hokenmarkt.[112] Gleich gegenüber, im Fleischscharren, verkauften die Knochenhauer ihre Waren.[113] Am Hokenmarkt, hinter der Marktkirche, lagen weitere

ABB. 5: Bild der Marktkirche von der Schmiedestraße aus mit Rathausflügel Lithographie von Wilhelm Kretschmer, um 1850.

wichtige städtische Einrichtungen: die Lateinschule und der Brotscharren, die Verkaufsstelle der Bäkker.[114] Nicht weit vom Markt hatte auch der Stadtvogt, der Vertreter des Landesherrn in Gerichtssachen, sein Haus.[115]

Andere städtische Einrichtungen, die weniger repräsentativ waren, lagen am Rande der Stadt in der Nähe der Stadtmauer. Dazu gehörten die städtischen Badestuben an der Oster- und an der Leinstraße – eine dritte lag auf dem Ottenwerder –, der Holzhof, auf dem das Bauholz gelagert wurde, und das Haus des Scharfrichters, die sogenannte *Hengerie* – welch klingender Name. Die Münze war 1501 gerade aus einem angemieteten Haus an der Köbelingerstraße auf den Kreuzkirchhof verlagert worden.[116] Hier sollte sie nur kurze Zeit stehen, denn nach der Reformation wurde sie in ein Gebäude des aufgelösten Franziskanerklosters an der Leinstraße verlegt. Dieses Kloster gehörte ebenso wie die Kapellen, Spitäler, Klosterhöfe und das Beginenhaus zu den kirchlichen Besitzungen, die vor allem im nordwestlichen und südlichen Teil der Stadt lagen.

Natürlich veränderte sich das Gesicht der Stadt im Laufe der Jahrhunderte. Nicht nur Bürgerhäuser wurden verändert oder abgerissen und neu gebaut, auch die städtischen und kirchlichen Gebäude wurden wiederholt umgebaut. Eine der größten »Neubauwellen« verzeichnete Hannover wohl in den Jahren nach 1636, als Herzog Georg von Calenberg die Stadt zu seiner Residenz erhob, wovon bereits in Kapitel 2.1. die Rede war.[117] Residenzstadt – das bedeutete nicht nur Hofleben, sondern auch den Bau eines repräsentativen Wohngebäudes, wenn nicht gar Schlosses für den Landesherrn. Der Herzog ließ sich das Gelände des Franziskanerklosters zusprechen, das seit der Reformation von der Stadt u. a. als Münze, Ratskloster, Schulgebäude, Korn- und Salzmagazin genutzt worden war.[118] Hier entstand jetzt das Leineschloß mit verschiedenen Wirtschaftsgebäuden. Ihm mußten auch mehrere Bürgerhäuser weichen, die im Laufe der nächsten Jahrzehnte abgerissen wurden.[119] Dennoch stand so wenig Fläche zur Verfügung, daß man von drei Seiten aus den Bürgerhäusern *dem Fürsten ungeniert in die Fenster schauen konnte.*[120] Auch die Aussicht vom Schloß über die Stadtmauer hinweg auf die Leine war nicht repräsentativ: Genau gegenüber standen auf dem *Specken* die Buden der hannoverschen Färber und Gerber, die dort auch ihr Handwerk ausübten. Sie wurden erst 1680/82 abgebrochen.[121]

Beim Bau des Schlosses blieb es nicht. Der Hof beanspruchte außerdem Platz für ein Zeughaus, eine Reit- und Rennbahn, die auf dem ehemaligen Stadtwall im Nordwesten der Stadt gebaut wurde. Außerdem entstand ein Ballhof als Festhaus auf dem Grundstück des ehemaligen St. Gallenhofes.[122] Durch diese Baumaßnahmen wurde der westliche und nordwestliche Teil der Stadt im Laufe des 17. Jahrhunderts stark vom Residenzcharakter geprägt.

Auch die Hofbediensteten und die Verwaltung zogen jetzt von Hildesheim nach Hannover um. Nun war innerhalb des Mauerrings tatsächlich zu wenig Platz, als daß alle Höflinge hier angemessene Häuser hätten bauen können – immerhin handelte es sich um etwa 140 bis 170 Personen, ihre Familien nicht eingerechnet.[123] Sie ließen sich daher in erster Linie in der Neustadt jenseits der Leine nieder, die völlig neu gestaltet wurde.[124]

2.3. Die Stadtverwaltung

Das Stadtregiment

Die Stadtverwaltung Hannovers im Spätmittelalter und in der Frühen Neuzeit unterschied sich in vielem grundlegend von der heutigen. An ihrer Spitze stand der Rat, der, modern ausgedrückt, Rechtsprechung, Gesetzgebung und Verwaltung in seinen Händen vereinigte.[1] Ursprünglich übte der Landesherr diese Kompetenzen durch seinen Stellvertreter *(Vogt)* aus. Konkurrenz hatte der Vogt auf dem Gebiet der Marktpolizei. Die ebenfalls mit marktpolizeilichen Befugnissen ausgestatteten *Burmester* vertraten die Interessen der Bewohner der Marktsiedlung gegenüber dem Landesherrn. Sie waren das *älteste Vollzugsorgan der genossenschaftlichen Bürgergemeinde.*[2] Im Laufe der Zeit entstand so etwas wie ein Vertre-

ABB. 6: Leintorturm, vormaliger alter Cammerflügel (Leinefront des Schlosses), Ende 17. Jahrhundert.

tungsgremium der Bürgerschaft, mit dem der Vogt zu rechnen hatte; daraus entwickelte sich der Rat. Diesem gelang es dann, dem Landesherrn seine Hoheitsrechte schrittweise abzugewinnen. Am Ende dieser Entwicklung stand weitgehende städtische Autonomie. Ratsherren *(consules civitatis)* sind erstmals 1241 urkundlich erwähnt.[3] Ein Rathaus *(theatrum)*, auch Symbol der städtischen Selbstverwaltung, ist seit 1303 bezeugt.[4] Wie schnell die Stadt auf dem Weg zur kommunalen Eigenständigkeit voranschritt, zeigt die Umschrift des Stadtsiegels, das 1266 zum erstenmal erwähnt ist: *SIGILLUM BURGENSIUM IN HONOVERE* (Siegel der Bürger von Hannover).[5]
Die Zahl der Ratsherren war bis 1448 nicht festgelegt. Sie betrug im 13. Jahrhundert 9 bis 12[6], von 1390–1400 16.[7] Ab 1401 ist von 12 Ratsherren die Rede[8], doch kamen in der Folgezeit wiederholt 11 (1403), 13 (1404, 1446/47) oder 15 (1412) Ratsherren vor.[9] Die Ratsverfassung von 1448 beschränkte dann die Zahl auf 12.[10]
An der Spitze des Rates stand der Bürgermeister. Er wurde von seinen Ratskollegen und den Geschworenen in der ersten Sitzung des Rates, am Montag nach Dreikönigstag (6. 1.) gewählt.[11] Der Gewählte war zur Annahme des Amtes verpflichtet.[12] Das Amt, das er antrat, war ein Ehrenamt, für dessen Ausübung er keine Aufwandsentschädigung erhielt. Das galt auch für die übrigen städtischen Ämter. Die Folge war, daß es sich in erster Linie nur ökonomisch gut situierte Bürger erlauben konnten, städtische Ämter zu bekleiden. Wer Bürgermeister war, war reich und genoß zudem eine Reihe von Vergünstigungen. Beispielsweise konnte er sein Schwert vom Schwertfeger kostenlos reinigen, schärfen und reparieren lassen.[13] Dieses Vorrecht war in der Praxis wohl recht unbedeutend. Wichtiger war dagegen, daß sich der Bürgermeister – wie alle Ratsmitglieder – kostenlos ärztlich behandeln lassen konnte.[14] Außerdem war er vom *Meinwerk* befreit.[15] Eine gewisse Aufwandsentschädigung erhielt der Bürgermeister 1508: Rat und Geschworene beschlossen, dem *sitzenden* Bürgermeister, d. h. dem amtierenden, die Abgaben aus dem Dorf Vahrenwald gegen einen jährlichen Zins von 20 hannoverschen Pfund zu überlassen – eine nicht unbedeutende Einnahmequelle.[16]
In der ersten Ratssitzung bestimmte man auch die Person, die für das laufende Jahr einen der Schlüssel zur *Siegelkiste* erhielt, in der die Hoheitszeichen der Stadt aufbewahrt wurden.[17] Außerdem leisteten Bürgermeister und Ratsherren ihren Amtseid.[18] Der Eid des Bürgermeisters lautete im 16. Jahrhundert wie folgt:[19]
Daß ich, – bis zur gewohnten Zeit die Ratsneuwahl stattfindet –, der Stadt Hannover zu Ehren, meinem gnädigen Herrn und Landesfürsten zu seinem Recht, der Stadt Hannover, allen Bürgern und Einwohnern zu ihren Rechten, Bürgermeister sein will; (daß ich) *eine jede Sache, so viel mir möglich, unangesehen irgendwelcher Gaben, Gunst oder Freundschaft, ohne Ansehen der Person in allen billigen und göttlichen Wegen fördern will; nach Wissen und Trachten, Gott zu Ehren; und* (daß ich) *sein heiliges Wort – soweit es mir möglich ist – will helfen zu fördern und fortzusetzen; so wahr mir Gott helfe und sein heiliges Wort.*
Die Ratsherren schworen folgenden Eid:[20]
Daß wir, – bis zur gewohnten Zeit die Ratsneuwahl stattfindet –, der Stadt Hannover zu Ehren, unserem gnädigen Herrn und Landesfürsten zu seinem Recht, allen Bürgern und Einwohnern zu ihren Rechten Ratmann sein wollen; nach Wissen und Trachten der Stadt und dieser Stätte; und (daß wir) *– soweit es uns möglich ist – Gottes Ehre und sein heiliges Wort, als fromme Christen, mit bestem Fleiß fortsetzen und fördern; so wahr uns Gott helfe und sein heiliges Wort.*
Es gibt noch keine Untersuchung darüber, wie sich bis 1448 der Rat nach der Verfassung und nach der Verfassungswirklichkeit zusammensetzte. Das gilt auch für die der Verfassungsänderung von 1448 vorangegangenen Unruhen.[21] Im Verlauf der Ereignisse wurde ein »neuer Verteilungsschlüssel« für die Besetzung der Ratsstellen beschlossen. Danach[22] setzte sich der Rat aus je 4 Vertretern der Kaufmannschaft und der *Meinheit* (= die nicht zünftisch gebundenen Bürger) sowie aus je einem Mitglied der 4 großen Gilden (Bäcker, Knochenhauer, Schuhmacher, Schmiede) zusammen. Diese 12 Personen sollten jedes Jahr von einem vom Rat geschaffenen Geschworenenkollegium (4 Kaufleute, 12 Meinheitsvertreter, 16 Mitglieder aus den Gilden)[23] sowie von den *Feuerherren* gewählt werden.[24] Der Verfassungsnorm nach bestand damit seit 1448 nicht mehr für alle Bürger die Möglichkeit, das Ratsherrenamt zu bekleiden: Die kleinen Gilden, die zuvor für kurze Zeit Vertreter im Rat gehabt hatten, waren jetzt nicht mehr ratsfähig. Ihnen blieb nur mittelbar, d. h. durch ihre Vertreter im Geschworenenkollegium und durch ihre Delegierten, die der Rat zu bestimmten städtischen Angelegenheiten hörte, die Möglichkeit, auf die Ratspolitik Einfluß zu nehmen. Die Macht jedoch, tatsächlich wirksam Einfluß zu nehmen, besaßen sie im Laufe der Zeit immer weniger. Denn der Rat ergänzte sich aus sich selbst (Kooptation), und als »Vertreter« der ratsfähigen Gilden oder der Meinheit wurden natürlich nur solche Personen ausgewählt, die das Vertrauen der im Rat Etablierten besaßen. So bildete sich – unter Einschluß eben jener »Vertreter« der Bürgerschaftsgremien – ein Ratsregiment aus, das kurz vor der Reformation seine höchste Macht erreichte.[25] Ein Zeitgenosse charakterisierte die Situation ironisch mit den Worten, der Rat könne jetzt in der Stadt *tun was er wolle.*[26]
Außer den 12 Ratsherren saßen im Stadtregiment 4 Geschworene, die wohl aus dem Geschworenenamt

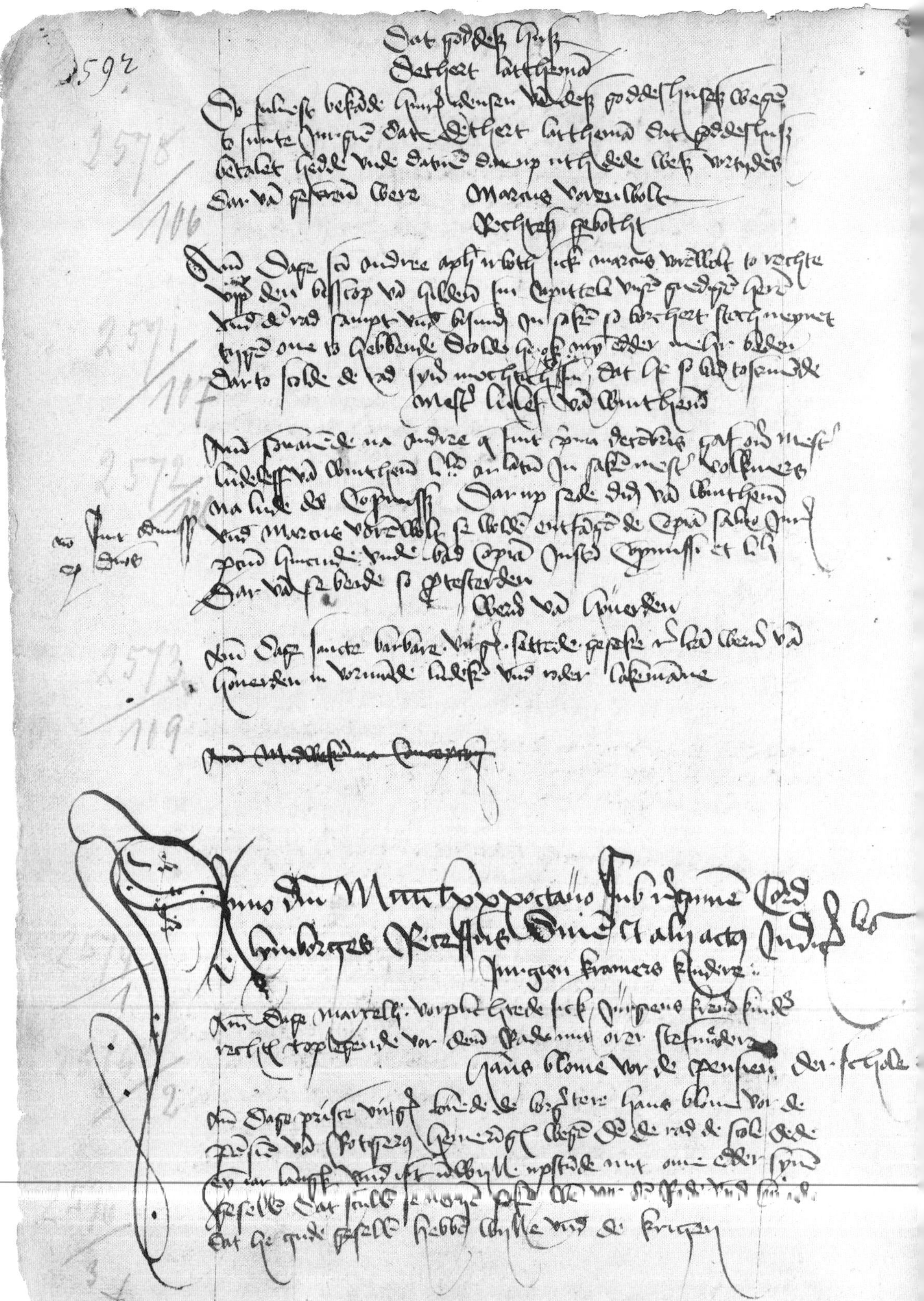

Abb. 7: Auszug aus dem Ratsprotokollbuch von 1487/1488

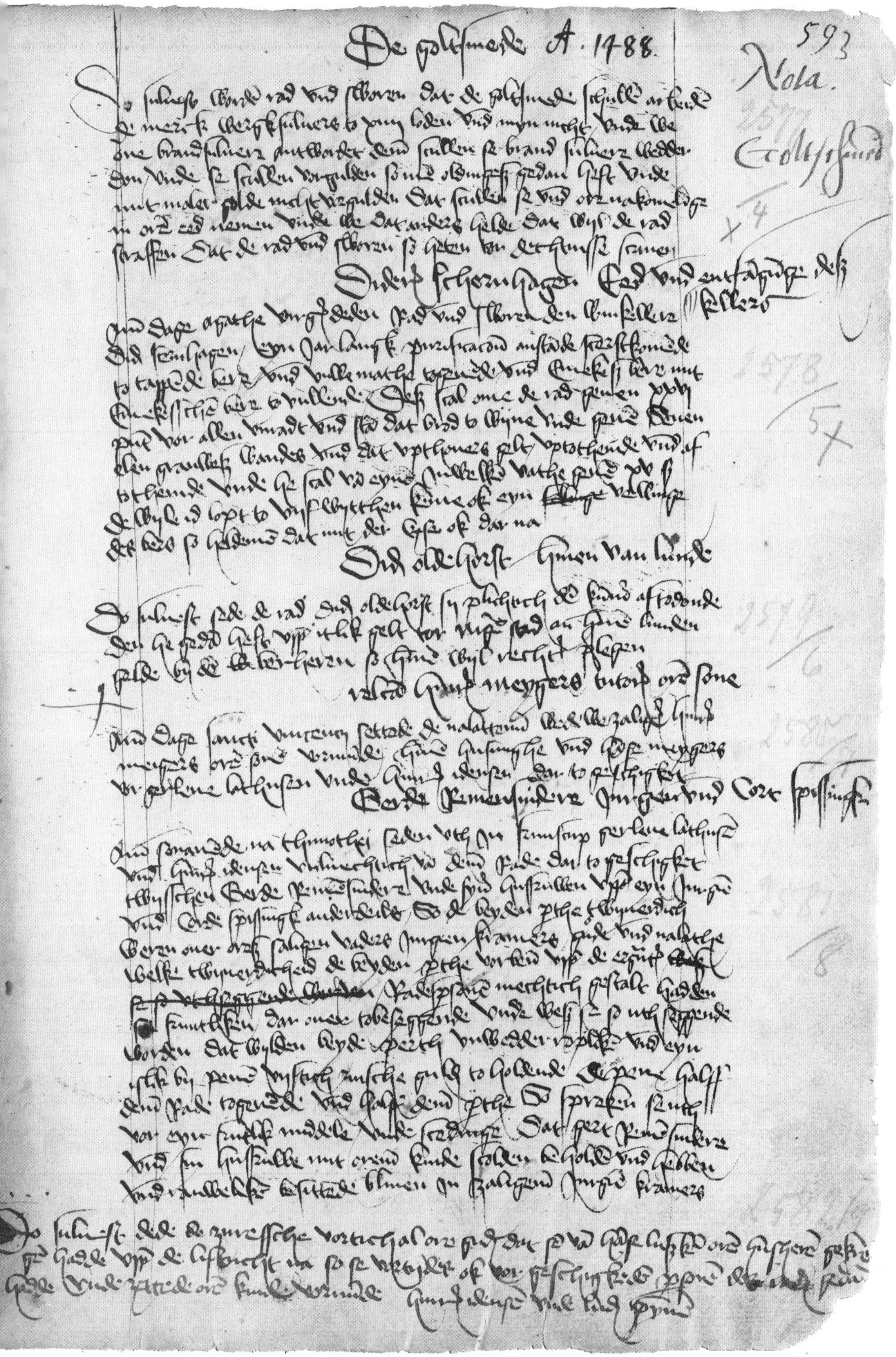
De goltsmede A. 1488.

593

Nota.

Originalformat einer Seite 21,0×29,2 cm.

hervorgingen.[27] 1354 werden sie erstmals erwähnt;[28] seit 1399 sind sie in den städtischen Ämterlisten aufgeführt.[29] Ihre Aufgaben erstreckten sich von der Verleihung des Bürgerrechts[30] bis zur Aussprechung des Stadtverweises.[31]

Die Vertretungsgremien der Bürgerschaft

Zu wichtigen Beschlüssen zog der Rat die Vertretungsgremien der Bürgerschaft hinzu.[32] Solche gab es auch in anderen Städten; in Hannover wurden sie gebildet von den *Älterleuten* (Vorsteher) der Kaufmannschaft, von denen der Meinheit sowie von den Älterleuten und Werkmeistern der Gilden, *alt und neu*. Erschienen sie alle vor dem Rat, waren 112 Personen im Rathaus versammelt. Das Zusammenwirken aller Vertretungsgremien der Bürgerschaft ist erstmals seit 1399 bezeugt.[33]

Stadtbedienstete

Natürlich konnten diese 16 Personen (Ratsherren und Geschworene) die Stadt nicht allein regieren. Die vielfältigen Aufgaben der Verwaltung, zu denen ständig neue hinzukamen, erforderten eine große Anzahl von »Beamten«, die in den einzelnen Sachbereichen arbeiteten. So waren von etwa 1470 bis zur Reformation durchschnittlich 45 Personen in den etwa 30 städtischen Ämtern tätig[34], nicht mitgerechnet die zahlreichen »niederen Ämter« wie Büchsenschütze[35], Grabenmeister[36], Ratsdiener[37], reitende Knechte[38], Stallknechte[39], Tor- und Turmwächter[40], die der Rat auf kürzere oder längere Zeit anstellte und deren Besoldung ihm oblag. Keine Belastung des Stadtsäckels hingegen, sondern Einnahmen brachte die Vergabe anderer »Ämter« wie Apotheker[41], Badefrau[42], Hebamme[43], Schulmeister[44], Spielmann[45], Wasserfahrer[46], Wein- und Bierausschenker[47] und Ziegelmeister[48]. Hier handelt es sich um die Überlassung einer städtischen Einrichtung gegen Gebühr.

Anders als beim Ratsherrenamt stand der Zutritt zu diesen ca. 30 städtischen (Ehren-)Ämtern grundsätzlich jedem Bürger offen; verfassungsrechtliche Bestimmungen, die den Kreis der Kandidaten festlegten, gab es nicht. Welche Ämter waren das und welche Aufgaben hatten ihre Inhaber zu erfüllen?

Entsprechend der Wertschätzung, die diese Ämter bei den Zeitgenossen besaßen, kann man drei Ämtergruppen unterscheiden: Spitzenämter, Ämter der 2. und solche der 3. Gruppe. Je höher die Wertschätzung des Amtes war, desto mehr Kaufleute und Ratsherren saßen darin.

Zu den Spitzenämtern gehörte das Münzherrenamt, deren Inhaber die Aufsicht über die städtische Münze hatten.[49] Die Richteherren übten gemeinsam mit dem herzoglichen Vogt die Gerichtsbarkeit aus. Sie verhörten Angeklagte im städtischen Gefängnis und waren bei der Urteilsvollstreckung anwesend.[50] Die Wein- und Bierherren führten die Aufsicht über den städtischen Wein- und Bierkeller. Sie stellten das Personal (Knechte) ein und rechneten mit dem Rat am Beginn jedes Jahres über das im Ratskeller ausgeschenkte Bier ab.[51] Der Kämmerer wird erstmals 1303 erwähnt: In einem Statut wird ihm das Privileg eingeräumt, die – nicht näher bezeichnete – Braut zur Kirche zu führen.[52] Seit 1399 sind jeweils 2, seit 1415 3 Kämmerer in den Ämterlisten aufgeführt.[53] Sie hatten die Aufgabe, die städtischen Einnahmen und Ausgaben zu überwachen.

Zu den Ämtern der 2. Gruppe ist das des Burmeisters zu zählen. Dieses ursprünglich sehr bedeutsame Amt[54] gehört neben denen des Wein- und Ziegelherren, des Geschworenen und des Kämmerers zu den ältesten städtischen Ämtern.[55] Dem Burmeister oblag die *Aufsicht über die städtischen Gebäude, Festungswerke und Forsten sowie über die Wagen und sonstige zu den Bauten erforderlichen Gerätschaften.*[56] Außerdem mußte er ein Register über die an Bürger ausgeliehenen Geräte des Rates (Schaufeln, Hacken, Spaten, Karren etc.) führen.[57] Fischherren, die die Aufsicht über die Gräben und Teiche führten, sind in den Ämterlisten erstmals seit 1440 genannt.[58] Seit 1440 sind auch vier Mühlenherren bezeugt, jeweils zwei außerhalb und innerhalb der Stadt.[59] Sie beaufsichtigten die städtischen Mühlen. Sofern es erforderlich war, beschafften sie Kredite zur Instandhaltung der Mühlen.[60] Die Ridemester[61] waren gemeinsam mit den Bannerherren für militärische Angelegenheiten zuständig[62], die Ziegelherren[63] für die Beschaffung von Ziegelsteinen für städtische Bauten.[64] Die Borneherren führten die Aufsicht über die städtischen Brunnen.[65] Sie mußten achtgeben, daß kein Wasser in die Keller der Häuser eindrang. Verletzten sie ihre Sorgfaltspflicht, mußten sie selbst für den Schaden haften.[66] Für 1511 ist eine weitere Aufgabe überliefert: die Entlohnung und Bekleidung des Bornemesters, den der Rat für das Wasserrad angestellt hat.[67]

Zu den Ämtern der 3. Gruppe gehörten außer dem des schon erwähnten Bannerherren das des Salzherren, der, wie der Name schon sagt, für den städtischen Salzhandel zuständig war.[68] Die Wakeherren *(wakeherren up den straten)* sorgten für die Aufrechterhaltung der »öffentlichen Sicherheit und Ordnung«.[69] Es war ein undankbares Amt, um das man sich gerne drückte: keiner der hannoverschen Bürgermeister war Wakeherr.[70] Warum das so war, zeigen einige Beispiele aus dem Aufgabenkreis. 1501 holten die Wakeherren zwei Personen *bei Nachtzeiten aus dem Bett wegen der unzüchtigen und frevelhaften Worte, die sie vor dem Steintor geäußert hatten, als es bei Abendzeiten zugeschlossen* (worden) *war.*[71] 1515 hatten sie jemanden beim Ehebruch ertappt.[72] Die Stadtordnung von 1534 bestimmte, daß sie Betrunkene »einzusammeln« und in der Kohlenkammer abzuliefern hatten.[73]

Außer diesen Ämtern gab es noch die sogenannten Kirchenpflegschaftsämter, aus denen nach der Reformation die Diakonien hervorgingen. Die Pfleger waren mit Eintreibung, Verwaltung und Anlage der Kapitalien beauftragt, die für die »Pflege« der Gebäude, für Ausstattung und gottesdienstliche Geräte der Kirche nötig waren. Solche Pfleger gab es an den städtischen Pfarrkirchen und an den Kapellen.

Nach der Reformation erhöhte sich die Zahl der städtischen Ämter bis zum Anfang des 17. Jahrhunderts von 30 auf etwa 40. Eines dieser neuen Ämter war das des Lehnherren (Ämtergruppe 1). Es wurde von 2 Personen ausgeübt, die die 1534 vom Rat umgewidmeten Einkünfte aus den Stellen der Pfarrer (»geistliche Lehen«) verwalteten.[74] Die Brokeherren oder Brucherren zogen die vom Rat für verschiedene Vergehen festgesetzten Geldstrafen ein. Die Artillerieherren führten Aufsicht über die städtische Artillerie, über Munition und Rüstungen. Sie hatten ferner dafür zu sorgen, daß immer genügend Salpeter für die Herstellung von Sprengstoff vorhanden war.[75]

Neu in der Ämtergruppe 2 war das Amt des Apothekenherren. Ihnen oblag die Buchführung der Ratsapotheke.[76] Der Apotheker durfte Gifte nur mit ihrer Erlaubnis abgeben.[77]

Neu in der Ämtergruppe 3 war das Amt des Bürgermeisters auf der Brücke. Bei ihrem Amtsantritt mußten sie schwören, *auf die Wache und Wälle, auch mit Auf- und Zuschließen der Tore, ein fleißiges Aufsehen zu haben.*[78]

Politische Partizipation

Bisher war nur die Rede von den politischen Partizipationsmöglichkeiten nach der Verfassung. Doch wie sah die tatsächliche Partizipation aus? Wer besetzte wie lange welche städtischen Ämter? Diese Fragen können wir – zum erstenmal in der Stadtgeschichtsforschung – für Hannover umfassend beantworten.[79]

Zunächst zur personellen Zusammensetzung der städtischen Ämter von 1448 (Zeitpunkt der Neuordnung der Verfassung) bis 1533 (Reformation).

Insgesamt gesehen geben wenige miteinander verwandt und/oder verschwägerte Kaufmannsfamilien im Stadtregiment den Ton an. Vor der Reformation besetzten sie die drei wichtigsten städtischen Ämter (Bürgermeister, Ratsherr, Geschworener) mit ihren Leuten bzw. mit Vertretern aus der Meinheit und den 4 ratsfähigen Gilden, mit denen sie zu einer Interessengemeinschaft zusammengewachsen waren. Zwar prinzipiell für Aufsteiger offen, blockierte diese Elite effektiv den Zugang zu den wichtigsten städtischen Ämtern und kontrollierte den zu den übrigen. Das führte direkt vor der Reformation zu einer auffälligen Verfestigung der Personalstruktur: Die Neuzugänge in der Verwaltung gingen zurück; die Verweildauer im Amt und die Ämterhäufung nahmen zu. In den Spitzenämtern war fast so etwas wie Ämtervererbung üblich.

Diese Führungsgruppe gehörte auch ökonomisch zur Spitzengruppe. Vor der Reformation bestand in Hannover eine starke Vermögenskonzentration: 10 % der Bürger brachten zusammen über die Hälfte der Steuern auf, 20 % der Bürger über 60 %. Zu dieser Gruppe von Reichen gehörten auch die Mitglieder der politisch führenden Familien. Allerdings sank ihr Anteil am Steueraufkommen in den Jahren vor der Reformation, ohne daß dies einen politischen Machtverlust nach sich gezogen hätte. Praktisch kamen nur die 20 % reichsten Bürger in den Rat; in der Regel wurde nur jemand Bürgermeister, der zu den 16 reichsten Bürgern gehörte.

Auf der anderen Seite gab es eine nicht unerhebliche Gruppe von reichen Bürgern, die überhaupt keine oder nur unbedeutende städtische Ämter innehatten. Diese waren zwar aufgrund ihres Vermögens ebenfalls ratsfähig, hatten jedoch wegen der Machtverfilzung praktisch keine Möglichkeit, an die Macht zu gelangen. Bei den kleinen Gilden kommt noch hinzu, daß sie ohne eine Verfassungsänderung keine reichen und angesehenen Mitglieder in den Rat hätten entsenden können.

Wenden wir uns dem nachreformatorischen Zeitraum zu, der Zeit von 1534–1619. Im politischen Bereich brachte die Reformation für Hannover nicht nur verfassungsgeschichtlich, sondern auch sozialgeschichtlich einen tiefen Einschnitt. Das ist in dieser Form – Münster ausgenommen – einmalig in Nord- und Nordwestdeutschland.

Daß die Reformation »von unten« durchgesetzt werden mußte, blieb nicht ohne institutionelle Folgen. Die Ratsverfassung von 1534 schaffte die Kooptation ab; der Rat sollte jetzt von *der ganzen Stadt* gewählt werden.[80] Der Anteil der ratsfähigen Gilden am Rat wurde zu Lasten der Kaufleute erhöht. Diese Regelung galt bis zur Verfassungsneuordnung von 1699. Neu war, daß die Verfassungsänderung von 1534 auch eingehalten und nicht mehr unterlaufen wurde.

Die alte Elite, die das Luthertum konsequent abgelehnt hatte, wurde völlig entmachtet, auch eine Besonderheit Hannovers. Dies ist zunächst an tiefgreifenden Veränderungen in der städtischen Verwaltung ablesbar: vollständiger Austausch des Personals im Stadtregiment, überwiegender in der übrigen Verwaltung. Abgelöst wurde aber auch der Anhang der alten Familien in den Bürgerschaftsgremien der Meinheit und der Gilden, die den Rat in seiner altgläubigen Politik unterstützt hatten. Dort rückten nun Leute von »der Basis« nach.

Eine weitere Veränderung war eine Verschiebung der politischen Gewichte. Die ständische Gruppe der Kaufleute verlor nicht nur Ratssitze, sondern auch

ihre dominierende Stellung überhaupt. Das ist deutlich am Bürgermeisteramt ablesbar: Während vor der Reformation fast alle Bürgermeister aus der Kaufmannschaft gekommen waren, kamen sie danach alle aus der Meinheit. Die einzige Ausnahme, der erste Bürgermeister nach der Reformation, erklärt sich aus der besonderen Situation dieser Zeit.
Die politische Neuordnung führte zu einer breiteren Partizipation an der politischen Macht und zu erhöhten Karrierechancen für die Mitglieder aller Bürgerschaftsorgane. Dieser Elan bei der personellen Erneuerung der Verwaltung hielt allerdings nicht lange an. Seit Mitte des 16. Jahrhunderts ist wiederum die Tendenz zur personellen Verfestigung festzustellen. Allerdings gab es nun nicht wieder einen Kreis von wenigen Familien, die die Macht in Händen hielten. Vielmehr waren es jetzt Einzelpersönlichkeiten, die Spitzenpositionen erreichten. Die alten Familien kehrten nicht an die Macht zurück. Zwar war ihr Ansehen noch hoch – einige der neuen Honoratioren holten sich ihre Ehefrauen aus diesen Familien –, und einige findet man auch wieder in der städtischen Verwaltung. Dennoch blieb eine gewisse Isolierung: man heiratete vorwiegend »unter sich«.

2.4. Die Stadtbewohner

Die Bürger

Die Bevölkerung einer mittelalterlichen Stadt war rechtlich und sozial stark differenziert. Es gab *Bürger* und *Einwohner,* Laien und Geistliche, Arme und Reiche. Hannoverscher Bürger war jeder, der das Bürgerrecht besaß. Am einfachsten erfüllen konnten diese Bedingung natürlich die Kinder von hannoverschen Bürgern; sie wurden in das Bürgerrecht hineingeboren. Allerdings nur dann, wenn sie in Hannover geboren wurden. Ansonsten mußte der Vater vor der Geburt vom Rat eine Sondergenehmigung erbitten. Der stellte dann das Kind so, als *were es hierbinnen geboren.*[1] Sofern man das Bürgerrecht nicht erbte, mußte man es gegen eine hohe Gebühr erwerben. Voraussetzung dafür war einmal die ehrliche Geburt, d. h., der Bewerber mußte ehelich geboren sein und seine Eltern durften keinen *unehrlichen* Beruf ausüben.[2] Wer Bürger werden wollte, mußte in der Regel auch Grund- und Hausbesitz in der Stadt nachweisen, später den Besitz der Braugerechtigkeit. Außer einer moralischen und materiellen Voraussetzung gab es noch eine dritte: die ständische Freiheit. Zuwanderer aus den umliegenden Dörfern gehörten in der Regel als Hörige einem Grundherrn; das konnte ein Adliger oder auch eine Kirche sein. Flüchtete solch ein Höriger in die Stadt, machte ihn nach einer Frist, in der er reklamiert werden konnte (1 Jahr und 1 Tag), *die Stadtluft frei,* d. h., er galt der Stadt als Freier.[3] Jetzt stand er unter dem Schutz des Rates, der aus bevölkerungspolitischen und finanziellen Gründen am Zuzug in die Stadt interessiert war, vor allem bei solchen Neuankömmlingen, die ein wirtschaftlich interessantes Gewerbe ausübten.
Diese Vorgehensweise des Rates führte nicht selten zu Konflikten mit Grundherrn, zu Rechtsstreitigkeiten darüber, ob jemand hörig war, ob er sich freigekauft hatte, ob er durch Verjährung frei war usw. Am einfachsten lag der Fall dann, wenn vom Herrn der Verzicht erkauft werden konnte. Beispielsweise sagte Hardeke v. Reden 1409 Hans Schillinges aus *Eigentum und Dienst frei und los.*[4] 1417 erwarb dieser Schillinges dann das Bürgerrecht in Hannover – also keineswegs sofort.[5] Schwieriger war es, wenn man seine freie Herkunft beweisen mußte. Dafür waren Zeugen nötig, besaß man doch normalerweise keinerlei schriftliche Beweise. Wir wissen von einigen solcher Verhandlungen in Hannover, die vor dem Rat stattfanden. 1404 erklärte z. B. Henning Bringkmann vor dem Rat, daß er kein Höriger des Klosters zum Werder (Marienwerder) sei. Nachdem der Rat 14 Nächte vergeblich auf eine Äußerung des Klosters gewartet hatte und nicht länger warten wollte, verlieh er Bringkmann das Bürgerrecht. Zuvor hatten Zeugen dessen Angaben bestätigt.[6]
Mitunter kam es vor, daß Grundherren noch nach Jahrzehnten ihre Ansprüche gegen Personen geltend machten, die zwar nach Stadtrecht frei waren, nach allgemeiner Rechtsauffassung jedoch noch als unfrei galten. So erschien 1406 Wulbrand v. Reden vor dem Rat und erklärte, daß die Grovesche sein Eigentum sei, da auch ihr Vater ihm gehört habe. Demgegenüber geht die Bürgersfrau davon aus, sie habe sich in Hannover die Freiheit ersessen. Diese Ansicht teilt der Rat jedoch nicht. Für sie als Frau gilt auch nicht die übliche Frist (Jahr und Tag), sondern eine andere Verjährungsfrist. Der Rat fragte sie nämlich, ob sie 31 Jahre, 6 Wochen und 3 Tage frei gewesen sei und ihr Herr keine Ansprüche auf ihre Person gemacht habe. Dies bejahte sie und fügte hinzu, sie wohne sogar schon seit 52 Jahren in dieser Stadt, ohne daß Wulbrand v. Reden jemals Eigentumsrechte beansprucht hätte. Der Landadlige gab daraufhin seine Klage auf.[7]
Wer eine Bürgertochter oder -witwe heiratete, erhielt das Bürgerrecht zu günstigeren Bedingungen.[8] Das bot vor allem Handwerksgesellen eine Aufstiegsmöglichkeit.[9]

Erfüllte der Bewerber alle Voraussetzungen, erwarb er das Bürgerrecht durch Zahlung eines *Bürgergeldes.* Von dieser Zahlung konnte ihn der Rat aber auch befreien. 1542 erließ er z. B. ein Statut, demzufolge in Zukunft allen Predigern samt Ehefrauen und Kindern das Bürgerrecht geschenkt wurde. Außerdem sollten sie von den bürgerlichen Lasten befreit sein.[10] Mitunter verwandten sich hochgestellte Persönlichkeiten beim Rat dafür, dem Bewerber das Bürgergeld zu erlassen. So bat z. B. 1544 die Gemahlin Herzog Erichs des Älteren für den Buchdrucker Henning Rude. Zwar sei es in Hannover Brauch, daß man *etlich gelt... dazu haben solle,* doch sei er *itziger Zeit mit barschaft nit gefaßt.*[11]

Nach der Zahlung des Bürgergeldes war der Bürgereid zu leisten. Hierbei schwor der Bewerber, dem Landesherrn, dem Rat, der Stadt Hannover und allen Bürgern und Einwohnern *treu und hold zu sein, ihren Nutzen zu mehren, Unheil abzuwenden und keinen Unfrieden zu stiften.*[12] Der Stadtschreiber trug ihn dann in das sogenannte Bürgerbuch *(liber burgensium)* ein, das der hannoversche Rat seit 1301 führen ließ. Der Neubürger gehörte nun entweder der Kaufmannschaft, der Meinheit oder einer der Gilden an, deren Zustimmung er zuvor eingeholt hatte. Der Neubürger war jetzt aufgenommen in eine Gemeinschaft von Menschen, *in der alle für einen und einer für alle zu gemeinsamer Hilfeleistung untereinander verpflichtet waren.*[13]

Die Bürger fühlten sich ihrer Stadt so sehr verbunden, daß sie sie als ihr *Vaterland* bezeichneten, wie es wiederholt in nachreformatorischen Quellen zum Ausdruck gebracht wird.[14] Der Idee nach hatte jedes Mitglied dieser Genossenschaft die gleichen Rechte und Pflichten. Diese Rechtsqualität war neu und nur der Stadt eigen: Vorher war jeder an den Rechtskreis gebunden, dem er durch Stand und Geburt angehörte.

Wie schon gesagt, ergaben sich aus dem Bürgerrecht für den Neubürger Rechte und Pflichten. Als Bürger hatte er nun das Recht, die städtische Allmende zu nutzen, sein eigenes Bier zu brauen, *Handel und Wandel* zu treiben[15] und an der Selbstverwaltung der Bürgergemeinde teilzunehmen.[16] Er konnte städtische Ämter übernehmen oder in den Vertretungsgremien der Bürgerschaft mitarbeiten, die ja zu wichtigen Beschlüssen des Rates hinzugezogen wurden. Überdies genoß er – wie auch die Einwohner – den Schutz der Stadt.[17]

Zu seinen Pflichten *(Dingpflicht)* – sie heißen in den hannoverschen Quellen *Schoß, Wacht und Meinwerk* – gehörte es, Steuern *(Schoß)* zu bezahlen. Dieser bürgerlichen Last suchten sich Bürger zuweilen zu entziehen. Die Steuermoral ist das ganze Mittelalter ein Problem gewesen, was sich in der Frühen Neuzeit noch verschlimmerte. 1559 drohte der Rat zusätzlich zum Ehrverlust einem Bürger sogar mit Stadtverweis, falls er nicht umgehend seine Steuern bezahle.[18] Anfang des 17. Jahrhunderts war die Steuermoral der Bürger so weit gesunken, daß sich der Stadtkämmerer kaum noch in der Lage sah, die Prediger, Schulmeister und anderen städtischen Bediensteten zu besolden und den Armen *die denselben gebührende Almosen zu reichen.* Daraufhin belebte der Rat mit den Vertretungsgremien der Bürgerschaft eine alte Regelung, nämlich *daß jährlichs in der Woche nach Ostern undt Michaelis Archangeli, die Schoßglocke geleutet, undt alßdan die Registratores auff dem Rahthause alhir erscheinen, alle Bürger und Bürgerinnen, welche in solche Register etwas zuentrichten schuldig, ohnnachläßig sich anmelden.*[19]

Außerdem hatte der Bürger die Stadt zu bewachen (Streifengänge) und Graben- und Schanzdienste (Meinwerk) zu leisten, die für den Ausbau und die Instandhaltung der Befestigungen notwendig waren. Auch mußte er an Verbrecherjagden *(Ausjagd)* teilnehmen und tatkräftig bei der Brandbekämpfung mithelfen. Im Kriegsfall gehörte es zu seinen Pflichten, mit seinen Waffen, die er zu Hause aufbewahrte, die Stadt zu verteidigen.[20]

Wir haben schon gehört, daß der Rat Bürger von der Dingpflicht teilweise oder insgesamt[21] »befreien« konnte. So gewährte er z. B. des öfteren eine befristete[22] oder unbefristete Schoßbefreiung. Die steuerpflichtigen Bürger gewährten dem Rat eine Summe Geldes, die eine pauschale Ableistung von Steuern für eine bestimmte Frist war. Das hatte für Bürger, die gerade solvent waren, den Vorteil, daß sie die Schwankungen des Steuersatzes nicht mitmachen mußten. 1390 schloß der Rat z. B. mit zwei Bürgern einen Vertrag, der sie gegen eine bestimmte Geldsumme von der Steuerzahlung auf Lebenszeit befreite. Allerdings mußten sie *wachte, were unde meynewerk* tun *gelik anderen borgheren.* Starb einer von ihnen, sollten die Erben in seine Verpflichtungen eintreten.[23] Üblich war auch, daß Bürger Wachtdienst und Meinwerk an ihrer Stelle durch Knechte oder andere Personen verrichten ließen.[24] Seit 1507 waren *Bürgermeister, Kämmerer, Burmeister und die, die für den Rat arbeiten* vom Meinwerk befreit.[25]

Zur Last konnte die Dingpflicht werden, wenn der Bürger alt geworden war und sich körperlich nicht mehr in der Lage sah, Wachtdienst und Meinwerk nachzukommen. So bat Heinrich Cron 1596 den Rat, ihm dieses zu erlassen. Er sei jetzt 90 Jahre alt und könne nicht mehr auf dem Wall und vor den Toren Wache stehen.[26] Dem trug die Wachreform in der ersten Hälfte des 17. Jahrhunderts Rechnung. Aber auch von jüngeren Bürgern wurde der Wachtdienst als eine Last empfunden, die man durch den Genuß von Alkohol zu vergessen oder zu mildern hoffte. 1615 mußte der Rat verfügen, in Zukunft möge sich jeder bei *Tag- und Nachtwachen der Nüchternheit befleißigen* und sich *des Trinkens auf den Wällen und*

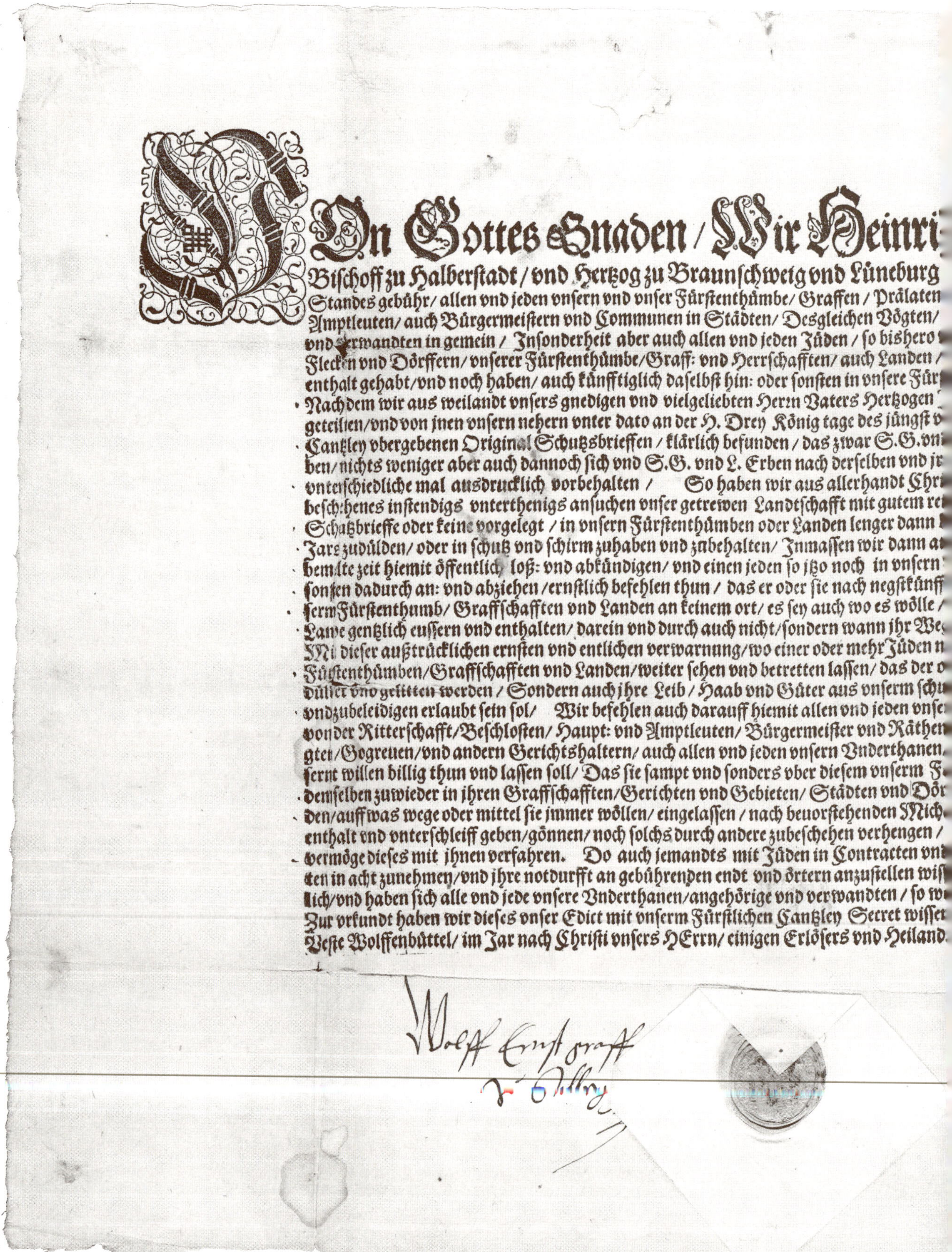

Von Gottes Gnaden / Wir Heinri
Bischoff zu Halberstadt / vnd Hertzog zu Braunschweig vnd Lüneburg
Standes gebühr / allen vnd jeden vnsern vnd vnser Fürstenthümbe / Graffen / Prälaten
Amptleuten / auch Bürgermeistern vnd Communen in Städten / Desgleichen Vögten /
vnd verwandten in gemein / Insonderheit aber auch allen vnd jeden Jüden / so bishero
Flecken vnd Dörffern / vnserer Fürstenthümbe / Graff: vnd Herrschafften / auch Landen /
enthalt gehabt / vnd noch haben / auch künfftiglich daselbst hin: oder sonsten in vnsere Für
Nachdem wir aus weilandt vnsers gnedigen vnd vielgeliebten Herrn Vaters Hertzogen
geteilten / vnd von jnen vnsern nehern vnter dato an der H. Drey König tage des jüngst v
Cantzley vbergebenen Original Schutzsbrieffen / klärlich befunden / das zwar S.G. vn
ben / nichts weniger aber auch dannoch sich vnd S.G. vnd L. Erben nach derselben vnd jr
vnterschiedliche mal ausdrucklich vorbehalten / So haben wir aus allerhandt Chri
beschehenes instendigs vnterthenigs ansuchen vnser getrewen Landtschafft mit gutem re
Schutzbrieffe oder keine vorgelegt / in vnsern Fürstenthümben oder Landen lenger dann
Jars zudülden / oder in schutz vnd schirm zuhaben vnd zubehalten / Inmassen wir dann a
bemelte zeit hiemit öffentlich loß: vnd abkündigen / vnd einen jeden so jtzo noch in vnsern
sonsten dadurch an: vnd abziehen / ernstlich befehlen thun / das er oder sie nach negstkünff
serm Fürstenthumb / Graffschafften vnd Landen an keinem ort / es sey auch wo es wölle /
Lawe gentzlich eussern vnd enthalten / darein vnd durch auch nicht / sondern wann jhr We
Mit dieser außtrücklichen ernsten vnd entlichen verwarnung / wo einer oder mehr Jüden n
Fürstenthümben / Graffschafften vnd Landen / weiter sehen vnd betretten lassen / das der o
dülder vnd gelitten werden / Sondern auch jhre Leib / Haab vnd Güter aus vnserm schu
vnd zubeleidigen erlaubt sein sol / Wir befehlen auch darauff hiemit allen vnd jeden vnse
von der Ritterschafft / Beschlosten / Haupt: vnd Amptleuten / Bürgermeister vnd Räthen
gten / Gogreuen / vnd andern Gerichtshaltern / auch allen vnd jeden vnsern Vnderthanen
fernt willen billig thun vnd lassen soll / Das sie sampt vnd sonders vber diesem vnserm F
demselben zuwieder in jhren Graffschafften / Gerichten vnd Gebieten / Städten vnd Dör
den / auff was wege oder mittel sie jmmer wöllen / eingelassen / nach beuorstehenden Mich
enthalt vnd vnterschleiff geben / gönnen / noch solchs durch andere zubeschehen verhengen /
vermöge dieses mit jhnen verfahren. Do auch jemandts mit Jüden in Contracten vn
ten in acht zunehmen / vnd jhre notdurfft an gebührenden endt vnd örtern anzustellen wis
lich / vnd haben sich alle vnd jede vnsere Vnderthanen / angehörige vnd verwandten / so w
Zur vrkundt haben wir dieses vnser Edict mit vnserm Fürstlichen Cantzley Secret wisse
Veste Wolffenbüttel / im Jar nach Christi vnsers HErrn / einigen Erlösers vnd Heiland

Wolff Ernst graff

ABB. 8: Judenedikt des Landesherrn vom 15. Juli 1591, Originalformat 41,9×33,8 cm.

ius/ Postulierter
n hiemit neben entbietung nach
Ritterschafft/Beschlossen/ Haupt: vnd
allen vnsern Vnderthanen/ angehörigen
vnd jeden vnsern Städten/ Gerichten/
mer sein mag/jren vnterschleiff vnd auff-
Lande kommen möchten/hiemit zuwissen:
chweig ꝛc. etlichen Jüden hiebeuorn mit-
ars ausgangenen Edict zuuolge in vnser
n Jüden sonderliche Schutz Jar verschrie-
bs gelegenheit die lose vñ auffkündigung
beweglichen vrsachen/ auff sonderliches
lossen/ hinfürter keine Jüden/ sie haben
enden Michaelis dieses lauffenden 91.
nd sonders vnsern schutz vnd schirm auff
vñ Landen sich heuslich auffhalten/oder
s jhnen bestimpten abzugs zeit sich in vn-
n noch finden lassen/ sondern sich vnserer
fellet/vnser Lande vnd gebiet vmbziehen.
gstkommenden Michaelis sich in vnsern
t allein in vnsern Landen lenger nicht ge-
herheit/ vnd einem jeden sie anzugreiffen
eftenthümben Graffen/Prälaten/denen
n vnsern Städten/Schuldtheissen/Vö-
d verwandten/ vnd wer sonsten vmb vn-
vnd Mandat steiff vnd fest halten/ vnd
n/ sie haben sich auch mit jhnen/den Jü-
n lenger dülden/noch jhnen einigen auff-
r aus vnd hinweg weisen/ oder sonsten
g stehen/ werden dieselbe solches bey zei-
obstehet/ meinen wir allenthalben ernst-
den in gemein darnach entlich zurichten.
ssen/ Geschehen vnd geben auff vnser
91. den 15. Julii.

vor dem Tor gänzlich enthalten.[27] Das blieb aber ein frommer Wunsch.

Die Einwohner

Außer den Bürgern lebten in der Stadt die Einwohner, die sich in zwei Gruppen unterteilen lassen. Zu den Bewohnern, die nicht dem Stadtrecht unterstanden, sondern einem anderen Rechtssystem angehörten, zählen Adel, Klerus und Juden. Davon zu unterscheiden ist die zweite Gruppe von Bewohnern, die dem Stadtrecht unterstanden: Aussätzige, Bettler, Dirnen sowie die Angehörigen *unehrlicher* Berufe.

Die Juden

Eine Sonderstellung nahmen die Juden ein. Wie der Klerus lebten die jüdischen Gemeinden nach eigenem Recht, das (theoretisch) unter dem Schutz des Kaisers stand. Praktisch wurden sie seit dem 13. Jahrhundert aus der sich immer mehr auch als christliche Gemeinde und Stätte christlichen Heils verstehenden Stadt ausgeschlossen, wirtschaftlich auf Bereiche zurückgedrängt, die Christen verboten waren *(Wucher).* Hier spezialisierten sie sich notgedrungen entsprechend der Nachfrage, die regional und zeitlich verschieden war.
In Hannover ist der erste Jude 1292 in einem Pfandregister erwähnt.[28] Über ihre Lebensverhältnisse und Schicksale erfahren wir aufgrund der schlechten Quellenlage erst seit dem 14. Jahrhundert Näheres. 1375 tritt der Landesherr der Stadt das Recht ab, Juden aufzunehmen und zu besteuern.[29] Diese Politik der Stadt richtete sich nach dem fiskalischen Nutzen und dem Nutzen für die Wirtschaft. Die Stadt war also an der »Ausbeutung« der Juden interessiert; den Schutz der Juden hatte sie weniger im Auge. Da Kaiser und Landesherr als Schutzherren effektiv ausgeschaltet waren, drohte immer wieder die Inquisition, die Geschäftskonkurrenten oder verblendete Christen anriefen. Einen Hinweis auf einen solchen Fall haben wir 1477, als Graf Erich von Holstein und Schaumburg dem Rat schreibt, der hannoversche Bürger Bernd Fockerelle habe einen Juden *myt geistlikem gerichte overvallen.*[30]
Aufgenommene Juden erhielten Wohnrecht, kein Bürgerrecht. Modern ausgedrückt verlieh ihnen der Rat eine Aufenthaltsgenehmigung, entweder befristet, so z. B. 1499 (8 Jahre), oder unbefristet, d. h. auf Lebenszeit (1550 und 1580).[31] Eine dritte Möglichkeit war, das Wohnrecht auf Widerruf zu erteilen. Als der Rat 1488 neue Juden aufnahm, erklärte er ausdrücklich, daß sie in der Stadt nur solange wohnen dürften, *solange wir sie hier mit uns leiden wollen.*[32]
Wie die Mitbewohner trugen auch die Juden theoretisch die bürgerlichen Lasten.[33] Praktisch hätte man sie damit am Gemeinschaftsleben der Christen teilhaben lassen müssen, was diesen undenkbar schien. Sie

hatten deshalb diese Lasten durch Geldzahlungen abzuleisten und zusätzlich hohe Gebühren für ihren Schutz zu entrichten. Selbst von der sonst nicht ablösbaren *Ausjagd* waren sie ausgeschlossen.[34] Diese Außenseiterstellung kommt in Verboten zum Ausdruck, die den Bürgern untersagten, mit Juden *irgendeine Gemeinschaft zu haben oder Fleisch von ihnen zu kaufen.*[35]

Anders als in einigen Städten wohnten die hannoverschen Juden nicht in einer geschlossenen Siedlung;[36] sie mieteten sich selbst in der Stadt ein.[37]

Wie andernorts lebten auch die hannoverschen Juden vom Geldhandel und Kreditgeschäft, deren Umfang sich aber aufgrund der schlechten Quellenlage nicht bestimmen läßt.[38] Aus den Ratsprotokollen wissen wir, daß Bürger bei Juden Schmuck, Braupfannen (zum Bierbrauen) und sogar Haus und Hof versetzten. Konnten sie dann die Schuld nicht zum Fälligkeitstermin begleichen, mußte der Jude – entgegen dem Reichsrecht – sein Recht vor dem Rat suchen.[39]

Als Beweismittel waren auch für den jüdischen Kontrahenten Zeugenbeweis und Eidleistung zugelassen. Dieser Eid entsprach dem, den die Hildesheimer Juden schwören mußten.[40] Der Eid, den man Juden abverlangte, war eigentlich ein gängiges Formular, bei dem »nur« die eigentlichen christlichen Elemente ersetzt waren durch scheinbar jüdische (statt Gott: Adonei, statt der Heiligen: die Thora etc.). Was man aber insgesamt damit Juden zumutete, die nicht schwören durften und für die es oberstes religiöses Gebot war, Gott nicht zu vermenschlichen, indem man ihn mit einem Namen belegte, dafür hatte man kein Gefühl und wollte wohl auch keines haben. Von anderen Städten wissen wir, daß dazu häufig entwürdigende Umstände bei der Eidleistung vorgeschrieben waren (z. B. das Stehen auf einer Sauhaut).

Die Rechtsprechung des Rates ging nicht von der Gleichheit der Juden vor dem Gesetz aus: Stellte der Bürger den Juden nicht innerhalb von 14 Tagen zufrieden, drohte ihm nur ein *bürgerliches Einlager* (Hausarrest).[41] Beglich aber der Jude seine Schuld innerhalb dieses Zeitraums nicht, sollte er sich *nach Ausgang der 14 Tage... in Hannover nicht finden lassen*, wurde also der Stadt verwiesen.[42]

Das Verhältnis zwischen Hannoveranern und Juden wurde seit Mitte des 14. Jahrhunderts gespannt; es kam zu einer Reihe von Pogromen, besonders in der Zeit der großen Schwarzen Pest (1348), in der man die Juden für den Ausbruch der Seuche verantwortlich machte.[43] Forderungen an den Rat, keine Juden mehr aufzunehmen und den ansässigen die Verträge nicht zu erneuern, gab es das 15. Jahrhundert hindurch, so 1445, als die Opposition vom Rat u. a. forderte, die Juden auszuweisen, wenn ihre Zeit *umbgekommen were.*[44] Eine dritte Welle der Judenfeindlichkeit gab es offenbar in der Reformationszeit. 1532, im Zuge der Reformation, beklagte sich die Bürgeropposition beim Rat u. a. über den *Vorkauf des Juden.*[45] Dieser (ungenannte) Jude kaufte offenbar Waren auf, bevor sie auf den städtischen Markt kamen.[46] Dort bestimmte er dann die Preise, was die einheimischen Händler, die selbst ganz ungeniert Vorkauf trieben, verärgerte. Da die Juden weitgehend schutzlos waren, sorgten diese Kreise dann selbst für »Recht«, was die Autorität des Rates wiederum in Frage stellte. Auf dem Verordnungsweg mußte er die Bürger ermahnen, *daß sich niemand vergreife... an den Juden oder ihren Häusern.*[47]

Nach der Reformation beließ der neue Rat die Juden vermutlich bei ihrem alten Rechtsstatus. Dieser galt nicht für neu Zugelassene. Aus den Abmachungen von 1550 spricht der alte Argwohn gegen die Juden: Sie werden als arglistige Feinde der Christen angesehen, die, um ihnen alles Böse anzutun, sich mit deren Feinden verbünden, den Mohammedanern oder den Papisten.[48] Bei manchen Glaubensstreitern war dieser Argwohn wohl besonders groß. 1554 gelobte Heinrich v. Sode dem Rat, in Zukunft *den juden ihre fenster und sie selbst ungeschlagen zulassen.*[49] Ein Jahr später verbot der Rat den Juden, auswärtige Glaubensgenossen aufzunehmen.[50] Er fürchtete wohl, sie könnten sich hier festsetzen. Den reisenden Juden jedenfalls traf das hart; er wußte nun nicht mehr, wo er hin sollte, denn ein Christ durfte ihn ja nicht aufnehmen. Eine solche Einstellung war aber nicht nur in bürgerlichen Kreisen verbreitet. 1553 verbannte der Landesherr alle Juden aus seinem Fürstentum – und damit auch aus Hannover.[51] Dieses Edikt verfehlte jedoch seine Wirkung auf den Rat. Erst zehn Jahre später faßte er auf Ansuchen der Vertretungsgremien der Bürgerschaft den Beschluß, in Zukunft mit Juden keine *Verträge* mehr abzuschließen und neue Juden in der Stadt nicht mehr zu dulden.[52] Gehalten hat sich der Rat freilich in der Folgezeit nicht daran. Am 28. November 1574 wiederholte der Landesherr, Herzog Erich II., sein Judenedikt, wobei er sich als Landesvater gegenüber seinen Landeskindern zeigte: Da ihm wiederholt über Juden Klagen zu Ohren gekommen seien, daß sie *unsere armen Untertanen hin und wieder betrügen, sie mit ihrem greulichen Wucher fast ausmergeln und verderben* (ländliche Pfandleihe), *mit Dieben und Räubern paktieren* (Pfandleihe allgemein) *und Kinder und Gesinde unserer armen Leute durch sonderbare Praktiken zu Dieberei reizen* (andere Rechtsformen der Kreditgabe), *so sind wir schuldig und entschlossen, in Zukunft keine Juden mehr, vom obersten bis zum geringsten, unter uns und in unserem Land und Fürstentum zu dulden.* Zugleich befiehlt der Herzog dem Rat, *daß Ir der ganzen Judschaff bey Euch, niemanndts außgenomen, ungeseumbt* (unverzüglich) *unnser Gleit* (Geleit) *und schuz* (Schutz) *aufsagen, unnd zwischen hir unnd Ostern, sich an anndern orter vorsehen, bei Confisci-*

rung Irer leib, haab, unnd gueter, in unnser Obrigkeit nicht finden zulassen, mit ernnst auferleget.[53]
Der Rat hält sich jedoch an diesen Erlaß ebensowenig wie an den von 1553. Erst am 3. Mai 1588 erläßt er selbst ein Edikt zur Judenfrage. Darin stellt er fest, daß die (von ihm selbst zu verantwortende) Kreditpraxis der Juden das Stadtsäckel schmälere. Die Christen, die daran beteiligt seien, sollten umgehend ihr Kapital herausziehen. Außerdem verbot der Rat, Juden etwas zu verpfänden und sich von ihnen Geld zu leihen.[54]
Obwohl damit den Juden die Nahrungsgrundlage eigentlich schon entzogen war, erließ der Rat im selben Jahr noch ein weiteres Edikt, demzufolge in Zukunft *kein Bürger oder Einwohner in der Stadt geduldet werden solle, der nicht der Augsburgischen Konfession zugetan sei.*[55] Damit war praktisch allen, die nicht protestantisch waren, das Wohnen in Hannover untersagt. Die Wirkung dieses Edikts zeigt sich noch im 18. Jahrhundert. Auf die Frage des französischen Kommissars de la Porte an den Rat vom Herbst 1757 nach der Anzahl der in Hannover lebenden Juden antwortet dieser: *Les Juifs n'osent point s'établir dans la vieille ville,* die Juden wagen es gar nicht, sich in der Altstadt niederzulassen.[56] Dafür gab es inzwischen auf der Neustadt für den nun anhebenden Merkantilismus unentbehrliche Hoffaktoren.

Die soziale Gliederung der Bürgerschaft

Außer einer rechtlichen Gliederung der Bürgerschaft gab es eine soziale, die sich nicht entsprachen.
Das früheste Beispiel dafür, die soziale Differenzierung in eine hierarchische Ordnung zu bringen, ist die Prozessionsordnung von 1366. In ihr wird die Reihenfolge der an der Fronleichnamsprozession teilnehmenden Gilden wie folgt festgelegt: Kaufleute, Bäcker, Schlachter, Schuhmacher, Schmiede, Wollenweber, Goldschmiede, Kramer, Kürschner, Hoker, Schneider, Steinsetzer, Müller, Ölschläger, Leinweber und Bader.[57] Die Kaufleute sowie die dann folgenden vier Gilden sind uns schon im Zusammenhang mit dem Statut von 1448 begegnet, in dem festgelegt war, wer Ratsherr werden durfte. Danach waren – außer der Meinheit – nur sie berechtigt, einen Ratsherrn zu stellen. Diese Bevorzugung bestimmter Gruppen in der mittelalterlichen Gesellschaft zeigt sich auch in einem Vertrag, den der Rat 1497 mit den Spielleuten schloß. Darin setzte er fest, daß derjenige, der eine Jungfrau beschläft, die Spangen trägt *(spanget junckfruwe)*, als Strafe 15 Gulden zu zahlen habe. Trug das Mädchen seidene Gewänder *(siden want)*, mußte er eine Mark entrichten. Nahte sich aber ein Spielmann in unsittlicher Weise einem Mädchen, das keine Seidengewänder trug oder *aus den Gilden* kam, hatte er 8 Schillinge zu bezahlen, bei *armen meigede(n)* nur 6.[58] Aufgrund dieses Vertrages war also der Wert der »Jungfernschaft« sozial abgestuft. Er bemaß sich nach der »sozialen Position«, die hier durch Beruf und Vermögen des Vaters bestimmt war und auch für Fremde an der Kleidung erkennbar ist. Wie sehr die gesellschaftliche Wertschätzung im 16. und 17. Jahrhundert von diesen beiden Kriterien bestimmt wurde, zeigen die Kleidungs-, Hochzeits-, Tauf- und Begräbnisordnungen. Eine dazu vom Rat am 14. April 1656 erlassene Ordnung teilt die Bürgerschaft in 6 Stände ein:[59]

1. Stand: Bürgermeister, Syndicus, Doktores, Licentiaten, Prediger, Magister, Kammerherren, Ratsherren aus Kaufmann und Meinheit, die alten Geschlechter, diejenigen, die aus den Geschlechtern oder sonst von vornehmen Eltern geboren sind und jetzt in Hannover wohnen,
2. Stand: Ratsherren aus großen und kleinen Gilden, Kaufleute, diejenigen, die jährlich 3000 Taler versteuern,
3. Stand: Brauer, diejenigen aus Gilden und Bürgern, die jährlich 2000 Taler versteuern,
4. Stand: diejenigen aus Gilden und Bürgern, die jährlich 1000 Taler versteuern,
5. Stand: Bürger und Handwerker, *so geringen vermugens,*
6. Stand: Tagelöhner, Knechte und Mägde.

2.5. Handel und Handwerk

Die Anfänge

Wir haben schon gehört, daß sich die Stadt Hannover aus einer kleinen Marktsiedlung entwickelte, die am Schnittpunkt zweier wichtiger Handelsstraßen lag. Einmal an einer Nord-Süd-Verbindung zwischen Hildesheim und Bremen oder, weiter gefaßt, zwischen Oberdeutschland und Nordsee. Zum anderen an einem Flußübergang über die Leine für den Ost-West-Verkehr. Auf seinem Weg konnte sich der fahrende Kaufmann hier ausruhen. Bereits Anfang des 12. Jahrhunderts gab es einen Marktplatz; in der Siedlung wohnten Kaufleute und Handwerker. Das bedeutet, daß Hannover zu dieser Zeit für die Umgebung schon einen Mittelpunkt darstellte, einen zentralen Ort, in dem man Waren recht verschiedener Art herstellen, einkaufen und verkaufen konnte.
Diese Entwicklung wäre nicht möglich gewesen ohne die Einwilligung des Landesherrn. Er verlieh die

Marktrechte und andere Rechte und gab den Bewohnern der Siedlung das Land für ihre Hausstätten.[1] Die Landesfürsten taten dies, weil sie zu jener Zeit ein großes Interesse daran hatten, Städte zu gründen und zu fördern, konnten sie selbst doch vom Handel durch Zölle und Steuereinnahmen profitieren. Über die ältesten Marktrechte wissen wir nichts, auch die Erhebung der Marktsiedlung zur Stadt bleibt für uns im Dunkeln. Die erhaltenen Quellen berichten uns lediglich, daß 1241 Herzog Otto von Braunschweig-Lüneburg Hannover das Stadtrecht bestätigte, das es also schon vorher besaß.[2] Was kann man den Quellen der folgenden Zeit über die wirtschaftlichen Zustände in Hannover entnehmen?

In der genannten »Stadtrechtsurkunde« von 1241 sichert der Landesherr den Bürgern Hannovers zu, daß sie ihre Waren in seinem Territorium ohne Einschränkungen verkaufen dürften. Zwanzig Jahre später erreichen sie beim hamburgischen Rat *(Hammenborch)* freies Geleit auf seinem Gebiet.[3] Etwa um dieselbe Zeit tat sich Hannover mit anderen Städten »Sachsens« zusammen, um gemeinsam eine gerechte Behandlung ihrer Kaufleute in Gent *(Gandongo)* zu erreichen.[4] Der Handel mit den hochwertigen flandrischen Tuchen wird für die Hannoveraner erst richtig nutzbar, als sie von ihrem Landesherrn das Recht erhalten, das Tuch en detail zu verkaufen (auszuschneiden = Gewandschnitt).[5] Wertvoll für den Handel ist auch das Grundruhrrecht *(gruntroringhe)*, das ihnen der Landesherr abtrat: in Zukunft mußten Waren von Kähnen, die in der Leine auf Grund setzten, oder von Karren, die beim Übersetzen über die Leine (Furt/Brücke) im Wasser landeten, nicht mehr beim Landesherrn abgeliefert werden.[6]

Diese ersten Nachrichten über die städtische Wirtschaft betreffen nur den Handel, jenen Wirtschaftszweig, dem die Städte des Mittelalters ihre Blüte verdankten. In der Stadtrechtsurkunde von 1241 ist aber auch schon von *magistros artium manualium* in Hannover die Rede, also von »Meistern der Handwerke«. Um welche Handwerke es sich hier handelt, wird uns allerdings nicht mitgeteilt. 120 Jahre später sind im Statutenbuch der Stadt als bedeutendere wirtschaftliche Verbände 16 Innungen aufgeführt, und zwar anläßlich der Aufstellung für die Fronleichnamsprozession in der Reihenfolge ihres Ansehens: Kaufleute, Bäcker, Knochenhauer (Schlachter), Schuhmacher, Schmiede, Wollenweber, Goldschmiede, Kramer, Kürschner, Hoker, Schneider, Steinsetzer, Müller, Ölschläger, Leineweber und Bader.[7] Mit den Namen dieser Innungen sind die in Hannover ausgeübten Berufe nicht etwa erschöpfend aufgezählt, wie wir aus dem Bürgerbuch wissen. Das Anwachsen der Stadtbevölkerung und die Entwicklung des Gewerbes hat zu dieser Zeit also bereits zu einer starken Arbeitsteilung und Differenzierung der Wirtschaftsbranchen geführt, der wir näher nachgehen wollen. Wenden wir uns zunächst der angesehensten und wirtschaftlich wichtigsten Gruppe zu, den Kaufleuten.

Auf langen, beschwerlichen Reisen kauften Fernhandelskaufleute im Mittelalter Waren und versorgten die verschiedenen Länder Europas mit den Produkten, über die diese selbst nicht verfügten. Die Kaufleute waren die Vermittler von Luxus- und von Massenwaren, ohne die eine mittelalterliche Stadt nicht leben konnte.

Mit welchen Waren handelte nun der hannoversche Kaufmann, und woher bezog er sie? Über die Waren ist für das 13., 14. und 15. Jahrhundert wenig zu ermitteln. Indirekte Hinweise können wir dem Bürgerbuch, Urkunden und dem Kaufleute-Statutenbuch entnehmen. Die allgemein übliche »Schriftlichkeit« des Großkaufmanns zu dieser Zeit[8] beschert uns für Hannover erst im 16. und 17. Jahrhundert eine günstige Quellenlage. Jetzt können wir den Handelsverkehr Rechnungs- und Geschäftsbüchern entnehmen, die der Kaufmann im heimatlichen Kontor führte, während den Ein- und Verkauf sowie die Abwicklung des Transports Agenten besorgten.

Im 13. und 14. Jahrhundert gab es feste Handelsbräuche, in die sich auch die hannoverschen Kaufleute einfügten. Danach kauften sie für den einheimischen Bedarf oder Weiterverkauf Tuche aus Flandern[9] und vom Niederrhein[10], Pelze und Häute aus Nowgorod.[11] Tran und Wachs kamen ebenfalls aus Nowgorod[12], Heringe und Butter aus Schonen[13], Schweden und Dänemark.[14] Das zum Weiterverkauf bestimmte Vieh kam aus dem Gebiet um Hoya[15], Getreide aus dem Gebiet südlich von Hannover.[16] Auf dem Markt in Hannover boten die Kaufleute Luxusgüter und Massengüter an, Vieh und Getreide vor allem auch auf anderen Märkten, so z. B. auf denen anderer Hansestädte. Entsprechend dieser Ausrichtung des Handels hatten die Kaufleute Hannovers feste Handelsverbindungen u. a. nach Gent[17], Hamburg[18] und Bremen[19] sowie nach Nowgorod.[20]

Der einzelne Kaufmann und seine Geschäftsführung im 13., 14. und 15. Jahrhundert bleiben für uns im Dunkeln. Wir kennen zwar die Namen der Mitglieder der hannoverschen Kaufmannsinnung *(kopman)*, wissen jedoch nicht, ob sie alle mit den oben genannten Gütern gehandelt haben oder ob sie sich spezialisierten auf Geschäftsbeziehungen mit nur einer Landschaft und auf den Handel mit nur wenigen Gütern.[21] Wir können aber aus hannoverschen und anderen Quellen die Wege nachzeichnen, die die Handelsgüter vom Erzeugerland bis nach Hannover nahmen.

Wie gelangte z. B. jener in den 650 Jahre alten Quellen genannte Hering, der wegen der vielen Fasten- und Abstinenztage im Jahr große Bedeutung hatte, aus Schweden nach Hannover auf den Markt? Der Heringshandel zwischen Ostsee und Binnenland gehörte zu den wichtigsten Einnahmequellen für Kaufleute jener Zeit. Nach der Fangzeit zwischen Juli und September liefen die Schiffe dänischer Fischer in den Hafen der südschwedischen Halbinsel *Skanör* (Schonen) ein. Dort verkauften sie ihre Fänge an Großhändler, die die Weiterverarbeitung des Herings und seinen Transport organisierten. Eingesalzen in Lüneburger Salz, später in billigerem französischem, wurde der Fisch in Tonnen gelagert und auf kleine Segelschiffe *(Koggen)* geladen.[22] Diese Koggen brachten die Heringstonnen über die Ostsee nach Lübeck. Dort angelandet, wurde der Fisch auf andere Schiffe bzw. Flußkähne oder Pferdewagen zum Weitertransport umgeladen.[23] Die Frachten für Hannover gelangten über Mölln, Artlenburg und Lüneburg nach Hannover.[24] Auf demselben Weg kam auch der getrocknete Stockfisch aus Bergen in Norwegen nach Hannover. 1463 war ein Hannoveraner, Dietrich Tolner, Mitglied einer Handelsgesellschaft in Bergen.[25] Um eine Vorstellung von der Dauer solcher Transporte zu bekommen, sei nur gesagt, daß die Überfahrt von Bergen nach Lübeck etwa 9 Tage dauerte, bei widrigen Wetterverhältnissen bis zu 3 Wochen.[26] Heute würde ein modernes Containerschiff noch nicht einmal einen Tag brauchen.[27] Der Transportweg von Schonen nach Lübeck sollte bis etwa 1400 der einzige bleiben und Lübeck reich machen. Zu dieser Zeit bekam der schwedische Hering jedoch Konkurrenz durch den holländischen Salzhering. Sein Transport war zwar ebenso langwierig und teuer, auch hatte er nicht die Qualität des schonischen Herings, jedoch einen anderen Vorteil, der für die Großhändler den Ausschlag gab: er war billiger im Einkauf.[28] Jetzt wurde Europa, und damit letztlich auch Hannover, von Holland aus, über Land oder per Schiff über die Nordsee, mit Salzheringen versorgt. Die für Hannover bestimmten Tonnen wurden zum Teil in Bremen angelandet und dann über Land weiter transportiert.[29]

Wesentlich länger dauerte der Weg von Rußland nach Hannover. Die Pelze und Häute, die in Hannover auf den Markt kamen, mußten in Nowgorod eingekauft werden. Dort gab es ein Kontor der Hanse, in dem den Kaufleuten der Handel mit russischen Großhändlern erlaubt war.[30] Die Waren wurden zunächst auf kleinen Flußkähnen den Wolchow hinunter transportiert, dann über die Newa zur Ostseeküste. Dort lud man sie in Koggen um, die die Ware dann nach Lübeck brachten. Nach der Gründung der Hafenstädte Riga und Reval (um 1200–1250) konnten die Kaufleute auch den Landweg von Nowgorod über Pleskau und Dorpat zu diesen Ostseehäfen nehmen. Das bedeutete zwar eine Reise über Hunderte von Kilometern mit Pferden, Karren und Schlitten durch kaum erschlossene Gebiete, war jedoch weniger gefährlich.[31] Die Reise über die Ostsee nach Nowgorod und zurück dauerte nicht selten fast ein Jahr. Meistens blieben die Kaufleute den Winter oder den Sommer über im Hansekontor und brachen erst im Frühjahr oder im Herbst zur Rückfahrt auf.[32] Nicht nur Pelze und Häute wurden auf diese Weise transportiert, auch Wachs, Pottasche zum Färben, Hanf für die Seiler, Flachs zur Leinwandherstellung, Talg, Harz und Pech kamen auf diesem Weg aus Rußland.[33] Zwar kennen wir keine Namen hannoverscher Nowgorod-Fahrer. Doch warum sollte Hannover an juristischen Fragen, die Nowgorod betrafen, interessiert sein, wenn nicht auch Kaufleute aus Hannover dort Handelsinteressen hatten?[34] Nach der Schließung des Kontors durch den Zaren Iwan III. 1494 wurde der hansische Handel zunächst auf die livländischen Städte Riga, Reval und Dorpat umgeleitet, ab etwa 1550 wurde Narwa der wichtigste Umschlagplatz für russische Waren.[35]

Ein anderes wichtiges Handelsgut jener Zeit waren Tuche. Tuche waren anfangs Luxusartikel, später Waren des gehobenen Verbrauchs. Die nach Verarbeitung und Farbe edelsten kamen im 13. Jahrhundert aus Flandern und wurden in ganz Europa bis nach Asien gehandelt.[36] Mit Gent, das zu den ältesten Textilorten Flanderns gehörte[37], stand Hannover schon um 1260 in Handelsverbindung.[38] Seit Ende des Jahrhunderts erweiterte sich das Produktionsgebiet und griff auf die benachbarten niederländischen und – später – auch niederrheinischen Gebiete über – wie auch das Sortenangebot. Zumindest die wohlhabenden hannoverschen Bürger kannten spätestens seit 1303 die gefärbten Tuche aus Poperinge und Tournai.[39] Um 1370 konnte man Stoffe aus Utrecht und Aadenburg (Seeflandern) in Hannover kaufen[40], auch solche aus Aachen.[41] Hundert Jahre später werden in den Quellen auch Stoffe aus Den Haag, Ath im Hennegau (Reichsflandern), aus Damme bei Brügge und Roermund an der Maas genannt.[42] Wir können davon ausgehen, daß uns diese Zeugnisse über den Tuchhandel nur einen Bruchteil der damals gehandelten Sorten überliefern. Die Unterschiede zwischen den einzelnen Sorten kannte der Verbraucher genau; die Tuche wurden nach ihrem Herkunftsort bezeichnet, waren nach unseren heutigen Begriffen also Markenartikel.[43] Das wurde natürlich von den Herstellern durch Kennzeichnung und Besiegelung ihrer Stoffe gefördert.[44]

Der Verbraucher geht mit der Mode. Anfangs war es wichtig, *daß* man flandrische Tuche trägt und bunte Farben. Dann wird die Stoffart (mit der Mode) wichtig; zuletzt auch der Preis. Für den verwöhnten Geschmack gab es im 16. Jahrhundert auch englische und französische Tuche.[45] Die Kleiderordnungen des 17. Jahrhunderts kennen dann schon Seide aus Neapel und Atlas aus dem Orient. Das nordwesteuropäische Textilgewerbe lieferte seit dem 14. Jahrhundert Produkte in sehr unterschiedlichen Preislagen. Für ein Männergewand verbrauchte man im 16. Jahrhundert bis zu 100 Ellen Stoff (= 60 m), 30 bis 40 Ellen (= 18 bis 24 m) waren keine Seltenheit.[46] Da war der Ellen-

preis schon von Bedeutung! Das Tuch aus Poperinge und aus Aachen gehörte eher zur relativ preiswerten Massenware[47]; Scharlachtuch aus Flandern oder aus England erreichte dagegen Spitzenpreise und war nur für reiche Bürger erschwinglich.[48]
Alle diese Stoffe wurden ballenweise transportiert, per Schiff oder über Land. Eingekauft wurden sie direkt am Produktionsort oder häufiger über die Hanseniederlassung in Brügge oder in Antwerpen, auf der Frankfurter Messe oder von oberdeutschen Händlern.[49]
Bisher war die Rede von Handelsgütern, die aus Osten, Norden und Westen nach Hannover transportiert wurden, um dort weiterverkauft zu werden. Welche Waren produzierte Hannover selbst an Ausfuhrartikeln? Die Antwort kann kurz ausfallen: anscheinend nur Broyhan-Bier (16. Jahrhundert). Ansonsten kaufte es ländliche Produkte an, um sie zu exportieren. Aufkaufgebiete sind für Korn die getreidereichen Lößgebiete südlich von Hannover. Man verkaufte es dann in die getreideärmeren Regionen nördlich;[50] bezeugt ist auch der Verkauf von Weizen in Amsterdam.[51] Ein wichtiges Handelsobjekt hannoverscher Kaufleute war auch Wolle.[52]
Für diesen Zwischenhandel besaß Hannover eine natürliche Gunstlage: Die großen Umschlagplätze (und Abnehmer) für diese Exportartikel waren die Seestädte, zu denen Hannover einen direkten Wasserweg besaß. Getreide ist ein Massengut, und für Massengüter galt auch im Mittelalter der Transport zu Wasser als am geeignetsten. Bis Hannover war die Leine schiffbar, die über Aller und Weser eine Verbindung nach Bremen herstellte. Das Korn mußte also »nur« bis Hannover über Land transportiert werden und konnte dann auf Kähnen weiter nach Norden gebracht werden. Dieser Wasserweg war jedoch für diesen Verkehr nur zu nutzen, wenn er entsprechend ausgebaut, sicher (!) und nicht durch Zollstätten behindert wurde, die die Waren verteuerten. Deshalb war ein Ausgleich mit einer anderen nahegelegenen Stadt zu finden, mit Lüneburg.[53] Die Kaufleute mußten zunächst ihre Frachten auf dem Landweg über Neustadt a. Rbg., Nienburg und Verden nach Bremen bringen.[54] 1371 sicherten die Herzöge Wenzeslaus und Albrecht Hannover zu, alles für die Herstellung eines schiffbaren und sicheren Wasserweges zu tun.[55] Während des Lüneburger Erbfolgekrieges (1371–88), im Winter 1375/76[56], trafen die beiden am Wasserweg interessierten Städte, Hannover und Bremen, Abmachungen. Dadurch wurde der Exporthandel mit Bremen, dem Hauptabnehmer und -umschlagplatz zugleich, entscheidend gefördert. Die einzelnen Artikel dieser Abmachungen zeigen uns deutlich die jeweiligen Interessen der beiden Städte. Bremen wollte seine Getreideversorgung sichern; die hannoverschen Kaufleute mußten daher mindestens ein Drittel ihrer Kornfrachten in Bremen verkaufen bzw. lagern. Hannoversche Händler wiederum wollten nicht nur vom Zwischenhandel mit Getreide profitieren, sondern auch selbständig Handel treiben, indem sie Schiffe in Bremen anheuerten oder auf solchen beiluden. Die Bremer sollten sie darin nicht behindern oder sie gar zwingen, auf Bremer Schiffen zu fahren oder die Waren in Bremen *abzuliefern*.[57]
Die Verwirklichung ihrer Abmachungen sollte noch Jahrzehnte brauchen. Kriegerische Auseinandersetzungen behinderten den Fernhandel, der Schutz der auf dem Wasserweg transportierten Frachten vor Überfällen mußte sichergestellt werden, umfangreiche Baumaßnahmen waren notwendig, um die Flußläufe auszubauen. Anfang des 15. Jahrhunderts war es endlich soweit: die Schiffahrt konnte aufgenommen werden. Doch politische und wirtschaftliche Interessen von Landesherr und konkurrierenden Städten führten immer wieder zu Behinderungen.[58] Schließlich, nach etwa hundert Jahren, blockierte die Stadt Celle die Schiffahrt auf der Aller durch ein Wehr bei Bothmer. Bis in das 17. Jahrhundert hinein konnte nun der Wasserweg von Hannover nach Bremen nicht mehr benutzt werden.[59] Der Warentransport von und nach Bremen ging jetzt ausschließlich wieder über Land, über die alte Handelsstraße.
Der Fernhandel in die verschiedenen Länder Europas war im Mittelalter durchaus nicht einfach zu organisieren. Jeder Handel an einem anderen Ort, zumal in einer fremden Herrschaft, war abhängig von einer Erlaubnis des Stadt- bzw. Landesherrn oder vom Besitz entsprechender Privilegien für freien Handel. Solche Privilegien erwarben sich in der älteren Zeit vor allem Zusammenschlüsse von Kaufleuten von Königen und Fürsten, die den Handel fördern wollten. In Norddeutschland entstand im 12. Jahrhundert ein solcher Kaufleute-Zusammenschluß von großer Reichweite, die Kaufleute-Hanse. Im 14. Jahrhundert übernahmen die Städte anstelle der einzelnen Kaufleute die Handelspolitik, es entstand die »Städte«hanse.[60]

Hannover und die Hanse

Ab wann Hannover zur *Hanse* gehörte, wissen wir nicht. 1368 wird es erstmals als Mitinhaber von wirtschaftlichen Vorrechten in Nordeuropa genannt.[61] Daß es der Hanse als Mitglied angehört hat, ist uns nur aus den Beschlüssen der Handelstage, den Rezessen, bekannt; eine Beitrittserklärung ist nicht erhalten.
Auch nach Eintritt in den Städtebund bleiben für Hannover eigene Handelsinteressen vorrangig vor den gemeinsamen der Hanse. Das ist durchaus »normal«, denn die Hanse war kein Interessenverband im heutigen Sinn; sie schloß auch Bündnisse mit anderen Städten nicht aus.[62] Wie wenig Hannover eine aktive Hansepolitik betrieb, zeigt sich daran, daß häufig bei

den Hansetagen kein Vertreter der Stadt anwesend war. Die Beiträge Hannovers zur Durchsetzung hansischer Politik blieben im Rahmen einer wirtschaftlich doch relativ unbedeutenden Stadt.[63] Aber, und das war das Wichtige, hannoversche Kaufleute konnten alle Vorrechte der Hanse nutzen und an ihren Handelsunternehmungen teilnehmen. So erfahren wir z. B. aus einem Brief des Rates von 1446 an die Hansestädte, daß er für seine Bürger, den Kaufmann Hans Schrader und dessen *Knecht* (Gesellen) Hinrik Stover um Schutz auf ihren Reisen bittet.[66]

Der Warentransport und seine Gefahren

Trotz des Zusammenschlusses der Hansestädte zum gegenseitigen Schutz war der Transport der Waren häufig schwierig und voller Gefahren.[65] Die Kaufleute mußten sich auf ihren Reisen selbst schützen oder sich auf die Schutzmaßnahmen fremder Landesherren und Städte verlassen. Wir heute können uns kaum die Gefährlichkeit des damaligen Handelsverkehrs vorstellen, aber *die Beraubung der Pfeffersäcke durch Raubritter und Wegelagerer ist keine Legende aus dem Mittelalter, sondern war sehr zur Not und zum Leidwesen des großen Handels und der zwischenstaatlichen wirtschaftlichen Beziehungen bittere Wirklichkeit, mit der jeder Kaufmann dieser Zeit zu rechnen hatte.*[66] Nicht umsonst beziehen sich die frühesten uns bekannten Urkunden Hannovers, die den Handel betreffen, auf Schutzmaßnahmen gegen Raub[67] und gegen Beschlagnahme von Handelsgütern und Vermögen.[68]

Gefährlich war nicht nur der Land-, sondern auch der Wasserweg. Beim obengenannten Ausbau der Wasserstraße von Hannover nach Bremen mußte Hannover gleichzeitig für den Schutz vor willkürlichen Beschlagnahmungen und Beraubungen sorgen. Es schloß deshalb Schutzverträge mit Adligen[69], die Machtbasen an der Strecke besaßen. Die Sicherung des Seeverkehrs zwang der Stadt ebenfalls manche Opfer ab: 1407 mußte sie sich an dem Schutz hansischer Schiffe vor friesischen Seeräubern durch die Stellung von 5 Bewaffneten beteiligen.[70] Gefahren drohten auch anderswo. 1404 wurde der (hannoversche?) Kaufmann Hinrik Reseler in Bergen ermordet, worüber wir zufällig erfahren, da seine Verwandten in Hannover Anspruch auf sein Erbe erhoben.[71]

Nicht immer mußten Leib und Leben in Gefahr sein; für die Geschäfte eines Kaufmanns war der Verlust von Waren schon schlimm genug. So wissen wir aus einem Brief des hannoverschen Rates von 1536 an den Rat von Kampen (Holland), daß drei Kaufleuten, Hans Lathusen, Magnus Volger und Henning Meiger, 5 Sack Wolle in Coevarden (Holland) beschlagnahmt worden waren.[72] Der Rat bittet um Hilfe bei der Freigabe mit allen *angemessenen Wegen und Mitteln... zum Nutzen der allgemeinen Wohlfahrt und des fahrenden Kaufmanns.* Die betroffenen drei Kaufleute waren reiche Bürger Hannovers, die offenbar auch ihren Landesherrn einschalten konnten. Denn dieser bekam noch im selben Jahr eine Nachricht von seinem Neffen und Schwager, Herzog Karl von Arnheim, daß dieser seinen Drosten zu Coevarden angewiesen habe, sich um die Sache zu kümmern. Wie sie ausging, wissen wir nicht.

Solche Zwischenfälle verliefen nicht immer glimpflich. Risikobereitschaft gehörte auch noch im 16. Jahrhundert zum Fernhändler; nicht umsonst hatte im Sprachgebrauch des hansischen Kaufmanns die Formel *up aventure* festen Platz.[73] So schrieb der hannoversche Kaufmann Jasper v. Wintheim in Antwerpen z. B. 1532, er habe eine Fracht von mehreren Sack Wolle *upt aventur* von seinen Geschäftspartnern erhalten.[74]

Behinderungen des Handels

Außer durch die Verunsicherung der Straßen durch Wegelagerer wurden Ferntransporte auch durch allerlei Behinderungen erschwert. Für Fahrten über Land waren Geleitbriefe notwendig, die dem einzelnen Kaufmann oder seinen Beauftragten das Durchzugsrecht durch fremde Gebiete sicherten.[75] In diesen Briefen – sie kosteten viel Geld – wurden die einzelnen Tagesrouten, Übernachtungsplatz (und Datum), ferner Tarife für Wegebenutzung, Zölle etc. festgelegt, gegen die der Kaufmann nicht verstoßen durfte. Die Sache wurde noch zusätzlich dadurch kompliziert, daß man sich möglichst mit anderen Reisenden zusammentat. Geleitbriefe brauchten die Fuhrleute auch für die vielen Zollstationen, an denen die mitgeführten Waren ausgepackt, begutachtet und verzollt werden mußten.[76]

Solche Zölle waren beliebte Einnahmequellen für Landesherren, die dadurch direkt vom durchgehenden Handel profitieren konnten. Meistens lagen die Zollstationen so an den wichtigsten Handelsstraßen, daß sie nicht umgangen werden konnten. Um so wichtiger waren Bemühungen, günstigere Zolltarife als die Konkurrenten zu bekommen. Die Herabsetzung der Zolltarife bedeutete geringere Transportkosten und damit niedrigere Endpreise, also günstigere Einkaufspreise für den Endverbraucher und Konkurrenzfähigkeit für den Händler – oder, verlangte man die gleichen Preise wie nicht privilegierte Händler, höhere Handelsspannen, also höhere Gewinne. Es ist deshalb nur allzu verständlich, daß sich auch der Rat von Hannover um Zollvergünstigungen für seine Kaufleute bemühte. Damit hatte er u. a. Erfolg bei Winsen/Luhe[77], in Eißlingen[78], Mölln[79] und in Bremen.[80] Welche Bedeutung gerade Bremen für den hannoverschen Handel hatte, haben wir schon gehört. Die Zollvergünstigungen in Mölln, Winsen und Eißlingen *(Zollenspieker)* waren deshalb so wich-

tig, weil diese Stationen an der Handelsstraße von Lübeck bzw. Hamburg nach Hannover lagen[81], über die ein erheblicher Teil der Waren in die Stadt gelangte.
Diese Zollprivilegien galten jeweils nur für die Waren, die hannoverschen Bürgern gehörten. Daher mußte sich der Rat verpflichten, daß kein Hannoveraner fremdes Gut als sein eigenes ausgeben und gegen ein entsprechendes Entgelt durch den Zoll bringen werde.[82] Das sollte jeder Bürger schwören, wenn er seine Steuern bezahlte.[83] Zollstationen zu umgehen war streng verboten. Wurde man dabei erwischt, verlor man seine Fracht. So geschah es 1494 Johann v. Wintheim bei Celle.[84]
Aber nicht nur von Seiten der Händler wurde versucht, die Zollvereinbarungen zu durchbrechen. Auch Zöllner forderten manchmal höhere Gebühren, als sich aus den Privilegien des Kaufmanns ergab. Das mittelalterliche System von Handelsfreiheiten wurde zunehmend zerstört im 15. und 16. Jahrhundert, als die Landesherren, um bares Geld zu erhalten, willkürlich die Zölle heraufsetzten und vor allem Kaufleute, die nicht zum Wirtschaftsgebiet ihres Fürstentums gehörten, schikanierten, um sie so zu höheren Zahlungen zu zwingen.[85] Daß solche Schikanen auch mit Erfolg gegen hannoversche Kaufleute angewandt wurden, erfahren wir aus einer Aktion des hannoverschen Rates, der den Fuhrleuten, die nach Bremen fuhren, 1437 einschärfte, sich solidarisch mit der Stadt zu verhalten und nur den üblichen Zoll zu Winsen/Aller und zu Essel (?) zu bezahlen.[86] 1501 konnte sich Hannover als einzige Stadt des Fürstentums Calenberg-Göttingen noch einmal gegen erhöhte Zollabgaben schützen.[87] Wie weit dies allerdings von einzelnen Kaufleuten durchzusetzen war, entzieht sich unserer Kenntnis.
Einen Zoll gab es für die Benutzung des hannoverschen Marktes. Wenn ein Kaufmann aus X in Hannover etwas verkaufte, mußte er Zoll bezahlen.[88] Diesen Zoll erhob natürlich der Landesherr; ein »Beamter« trieb ihn ein.[89] Die Stadt versuchte vergeblich, dem Landesherrn dieses Recht abzukaufen. Noch 1348 beteuern die Herzöge Otto und Wilhelm von Braunschweig-Lüneburg: *Unseren Zoll in und um Hannover, den verkaufen wir nicht!*[90]
Des weiteren gab es einen Zoll für die Durchführung von Waren durch das Stadtgebiet. Auch diesen erhob grundsätzlich der Stadtherr; seit 1293 trieb ihn jedoch – schon aus praktischen Gründen – die Stadt ein, wofür sie einen Teil abbekam.[91] Diesen Zoll erwarb die Stadt in der Mitte des 15. Jahrhunderts.
Mitte des 15. Jahrhunderts ging der Rat dazu über, auf mehr Waren als bisher eine indirekte Steuer *(= Akzise)* zu legen. Ihre Eintreibung wurde 1534 neu geregelt. Der Rat stellte einen vereidigten »Zoll«schreiber ein, der in einer sogenannten *Zoll-Bude* (Zoll = hier Akzise) saß. Er kontrollierte, ob beim Umschlag korrekt Akzise bezahlt worden war, und zog sie ein. Für Waren, die ausgeführt wurden, stellte er Akzisemarken aus, die an den Toren kontrolliert wurden. Ohne sie kam kein Händler mit seiner Ware aus der Stadt heraus.[92]

Abb. 9: Stehpult bzw. hoher Tisch mit schräger Platte, Holz (1523/1532).

Die Geschäftsführung der Kaufleute

Wir haben schon gehört, daß der Kaufmann seit dem 13. Jahrhundert seine Geschäfte vom heimischen Kontor aus führte und sich nur noch selten auf Kauffahrt in fremde Länder begab. Das taten meistens nur die Söhne wohletablierter Kaufleute, die das Geschäft von der Pike auf lernen sollten. So wissen wir, daß z. B. 1502 die Söhne des hannoverschen Bürgermeisters Hans Blome, Anton und Jost, eine Fracht Leinwand, Kupfer und Wolle nach Bremen begleiteten.[93]
Den Transport der Waren überließen die Kaufleute überwiegend Fuhrleuten, deren Beruf es war, Waren der Kaufleute zu verfrachten.[94]
Wie aber wurden Ein- und Verkauf auf fremden Märkten abgewickelt, wenn der Kaufmann die Geschäfte vom heimatlichen Kontor aus führte? Auskünfte darüber können wir indirekt einigen uns für das 16. und 17. Jahrhundert zufällig erhaltenen Geschäftsbüchern von Händlern entnehmen, dann Briefen und anderen Nachrichten, die aus dieser Zeit stammen. Diese Quellen können und wollen wir hier nicht erschöpfend auswerten. Vielmehr wollen wir an wenigen konkreten Beispielen den Geschäftsalltag

eines Händlers dieser Zeit nachzeichnen. Die wichtigste Informationsquelle sind die verschiedenen Rechnungsbücher, von denen der Kaufmann normalerweise mehrere zugleich führte.[95] In ihnen wurden Einkäufe, Verkäufe, Schulden und Kredite eingetragen und durchgestrichen, wenn sie erledigt waren. Das alles geschah nun durchaus nicht wohlgeordnet, sondern durcheinander. Wenn man Glück hat, dann wurde zumindest nach Warengattung oder Lieferanten geordnet. Bei den Eintragungen steht der Name des Käufers oder des Lieferanten, in der Regel ohne Ortsbezeichnung; die Waren sind mit sehr verschiedenen Maßen, Gewichten und die Preise in verschiedenen Münzeinheiten angegeben. Heute macht dieses Unübersichtlichkeit der Rechnungsbücher die Interpretation schwer; der Kaufmann der damaligen Zeit hatte seine Geschäfte natürlich »im Kopf«.[96] Er brauchte seine Bücher nur als Rückversicherung und vielleicht als Zeugnis in Streitfällen. Solche Bücher gehörten deshalb zu den wertvollsten Besitztümern eines Kaufmanns. So berichtet uns ein Hildesheimer Zeitgenosse, Henning Brandis, von seinem Besuch in Hannover am 25. April 1529: Um 23 Uhr brach ein Feuer aus in Gerke Rudes Haus, das gegenüber dem von Wintheimschen lag. Da der Wind in dessen Richtung blies, war auch es bedroht. Er bemerkt dazu: *Wir trugen heraus, was wir konnten, an Siegeln, Briefen und sonstigem.*[97]

Greifen wir uns nun das Geschäftsbuch des Otto Busmann aus den Jahren 1544–1557 heraus.[98] Seine wichtigsten Handelsartikel waren Getreide, Holz, Butter, an Stoffen sowohl Leinwand aus der Umgebung von Hannover als auch Samt, Kamlot, Satin, Ulmer und Augsburger Barchent, roter, grüner, grauer und schwarzer Arrasch und andere Sorten. Außerdem handelte er mit Honigkuchen, Nadeln,

Abb. 10: Wachstafeln der Kaufmannsinnung, 1397–1419.

Hosenbändern, Mützen, Garn, mit Silber und Gold. Die Lieferanten dieser Waren nennt Otto Busmann nicht. Wahrscheinlich bezog er sie von Großhändlern auf den Messen Oberdeutschlands und in den Seestädten. Denn uns ist ein Brief seines Vetters Engelke Scholle aus Pattensen erhalten[99] – wann er ihn geschrieben hat, wissen wir nicht –, in dem er Busmann bittet, für ihn folgende Waren auf einer nicht genannten Messe (Frankfurt?) einzukaufen: 2 Ellen braunes englisches Tuch, 8½ Ellen braunen Arrasch, 2½ Ellen anderer Stoffe und ein Paar Fuder Felle. Das Geld für diese Waren sollte sein Cousin auslegen: er wollte ihn bezahlen, wenn die Ware eingetroffen wäre. Für den Pattenser Engelke Scholle hatte diese Form des Geschäfts den Vorteil, daß er nicht selbst reisen mußte und daß er für seine Waren die Zollprivilegien Hannovers in Anspruch nehmen konnte!
Am 12. August 1544 sehen wir unseren Kaufmann Otto Busmann im Wirtshaus »Zum weißen Engel« in der *Wyer Strate* in einer uns leider nicht bekannten Stadt folgenden Brief schreiben:[100] Er, Otto Busmann, bekennt, daß er von Georg v. Wesenbeck 60½ Ellen Taft (ca. 40 m), 8 Ellen Damast (ca. 5 m) und 1 Stück schwarzen Arrasch geliefert bekommen hat. Er will Wesenbeck die schuldige Summe später bezahlen; vorerst steht dafür ein anderer Kaufmann als Bürge gerade. Hier lernen wir eine Form des Geschäftes kennen, die seit dem 13. Jahrhundert unter den Kaufleuten üblich war: den *Borgkauf*. Solche Kreditgeschäfte mit Fremden wurden von der Hanse zwar bekämpft, waren jedoch aus dem Handel seit dem 14. Jahrhundert nicht mehr wegzudenken.[101]

Ein hannoverscher Kaufmann in Antwerpen

Otto Busmann gehörte nicht zu den alteingesessenen Kaufmannsfamilien Hannovers. Und er war wohl keiner der ganz großen Kaufleute, sondern gehörte mehr zu den mittleren Händlern, die ihr Geschäft als Zwischenhändler und auch im Einzelhandel machten. Ganz andere Einblicke eröffnen sich uns, lesen wir im Geschäftsbuch des Jasper v. Wintheim der Jahre 1531–1537. Dieses in Leder gebundene Buch liegt im Stadtarchiv Hannover, obgleich es in Antwerpen geschrieben wurde.[102] Denn sein Schreiber stammte aus der wohl reichsten hannoverschen Familie, die über mehrere Jahrhunderte Kaufleute hervorbrachte, den von Wintheims. Er war der Sohn des Ratsherrn Hans v. Wintheim und seiner Ehefrau Metteke – sie stammte aus der Kaufmannsfamilie Rodewolt – und Enkel des hannoverschen Bürgermeisters der Jahre 1464–1485, Dietrich v. Wintheim. Wie oft in jener Zeit ist es auch bei Jasper v. Wintheim schwierig, seine Lebensgeschichte nachzuzeichnen. Aus seiner fragmentarisch erhaltenen Korrespondenz, aus einigen ihn betreffenden Urkunden und Einträgen in den Ratsprotokollbüchern können wir jedoch in großen Zügen seinen Werdegang nachvollziehen.
Er wurde offenbar von seinem Vater zu Verwandten nach Hamburg geschickt, um dort das Handelsgeschäft zu erlernen. In Hamburg saß ein Bruder seines Vaters, Heinrich v. Wintheim, der dort mit seinem Sohn Bastian Fernhandel trieb. Hamburg begann zu dieser Zeit Lübeck den Rang als wichtigste Seestadt Norddeutschlands abzulaufen.[103] Dort in einem angesehenen Kontor gelernt zu haben, war also eine gute Adresse.[104] Von seinem Lehrherrn wurde er etwa 1529 nach Antwerpen geschickt. Mit der Errichtung dieser Niederlassung zeigten die von Wintheims ein gutes Gespür, denn seit Ende des 15. Jahrhunderts hatte Antwerpen nicht nur Brügges Platz als wichtigster Handelsplatz in Flandern eingenommen, sondern war überhaupt für mehrere Jahrzehnte *der* Handels- und Bankplatz Europas.[105] In Antwerpen erledigte er nicht nur Geschäfte für den Hamburger Zweig seiner Familie. Auch Hannover wurde von ihm beliefert. Uns sind 9 Briefe aus dem Jahr 1529 erhalten, die er von seinen Brüdern Antonius, Gevert und Melchior erhielt.[106] Sie beginnen jeweils mit den Worten: *Meinen Dienst zuvor, lieber Bruder. Du sollst wissen, daß wir noch alle gesund und wohlauf sind. Dasselbe hoffen wir auch von Dir*, kommen dann aber schnell zum Geschäftlichen: Sie berichten über Boten und Lieferungen, die sie erhalten oder zu ihm gesandt haben, über ihre Reisen nach Hamburg, Stade, Osnabrück und Minden, über die Seuche, *englischer Schweiß* genannt, die 1529 Norddeutschland heimsuchte, und über deren Opfer in ihrem gemeinsamen Bekanntenkreis aus Hannover. Von den Geschäften des Jasper in diesem Jahr sind sonst keine Unterlagen überliefert.
Im Jahr 1531 beginnt das schon vorgestellte Geschäftsbuch. In dieses Buch trug Jasper in den folgenden Jahren seine Geschäfte mit zwei Partnern ein: mit dem uns schon bekannten Bastian v. Wintheim aus Hamburg und mit einem Lüneburger Kaufmann namens Statius Bockholt. Diese drei hatten offenbar eine Handelsgesellschaft gegründet[107], wobei Jasper die Geschäfte in Antwerpen führte, seine Partner die in Hamburg und in Lüneburg. Vielleicht waren für diese Gesellschaft die 200 Gulden als Einlage notwendig, die sich Jasper im selben Jahr von seinen Eltern leiht.[108] Zu jener Zeit war Jasper Kaufgeselle[109], konnte aber als solcher auch selbständig Geschäfte auf eigene Rechnung machen.[110] Seine Geschäftskenntnisse waren auf jeden Fall hervorragend: Die Eintragungen im Geschäftsbuch sind, verglichen mit denen hannoverscher Kaufleute, systematisch, übersichtlich und deutlich geschrieben. Als Alleinverantwortlicher mußte er über Warenkenntnisse und Sprachkenntnisse verfügen, Preise beobachten, sich mit Fuhrleuten und Schiffern auseinandersetzen können.[111] Welche Geschäfte wickelte er

nun für seine Partner ab? Er empfing von ihnen in erster Linie Lieferungen an Wolle und einfachen Stoffen. In der Zeit von Mitte bis Ende August 1532 waren das z. B. 3 Säcke Walsroder graues Laken und 12 Säcke Wolle, deren Herkunft in der Regel nicht angegeben ist. Diese Frachten kamen auf 5 verschiedenen Schiffen nach Antwerpen, wie wir aus seinen genauen Eintragungen ersehen können. Die Verteilung der Waren auf mehrere Schiffe war nicht ungewöhnlich, da man so das Risiko des Transports verringern konnte.[112] Andere Lieferungen kamen über Land, transportiert von Fuhrleuten aus Münster über Stade, Amsterdam nach Antwerpen. Diese Waren verkaufte er vom 26. 8. bis 6. 11. an 10 verschiedene Händler. Die Käufer kamen ihrem Namen nach meistens aus Holland bzw. aus dem flämischsprachigen Flandern, aber auch aus Rouen in Nordfrankreich. Die Wolle war also offenbar als Rohstoff für die Textilindustrie jener Gebiete gedacht.

Welche Waren kaufte er in Antwerpen für seine Kompagnions in Hamburg und Lüneburg an? Vom 16. August bis zum 5. September 1532 verschiffte er 2 *pypen* (Holzbehälter) Reis, 506 Stück *namersch Iseren* (Eisen aus Namur), 2 Fässer Zucker aus St. Thomas in Spanien, ½ Tonne Oliven, 200 Limonen und eine ganze Lieferung an Gewürzen: Ingwer, Nelken, Kaneel, Muskat, Pfeffer, Safran, Myrrhe, Kardenon, jeweils in der Größenordnung von mehreren *hoed,* also von etwa 60 bis 180 kg. Dann wieder sendet er Rosinen, Feigen, Alaun und Wein nach Hamburg. Von Camille *dem Italiener* kauft er Malvasier, einen beliebten Süßwein, der vornehmlich aus Griechenland kommt. *Lowes Peres dem Spanger* (Ludovicus Perez aus Spanien) kauft er ganze Säcke von Pfeffer und Mandeln ab. Alle diese Waren kamen wahrscheinlich über Lissabon nach Antwerpen, denn die portugiesische Hafenstadt war im 16. Jahrhundert der Pfeffermarkt Europas und der wichtigste Stapelplatz für Kolonialwaren geworden.[113] Aber auch flämische Tuche gehören zu den Frachten, die er Bastian v. Wintheim und Statius Bockholt schickt, manchmal versendet er auch holländischen Hering. Bei dieser Form des Großhandels mit Luxuswaren konnten riesige Summen verdient werden, wenn man geschäftstüchtig war, die Frachten ankamen und gute Preise erzielt werden konnten. Das Geschäft der drei Partner lief offenbar wirklich gut, denn 1535 kamen sie in Lüneburg überein, einen neuen Vertrag zu schließen.[114] Nach diesem Vertrag vom 24. Juli 1535 gründeten die drei eine neue Handelsgesellschaft mit einer Einlage von insgesamt 10 000 Mark lübisch, was zu der damaligen Zeit eine beträchtliche Summe war.[115] Statius und Bastian gaben je 4000 Mark, Jasper 2000. Diese Beteiligung von 20 % durfte Jasper vermehren, wenn er konnte. Einstweilen sollte der Gewinn entsprechend der Einlage 40 : 40 : 20 verteilt werden. Jeder der drei Kompagnions hatte einmal im Jahr über Einnahmen und Ausgaben abzurechnen. Jasper erhielt zusätzlich 100 Mark lübisch pro Jahr als *Zehrung.* Dieser Vertrag wurde dreifach mit der Hand geschrieben, von jedem unterschrieben, dann in drei Teile zerschnitten und besiegelt (»Kerbschnitturkunde«). Ein Teil, wahrscheinlich derjenige von Jasper, ist uns erhalten. Paßten die Kerben zusammen, war die Identität und Echtheit des Vertrages sicher.

Der letzte Eintrag von Jaspers Hand im Geschäftsbuch datiert vom 29. Dezember 1537. Bald darauf muß er verstorben sein, denn am 23. Mai 1538 folgen Eintragungen durch seinen Bruder Melchior aus Hannover. Er rechnet für das Jahr 1537 Schulden und Außenstände zwischen seinem Bruder Jasper, seinem Vetter Bastian und Statius Bockholt auf und weist schließlich für Jasper einen Verdienst von 2722 Mark lübisch aus. Drei Tage später trägt er den Gewinn der Handelsgesellschaft für 1537 und 1538 ein: 3951 Mark lübisch, das wären in 2 Jahren etwa 40 % Gewinn. Diese Summe wird anteilsmäßig zwischen den Kompagnions aufgeteilt. Jasper hatte inzwischen seine Einlage offenbar auf 3000 Mark erhöht, denn er bzw. sein Erbe Melchior bekommt 1077 Mark zugesprochen. Die Geschäfte in Antwerpen wurden einstweilen von Hans v. Wintheim weitergeführt, dem Sohn von Heinrich, also wohl einem Vetter von Jasper, der bei ihm das Geschäft lernen sollte.[116] Er löst das Lager auf, treibt Außenstände ein, bezahlt Schulden und schließt seinen Rechenschaftsbericht schließlich am 10. Juni 1540 mit den Worten: ... *habe ich in Hannover übergeben nach bestem Vermögen und nach Inhalt des Geschäftsvertrages bei meinem Kaufmannseid nach Kaufmannsweise.*

Streit um Handelsmonopole

Die Kaufleute waren nicht nur Großhändler, sondern auch Einzelhändler. Nicht umsonst gehörte zu den frühesten Privilegien der Stadt die oben gestreifte Erlaubnis des *Wandschnitts* in der Stadt.[117] Gewandschnitt, auf hochdeutsch, das bedeutet den Verkauf von kleinen Mengen Stoff, der vorher vom großen Stück geschnitten werden mußte, an den Endverbraucher. Die Tuche wurden in Längen von etwa 30 m geliefert.[118]

Vom Gewandschnittmonopol blieben einstweilen die Märkte ausgenommen, auf denen fremde Kaufleute ebenfalls den Wandschnitt ausüben durften. Die Stadt drängte darauf, auch diese Konkurrenz auszuschalten und erreichte dieses Ziel 1277.[119] Dieser Ausschluß von Fremden war in anderen Städten durchaus nicht üblich. Ein Blick auf die Nachbarstädte lehrt, daß z. B. in Lüneburg und Goslar auswärtige Händler zumindest auf Jahrmärkten Tuche verkaufen durften.[120]

1365 hatten sich die Kaufleute das Gewandschnittmonopol gesichert.[121] Außerdem durften nur sie den

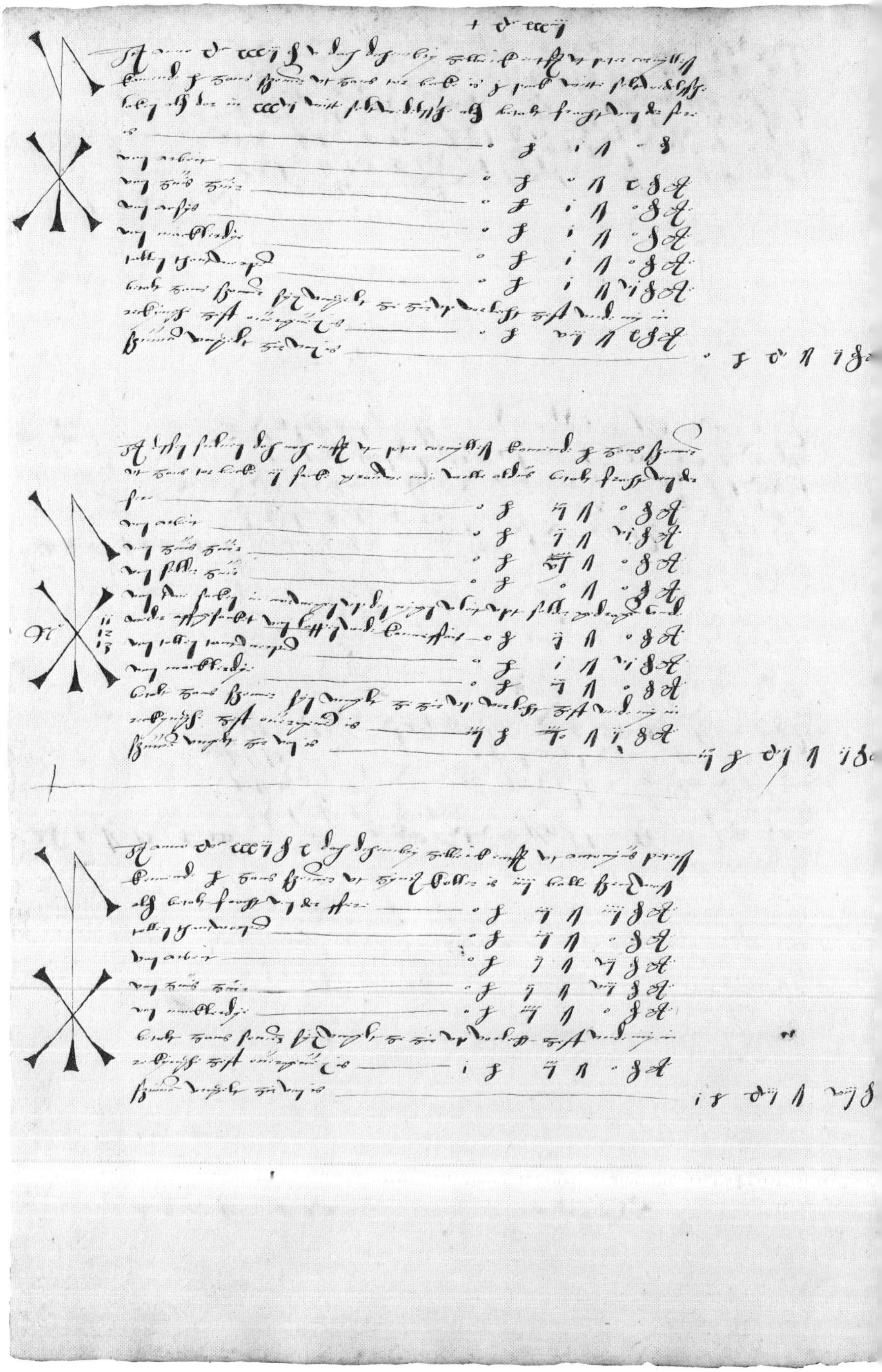

Abb. 11: Auszug aus dem Geschäftsbuch des Jasper v. Wintheim, 1533.

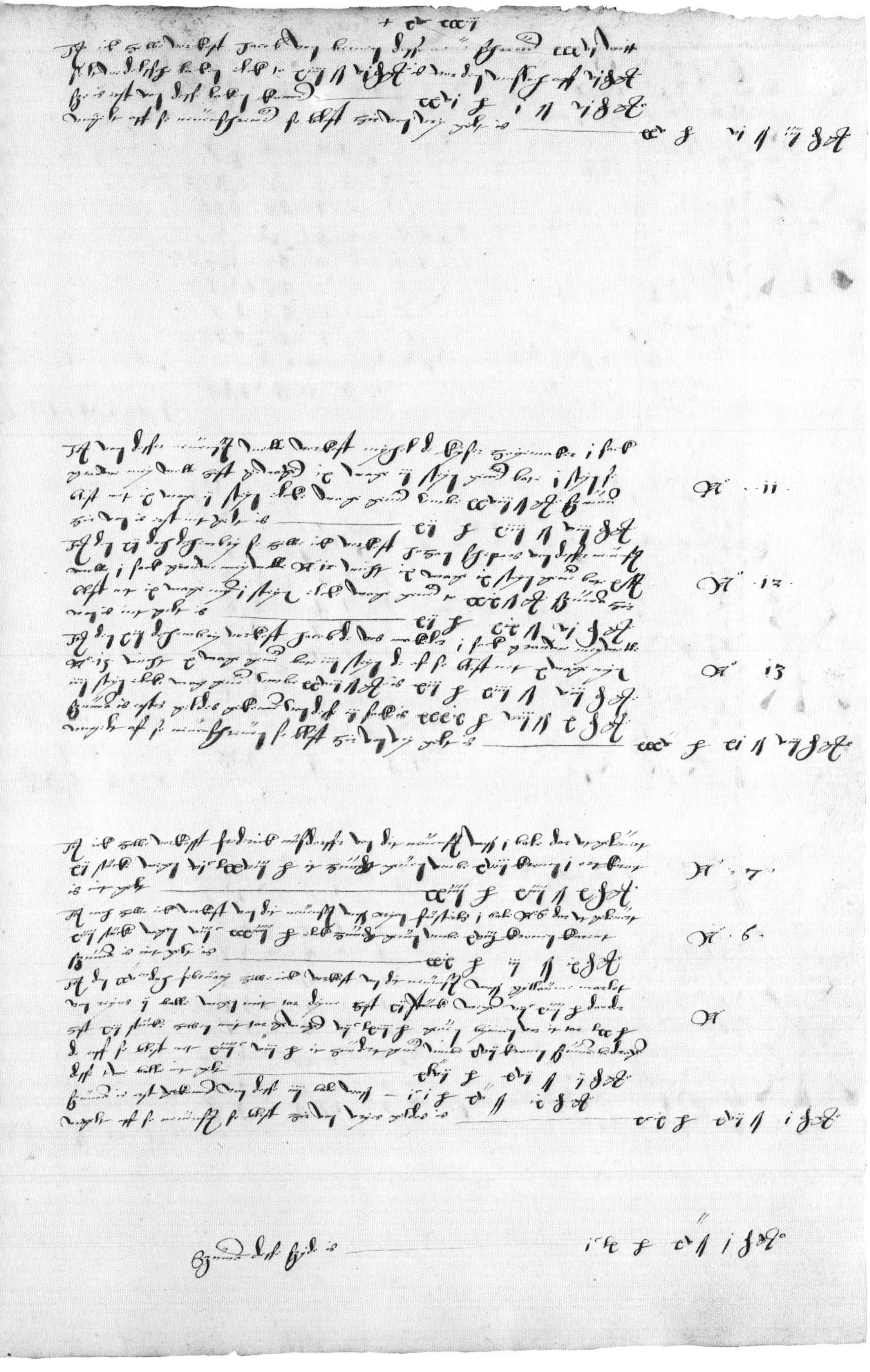

Originalformat einer Buchseite 28,0×40,0 cm.

Leinewerbern Leinwand abkaufen. Von diesem Monopol waren die Bürger insofern ausgenommen, als sie für ihren eigenen Bedarf Leinwand einkaufen durften.[122] 1365 verdrängten die Kaufleute ihre Konkurrenz außerdem auf einem weiteren Gebiet: Nur sie durften Honig von *Gästen* (Fremden) vor der Stadt kaufen. Dagegen gelang es ihnen nicht, das Monopol für weitere Waren zu erlangen: das für den Kauf von Wolle in der Stadt mußten sie sich mit den Wollenwebern und Hutmachern teilen, das Monopol von *Wiltwerk* (Rauchwaren) mit den Kramern und Kürschnern; Wachs durften auch Kramer kaufen.[123]

Die Kaufleute verkauften ihre Tuche zunächst jeden Freitag im Rathaus. Diese Regelung mag heute zumindest etwas seltsam erscheinen, war im Mittelalter jedoch in den Städten üblich. Wie eng Handel und Stadtverwaltung im Mittelalter verbunden waren, kommt z. B. darin zum Ausdruck, daß das Rathaus in den frühen Quellen *kophus* genannt wird.[124] Das *kophus* stand nur den Mitgliedern der hannoverschen Kaufmannschaft offen und diente nur dem Einzelhandel mit Stoffen. Wer dort keinen Stand hatte, konnte nicht Handel mit Tuchen treiben. Die Stände gab es nur auf Pacht (auf 1 Jahr), über den Standort entschied das Los.[125] Die Gelegenheit der Verlosung war die jährliche feierliche Versammlung der Kaufmannsgilde, die Morgensprache im Januar.[126] Wer an der Verlosung nicht teilnahm, durfte den Wandschnitt nicht ausüben, verlor darüber hinaus auch für ein Jahr alle Rechte eines Kaufmanns.[127] An dem Prinzip, daß ebenso viele Kaufmannsfirmen zugelassen werden sollten, wie Stände verlost werden konnten, hielt man bis 1397 fest. Seit dieser Zeit konnte ein Kaufmann mehrere haben und sich auf der Morgensprache seine Anteile durch Beauftragte sichern.[128]

Die monopolartigen Regelungen des Einzelhandels führten um 1400 wieder zu Auseinandersetzungen in der Stadt. Diesmal ging es u. a. um den Leinwandhandel. Außer den Leinewebern fertigten Frauen in vielen Bürgerhäusern Leinenstoffe. Produzierten sie mehr, als sie für sich selbst benötigten, wollten sie den Überschuß gern verkaufen. Dagegen beriefen sich die Kaufleute auf ihre Privilegien. Rechtlich war ihre Position jedoch schwach: Sie hatten nur das Monopol auf Verkauf von von ihnen auswärts eingekauften Tuchen. Produktion in Hannover war zur Zeit ihrer Privilegien nicht vorgesehen. Der Rat schwankt daher zwischen Sympathie für seine Standesgenossen und obrigkeitlicher Fürsorge. 1399 gesteht er den hannoverschen Bürgern zu, jeden Samstag mit Leinwand, außerdem mit Honig und Wachs zu handeln. Diese Erlaubnis gilt auch für die Jahrmärkte am Gründonnerstag und am Jakobstag.[129] 1416 müssen die Kaufleute noch weiter zurückweichen.[130] Die Bürger setzen durch, daß selbstgefertigtes Leinen überhaupt nicht unter das Monopol der Kaufleute falle, der Verkauf deshalb frei sei; und selbst der Handel mit anderswo gefertigten Leinen wird ihnen an 10 Tagen im Jahr zugestanden. Frei war auch der Handel mit Wachs und Honig.

Nun gehörte der Verkauf von hannoverscher Leinwand nicht unbedingt zu den wichtigsten Einnahmequellen der Kaufleute, da die Leineweberei in Hannover nicht sehr hoch entwickelt war. Das *Schöngewand* kam weiterhin aus Flandern und anderen Gebieten. Aber diese Neuregelung bedeutete doch ein Ende des wirtschaftlichen Monopolisierens von Branchen durch die Kaufmannschaft.

Ähnliche Streitigkeiten wie über Leinen brachen im 15. Jahrhundert über Wollstoffe aus. Die Wollenweber bestritten den Kaufleuten ebenfalls das Monopol. Doch hatten sie einen schweren Stand, wie uns der Verlauf der Auseinandersetzungen zeigt.[131] Der Rat gesteht ihnen den Verkauf ihrer Produkte nur an 3 Tagen (um den 1. Mai) zu und auch da nur von Stoffen, die nicht veredelt sind, also ganz eindeutig nicht unter *Tuch* fallen. Weitere Bestimmungen dieses Ratserlasses lassen erkennen, wie die Privilegien der Kaufleute von den Wollenwebern »unterlaufen« wurden: durch das Weben von Stuven (schmale Stoffbahnen), also von Stoffen in Ausmessungen, die nicht den handelsüblichen und im Monopol genannten Laken entsprachen; durch das Schneidern von Kleidern, also von Fertigprodukten, die ebenfalls nicht unter das Monopol der Kaufleute fielen. Außerdem hatten sie offenbar beschlossen, den Kaufleuten keine Stoffe mehr zu liefern, was sie natürlich nicht lange durchhalten konnten. Der Rat interpretiert das als ungesetzliche Absprache und verbietet den Boykott. Auf der anderen Seite gibt jetzt der Rat den Beschwerden der Wollenweber nach und interpretiert das Wandschnittmonopol restriktiv[132]: Nicht darunter fällt nun Samt – auch ein edler Stoff, aber kein Tuch – und grober, unveredelter Wollstoff. Das reicht den Wollenwebern aber offenbar nicht. Was sie erstrebten, ist offenkundig: Freigabe des Handels mit allen Wollstoffen einheimischer Produktion. Immer wieder finden wir in den folgenden Jahren Einträge im Ratsprotokollbuch über Beschuldigungen durch Kaufleute.[133] Wiederholt machen die Wollenweber einen Vorstoß, um den Wandschnitt neu regeln zu lassen – ohne Erfolg. Erst 75 Jahre später erreichen sie weitere Zugeständnisse, die allerdings für alle Bürger gelten: Am 21. Juli 1524 wird der Tuchhandel und Wandschnitt von einheimischen Stoffen an weiteren Tagen freigegeben.[134] Das Vordringen der Wollenweber in das eigentliche Tuchmonopol der Kaufleute kann nur mit Mühe eingeschränkt werden: Es gilt an diesen Tagen nur noch für Stoffe aus bestimmten Regionen (England, Holland, Brabant, Flandern und Frankreich).[135] Dagegen vermögen die Kaufleute ihr Monopol regional auf die übliche Bannmeile vor der Stadt auszudehnen.[136]

Mit der Reformation erlangten die Wollenweber erstmals seit der Verfassungsreform von 1448 Zugang zum Rat.[137] Doch blieb der Wandschnitt insgesamt bis ins 18. Jahrhundert hinein ein Privileg der Kaufleute. Zwar erhielten die Wollenweber 1628 gegen die jährliche Abgabe von 2 Talern das Recht, zusätzlich zu den Jahrmärkten an zwei Wochentagen ihre selbstgefertigten Stoffe zu schneiden und zu verkaufen. Doch die Wollweberei in der Altstadt Hannover war im Niedergang, und 1690 konnten es sich die Wollenweber nicht mehr leisten, die nötigen 2 Taler jährlich für dieses Recht zu bezahlen.[138]

Die Kaufmannschaft

Die Kaufmannschaft war eine exklusive Einung von Kaufleuten. Der Beitritt zu dieser Vereinigung kostete wesentlich mehr Geld als der zu allen übrigen.[139] Doch nicht jeder, der es sich hätte finanziell leisten können, wurde aufgenommen. War er nicht der Sohn eines hannoverschen Kaufmanns, mußte er folgende Bedingungen erfüllen: *aus einem ehelichen Ehebett geboren*, nicht wendisch, niemandes Eigen, sein Vater durfte kein Zöllner, Müller, Spielmann, Badstuber, Leineweber oder Schäfer sein.[140] Außerdem mußte er seine zukünftigen Kollegen zu einem dreitägigen Gelage mit Rheinwein, Einbecker Bier und *Gesottenem und Gebratenem* einladen.[141]
Die Kaufleute trafen sich regelmäßig zu Versammlungen und zu gemeinsamen Festen. Sie regelten ihre Geselligkeit und den Handel.[142] Ihr Vermögen, ihre wichtige Funktion für die Wirtschaft Hannovers und ihre Erfahrung in allen Problemen der Wirtschaft sowie ihre Verbindungen machten sie lange Zeit zur beherrschenden Macht in der Stadt. Sie stellten bis zur Reformation jeweils die meisten Ratsherren und besetzten die wichtigsten städtischen Ämter.[143] Dabei gehörten dem *kopman* 1435 z.B. nur 18 Mitglieder an[144], 1527 41[145]. In den folgenden Jahren bis zum Dreißigjährigen Krieg schwankte ihre Zahl zwischen 40 und 58 Mitgliedern.[146] Diese kamen größtenteils aus nur wenigen Familien. Die v. Wintheim, v. Anderten, Blome, Volger, Lunde, v. Sode und v. Berckhusen waren die wohl wichtigsten Kaufleutefamilien der Stadt.[147]
Außer dem Fernhandel betrieben diese Familien vielerlei Geschäfte. Der Fernhandelskaufmann des späten Mittelalters bezog sein Vermögen auch aus Krediteinkünften und Grundrenten. Er legte sein Geld in Grundbesitz, Immobilien und Wertgegenständen an.[148] Wir wissen, daß auch hannoversche Kaufmannsfamilien jeweils mehrere Häuser in der Stadt besaßen und außerhalb der Stadt in Landbesitz investiert hatten.[149]
Die hannoverschen Kaufleute erreichten nie solche Bedeutung, wie sie die Fugger und Welser in Oberdeutschland und manche rheinische, lübische oder hamburgische Familie hatte. Uns ist nichts bekannt von einer Beteiligung an der Ausbeutung der Harzer Bergwerke, Geschäfte, wie sie für einige der oben genannten Familien typisch waren. Der hannoversche Handel konnte nie aus dem Schatten Braunschweigs heraustreten. Er beschränkte sich im wesentlichen auf den Zwischenhandel mit Rohstoffen – vor allem mit Wolle, Getreide und anderen für den Hansehandel typischen Produkten.
Gerade dieser Handel wurde jedoch seit dem 15. Jahrhundert immer mehr auch von nichthansischen Kaufleuten betrieben. Holländer, Engländer, Italiener und Oberdeutsche drangen in den Markt der Hansestädte ein.[150] Die Hanseprivilegien hatten darin bestanden, auf fremden Märkten monopolistisch zu herrschen.[151] Sie wurden von aufstrebenden Territorialfürsten gebrochen; den Fernhandel mit Skandinavien, England, den Niederlanden und Rußland übernahmen immer mehr Einheimische. Handwerker, Bauern, Territorialfürsten und Grundherren entdeckten den Handel als Einnahmequelle.[152] Die Hansekontore mußten schließen; die Hanse erlitt, zunächst verdeckt, im 16. Jahrhundert immer stärker einen Niedergang. Der Dreißigjährige Krieg sollte ihre Organisation endgültig aufbrechen, der Handel wurde durch den langen Krieg stark behindert. Jede Stadt versuchte nun, sich *zwischen den kriegführenden Mächten im eigenen Interesse hindurchzulavieren.*[153]

Der Niedergang der hannoverschen Kaufmannschaft

Wie reagierten die hannoverschen Kaufleute? Die einst politisch tonangebenden Familien hatten durch die Reformation ihren Einfluß verloren. Sie reagierten auf die aufkommende Konkurrenz nicht mit der Suche nach neuen Märkten oder neuen Wegen im Handel. Während sich in Ober- und Mittdeldeutschland der Großhändler auch als *Organisator der Produktion*[154] betätigt, kann davon in Hannover keine Rede sein. Hier sehen wir sie vielmehr als Rentiers, die von Grundrenten lebten; einige suchten neue Karrieren im Dienste des Landesherrn.[155] Wieder andere betrieben einen auf Sicherheit bedachten Handel mit regionalen Produkten. Nach dem Dreißigjährigen Krieg nahm die Zahl der Mitglieder im kopman erheblich ab, 1689 gab es in ganz Hannover nur noch 6 Kaufleute.[156]

Johann Duve

Daß es wirtschaftliche Chancen für Kaufleute auch im 17. Jahrhundert gab, zeigt die Karriere eines Außenseiters unter den hannoverschen Kaufleuten: Johann Duve.
Johann Duve wurde am 8.3. 1611 als Sohn des Kramers und Seidenhändlers Gottschalk Duve geboren.

Er besuchte die hannoversche Stadtschule und ging 1626 als Lehrling nach Hamburg zu einem Seidenwarenhändler. 1633 eröffnete er als Mitglied des Krameramtes in Hannover eine eigene Seidenhandlung. Bereits ein Jahr später trat er der Kaufleute-Gilde bei.[157] Johann Duve kommt schnell zu Vermögen:[158] Er spekuliert mit Getreide, mit dem während des Krieges große Gewinne zu machen sind. Er läßt durch Insassen des von ihm gegründeten Armenhauses in der Neustadt Tuche weben, die er in großen Mengen weiterverkauft. In einer eigenen Färberei hatte er sie färben lassen. Der Kaufmann Duve tut also jenen Schritt, den andere hannoversche Kaufleute nicht taten: Er wurde zugleich zum Produzenten. Doch nicht nur das: Er erkennt die Zeichen der Zeit, die neue große Bedeutung des Landesfürsten und dessen riesigen Bedarf an Geld und Heereslieferungen für sein stehendes Heer. 1643 übernimmt Duve die Gesamtförderung der welfischen Harzbergwerke an Nichtedelmetallen, vor allem an Blei. Dieses Geschäft versprach große Gewinne, denn Blei brauchte man zum Gießen von Geschützkugeln. Dementsprechend hoch war auch der Umsatz: Er erreichte 100 000 Taler. 1666 schließt Duve mit Herzog Georg Wilhelm von Celle Verträge über die Versorgung des Heeres auf dem Feldzug gegen Schweden. In seine Hände fiel also ein großer Teil der Gelder, die die Stadt Hannover in diesen Jahren an Kontributionen leistete! Die Geschäfte des Johann Duve beschränkten sich jedoch nicht auf Hannover oder auf die welfischen Lande. Er stand auch mit den Bischöfen von Osnabrück und Münster, mit dem König von Dänemark, mit Polen und Berlin in geschäftlicher Verbindung. Als der Bedarf an Blei nach dem Dreißigjährigen Krieg zurückging, suchte er neue Märkte. Durch seine Verbindung mit dem Calenbergischen Fürsten hatte er Beziehungen nach Paris, Den Haag, Rouen, Venedig, Amsterdam und in ganz Deutschland. Sein Handel umfaßte Silber ebenso wie Holz und Webereiprodukte. Nach Amsterdam verkaufte er Getreide, das er u. a. auf eigenem Land anbauen ließ. Für hannoversche Abnehmer betrieb er Mühlen, die er gepachtet hatte. Nebenbei »pfuschte« Duve noch durch einen Beauftragten, den Kramer Oldendorf, in das Krameramt hinein. Dessen Mitgliedern machte er mit großem Kapitalaufwand und neuen Verkaufsmethoden Konkurrenz. Sein Geschäft blühte. In Hannover war er ein angesehener Bürger, der es sogar bis zum Ratsherrn brachte. Seine Tochter heiratete den Bürgermeister Dr. David Amsing. Doch Duves System von Geschäftsverbindungen wurde gestört, als er im Bleihandel Verluste hinnehmen mußte. In den 60er Jahren versuchte er vergeblich, den Konkurs seines Sohnes in Hamburg abzuwenden und verlor dadurch viel Kapital. Als das Schiff sank, das ihm eine Geldlieferung des dänischen Königs überbringen sollte, war sein Sturz nicht mehr abzuwenden. Er mußte 1670 Konkurs anmelden und lebte bis 1679 verarmt in seinem Haus in Hannover.

Auch wenn Johann Duve scheiterte, zeigt sein Beispiel, welche Möglichkeiten die hannoverschen Kaufleute gehabt hätten, wenn sie flexibel und risikofreudig genug gewesen wären. Sie waren jedoch zu sehr fixiert auf ihre ruhmreiche Vergangenheit und verweigerten Emporkömmlingen standhaft die Gildemitgliedschaft.

Die Kramer

Außer den Kaufleuten waren auch die Kramer und Hoker am Einzelhandel in Hannover beteiligt.

Die Kramer besaßen seit 1344 das Privileg, mit Häuten handeln zu dürfen.[159] Da sie sie gegerbt verkaufen mußten, betätigten sie sich also zugleich auch als Gerber.[160] Aus den Bestimmungen für die Kaufleute wissen wir, daß die Kramer auch mit Wachs handelten. Doch damit nicht genug: Sie versorgten die Stadtbewohner und ihre Kunden aus der Umgebung Hannovers mit jenen Waren, die diese für ihren privaten Bedarf brauchten. So finden wir im Kontobuch der Kramer Gevert v. d. Wisch und seines Nachfolgers Joachim Röper aus den Jahren 1581–98 folgende Waren:[161] Butter, Schmalz, Speckseiten, Schuhe,

*Abb. 12:
Wappen der Kramerinnung, 1653.*

Talg, Hopfen, Getreide, Bier, Flachs, Treber (Malz). Ihre Kunden kommen aus Hannover, aber auch aus Wennigsen, Hemmingen, Isernhagen, Letter, Wettbergen, Laatzen, Döhren, Burgwedel, Elze und Vahrenwald.

Die Kramer schlugen an Markttagen ihre Zelte auf dem Markt auf[162]; an den übrigen Tagen verkauften sie in ihren Häusern.[163] Ihr geschäftliches Interesse beschränkte sich nicht nur auf den Einzelhandel. Wir wissen, daß sie auch Geldverleih betrieben. Im Kontobuch des Gevert v. d. Wisch und seines Nachfolgers finden wir z. B. folgende Einträge: 1589 wurde ihnen für ein Darlehen von 40 Gulden Land in der Herrenhäuser Masch versetzt[164]; 1594 erhielten sie die erste Heuernte eines Hofes in Letter als Pfand gegen 30 Taler.[165] Oft verliehen sie aber auch kleinere Beträge von einem halben Taler.

Den Umfang dieser Geschäfte sprengte ein Mitglied des Krameramtes: Albert Grothe. Er stammte aus Wennigsen und wurde 1560 Bürger in Hannover.[166] Wahrscheinlich war er nach Hannover gekommen, weil er hier einen besseren Markt und günstigere Handelsverbindungen vorfand. Der Eintritt in das Krameramt fiel ihm leicht, da er eine Tochter des hannoverschen Kramers Arnd Duve geheiratet hatte.

Im Stadtarchiv Hannover finden wir sein Geschäftsbuch aus den Jahren 1561–70.[167] Seine Unternehmungen können durchaus nicht mehr als Einzelhandel bezeichnet werden. Dem Geschäftsbuch entnehmen wir z. B., daß er 1564 mehr als 21 Zentner Wachs kaufte; zwei Jahre später verkaufte er u. a. eine Lieferung von 168 Pfund Butter in die Neustadt, was sicherlich gegen die Bestimmungen seiner Gilde war. Er handelte mit Käse, Brot, Tuchen, Heringen, Fellen, Buchleder, Nadeln und Nägeln, Hosenbändern, Getreide, Garn, Hopfen, Zucker und anderen Gewürzen. Seine Handelsverbindungen reichten über den näheren Umkreis Hannovers hinaus. 1566 gab er z. B. Hans Voß aus Bremen 32 Taler mit auf seine Reise zur Nürnberger Messe; 1562 kaufte er Heringe, Butter und Käse in Bremen und verkaufte sie u. a. in Hannover und Hildesheim. Aber auch den Detailhandel verschmähte er nicht. So verkaufte er z. B. 1561 an die Frau des Nadlers Hans Hagen aus der Kramerstraße ein Hosenband.[168]

Die Hoker

Anders als die Kramer beschränkten sich die Hoker i. w. auf den Detailhandel mit Lebensmitteln. Sie verkauften Butter, Käse, Fett, gewaschene Heringe und Kerzen in kleinen Mengen.[169] Sie betrieben ihren Handel an Markttagen in besonderen Buden auf dem Marktplatz *(Hokenmarkt)*. An den übrigen Tagen verkauften sie in ihren Häusern, auf ihren Hinterhöfen und auf der Straße.[170] Allerdings durften sie seit 1493 keine Butter mehr in ihren Häusern verkaufen, sondern nur noch mittwochs und samstags auf dem Markt. Offenbar wollte der Rat dadurch den Verkauf von minderwertiger Ware verhindern.

Das Handwerk

Über viele hannoversche Handwerke können wir uns kein genaues Bild machen. Wir wissen zwar, daß es die verschiedensten Handwerkszweige gab; wir haben aber kaum Quellen über ihre Arbeitsbedingungen, Produktion und den Verkauf.

Die Kramer, Hoker sowie die Bäcker, Knochenhauer, Schuhmacher, Schmiede, Wollenweber, Goldschmiede, Kürschner und Schneider wurden spätestens 1366 jeweils zu einem *Amt* (Gilde/Zunft) zusammengeschlossen.[171] Handwerker- und Kaufleutegilden waren Einungen *zu gegenseitigem Schutz und Beistand, zu religiöser und gesellschaftlicher Tätigkeit sowie zur beruflichen und wirtschaftlichen Förderung ihrer Mitglieder.*[172] Die Mitgliedschaft in einer Gilde bedeutete den Eintritt in eine das ganze Leben umfassende Gemeinschaft. Arbeit, Religion und Geselligkeit wurden von ihr gleichrangig geregelt.[173] An der Spitze standen Werkmeister oder Olderlude.[174] Zu wichtigen Beschlüssen zog sie der Rat hinzu. Darüber hinaus kam einigen Gilden besondere politische Bedeutung zu: Die *großen Ämter* (Bäcker, Knochenhauer, Schmiede, Schuhmacher) stellten spätestens seit 1448 je einen Ratsherrn. Nach der Reformation konnten auch die Kramer und Wollenweber jeweils einen Ratssitz besetzen. Die Bestätigung der Ämterordnungen durch den Rat und der Schwur der Gildemitglieder betonen ebenfalls ihre Sonderstellung in der städtischen Politik.[175] Hinzu kommt, daß die Gilden das ausschließliche Recht besaßen, ihrem Gewerbe nachzugehen. Jeder, der ihr Gewerbe ausüben wollte, mußte ihr Amtsbruder werden. Dieser Zunftzwang bezog sich nicht nur auf die Stadt, sondern auf einen Umkreis von einer Meile um die Stadt.[176]

Die Gilden erhielten wie gesagt Statuten, die ihr Gewerbe ordneten und privilegierten.[177] Die frühesten uns erhaltenen Gildeordnungen stammen aus dem 14. Jahrhundert. Vorher wurden das Zusammenleben und die Ordnung des Amts wohl nach Überlieferung und Tradition geregelt.[178]

Die Aufnahme in die Gilde

Wie die Kaufleute nahmen auch die hannoverschen Handwerksgilden nicht jeden Kandidaten als Meister in ihr Amt auf. Wie allgemein üblich, mußte der Bewerber zunächst beweisen, daß er *echt und recht von Vater und Mutter geboren* war.[179] Er mußte *frei* sein, durfte also kein Höriger sein.[180] Übte sein Vater einen *unehrlichen* Beruf aus, wurde er abgelehnt,

wobei die Definition dessen, was *unehrlich* war, je nach Gilde unterschiedlich war. Als *unehrlich* galten für alle Gilden die Söhne von Schäfern, Müllern, Zöllnern, Badstubern und Spielleuten. Nur die Schmiede nahmen offenbar noch 1510 Badstuber und Spielleute auf, 1542 nicht mehr. Bäcker wollten keine Söhne von Leinewebern in ihren Reihen, die Kürschner keine Gerber. Die Schmiede nahmen keine Kinder eines Leinewebers auf. Außerdem durfte der Vater kein *schändlicher Handwerksmeister* sein, der gegen die Ehre des Amtes gehandelt hatte. Hoker duldeten keine Kinder von Leinewebern und Garbratern.
Wichtig für die meisten Gilden war auch die deutsche Geburt; die Bewerber durften nicht *wendisch* geboren sein.[181] Eine weitere Eingrenzung des Bewerberkreises war dadurch gegeben, daß der Kandidat das Bürgerrecht erwerben mußte.[182]
Darüber hinaus verlangten einige Gilden Nachweise, daß der Bewerber und seine Eltern *unberüchtigte, brave Leute* seien (z. B. Bäcker, Hoker und Schmiede). Als beweiskräftig galt entweder die Versicherung von 2 oder 3 glaubwürdigen Zeugen oder entsprechende besiegelte Briefe. Hatte der Vater eine kriminelle Tat begangen, konnte das dazu führen, daß die Söhne in kein Amt aufgenommen wurden. Aus diesem Grund verweigerte z. B. 1460 das hannoversche Bäckeramt dem Sohn des Bäckermeisters Bremer, Eylhard, die Aufnahme in ihr Amt.[183]
Nach der Feststellung der »Würdigkeit« des Bewerbers hatte er als nächstes an den *Morgensprachen,* den regelmäßigen Zusammenkünften der Gildemitglieder, das Amt zu *eschen,* d. h., um es nachzusuchen. Diese Prozedur dauerte etwa ein Dreivierteljahr. Während dieser *Mutzeit*[184] hatte der Anwärter an die Gilde bestimmte Naturalien abzuführen, deren Art und Menge variierten: Wachs, Zinn, Schafskäse, Schinken oder Bier. Außerdem bezahlte er sein *Werkgeld.* War er dann endlich Meister geworden, hatte er die Gildemitglieder zu beköstigen. Dabei waren genaue Regeln einzuhalten.[185] Nach den detaillierten Bedingungen der Hokergilde (um 1530) sah die *Amtskost* wie folgt aus: Nach der ersten Mahlzeit mußte »der Neue« z. B. vor den Meistern ein Lied singen, wobei er vor dem Tisch zu stehen hatte. Daraufhin setzte ihm das jüngste Gildemitglied einen silbernen Kranz auf das Haupt und trank ihm zu. Anschließend ging der Trunk immer reihum, oder, wie es in der Quelle heißt: *Dat geit alle up der rege* (Reihe) *in.*
Bei manchen Gilden war eine weitere Voraussetzung für die Aufnahme in die Gilde als Vollmitglied das Meisterstück, das man von Gesellen verlangte.[186] Ein zukünftiger Bäckermeister mußte am Meisterofen Roggen- und Weizenbrot backen, den Teig selbst schlagen und in den Ofen schieben. Kürschnergesellen mußten innerhalb eines Vierteljahres drei Pelze im Haus des Meisters fertigen. Ein zukünftiger Schmiedemeister hatte zwei Werkstücke zu schmieden bzw. zu gießen. Schneider mußten ein Wams, eine Kapuze und ein Paar Hosen fertigen.[187] Wenn der Geselle alle Bedingungen erfüllt hatte, verlieh ihm der Rat (!) das »Amt«, den »Meister«.
Wie lange mußte so ein angehender Meister in Hannover »gelernt« haben? Darüber waren die Regelungen sehr unterschiedlich. Die Bäcker verlangten drei Jahre, die Kürschner ein volles Jahr Dienst bei einem Meister.
Für die Söhne ihrer Handwerksmeister erleichterten die Gilden die Aufnahmebedingungen.[188] Für einen Bewerber, der *in das Amt geboren war,* war nicht nur der Nachweis der Würdigkeit leicht. Auch die Eintrittsgebühren waren geringer, die Aufnahmeprozedur war kürzer bzw. fiel ganz weg. Die *Amtskost* entfiel oder konnte weniger aufwendig sein. Ähnliche Vergünstigungen erhielten Gesellen, die die Witwe oder Tochter eines Gildebruders heirateten.[189]
War der Geselle bei seinem Gesuch um Aufnahme in die Gilde bereits verheiratet, mußte er die Würdigkeit seiner Frau nachweisen. Für sie galten die gleichen Bedingungen wie für den Bewerber selbst. War er noch ledig, mußte er geloben, eine *würdige* Ehefrau zu nehmen.[190] Da das Amt eine Lebensgemeinschaft war, ist diese Forderung verständlich: Was für die Meister galt, mußte auch für die Schutzgenossen gelten.[191] Diese Bestimmungen wurden streng eingehalten. So wissen wir, daß sich z. B. 1511 das Bäckeramt weigerte, die Ehefrau von Hinrik Heveker aufzunehmen: ihr Vater war ein Müller.[192] 1504 wurde der Bäckermeister Hans Flebbe aufgefordert, mit Brief und Siegel zu beweisen, daß seine Frau nicht wendisch geboren sei. Andernfalls werde man zwar nicht ihm selbst, wohl aber seiner Frau und seinen Kindern das Amt entziehen.[193]
Über ein Mindestalter für die Meisterwerdung finden wir fast keine Regelungen. Die Bäcker bestimmten, daß der neue Amtsbruder nicht jünger als 24 Jahre sein durfte. Ausgenommen waren Gesellen, die die Tochter oder Witwe eines Meisters heirateten.
Diese Regelungen für die Aufnahme in ein Amt dienten sicherlich zunächst der Kontrolle seiner Mitglieder. Nur qualifizierte, erfahrene Meister sollten ein zünftiges Handwerk ausüben. Die Kürschner beschlossen um 1450 sogar: *Käme da ein Meister aus einer anderen Stadt und wollte hier unser Amt gewinnen, soll man das handhaben nach seiner Bequemlichkeit.*[194] Doch seit dem 16. Jahrhundert wurden die Bestimmungen offenbar verschärft. Zwar kam es in Hannover wohl nicht zur »Schließung« einer Gilde in dem Sinn, daß die Höchstzahl der Meister festgelegt und ein dauernder Aufnahmestop erlassen wurde. Jedoch führte die »Standesehre« im 16. und 17. Jahrhundert dazu, daß die Gildemitglieder mögliche Bewerber eher abschreckten als ermunterten.[195] Der Nahrungsspielraum war nicht groß, und es herrschte die Anschauung vor, daß das Gewerbe seinen Mann

Abb. 13: Becher des Hokeramtes, silber, teilweise vergoldet, um 1670.

standesgemäß ernähren müsse. Das Amt »hat« man. Da die Vererbung praktisch »Gesetz« ist, hinterläßt man das Amt wie ein Kapital, das allerdings nur einem Sohn vererbt werden kann. Bei den Kürschnern kann man feststellen, daß sie noch Ende des 16. Jahrhunderts jährlich durchschnittlich einen neuen Meister aufnahmen. Dagegen waren es im ganzen 17. Jahrhundert nur 19![196] Die wenigen, jetzt noch freiwerdenden Ämter konnten von der Gilde teuer »verkauft« werden, da die Nachfrage groß war.[197]
Das neue Mitglied mußte schwören, die Statuten seines Amtes einzuhalten und nicht gegen die Ehre seines Amtes zu handeln.[198] Die Standesehre *durfte in allen Bereichen des täglichen Lebens von den Handwerkern nicht verletzt werden, sei es in der Familie, bei der Arbeit, in den Zunft- und Gildeversammlungen, auf der Straße oder überhaupt in der städtischen Gemeinschaft.*[199] Auf die Ordnungen der Gilden für die handwerkliche Arbeit kommen wir später zurück. Wir wollen uns zunächst mit den Geselligkeiten der Gilden beschäftigen.

Die Geselligkeiten der Gilden

Die Feste der Gilden sollten das Zusammengehörigkeitsgefühl ihrer Mitglieder stärken. Das gemeinsame Mahl bedeutete die *stete Erneuerung der geschworenen Einung.*[200] Sie fanden zunächst im Haus eines Werkmeister statt, im 17. Jahrhundert hatten einige Gilden ihr eigenes Amtshaus.
Wie die Kaufleute veranstalteten auch die Gilden viermal im Jahr Morgensprachen. Auf diesen Versammlungen besprachen die Amtsbrüder Probleme und schlichteten Streitigkeiten.[201] Sie nahmen neue Mitglieder auf, verabschiedeten neue Statuten und losten Verkaufsstände aus. Beendet wurden die Morgensprachen mit einer großen Festlichkeit, auf der gemeinsam gegessen, getrunken und gesungen wurde.
Die Gildenordnungen schrieben das Verhalten der Amtsbrüder auf diesen Versammlungen genau vor. Doch immer wieder hatte der Rat Grund, das ungebührliche Verhalten von Teilnehmern zu monieren.[202] Es kam auch vor, daß ein Mitglied überhaupt nicht zu den Versammlungen erschien.[203] Doch das Gildemitglied tat gut daran, sich an die vorgeschriebenen Regeln zu halten, da die Amtsbrüder gegenseitig eine starke Kontrolle ausübten. Hatte ein Handwerksmeister aus irgendeinem Grund gegen die Ehre des Amtes verstoßen, mußte unter Umständen seine Familie bei geselligen Anlässen darunter leiden. So ließen 1479 die Werkmeister des Kürschneramtes »rein zufällig« ihr Mitglied Engelke Basse und seine Ehefrau am Fronleichnamsfest unbeachtet in der Ecke sitzen. Engelke Basse war von ihnen zu einer Geldstrafe verurteilt worden, hatte diese Strafe aber schon

ABB. 14: Lade der Knopfmacher, 1698.

bezahlt.[204] Der Verstoß gegen Statuten konnte sogar zum Ausschluß aus einer Gilde führen.[205]

Der Handwerksbetrieb

Die Gildeordnungen regelten auch die Arbeit der Gildemitglieder. Ihre Bestimmungen umfaßten die Struktur des Handwerksbetriebs, Produktionsmittel und -methoden, Einkauf und Verkauf.
Der Handwerksbetrieb befand sich normalerweise im Haus des Handwerkers. Durch die geöffnete Tür konnte man ihm bei seiner Arbeit zusehen. Diele, Hof und Böden dienten als Lager für Rohstoffe und Handelswaren.

Der Lehrling

Zum Handwerksbetrieb gehörte in vielen Fällen ein Lehrling *(Lehrjunge, Junge).* Seine Aufnahme in einen Meisterbetrieb regelten die Ämter unterschiedlich. Bei den Kürschnern mußte der Lehrling selbst für seine Aufnahme bezahlen, bei den Schmieden und Bäckern hatte der Meister seinem Amt eine bestimmte Geldsumme zu geben. In jedem Fall mußte der Meister aber seine Gilde fragen, ob er einen Lehrling einstellen dürfe. Der Lehrling wohnte in der Familie des Meisters. Während der Lehre sollte er *das Handwerk lernen,* Bäcker durften z. B. keinen Jungen zum Verkaufen auf den Brotscharren schicken. Im übrigen sagen die Gildeordnungen über die Lehre nur wenig, sogar über ihre Dauer finden wir keine Angaben. Von anderen Städten wissen wir, daß die Lehrzeit 3 bis 4 Jahre dauerte.[206] Sie wurde ohne besondere Förmlichkeit abgeschlossen[207]: Der Lehrling wurde vor der offenen Lade des Amtes *losgesprochen.* Anschließend erhielt er ein Führungszeugnis, das auch in das Amtsbuch eingetragen wurde. Im Amtsbuch der Kürschner heißt es dazu: *Er war lieb und gut* oder: *Er hat sich treu, fleißig und ehrlich gehalten, wie es einem guten Jungen zukommt.*[208]

Der Geselle

Hatte der Lehrling sein Handwerk gelernt, ging er als Geselle meistens auf Wanderschaft.[209] Über Dauer und Art dieser Wanderschaft finden wir nur wenig in

Abb. 15: Innungslade der Kupferschmiede, 1684.

den Quellen. Doch indirekte Hinweise in Gildestatuten beweisen uns, daß auch in Hannover auswärtige Gesellen häufig vorkamen. Sonst wären z. B. die Echtebriefe nicht nötig gewesen. Die Gildeordnung der Kürschner von 1481 bestimmte sogar, daß ein neuer Meister erst 4 Jahre lang als Geselle wandern mußte.[210] 1588 gab es in Hannover 10 Kürschnergesellen, von denen kein einziger aus Hannover stammte. Sie kamen aus Verden (2), Braunschweig (2), Bremen (2), Fallersleben, Wunstorf, Rostock und Stendhal.[211]

Das Wandern sollte zunächst der weiteren Ausbildung im erlernten Handwerk dienen.[212] Nur durch die Arbeit in verschiedenen Städten konnte sich ein Geselle mit neuen Arbeitstechniken vertraut machen. Die Wanderschaft hatte aber noch eine andere Ursache. Die Pest riß vor allem im 14. Jahrhundert in die städtische Bevölkerung große Lücken; neue Arbeitskräfte waren gefragt. Handwerker zogen vom Land in die Stadt oder von einer Stadt in eine andere, wo man ihnen bessere Bedingungen bot. Das erhielt sich als Brauch, auch bei geänderten Wirtschaftsverhältnissen. Handwerker, die vom Land nach Hannover kamen, waren meistens Bauernsöhne, die zur Ernte auf dem heimatlichen Hof gebraucht wurden.[213] Solche wollten die Bäcker in ihrem Amt nicht dulden. Sie bestimmten daher: *Kein Meister darf seinem Lehrling (lereknecht) oder Gesellen (knecht) Urlaub (Zeit) in der Ernte geben. Geht der Knecht gegen den Willen des Meisters in die Ernte, darf er ein Jahr lang nicht in Hannover arbeiten.* Seit dem 16. Jahrhundert führte die Forderung der Ämter, daß der Geselle wandern solle, immer mehr zur Verlängerung der Gesellenzeit.

Die Gesellen werden in den Gildeordnungen bis ins 17. Jahrhundert hinein *Knechte* genannt. Sie selbst dagegen nannten sich *Gesellen.*[214] Ihr Selbstverständnis kommt darin zum Ausdruck, daß sie sich um 1400 zu eigenen Gesellengilden bzw. Bruderschaften zusammenschlossen.[215] Uns ist das Statut der Kürschnergesellen überliefert, das ursprünglich aus dem Jahr 1399 stammt und 1588 erneuert wurde.[216] Die meisten Artikel regeln das gebührliche Verhalten der Gesellen: Sie sollen sich nicht streiten und schlagen, mit Schmähworten belegen oder fluchen, sich bei ihren Versammlungen nicht unnötig betrinken und nicht spielen. Andere Bestimmungen regelten das Arbeiten der Gesellen: Wenn ein Geselle nach Hannover kam, sollte er jeweils eine Woche lang bei jedem Meister der Stadt arbeiten *(umbschau).* Kein Geselle durfte ohne Wissen des Meisters in einem anderen Haus arbeiten; ihm wurde also das selbständige Arbeiten auf eigenen Verdienst verboten.[217]

Einige Regeln ähneln denjenigen der Meister: regelmäßige Zusammenkünfte mit Trinkgelagen, die Wahl von Meisterknappen, die der Gilde vorstanden, die Fürsorgebestimmungen. Wurde ein Geselle krank und *hatte nichts zu verzehren,* konnte er sich auf seine Kollegen verlassen. Sie halfen ihm mit Geld aus, *bis ihm Gott wieder aufhalf.* War er schwer erkrankt, wachten jeweils zwei Gesellen an seinem Krankenbett. Sobald er wieder gesund war, mußte er vom ersten Verdienst das geliehene Geld wieder zurückzahlen. Starb er, sollte man *Geld an seinen Kleidern wiedersuchen (den Erlös aus Verkauf seiner Kleidung dazu verwenden), auf daß die Gerechtigkeit nicht geschwächt werde.* An dieser Bestimmung erkennt man, daß sich die Stellung des Gesellen seit den Anfängen des städtischen Handwerks geändert hatte:[218]

Während der Lehrling im Haushalt des Meisters lebte, war das beim Gesellen nicht immer der Fall. Sonst wäre die Krankenpflege Aufgabe der Meistersfrau gewesen.[219] Für viele Gilden galt immer noch die Regelung, daß ein Geselle nicht verheiratet sein sollte. Die Ordnungen mancher Ämter zeigen jedoch, daß der Geselle nicht im Haus schläft, sondern irgendwo zur Untermiete.[220] Hier ist er jedoch nicht außerhalb der Kontrolle der Gilde, denn diese wacht über sein Benehmen oder macht den Meister verantwortlich. Selbst Kost beim Meister ist nicht allgemein üblich, zum Teil muß dafür ein Betrag abgeführt werden. Zwar wurden z. B. ledige Schmiedeknechte im Meisterhaushalt beköstigt, dafür hatten sie um 1510 von ihrem Lohn 1 Schilling zu zahlen. Doch diese Summe reichte wohl gerade für eine warme Mahlzeit am Tag, für die übrigen Mahlzeiten mußten sie selbst sorgen.[221]

Die Veränderungen im Verhältnis zwischen Meister und Geselle betrafen auch das Recht des Meisters, den Gesellen zu züchtigen.[222] Dazu heißt es in der Ordnung der Kürschner von 1481:[223] *Der Meister darf den Gesellen nicht zur Arbeit zwingen durch Schläge. Hat sich aber der Geselle im Haus des Meisters schlecht benommen, und der Meister kann das beweisen, darf er ihn ungestraft züchtigen.* Die wirksamste Waffe eines Handwerksgesellen gegen seinen Meister war das Wandern. Hielt er es nicht mehr aus, zog er davon. Die Meister versuchten sich dagegen zu schützen, indem sie Absprachen trafen, daß keiner einem solchen Arbeit geben solle, bis er die von der Gilde verhängte Buße bezahlt habe. Überdies mußte er dem Meister Schadenersatz leisten, wollte er in Hannover noch Meister werden.[224]

Betriebsgröße

Wie viele Lehrlinge und Gesellen durfte ein Meister in seinem Betrieb beschäftigen? Dazu finden wir seit dem 15. Jahrhundert Angaben in den Gildeordnungen. Die Kürschner legten um 1460 die Höchstzahl der Beschäftigten pro Betrieb auf 3 Personen fest. Nun bedeutet diese Bestimmung sicher nicht, daß jeder Kürschnermeister in Hannover tatsächlich diese

Höchstzahl ausnutzte. 1588 z. B. gehörten 7 Kürschner zum Amt, die insgesamt 10 Gesellen beschäftigten.[225] Doch gab es sicherlich auch Betriebe, die die Höchstzahl überschritten. So brauchten z. B. die eigenen Kinder nicht mitgezählt werden. Etwa zur selben Zeit (1476) bestimmten die Schmiede nach offenbar heftigem Streit untereinander: *Jeder Schmiedemeister soll höchstens 3 Knechte* (Gesellen) *und einen Jungen* (Lehrling) *beschäftigen; hat er keinen Lehrling, darf er 4 Knechte für sich arbeiten lassen.* Jeder weitere Knecht kostete ihn eine Abgabe von 1 lübischem Pfund an den Rat.[226]
Was wurde mit diesen Begrenzungen der Beschäftigungszahl erreicht? *Einerseits verhindern sie innergewerbliche Konzentrationsprozesse.* Schwächere, vielleicht weniger geschäftstüchtige Meister wurden also vor Konkurrenten aus dem eigenen Amt geschützt. *Andererseits aber wehren sie einen Arbeitskräftezustrom ab, der nicht in einem Verhältnis zu den Beschäftigungsmöglichkeiten steht.*[227]

Arbeitszeit

Nur eine Gildeordnung nennt uns Arbeitszeitbeschränkungen, an die sich ihre Meister zu halten hatten: Die Bäcker durften am Samstag und Montag nicht ohne Ausnahmeerlaubnis der Werkmeister backen; nach der Reformation war nur der Samstag vom Backen ausgenommen. Für jede unerlaubt gebackene *Molde* (Holzgefäß von 1 Malter Inhalt = etwa 186 Liter) mußten sie eine Tonne Broyhan-Bier bezahlen.
Der Verkauf ging allerdings die ganze Woche über, der Brotscharren war auch am Sonntag geöffnet.[228] Allgemein kann man davon ausgehen, daß zumindest im »geordneten« Handwerk an Sonntagen und Feiertagen nicht gearbeitet wurde.[229] Es gab aber sicher auch Menschen, die auch feiertags arbeiteten, so z. B. Cord Bunke (um 1596), der nach einer Beschwerde seiner Nachbarn am Sonntag Grütze kochte. Diese Beschwerde läßt im übrigen darauf schließen, daß Sonntagsarbeit tatsächlich unüblich war. Die tägliche Arbeitszeit lag bei etwa 11 bis 16 Stunden.[230] Gearbeitet wurde von Sonnenaufgang bis Sonnenuntergang.

Der Einkauf von Rohstoffen

Einen wichtigen Bestandteil der Gildeordnungen bildeten Regeln über Einkauf von Rohstoffen und Verkauf von Fertigprodukten.
Beim Einkauf von Rohstoffen war in einigen Gilden der Gesamtkauf *(Zunftkauf)* üblich[231]: Die Werkmeister des Amtes kauften für alle Mitglieder zusammen große Mengen an Rohmaterialien bei einem Händler. Diese wurden an die Amtsbrüder verteilt; innerhalb einer bestimmten Frist mußten sie sie bezahlen. Dadurch konnte jeder Meister regelmäßig mit den gleichen Rohstoffen beliefert werden; keiner durfte einen günstigeren Preis aushandeln als sein Kollege. Dieser Gedanke kommt in der Ordnung der Hoker deutlich zum Ausdruck: *Butter, Teer und Lichte* (mit Fett gespeister Docht) *soll man nach dem Einkauf in einer Morgensprache verkaufen* (an die Amtsbrüder), *damit eine Gleichförmigkeit im Verkauf eingehalten werde.* Die Abnahme von großen Mengen hatte auch den Vorteil, daß das Amt beim Großhändler Mengenrabatt erhielt.[232] Die Werkmeister der Schmiede fuhren z. B. bis Lübeck und Lüneburg, um dort *osemunt*, schwedisches Eisen, zu kaufen.
Chancengleichheit für jedes Mitglied sollte auch durch ein Verbot des *Vorkaufs* erreicht werden. Niemand durfte vor den Toren der Stadt Waren kaufen, die für den städtischen Markt bestimmt waren. Denn erst in dem Moment, in dem die Ware in der Stadt auf dem Markt war, hatte jeder die gleiche Möglichkeit zu kaufen. Aber auch innerhalb der Stadt durfte kein Gildemitglied dem anderen zuvorkommen. So sollte z. B. kein Kürschner in der Stadt von Tür zu Tür gehen und Felle kaufen.[233] Kein Schuhmacher durfte in den Häusern nach Häuten fragen.[234]
Am Verbot des Vorkaufs hatten nicht nur die Ämter Interesse. Auch der Rat schritt immer wieder gegen ihn ein, weil dadurch einige Spekulanten Waren horteten und bei hohen Preisen mit großem Gewinn verkauften.
Der Kampf gegen den Vorkauf galt auch den Kaufleuten. Ihnen war schon im 14. Jahrhundert verboten worden, Leinwand, Wolle oder Wachs außerhalb der Stadtmauern zu kaufen.[235] Offenbar hatten gerissene Kaufleute einen Weg gefunden, diese Regel zu umgehen, denn 1397 beschloß die Kaufmannschaft, daß auch die Frau des Kaufmanns, seine Kinder, sein Gesinde oder ein anderer Beauftragter nicht vor den Toren der Stadt Waren kaufen dürfe.[236] Doch der Vorkauf war nicht zu verhindern. Immer wieder mußten Bürger deswegen bestraft werden. Auch die reformatorische Bewegung griff Klagen wegen des Vorkaufs auf, den der Rat verbot – letztlich ohne Erfolg.

Produktion und Verkauf

Das Bemühen der Ämter, für jedes seiner Mitglieder die standesgemäße Nahrung zu sichern, führte auch zu vielfachen Beschränkungen der Konkurrenz beim Verkauf.[237] So durfte man z. B. keinen Kunden heranwinken und ihn dadurch zum Kauf am eigenen Stand verleiten. Zur Anpreisung seiner Produkte konnte der hannoversche Bäcker zwar Brot »auf sein Fenster« legen, also in den kleinen Fenstern seines Hauses zum Verkauf anbieten. Doch diese Erlaubnis war auf Roggenbrot für 1 Schilling, Semmeln für 1 Schilling und Wecken für 20 Pfennig beschränkt.

Die Höchstproduktion für jeden Wollenweber war auf 4 Stiegen Laken im Jahr festgelegt (1540). Kein Bäcker durfte für mehr als 5 hannoversche Pfund pro Woche Brot backen. Form und Größe der Brote waren außerdem genau vorgeschrieben. Sogar wenn die Möglichkeit bestand, Produkte in großen Mengen nach außerhalb zu liefern, wurde die Produktion beschränkt: Hannoversche Bäcker, die ihr Brot bis nach Bremen lieferten, mußten sich einmal in der Woche dafür die Erlaubnis der Werkmeister holen. Und selbst dann durften sie für nicht mehr als 12 lübische Pfund Brot backen und damit nur einen Wagen beladen. Solche Bestimmungen mußten dazu führen, daß die Gildemitglieder rationellere Produktionsformen nicht aufnahmen, daß die technische Entwicklung an den Ämtern vorbeiging.

Die Bildung von größeren Betrieben wurde also nicht nur durch die Festlegung der Beschäftigtenzahl verhindert, sondern auch durch die Festlegung der Produktion. Eine Umgehung solcher Regeln durch Gründung von Kompanien oder Gesellschaften war verboten.[238]

Das Prinzip der Gleichheit aller Gildemitglieder erlaubte es auch nicht, daß Händler mehrere Verkaufsstände besaßen. Die Hoker schrieben vor: *Niemand soll mehr haben . . . als eine Bank, einen Fettzuber und einen Butterzuber.* Die Kaufleute durften im Kaufhaus nur einen Stand in einer Reihe besetzen.[239]

Auch über die Qualität der Ware wurden Vorschriften erlassen. Qualitätskontrollen hatten wohl zwei Gründe. Einmal konnte eine vergleichbare Produktion aller Amtsmitglieder gesichert werden. Zum anderen konnten die Verbraucher sicher sein, Produkte gleichbleibender Qualität zu kaufen. Bäcker durften z. B. keine aufgesprungenen oder zu kleinen Weihebrote backen. Ihr Brot sollte lange genug im Ofen bleiben und durfte nicht zu klein bleiben.[240] Die Hoker durften nur den qualitativ guten Bergener Stockfisch wässern und verkaufen. Die Wollenweber und Leineweber hatten genaue Webvorschriften einzuhalten.[241] Knochenhauern war es verboten, *ungiftich* (faules) Fleisch zu verkaufen.[242] Für die Kannengießer wurde der Zinn- und Bleigehalt ihrer Waren genau festgelegt[243]; die Goldschmiede mußten auf die Qualität des Silbers und Goldes achten, das sie verarbeiteten.[244] Maße und Gewichte sollten voll gemessen bzw. gewogen werden.[245]

Diese Bestimmungen über Produktion und Verkauf wurden den Gildemitgliedern auf den Morgensprachen mehrmals jährlich vorgelesen, was auch ein Hinweis dafür ist, daß sie wiederholt übertreten wurden. Das einzelne Gildemitglied nahm zwar den Schutz des Amtes gern in Anspruch, strebte aber durchaus nach höherem Gewinn als sein Amtsbruder.[246] So finden wir in den Ratsprotokollen wiederholt Einträge wegen mangelnder Qualität[247] und wegen unerlaubter Werbung.[248] Die Bäcker, Knochenhauer und Schuhmacher verkauften ihre Waren zwar in besonderen Häusern, die dem Rat gehörten, und in denen sie unter seiner Aufsicht standen. Dennoch finden wir auch Angehörige dieser Ämter unter den Bestraften.

Streit zwischen den Gilden

Die Ein- und Verkaufsregelungen der Ämter führten immer wieder zu Streit zwischen den einzelnen Gilden. Die Schuhmacher stritten sich mit den Kramern und Knochenhauern[249]; die Kramer lagen mit den Kürschnern im Streit.[250] Das größte Problem der Ämter war jedoch, sich gegen nicht-zünftige Handwerker zu wehren. Die restriktive Politik der Ämter führte dazu, daß Handwerker innerhalb und außerhalb der Stadt die Gilden zu umgehen versuchten. Da die Ämter selbst durch ihre Privilegien den Zunftzwang eingeführt hatten, sahen sie durch solche *Nahrungsstörer* ihre Sonderrechte bedroht. Die Ratsprotokolle seit dem 15. Jahrhundert sind voll von solchen Beispielen. So ging das Leineweberamt gegen Leineweber vor, die außerhalb der Stadt in Gebäuden des Hl.-Geist-Stifts wohnten und arbeiteten.[251] Zwar unterstützte der Rat sein Amt, jedoch noch 1464 hatte sich nichts geändert.[252] Die Bäcker wehrten sich gegen *Innebäcker* (Hausbäcker), die in den Häusern der Bürger deren eigenes Mehl zu Brot verbuken.[253] Sie konnten dagegen aber nichts ausrichten.[254] Die Kürschner und Schmiede bestimmten, daß keiner ihrer Amtsbrüder einem Kürschner oder Schmied auf der Neustadt oder auf dem Damm etwas abkaufen oder verkaufen durfte.

Cord Bunke, der Grützemacher

Trotz aller Einschränkungen blieb so mancher hannoversche Handwerksmeister nicht in den engen Grenzen seines Amtes. Zwar sind wir über ihre Aktivitäten im einzelnen wenig informiert. Jedoch ist uns ein Kontobuch erhalten, in dem die geschäftliche Verbindung zwischen dem hannoverschen Knochenhauer Barnsdorf Wilke und seinem Hamburger Vetter Cord Bunke aus den Jahren 1610–13 aufgezeichnet ist.[255] Cord Bunke war ein erfahrener Grützemacher. Das wissen wir aus der Beschwerde seiner Nachbarn vom Jahr 1596. 14 Jahre später gelingt es ihm, seinem einflußreichen Vetter ein gemeinsames Geschäft vorzuschlagen. Dieser Vetter ist seit 1603 Ratsherr und hat auch andere politische Ämter inne. Cord Bunke versichert ihm, er habe in Hamburg den Hafergrütze-Handel gründlich gelernt, und mit Hafergrütze sei ein guter Gewinn zu machen. Er rechnet ihm vor, daß aus einem Fuder guten Hafers 9 ½ bis 10 Zentner Grütze hergestellt werden könnten. Diese Menge könne ein Knecht in einer Woche verarbeiten. Das Kontobuch des Cord Bunke weist aus, daß ihm Barnsdorf Wilke in den Jahren 1610–13 jeweils 53 Fuder Hafer lieferte. Daraus stellte er jährlich 350 Zentner Grütze her. Diese Abrechnung zeigt, daß er sein Versprechen bei weitem nicht halten kann: Ein Fuder Hafer ergab nur knapp 7 Zentner Grütze. Nach dem dritten Jahr wird Barnsdorf Wilke mißtrauisch. Er beschwert sich bei seinen Ratskollegen, daß Cord Bunke falsch oder gar nicht abgerechnet habe.[256] Der Rat bestimmt, er solle das nachholen. Der Streit zwischen den beiden Kontrahenten geht jedoch weiter.[257] Cord Bunke behauptet vor dem Rat, sein Geschäftspartner habe Blätter aus seinem Register gerissen; Barnsdorf Wilke dagegen sagt aus, Bunke sei dabeigewesen, und sie hätten gemeinsam ein neues Register angelegt. So steht Aussage gegen Aussage. Über den weiteren Gang der Angelegenheit wissen wir nichts. Das gemeinsame Geschäft jedoch wurde aufgelöst, das Kontobuch der beiden ehemaligen Partner blieb leer.

Der Niedergang des hannoverschen Handwerks

Das hannoversche Handwerk versorgte in erster Linie die nähere Umgebung mit seinen Erzeugnissen. Handelsbeziehungen von größerer Bedeutung nach auswärts sind kaum belegt. Dazu gehörten die Kürschner, die z. B. in Lüneburg ihre Pelze verkauften.[258] Hannoversche Bäcker lieferten, wie schon gesagt, ihr Brot bis nach Bremen. Die übrigen Handwerkszweige jedoch hatten sich offensichtlich nicht zu Gewerben entwickelt, die besondere Erzeugnisse für einen größeren Markt produzierten.

Diese Beschränkung auf einen kleinen, überschaubaren Markt war solange nicht von Nachteil, wie das städtische Handwerk durch Privilegien vor Konkurrenz geschützt wurde. Als jedoch seit dem 16. Jahrhundert dieses System von Vorrechten immer mehr durchbrochen wurde, mußte auch die Stellung der Handwerker bedroht sein.[259] Technische Neuerungen nahmen die Gilden ursprünglich durch neue Meister in ihre Produktion auf. In dem Moment jedoch, in dem sie den Zugang zu den Ämtern erschwerten, zum Teil sogar fast unmöglich machten, und ihre Produktion stark reglementierten, brachten sie sich selbst um die Möglichkeit, ihre Konkurrenzfähigkeit zu erhalten.[260] Das Verbot von Kompanien führte dazu, daß hannoversche Handwerker keine Verbindungen zu Großabnehmern und kapitalkräftigen Kaufleuten anknüpfen konnten. Das »Verlagssystem« faßte in Hannover nicht Fuß.

Vor allem das 17. Jahrhundert sollte schwere Zeiten für die Gilden bringen. Neue Konkurrenz saß in der Stadt und außerhalb. Von Hannovers Stellung als Residenz konnte das Handwerk nicht profitieren. Im Gegenteil: In der Stadt selbst sorgte auch der Herzog dafür, daß die alten Gildemonopole durchbrochen wurden. Konzessionen und Spezialprivilegien für Gewerbetreibende, die den Hof belieferten, schränkten die Gültigkeit der Gildeordnungen ein.[261] So mancher Hoflieferant war mit diesem Sonderstatus nicht zufrieden. Beispielsweise arbeitete der Hofgoldschmied Georg Merkator 12 Jahre lang (1658–70) nicht nur für den Hof, sondern auch für Privatleute, und das, ohne Mitglied des Goldschmiedeamtes oder Bürger zu sein. Er beschäftigte mehr Gesellen und Lehrlinge, als die Gildeordnung erlaubte – der Rat konnte dagegen nichts unternehmen.[262] Ähnlich wie den Goldschmieden erging es auch den übrigen Gilden. Die Schuhmacher z. B. beschwerten sich beim Rat über die unzünftige Arbeit des Hofschuhmachers. Er gerbte nicht nur das Leder selbst, sondern verkaufte es auch noch in großen Partien. Das Gerben war nach alter Sitte Aufgabe der Gerber, und der Verkauf von Rohmaterial entsprach auch nicht den Gildestatuten der Schuhmacher.

Auch die Handwerksleistungen, die direkt mit dem Hof in Verbindung standen, wurden kaum an hannoversche Handwerker vergeben. Für die Bauplanung holte der Landesherr ausländische Baumeister; die Bauarbeiten selbst führten Leibeigene des Herzogs aus. Bei Aufträgen für Inneneinrichtung der Gebäude und Ausstattung der Bediensteten wurden die ansässigen Handwerker meistens übergangen.[263]

Die Gilden standen den neuen Entwicklungen offenbar hilflos gegenüber. Die Bestimmungen, die das Handwerk schützen sollten, schlugen jetzt in ihrer Wirkung ins Gegenteil um. Ursprünglich war die Stadt Zentrum neuer Wirtschaftsmethoden gewesen, hatten die Gilden technisches Wissen und Handelsverbindungen. Seit dem 16. Jahrhundert wurden sie jedoch immer mehr zu Verteidigern alter Rechte und Methoden. Sie waren an eine streng geordnete Wirtschaftsweise gewöhnt, die Geschäftstätigkeit über Gildegrenzen hinweg blieb ihnen fremd.[264] Ihre Flexibilität und Zuverlässigkeit ließen zu wünschen übrig; ihre Betriebsführung und -organisation waren neuen Entwicklungen nicht gewachsen.[265]

Zur Konkurrenz von innen kam daher auch eine Bedrängung der Gilden von außen. In der Neustadt und auf den Dörfern der Umgebung waren Handwerker tätig.[266] Militärschlachter griffen in die Privilegien der Knochenhauergilde ein; innerhalb der Bannmeile des städtischen Handwerks waren unbekümmert fremde Knochenhauer tätig, die ihr Fleisch auch in der Stadt selbst verkauften.[267]

Zu dieser immer stärker werdenden Konkurrenz von innen und außen trat noch die wachsende Belastung des Gewerbes durch Steuern.[268] Krieg und stehendes Heer sowie der wachsende Hofstaat verlangten immer mehr Geld. Der Landesherr forderte daher in der zweiten Hälfte des 17. Jahrhunderts von seinem Fürstentum große Geldmittel. Diese Kontributionen hatten in erster Linie die vier großen Städte aufzubringen (Hannover, Hameln, Göttingen, Northeim), vor allem aber Hannover.[269] Die damals übliche Form der Besteuerung belastete nur die Bürger, nicht die Einwohner, und unter diesen vor allem die Gewerbetreibenden. Kapitalvermögen dagegen blieb bis 1686 unversteuert.[270]

Diese Situation führte 1682 zu der Klage des hannoverschen Rates beim Landesherrn[271]: Früher sei Hannover gleich den übrigen großen Städten in *voller Nahrung* gewesen. Es hätte keine Störung durch die Neustadt, durch die Brauer auf den Ämtern und in den Flecken, durch *Handlung und Handwerk auf dem Lande und in der Stadt, so keine Bürger* gegeben. Edelleute und Hofbedienstete hätten keine bürgerliche Nahrung gesucht. Weiter heißt es in der Klageschrift: Früher sei *aller Handel fast bei den vier großen Städten gewesen und das ganze Land von dort mit Tüchern und anderen Waren, auch Manufakturen, versehen* worden. *Hingegen, was das Land hat entbehren können,* (ist) *an die Bürger der großen Städte verkauft worden.* Heute hätten der Bauer und der Bürger das traurige Nachsehen.

Doch der Rat konnte nichts erreichen. Landesfürstliche Interessen überwogen jetzt eindeutig städtische. Geldzahlungen der Stadt an den Landesherrn waren nicht mehr mit Gewinn von Privilegien verbunden. *In einem Staatswesen, das eine Zentralisierung seiner Verwaltung und eine Einordnung aller Untertanen unter einen einheitlichen Staatszweck anstrebte, war für Sonderrechte einzelner kein Platz mehr.*[272] Die Konsequenz war, daß 1692 vom Landesherrn eine umfassende Neuordnung des Gildewesens durchgesetzt wurde[273], die im ganzen Fürstentum galt. Sie regelte nicht nur die Zulassung von Meistern neu, sondern ging noch weiter. Jetzt verloren die Gilden ihre selbständige Gerichtsbarkeit; sie durften sich nur noch nach vorheriger Anmeldung (!) versammeln. Sie hatten nur noch den *Charakter staatlich zugelassener und staatlich anerkannter Verwaltungsorgane.*[274]

3. LEBENSBEDINGUNGEN UND LEBENSFORMEN

3.1. Bauen und Wohnen, Entsorgung

Die Häuser

Durch eine immer engere Bebauung verlor Hannover in den Jahrhunderten nach seiner Gründung allmählich seinen dörflichen Charakter. Die ältesten Bürgerhäuser der Stadt bestanden wohl aus Fachwerk oder waren aus Lehm errichtet.[1] Noch im 13. Jahrhundert waren steinerne Häuser so selten, daß eine Familie, die in einem solchen Haus wohnte, sogar danach benannt wurde: von dem Steinhus.[2] Bis in das 16. Jahrhundert blieb der Fachwerkbau die vorherrschende Bauweise in der Stadt. Für solch ein Haus brauchte man das Holz von etwa 30 Eichen[3], die man in der Eilenriede schlug. In Zeiten starker Bautätigkeit trug das nicht unwesentlich zur Waldverwüstung bei. Da durch die Verwendung von Holz die Brandgefahr sehr groß war, förderte der Rat den Bau von Steinhäusern. 1458 erließ er eine Verordnung, daß jeder Bürger, der ein neues Steinhaus oder einen Steingiebel bauen wollte, ein Sechstel der dafür notwendigen Mauersteine aus der städtischen Ziegelei als Beihilfe bekommen sollte. Zu dieser Zeit entstanden in Hannover Backsteinbauten, deren Bauherrn das neue Rathaus als Vorbild nahmen. Typisch für sie war der Treppengiebel.[4] 100 Jahre später schränkte der Rat das Brennen von Steinen für die Bürger wieder ein, wohl weil er Baumaterial für die Befestigungsanlagen benötigte. Die bisher vorgesehene Tagesleistung des städtischen Rösehofes von 2400 Steinen wurde jetzt auf 2000 Steine für Privatbauten reduziert. Wer bauen wollte oder mußte, sollte sich schon Jahre vorher mit Steinen *vorsehen und vorsorgen.*[5]
Seit dem Ende des 16. Jahrhunderts beeinflußte die »Weserrenaissance« die Bauten in Hannover. Jetzt wurden mehr massive Häuser unter Verwendung von Werksteinen gebaut, die reich verziert wurden. Eines der eindrucksvollsten Häuser dieser Zeit ist vor einigen Jahren, wenn auch nicht am ursprünglichen Platz, wieder erstanden: das Leibnizhaus.[6]
Die Bürgerhäuser standen meistens mit ihrer Giebelfront zur Straße. Neben dem Haus führte eine Toreinfahrt auf den Hof, der hinter dem Vorderhaus lag.[7]
Die Straßenfront der Grundstücke konnte zwischen 8 und 15 m breit sein; waren zwei Hausgrundstücke zusammengelegt, konnten sie durchaus eine Breite von 20 m erreichen.[8] Solche Grundstücke lagen vor allem in dem Block, der durch Osterstraße, Dammstraße, Köbelingerstraße und Kramerstraße gebildet wurde. Die Tiefe der Grundstücke in diesem Baublock erreichte nicht selten über 40 m, ja bis zu 70 m. In anderen Teilen der Stadt waren die Grundstücke kleiner, vor allem die Grundstücke der sogenannten Buden besaßen kaum Hofraum.[9] Auf dem Hof, der u. a. als Lagerraum genutzt wurde[10], standen verschiedene Wirtschaftsgebäude wie Ställe und Scheune. Diese schloß den Hof nach hinten ab; dahinter erstreckte sich der Garten. Die Höfe wurden im Laufe der Jahrhunderte immer weiter zugebaut, was wiederholt zu Auseinandersetzungen zwischen den Nachbarn führte. So beschwerte sich z. B. 1649 der Bürger Christian Herbst beim Rat, sein Nachbar habe während seiner Abwesenheit ein neues Hintergebäude viel zu nahe an sein Haus gebaut *und mir und den meinigen kein Wort darum gegönnt.*[11]

Die Buden

Bereits im 15. Jahrhundert, verstärkt im 16., wurden von diesen Häusern sogenannte *Buden* abgeteilt, die Wohnstätten minderen Rechts waren.[12] Sie dienten meistens als Altenteiler-Wohnungen und gehörten weiterhin zum Haupthaus[13], zum Teil wurden sie auch wieder in dieses Haus integriert.[14] Für Buden eigneten sich zunächst einmal die Einfahrten zu den Höfen, die neben den Bürgerhäusern lagen. Weitere mögliche Standorte für Buden waren bisher noch nicht bebaute Grundstücke und die Höfe, die an den schmalen Seitenstraßen lagen. Hier sind vor allem die dichte Bebauung der Potthof- und Johannishofgasse zu nennen (1521), außerdem die des Spreenwinkels und eines Grundstücks an der Burgstraße (Tiefenthal).[15] Hier konnten die weniger vermögenden Stadtbewohner zur Miete wohnen.[16]
Die Buden waren kleiner und meistens niedriger als die Bürgerhäuser, da sie nur ein Wohnstockwerk besaßen. Da jedoch auch sie einen möglichst großen Bodenraum haben sollten, waren sie nicht mit dem Giebel zur Straßenfront, sondern *traufenständig*, also mit der Längsseite parallel zur Straße, gebaut.[17] Grundstücksgrößen von 60 qm und weniger, Straßenfronten von weniger als 4 m waren durchaus keine Seltenheit. Dementsprechend besaßen diese Buden wohl häufig auch keinen Hofraum, so daß Handwerker, die dort arbeiteten, gezwungen waren, Boden, Diele und die Straße vor dem Haus als Arbeitsräume zu nutzen.
Die Aufteilung alter Grundstücke war also eine Folge des Bevölkerungszuwachses in der Stadt. Der enger werdende Platz mußte möglichst intensiv genutzt

Abb. 16: Leibnizhaus, nach der Wiederherstellung, Zeichnung von A. Haupt.

ABB. 17: Hofansicht, Leinstraße 15, Zustand von 1939.

werden. Daher drang der Rat auch darauf, daß *wüste Stede,* also durch Brand oder andere Ursachen nicht bebaute Grundstücke, möglichst schnell wieder bebaut wurden.[18] Andernfalls verloren die Eigentümer jedes Recht daran, und der Rat nahm ihr Grundstück in Besitz und bebaute es. Diese Regelung hatte natürlich auch mit den Bürgerpflichten des Hausbesitzers zu tun, die nicht erfüllt wurden, solange das Grundstück nicht bebaut war.

Erker und Vorkragungen

Mit zunehmender Entwicklung der Wohnkultur gingen die Hausbesitzer auch daran, ihre Häuser zu schmücken und mit allerlei Zierat zu versehen. Die früher schlichten Holzständer und -balken wurden geschnitzt und mit Umschriften versehen[19], die Straßenfront der Häuser durch Erker und *Utluchten* belebt. Durch *Utluchten* oder *Auslagen,* Ausbauten zu ebener Erde, erreichte man dreierlei: Einmal kam mehr Licht in die recht dunklen Räume, zum anderen gewann man so auf Kosten der städtischen Straßen Wohn- und Verkaufsraum. Nicht zuletzt konnte man von diesem Vorbau aus das Leben und Treiben auf den Straßen beobachten.[20] Solche Ausbauten wurden um 1600 nicht nur an Neubauten, sondern auch an älteren Häusern angebaut. Ein Prachtexemplar, das über mehrere Stockwerke geht, befand sich am Leibnizhaus. Auch das Rathaus erhielt 1576 drei solcher Auslagen, deren Bau und Bemalung die riesige Summe von 1240 Gulden kostete.[21]

Im Spätmittelalter war es auch üblich, die Nutzfläche der Fachwerkhäuser durch Vorkragungen zu vergrößern.[22] Man zog die oberen Stockwerke so weit über die darunterliegenden, daß noch weniger Licht in die engen Straßen fiel. Außerdem konnten Streitigkeiten zwischen Nachbarn entstehen. Einer dieser zahlreichen Fälle sei hier kurz angeführt. 1437 stritten sich zwei Nachbarn aus der Kramerstraße, daß der eine, Hermen Boze, das oberste Stockwerk seines Hauses so weit vorgezogen habe, daß der andere, Hermen Wolders, keine Abflußrinne für Regenwasser anlegen könne. Hermen Boze mußte schließlich das *overste Stenderwerke* seines Hauses zurückverlegen, um seinen Nachbarn nicht mehr zu behindern.[23] Auch die Haustür und die Kellerfenster zog man derart in die Straßen vor, daß dadurch die Gassen *beengt* wurden.[24]

Nachdem Hannover 1636 Residenzstadt geworden war, fühlten sich die Hofbeamten nicht an die Stadtverordnungen gebunden, da sie ja nicht unter die Jurisdiktionsgewalt des Rates fielen. Sie bauten häufig nach ihrem Gutdünken. Daraus entstand eine Verunsicherung der Bürger, die gewohnt waren, sich an die Entscheidungen des Rates zu halten. So fragte z. B. Hans Meelbom 1643 beim Rat an, ob er wie der Oberkammerherr Block sein Haus auf die Gasse vorziehen und einen Wassergang verbauen dürfe.[25] Der Rat konnte sich in solchen Fällen durchsetzen, in denen der Beklagte ein hannoverscher Bürger war. In einem Konflikt mit dem Vogt des Landesherrn mußte er 1654 auf eine gütliche Einigung hoffen, da er sich andernfalls dem Urteil des Landesherrn zu unterwerfen hatte.[26]

Das Innere des Hauses: die Diele

Die frühesten Häuser Hannovers hatten zwei Geschosse. Sie waren im Erdgeschoß ausgestattet mit einer großen *Diele,* die fast den ganzen Raum einnahm und den Mittelpunkt des Familienlebens bildete.[27] Hier arbeiteten die Handwerker und verkauften gleichzeitig ihre Waren. In der Diele lag zunächst auch die Feuerstelle zum Kochen und zum Wärmen, sie war Eßzimmer, Wohnzimmer und nicht selten auch Schlafzimmer. Erst später entwickelte sich eine eigene, abgetrennte Küche. Wenige kleine Zimmer waren von der Diele abgetrennt oder lagen in einem niedrigen Obergeschoß, zu dem man über eine einfache Holztreppe und eine Galerie gehen konnte. Dieses erste Stockwerk diente später den eigentlichen Wohnzwecken, zumal dann, als sich die Ansprüche der Bürger hoben und man nicht mehr mit dem vielfältig genutzten Erdgeschoß Vorlieb nahm.[28] Erst später, im 16. Jahrhundert, kamen ein drittes und viertes Geschoß hinzu; im 17. Jahrhundert waren vierstöckige Häuser keine Seltenheit.[29] Im Obergeschoß von Häusern gutsituierter Bürger lag im 15. Jahrhundert auch die heizbare »Stube« (Dorntze).[30] Sie war für lange Zeit der einzige Raum im Haus, in dem die Temperatur auch im Winter wohnlich blieb.[31]

Der Bodenraum

Ein wichtiger Teil des Bürgerhauses war vor allem der Bodenraum. Unter einem steilen Dach lagerten hier, oft auf mehreren Böden übereinander, Vorräte und Handelsgüter. Sie konnten über die *Lucht,* eine Winde am Giebel, hochgezogen werden.[32] Da die Statik der Fachwerkhäuser es nur begrenzt zuließ, den Boden als Lagerraum zu benutzen, konnte es schon einmal vorkommen, daß ein Haus *wegen Beschwerung durch Korn* einstürzte.[33] Der Bodenraum wurde bei sehr beengten Verhältnissen sogar als Arbeitsraum genutzt. Hierzu ist uns ein Schreiben mehrerer Bürger überliefert, das auch ein bezeichnendes Licht wirft auf die Baugewohnheit der damaligen Zeit. Die Nachbarn von Cord Bunke aus der Dammstraße schrieben 1596 an den Rat, sie hätten ihm schon vorgetragen, daß der *Mietling* (Mieter) *Cord Bunke, der Grütze machet in der Dammstraße, zum augenscheinlichen Verderben und unser aller Untergang,*

ABB. 18: Dreigeschossiges Fachwerkhaus mit Vorkragung und hohem Bodenraum, Knochenhauerstraße 8, erbaut um 1531.

ABB. 19: Diele des Hauses Marktstraße 37, Zustand von 1900.

das Gott in allen Gnaden ja wolle verhüten und abwenden, eine Darre (Gestell zum Trocknen von Getreide) *in ein kleines enges Haus, da jedoch niemals eine Darre gewesen, gelegt und angerichtet hat, welche er des Tages und Nachts und auch des Sonntags, gegen Gottes Gebot, gebraucht.* Er bereite oben auf dem Boden Grütze, wo ein Malter und mehr Haferhülsen liegen sollen, *wie etliche unserer Nachbarn das also im Augenschein befunden haben, das dann sehr gefährlich und schrecklich ist.* Die Funken des Feuers könnten leicht in die Hülsen fallen und sie entzünden. Denn die Häuser seien ineinander verschachtelt gebaut, und die Wände seien *zounde* (gezäunte Wände aus Holz und Lehm). Außerdem habe jeder seine Vorräte auf dem Boden. Vor allem Hermen Huge hat Angst, da er Speck, Teer, Fett und anderes in und vor dem Haus lagere. Darauf habe der Rat geantwortet, er werde die Angelegenheit in Augenschein nehmen innerhalb einer bestimmten Frist. Nun sei *leider, Gott erbarme, darauf nicht das geringste erfolget.* Durch acht Brandfälle innerhalb kurzer Zeit gewarnt, seien sie entschlossen, daß die Darre sofort entfernt werden müsse. Cord Bunke solle seine Grütze auf der Diele zubereiten, das ginge genauso gut wie auf dem Boden.[34]
Gerade in einer engen Gasse wie der Dammstraße, die nicht breiter als 6 bis 7 m war, bestand die Gefahr, daß Feuer auf die ganze Straße übergriff. Fälle von Darren, durch die Feuergefahr entstand, sind uns auch noch aus dem 17. Jahrhundert überliefert.[35] Die Feuergefahr war in der mittelalterlichen und frühneuzeitlichen Stadt deshalb besonders groß, weil die Dächer der Bürgerhäuser zum großen Teil mit Schilf oder Stroh gedeckt waren.[36] Zwar wurden vor allem öffentliche Bauten, wie Kirchen und Rathaus, mit Ziegeln gedeckt – 1457 stellte die Stadt dem Kämmereiregister zufolge dafür einen Steindecker an. Jedoch setzte sich das Ziegeldach wegen der enormen Kosten bei Privathäusern nicht so schnell durch.

Die Fenster

Die Fensteröffnungen der Häuser waren in der Regel recht klein, da man die Räume gegen die kalte Außenluft schützen wollte. Sie wurden entweder gar nicht verschlossen oder besaßen Gitter oder Fensterläden. Auch konnten sie durch Tücher, dünne Häute und Pergament verschlossen werden.[37] Das Rathaus erhielt als repräsentatives Gebäude bei seinem Neubau 1455 Glasfenster.[38] Von der geradezu luxuriösen Ausstattung eines Privathauses mit einem Glasfenster berichtet uns das Ratsprotokollbuch 1474: Hans Baxmann verpflichtet sich, keine Ansprüche zu stellen, wenn seinem Fenster Schaden geschehe.[39] Vielleicht handelte es sich sogar um ein bemaltes Glasfenster, wie es im Reich um 1500 schon häufiger vorkam.[40]
Im 17. Jahrhundert war es üblich, daß die Fenster in öffentlichen repräsentativen Bauten mit den Wappen des Rates geschmückt wurden. Auch Bürgermeister und Stadtsyndikus durften ihre Häuser so verzieren – auf Kosten der Stadtkasse.[41] So wissen wir aus dem Kämmereiregister von 1653, daß der Rat an Bürgermeister Dr. Henning Ludecke 21 hannoversche Pfund zahlte, weil er die Fenster seines kleinen Hauses auf dem Knappenorth mit den Wappen der Ratsherren hatte bemalen lassen.[42]

Das Mietwesen

Das Mietwesen war in Hannover wohl nicht so verbreitet wie in anderen Städten.[43] Man kann davon ausgehen, daß es Anfang des 16. Jahrhunderts kaum Mietlinge oder Häuslinge in Hannover gab.[44] Und 1680 verzeichnete ein Häuslingsregister nur 142 Häuslinge mit eigenem Haushalt, darunter 51 abgedankte Soldaten, 10 Tagelöhner, 16 Handwerker oder sonstige Gewerbetreibende, 5 Invaliden oder Arme, 5 Hoker oder Händler und 21 Witwen.[45] In der Regel wurde also ein Haus von nur einer Familie bewohnt, die meistens auch Eigentümer ihres Hauses war.[46] Allerdings gehörten nicht selten Dienstpersonal, Gesellen, Lehrlinge oder bedürftige Personen zum durchschnittlichen hannoverschen Haushalt.[47] Wahrscheinlich lebten 1435 durchschnittlich 6 Personen in einem Haus, 4 in einer Bude.[48] 1598 waren es im Kirchspiel St. Ägidien durchschnittlich 6[49], 1689 in der Altstadt Hannover knapp 8 Bewohner je Haus.[50]

Wohnlagen

Ebenso wie heute bevorzugten ökonomisch gut situierte Bürger auch im Mittelalter bestimmte Wohngegenden. Wer etwas auf sich hielt, wohnte in der inneren Stadt, am Markt.[51] Die reichsten Bürger Hannovers – gemessen an ihrer Steuerleistung – machten da keine Ausnahme. Ihr bevorzugtes Wohnviertel war das Marktstraßenviertel, vor allem die Gegend nördlich und südlich der Marktkirche. Wie sehr gerade die Marktstraße das »Honoratiorenviertel« darstellte, erkennt man auch daran, daß hier ein großer Teil der Ratsherren wohnte. Und auch die Inhaber anderer Spitzenpositionen in der Stadtverwaltung kamen überwiegend aus dieser Straße. In den zehn Jahren vor der Reformation (1524–1533) fällt vor allem das nördliche Marktstraßenviertel *(in den Schmieden)* auf. Dort wohnte allein die Hälfte aller Ratsherren und Geschworenen aus den großen Gilden und der Meinheit dieser Jahre; sie gruppierten sich um das Haus des Kaufmanns und Bürgermeisters der Jahre 1504–1530, Jürgen v. Sode, der seinerseits wiederum zu den reichsten Bürgern der Stadt gehörte. Er wohnte in dem Haus, das später dem Leibnizhaus weichen mußte. Man kann sich gut vorstellen, wie

dort Politik gemacht wurde: Die Nachbarn sahen sich häufig und konnten das, was im Rat entschieden werden sollte, bereits zu Hause vorklären oder sogar entscheiden. In Zeiten, die erhöhte politische Aufmerksamkeit erforderten, konnte die Möglichkeit, sich rasch zu verständigen, den Zusammenhalt der politischen Elite fördern.
Nimmt man das Jahr 1533 als Stichjahr, findet sich ein weiterer Schwerpunkt von Häusern ökonomisch gut situierter Bürger in der Leinstraße um das Franziskanerkloster (heutiges Leineschloß). Dagegen sind im Nordwesten um die Kreuzkirche und in der Südstadt nahe der Ägidienkirche kaum Bürger aus der Gruppe der Reichsten zu finden. Auch die Osterstraße war offenbar kein besonders angesehenes Wohnviertel.

Wohnfläche

Wie wohnte nun die durchschnittliche hannoversche Familie im Mittelalter und in der Frühen Neuzeit? Diese Frage ist aufgrund des uns vorliegenden Quellenmaterials schwierig zu beantworten. Wir wissen nur aus wenigen uns erhalten gebliebenen Häusern etwas über Wohnflächen, wobei diese nicht selten auch die Arbeitsräume einschließen. Einrichtungsgegenstände und Wohnkomfort lassen sich nur indirekt aus zufällig erhaltenen Inventaren erschließen. Daher kann man kaum das Bild des Wohnens in allen seinen Facetten nachzeichnen.
Wie in anderen Städten, so differierte auch in Hannover die einer Familie zur Verfügung stehende Wohnfläche erheblich nach ihrem sozialen Stand.[52] Für einfache Handwerkersfamilien kann man etwa 50 bis 60 qm annehmen. Altenteilerwohnungen bestanden häufig nur aus ein bis zwei Zimmern. Demgegenüber hatte das Haus des Kaufmanns und Großunternehmers Johann Duve (um 1670) 23 Zimmer, 3 Küchen und mehrere Wirtschaftsräume.[53]

Die Raumaufteilung im Haus

Wenden wir uns jetzt der Raumaufteilung im Haus zu. Im alten hannoverschen Bürgerhaus bildete die Diele den Mittelpunkt des Familien- und Arbeitslebens.[54] Als Arbeitsraum diente sie bis ins 17. Jahrhundert hinein. So wissen wir aus dem Inventar eines Ratsschmiedes von 1631[55], daß er seine Werkstatt auf der Diele betrieb. Im Erdgeschoß befanden sich offenbar nur noch eine *Deelstube* mit einem Ofen, die auch als »Büro« diente, und die Küche. Im ersten Obergeschoß sind mehrere Kammern aufgeführt. Oberhalb dieses Stockwerks lag der Boden.
So oder ähnlich mögen viele Häuser ausgesehen haben, die von Handwerkern bewohnt wurden. Im Vergleich zu diesen doch sehr einfachen Häusern war jenes des Kaufmanns Duve wesentlich weiter entwickelt.[56] Allein im Erdgeschoß besaß es außer der Diele 3 Stuben, 2 Kammern, Küche und Speisekammer. Die Diele war hier offenbar nur noch ein kleinerer Raum, der zu Wohnzwecken genutzt wurde. Auch im ersten bis zum dritten Obergeschoß gab es heizbare Stuben und mehrere Kammern. Als »repräsentatives« Stockwerk diente offenbar das zweite: Hier finden wir einen großen Saal mit vergoldeter Tür und Kamin. Auch die übrige Ausstattung dieses Raumes zeugt von seiner Funktion als Festraum. Er besitzt eine mit Stukkaturen und Bildern geschmückte Decke; die Wände sind ½ Elle hoch (ca. 40 cm) mit schwarz aufgelegtem Holz verkleidet. Während in dem Inventar unseres Ratsschmieds von Wandverkleidungen nicht die Rede ist, besaß Duve 2 Stuben, deren Wände mit rotem bzw. grünem Tuch bespannt waren. Hierunter hat man sich bedruckte Stoffbahnen vorzustellen, die fast bis zur Decke reichten und in den besseren Räumen der Bürger schon im Spätmittelalter Mode waren.[57] Zwei Stuben im Erdgeschoß sind mit *Pannel* bezogen, also offenbar getäfelt; eine Stube im dritten Obergeschoß ist zum Teil gelb *vermahlt* (bemalt). Die Wände der übrigen Räume waren wie die in einfacheren Häusern, entweder aus billigerem Holz oder ohne Schmuck verputzt.[58]

Das Mobiliar

Das Mobiliar war im großen und ganzen spärlicher als heute[59], die Qualität und Ausführung abhängig vom Vermögen der Bewohner und von der jeweiligen Mode. Die Einrichtung der Stube bestand aus Tisch, Bänken, Stühlen, Truhen, Schränken *(schap)* und *Börtern* (hölzerne Wandregale).[60] An der Wand, häufig über mehrere Wände reichend, stand die Sitzbank. Sie bestand aus einfachem Holz, mit oder ohne Lehne; die komfortableren Bänke waren gepolstert (*bankpöell* = Bankpfühl).[61] Während der Stuhl im Mittelalter noch selten und dann hauptsächlich als Repräsentationsmöbel vorkam[62], sind im Inventar des Hermen Lunde von 1673 immerhin 6 Brettstühle und 5 andere, wohl gepolsterte, verzeichnet.[63] Auch zum Haushalt unseres Ratsschmieds gehörte wohl ein Stuhl, denn dort ist ein *»alt Stuelküssen«* erwähnt.[64] Sitzgelegenheit und Aufbewahrungsmöbel gleichzeitig waren Truhen, die vor allem im Mittelalter üblich waren, aber auch noch im Haushalt des 17. Jahrhunderts vorkamen.[65] Später entwickelte sich aus ihnen der Schrank, in dem zunächst vor allem Wertgegenstände und Kleidung aufbewahrt wurden. Dementsprechend waren sie häufig *»schloßhafft mit Schlüsseln«*, also verschließbar.[66] Im 17. Jahrhundert gab es dann auch Speiseschränke.[67] Eine besondere Art des *Schaps* stellten die *Schranke* dar, Einbaumöbel, die in die Wand eingelassen wurden und vor allem in vornehmen Haushalten vorkamen. So verzeichnet das

Hausinventar des Johann Duve allein 13 solcher Schranken.[68] Während Schap und Schranke häufig sehr kunstvoll gefertigt und verziert wurden, waren die für Geschirr und Zierat eher einfach gehalten.[69]
Im allgemeinen waren die Kammern weniger repräsentativ ausgestattet als die Stube. Bett, eine einfache Bank, Kasten und Bört sind auch noch im 17. Jahrhundert häufig die einzigen Einrichtungsgegenstände der Schlafkammern.[70] Dabei stellte das Bett durchaus einen Wertgegenstand dar, dessen genaue Beschaffenheit in den Inventaren beschrieben wird. Das normale Spannbett *(bettsponde)* bestand aus einem hölzernen Bettgestell. Es konnte ganz einfach gezimmert sein, aber auch reich geschnitzt aus den teuersten Hölzern. Ein besonders luxuriöser Gegenstand war das Himmelbett *(verdeckte bettsponde).*[71] Solche Betten waren sehr praktisch, hielten sie doch die Zugluft der ungeheizten Kammern ab. Im allgemeinen müssen die Menschen jener Zeit abgehärtet gewesen sein gegen niedrige Raumtemperaturen, schliefen sie doch bis ins 16. Jahrhundert hinein nackt, nur den Kopf bedeckt mit einer Schlafhaube.[72] Zur Ausstattung des Bettes gehörten ein Strohsack mit *bühren* (Leinenbezügen), Federbett *(pfühl) mit bühren, wangenküssen* (Kopfkissen) mit bühren und mehrere *bettelaken.*[73]
Während das Spannbett in der Regel von einer Person benutzt wurde, gab es auch größere »Betten«, in denen mehrere schlafen konnten.[74] Solch ein Exemplar finden wir im Inventar der Witwe von Hermen Lunde (1673)[75], die dazu bemerkt, es sei *ein altes Bette für die* (einquartierten) *Soldaten zu gebrauchen ohne bühren.*[76]

Abb. 20: Ofenkachel um 1600, Osterstraße 64.

Öfen

Wir haben schon erfahren, daß die einzige Heizmöglichkeit in den alten städtischen Wohnhäusern zunächst das offene Feuer in der Diele war, dessen Rauch durch Tor und Fenster abzog. Im Laufe des 15. Jahrhunderts entstanden dann im Obergeschoß heizbare Stuben, *Dorntzen,* die von einfachen Öfen erwärmt wurden. Für das Jahr 1506 ist uns immerhin schon ein Kachelofen in der Dorntze des Rathauses überliefert.[77] Zu dem Inventar des Hauses von Johann Duve gehörten nicht weniger als 11 eiserne Öfen, zum Teil *bekrönt,* also Öfen aus Eisenguß mit einem Aufsatz aus Kacheln.[78] Außerdem sind 3 Kamine aufgeführt, einer davon, im zweiten Stock gelegen, sogar mit *weiß und Blauen Steinen* geschmückt. Hier wird die Anlehnung an die fürstliche und adlige Haushaltung deutlich[79], die in Hannover das Vorbild der Residenz-Hofhaltung hatte. Zur gleichen Zeit besaß unser Ratsschmied[80] eine Stube mit einem Ofen, wobei es sich wahrscheinlich um einen Kachelofen handelte.
Geheizt wurde in erster Linie mit Holz. Das war auch der Grund dafür, daß das Recht der Bürger zum Holzeinschlag oder -sammeln in der Eilenriede so wichtig war und vom Rat eingeschränkt werden mußte. Spätestens seit dem 15. Jahrhundert heizte man auch mit Kohle.[81] Beide Brennstoffe waren aber so teuer, daß es durchaus üblich war, nur ein Zimmer zu beheizen.[82]
Mit der Weiterentwicklung des Ofens wurde auch die Anlage von Schornsteinen nötig, die den Rauch sicher durch das Dach ableiteten.[83] Solche gemauerten Rauchabzüge sind deutlich auf den Stichen von Hannover aus dem 16. und 17. Jahrhundert zu erkennen, waren aber schon im 15. Jahrhundert üblich.[84] Trotzdem kam es noch im 17. Jahrhundert vor, daß man den Rauch durch Abzüge aus Holzgeflecht ableitete. Das können wir einem Brief an den Rat von 1651 entnehmen. Darin beklagen sich die Nachbarn von Andreas Kortnumb aus der Knochenhauerstraße, er habe auf seinem Boden eine Feuerstelle errichtet. Der Abzug bestehe aus einem Rohr von *Delen* (Holzbrettern), umgeben mit gezäunten Wänden[85], aus denen Rauch und Flammen schlügen. Es sei nur Gottes Vorsorge zu verdanken, wenn bisher noch nicht die ganze Stadt in einer verderblichen Feuersbrunst aufgegangen sei.[86]

Brandverhütung und Brandbekämpfung

Wir haben schon darüber berichtet, daß in der eng mit Fachwerkhäusern bebauten Stadt fortwährend Brandgefahr bestand und dadurch nicht nur die Häuser mit allen Vorräten, sondern auch ihre Bewohner gefährdet waren. Der Rat erließ deshalb Vorschriften zur Brandverhütung und organisierte die Brandbekämpfung. 1390 stellte er die sogenannte *Feuerherrenordnung* auf[87]; eine solche Ordnung ist zu dieser Zeit auch für andere Städte bezeugt.[88] In ihr war u. a. festgesetzt, daß kein gedroschenes Stroh oder Futter auf dem Boden oder sonst im Haus oder in der Bude liegen durfte, wenn direkt darunter eine Feuerstelle lag.[89] Wie wichtig eine solche Bestimmung war, wird deutlich, wenn man an die primitive Feuerstelle jener Zeit denkt, die in der Diele lag, die nach oben nur durch Bretter vom Boden getrennt wurde. Bäcker mußten ihr Holz mindestens 10 Fuß (etwa 3 m) vom Backofen entfernt lagern.[90]

Eine andere Bestimmung verbot offenes Licht. Vor allem war es untersagt, mit Kerzen in Scheunen oder in den Hof zu gehen, der ja ebenfalls als Lagerraum benutzt wurde.[91] Beim Dörren oder Backen sollte man Wasser dabeihaben. Ob das allerdings viel half, wenn die trockenen Holzwände und -decken durch Funkenflug Feuer fingen, sei dahingestellt. Kam es doch zum Brand, sollte man das durch Hilfegeschrei verkünden.[92] Daraufhin hatte sich die Bürgerschaft zu versammeln und beim Löschen zu helfen. Die Bestimmungen, wie dabei verfahren werden sollte, waren noch 1558 und 1671 dieselben[93]: Die Bewohner der betroffenen Straße hatten zu helfen, bei einem Brand in der Osterstraße außerdem diejenigen der Marktstraße und umgekehrt; brannte es in der Köbelingerstraße, mußten die Bewohner der Leinstraße helfen und umgekehrt. Die übrigen Bürger hatten sich mit ihren Waffen (!) auf dem Marktplatz zu sammeln, um notfalls auch zur Verfügung zu stehen. Brach das Feuer an mehreren Stellen aus, sollte man *nach Anrufung göttlicher Hilfe und Gnade mit ganzer Macht dazu tun, und gleichwohl der Stadt gute acht haben.* Außerdem mußte der Wächtergang hinter der Mauer besetzt werden, um zu erkunden, ob *Mordbrennerei oder andere Verräter vorhanden wären.*

Damit solche Anordnungen auch befolgt wurden, stellte der Rat *Feuerherren* an. Ihre Aufgabe war es, als »Baupolizei« die Stadt auf regelmäßigen Rundgängen zu inspizieren, Verstöße gegen die Bauordnung aufzunehmen und für die Bestrafung der Missetäter zu sorgen. Diese *Umzüge* fanden nach Ostern und nach Michaelis (29. September) statt.[94]

Über die Geräte, die zur Brandbekämpfung eingesetzt wurden und die die Feuerherren aufzubewahren hatten, sind wir aus einer Beschwerde der Feuerherren von 1646 informiert:[95] Wasserspritzen, starke Leitern, eiserne Haken zum Niederreißen der Fachwerkhäuser[96] sowie lederne Eimer und andere Geräte. In ihrem Schreiben an den Rat fordern die Feuerherren, diese Gerätschaften unbedingt anzuschaffen, denn auf ihrem jüngsten Rundgang durch die Stadt hätten sie allerhand *Mängel, Schaden und Abgang* festgestellt. Insbesondere müsse geregelt werden, daß die Bürger die Leitern an den dafür vorgesehenen Orten ließen. Auch müsse dem Henker untersagt werden, solche Leitern zu seinen Diensten und Exekutionen des Henkens zu verwenden, wie es neulich geschehen sei. Und es gehe auch nicht an, daß er die Feuerleiter am Galgen vor dem Steintor stehenlasse, um sie nicht immer wieder dorthin bringen zu müssen.

Die Beschwerden der Feuerherren hatten offenbar Erfolg, denn ein Jahr später kaufte die Stadt von Meister Nickel Schlothauer ein *Sprützwerk so man in Feuers Nöthen zu gebrauchen,* nicht ohne es vorher zweimal auf den Marktplatz zu transportieren, *wo sie probiret worden.*[97] Welche Vorkehrungen gegen Feuergefahr bei einem fürstlichen Feuerwerk nötig waren, darüber unterrichtet uns eine Quelle aus dem Jahr 1665.[98] Die Vorschläge des Feuerherrn Lorenz Niemeyer zur Brandverhütung zeigen uns, daß die ganze Stadt von den Vorbereitungen betroffen war. Die drei städtischen Wasserspritzen mußten auf dem Marktplatz, vor und hinter dem Schloß aufgestellt werden. Die Wagenknechte waren gehalten, die Pferde bereitzuhalten und vor die Spritzen zu spannen, *und wan es nötig / Deus advertat malum / auf ordre hinzubringenn.* Die Geräte mußten überprüft werden; die Feuermeister und Zimmerleute hatten sich zu versammeln, um notfalls schnell eingreifen zu können. Alle *nohtbrunnen* der Stadt waren zu öffnen. Die brauberechtigten Bürger sollten Wasser auf den Straßen und in den Häusern bereithalten.

Die Wasserversorgung

Die Wasserversorgung der alten Stadt war ein besonderes Problem, da man noch nicht das Pumpwerk kannte, das ein Hochpumpen und Fließen des Wassers in Röhren ermöglichte, wie wir es heute für selbstverständlich halten. Die ältesten Einrichtungen stellten Ziehbrunnen (*Sote* oder *Zode*) dar, die auf Wohngrundstücken und wichtigen Plätzen gegraben wurden.[99] Diese Brunnen waren nicht nur für die Versorgung der privaten Haushalte und des Gewerbes wichtig. Man holte aus ihnen auch das Wasser zum Löschen von Bränden in der Stadt. In diesem Zusammenhang ist wohl die Bestimmung des Rates von 1536 zu sehen, nach der es jedem verboten war, zu *nachtslapender tidt* Steine und Holz in die Sode zu werfen.[100] Noch um 1665 gab es zahlreiche Brunnen für die Feuerbekämpfung.[101]

Wer keinen eigenen Brunnen im Hinterhof besaß, war zunächst auf die Zufuhr von Wasser durch Wagen angewiesen. Das ist spätestens seit 1352 bezeugt. In diesem Jahr wird ein Schöpfrad erwähnt, das gegenüber der Dammstraße an der Leine lag. Die *Watertucht* war schon eine Weiterentwicklung. Sie bestand aus einer Winde mit eisernen Ketten und Eimern. Mit ihrer Hilfe holte man Wasser aus der Leine, füllte es in Fässer und lud diese auf Wagen.[102] Der Rat verpachtete die Wassertucht; ein Wasserfahrer fuhr durch die Straßen der Stadt und verkaufte das Wasser zu den vom Rat festgesetzten, je nach Straße unterschiedlichen Preisen.[103] In den Häusern wurde das Wasser aus Kesseln z. B. in Handbecken umgefüllt.[104]

1423 leiteten einige Bürger den Dieckborn, einen Bach, in die Stadt, um so ihre Wasserversorgung zu verbessern. Sie bauten ein System von Röhren, das das Wasser zu ihren Häusern leitete.[105] Das war ein kostspieliges Unternehmen, das sich wohl nicht viele Hannoveraner leisten konnten.[106] Da die Rohre aus Holz bestanden, mußten sie häufig erneuert werden. 1451 entschlossen sich z. B. die Teilhaber am Linderborn, die *hovetpipen* (Hauptbrunnenröhre) neu verlegen zu lassen. Sie stellten den Brunnenbauer Albert Flor an, der für seine Arbeit jährlich eine festgesetzte Summe sowie auf 12 Jahre die Einnahmen aus der Hovetpipen erhalten sollte.[107] 1468 baute die Stadt ein Schöpfrad (Wasserrad) vor dem Leintor und zusätzlich eine Wasserleitung aus Holz zwischen Wasserhof und Marktplatz. Jetzt verfügte man also über eine immer laufende Wasserquelle, die außerdem noch durch Nebenröhren auch andere Stadtteile versorgte.[108] Ein Bornemeister sorgte im Auftrag des Rates für die Instandhaltung von Wasserrad und Hauptrohr bis zum Marktplatz.[109]

Alle diese Einrichtungen waren aber offenbar für die anwachsende Bevölkerung und ihren steigenden Wasserbedarf nicht ausreichend. Daher schlossen sich 70 Jahre später (1535) 300 Bürger zusammen und errichteten ein neues großes Pumpwerk *(Bornkunst)* auf dem Gelände der Klickmühle. Diese Wasserkunst bestand aus einem Wasserturm und 16 Pumpen, die täglich 8000 Tonnen Wasser zu je 200 Liter aus der Leine pumpen konnten.[110] Zu der verbesserten Anlage von 1551 finden wir in Merians Topographie (1654) folgende Beschreibung:[111] *Da treibet ein groß Rad am Leinstrom sechszehen Stampffen / wodurch das Wasser etliche Ellen in die höhe gezucket und geführet wird / darnach durch kupffern Canal herunter fällt / und unter der Erden biß auff den Marckt geleitet wird / da es in künstlich gehawenen steinen Canalen oder Röhren in die höhe steiget / und vermittelst 16. Röhren / durch die gantze Statt geführet wird.*

Auch das Repräsentationsbedürfnis der Stadt kam bei dieser Anlage nicht zu kurz: Den Marktplatz schmückte der Piepenborn, ein mit verschiedenen Steinplatten und Figuren verzierter, von Arnd Siemerding gestalteter Brunnen.[112] Er diente der Stadt 70 Jahre lang als Marktbrunnen, wurde dann aber 1618 abgebrochen und durch einen moderneren ersetzt.[113]

ABB. 21: Piepenborn 1551—1619. Eckstein des Piepenborns mit Darstellung des Sonnengottes.

Diese Bornkunst war nicht unproblematisch, reichte doch der Wasserdruck oft nicht aus. Daher durften gleichzeitig nur 3 bis 4 der 16 Röhren von Wasser durchflossen werden; die übrigen Stadtteile hatten sich inzwischen aus bereitgestellten Fässern oder aus dem eigenen Brunnen zu versorgen.[114] 1541 erlaubte der Rat Bewohnern der Schmiedestraße, ein neues Rohr vom Piepenborn zu ihren Häusern zu verlegen.[115] Diese Baumaßnahme dürfte nicht unbedingt dazu beigetragen haben, den Wasserdruck zu erhöhen. Doch was den einen recht war, war den anderen billig: 1555 erhielten 9 Bürger aus der Köbelingerstraße vom Rat die Erlaubnis, ein noch nicht benutztes Rohr des Piepenborns zu ihren Häusern zu leiten, um ihre Wasserversorgung zu verbessern.[116] Die Wasserknappheit in Hannover veranlaßte den Rat 1567, jeden Brunnenbesitzer zu ermahnen, eine *vlitich ach-*

tu(n)*ge* zu haben, daß *de Bornstender* (Brunnenschacht) *dichte sin, und kein Spilde water* (unnötig viel Wasser) *Jemandt lopen lathe.*[117] Diese Verschwendung von Wasser kam vor allem am Piepenborn vor, wo die Händler an Markttagen reichlich Wasser verbrauchten. 1602 mußte der Rat die Wasserentnahme einschränken und jeden ermahnen, nicht unnötig Wasser laufen zu lassen.[118]

Entsorgung

Ein besonderes Kapitel der frühen Stadtgeschichte stellt die Entsorgung dar.[119] Hierbei ist die Fäkalienbeseitigung (menschliche und tierische) von der Abfuhr fester Abfälle zu unterscheiden.

Wer seine menschlichen Bedürfnisse verrichten mußte, suchte den Abtritt *(ganc, privet)* auf, der meistens auf dem Hof der Häuser hinter dem Haupthaus lag.[120] Während man bis zum 17. Jahrhundert in der Nacht entweder über den Hof laufen mußte oder einfache Schüsseln benutzte, gab es ab dann besondere *Nachtstühle*[121], deren Inhalt in die Gosse, bestenfalls in den Abtritt entleert wurde.[122] Die Exkremente wurden, wie zu dieser Zeit allgemein üblich, in Senkgruben gesammelt und in unregelmäßigen Abständen abgefahren.[123] Diese Methode der Entsorgung barg immer die Gefahr in sich, daß das Grundwasser, aus dem die Brunnen der Stadt gespeist wurden, verseucht wurde. Diese Gefahr war deshalb besonders groß, weil in eng bebauten Gassen oft noch nicht einmal minimale Sicherheitsabstände zwischen Abtritt und Brunnen eingehalten werden konnten. Ein Infektionskreislauf Kloake–Brunnen–Mensch–Kloake war nicht selten die Folge.[124] Zwar sollte einem Ratserlaß von 1523 zufolge zwischen Tropfenfall und Privet ein Abstand von 5½ Fuß (etwa 1,8 m) sein[125], jedoch war auch dabei eine Überflutung des Abtritts nach starkem Regen möglich. Der Abstand zwischen Privet und der Mauer des Nachbarn mußte 3 Fuß (etwa 1 m) betragen, wodurch zumindest eine direkte Verseuchung des Nachbargrundstücks verhindert werden sollte.[126] Ein anderes Problem war die Beseitigung des häuslichen Schmutzwassers. Zwischen den Häusern führten Rinnen entlang, die Regenwasser und andere Abwässer aufnahmen und in die Gosse weiterleiteten.[127] Die Bürger waren verpflichtet, diese Rinnen sauber- und instandzuhalten, was sie allerdings nicht immer taten.[128] Das hatte zur Folge, daß sich oftmals das Wasser staute. Zwar besagte ein Ratserlaß von 1369[129], daß man kein *faules Wasser* dulden mußte; es ist aber sehr fraglich, ob solche Bestimmungen bei den damaligen hygienischen Verhältnissen durchzusetzen waren. Wollte ein Bürger den Wassergang auch noch gewerblich nutzen, war das auch für einen gutwilligen Nachbarn zuviel: 1510 beschloß der Rat, daß Dedeke vam Loh nur seine eigene Wäsche, und nicht auch die anderer, an seinem Brunnen waschen dürfe, dessen Abwässer durch Hermen Beckers Hof flossen.[130]

Einer der wichtigsten Gründe für die Unsauberkeit der Straßen war die Viehhaltung.[131] Gänse, Hühner, Schweine, Ziegen, Schafe und Kühe zu halten, war eine wirtschaftliche Notwendigkeit.[132] Der Rat konnte die Viehhaltung nicht verbieten, versuchte aber, sie zu reglementieren. Hierbei kam es ihm vor allem darauf an, den Standort der Schweineställe festzulegen. Als Viehställe für Kühe, Schafe, Hühner, Schweine etc. dienten die Bauten auf den Höfen hinter den Häusern. Beim Bau von *Schweinekoven* sollten einem Ratserlaß von 1542 zufolge 3 Fuß Abstand (etwa 1 m) bis zu einem Nachbargebäude gehalten werden.[133] Aus Platzmangel wurden aber Schweinekoven auch an der Stadtmauer[134] und auf den Straßen gebaut. Es war meistens *ein von Brettern zusammengeschlagenes niedriges, mit Holzdach überdecktes Gerüst, dessen starker Bohlenboden ... auf kurzen Ständern eingefügt ist, damit der Unrat abfließen kann, und dessen eine Seite einen Holztrog mit Klappe enthält.*[135] Man kann sich leicht vorstellen, daß der Rat solche Bauten nicht unbedingt auf den ohnehin schon engen und verdreckten Straßen dulden wollte. 1436 verbot er die Schweinekoven auf den Straßen und bestimmte, man solle sie innerhalb von 8 Tagen abreißen.[136] Dagegen wehrten sich die hannoverschen Bürger neun Jahre später. Im Zusammenhang mit den Unruhen in der Stadt kurz vor der Verfassungsreform war eine der Forderungen, die man dem Rat übergab, daß man wieder Koven haben dürfe. Die weiteren Ausführungen der Bürger werfen ein deutliches Licht auf die damaligen Zustände auf den Straßen der Stadt: Man wollte diese Koven nämlich unter den Fenstern vor den Haustüren bauen.[137] Dort konnten die Schweine bequem mit Küchenabfällen gefüttert werden. Auf den engen Hinterhöfen war ohnehin zu wenig Platz; dort lagerten die Vorräte. Der Rat gab dieser Forderung *umb mannigeley misquemigkeit willen* nicht nach. Dennoch mußte er Anfang des 16. Jahrhunderts erneut verbieten, Koven auf den Straßen, vor den Häusern oder unter den Fenstern zu haben. Schon vorhandene sollte man *like wol einwech breken* (gleichwohl wegbrechen).[138] Dieses Problem beschäftigte die Stadtverwaltung auch noch im 17. Jahrhundert.[139] Tagsüber ließ man die Schweine frei auf den Straßen herumlaufen. Zwar konnten sie sich einerseits von dem auf den Straßen liegenden Abfall ernähren, andererseits untergruben sie die Fundamente von Wällen und Häusern.[140] 1641 begründete der Rat den Abbruch des Mauergangs an der inneren Stadtmauer u. a. damit, daß durch den *Gestank und Unrat* von Schweinen, Kälbern, Katzen und Hunden die Luft verseucht würde. Um 1630 muß es sogar Ställe vor dem Steintor auf dem Wall gegeben haben, durch deren Schweine die Stadtmauer und Gebäude in Mitleidenschaft gezogen wurden.[141] Dieser ungewöhnliche Standort war auf den Dreißigjährigen Krieg zurückzuführen. Jetzt kamen viele Flüchtlinge nach Hannover, denen in der Enge der Stadt kein Hofraum zur Verfügung gestellt werden konnte. Da es auch die Mitbürger ablehnten, auf ihrem eigenen Hof für sie Ställe zu bauen, mußten sie auf öffentliche Plätze ausweichen.

Das Fortschaffen von verendetem Vieh war Aufgabe des Abdeckers, der zugleich der Henker war.[142] 1510 schloß er mit dem Rat einen Vertrag: Für jedes tote Pferd, für jede Kuh oder jeden Ochsen sollte er 10 Witte erhalten; der Besitzer bekam die Haut des Tieres zur Weiterverarbeitung. Mögliche Einnahmen von toten Schweinen, Kälbern und Schafen konnte der Abdecker für sich behalten. Weiterhin ist noch detailliert aufgeführt, was der Abdecker an Kadavern außerhalb Hannovers verdienen durfte. In diesem Vertrag ist allerdings nichts über den Zeitraum ausgesagt, innerhalb dessen die Kadaver aus der Stadt geschafft werden mußten. Von anderen Städten wissen wir, daß sie zumindest im Sommer das schnelle Fortschaffen verlangten.[143]

In der mittelalterlichen und frühneuzeitlichen Stadt fand das Leben auf engstem Raum statt. Da man dort außerdem auch noch Vieh hielt, und sich nichts daraus machte, Abfall jeglicher Art auf die Straße zu werfen[144], kann man sich die Verunreinigung der Straßen wohl nicht schlimm genug vorstellen. Die breite Masse der Bevölkerung war sich kaum bewußt, daß dieser Unrat gesundheitsgefährdend war, daß durch Ungeziefer Krankheiten übertragen werden. Im übrigen interessierte den Stadtbewohner die Sauberkeit in der Stadt wenig.

Wie auch andernorts, versuchte der hannoversche Rat die Bürger zur Reinhaltung anzuhalten. Dabei regelte er vor allem die Beseitigung fester, nicht löslicher Abfälle. Das hatte nicht nur hygienische Gründe (Verunreinigung des Wassers). Es bestand auch die Gefahr, daß der Unrat bei Regen durch die Gosse in den Stadtgraben und in die Leine floß, wo er zu Verlandungen führen konnte.[145] Das aber hätte bei kriegerischen Überfällen die Sicherheit der Stadt gefährdet. Für die Überwachung der Abfallbeseitigung waren ebenfalls die Feuerherren zuständig.[146] In der ältesten erhaltenen Feuerherren-Ordnung von 1390 heißt es, man dürfe *hor* (Kot, Schmutz) nicht dem Nachbarn in die Gosse fegen, so daß es vor dessen Tür fließe.[147] Manche Hannoveraner versuchten also offenbar, den Abfall vor der eigenen Haustür zu entfernen, indem sie ihn ein Haus weiter fegten. Man dachte eben nicht weiter als bis zur eigenen Dachtraufe! Andere ließen den Mist einfach liegen. Deswegen heißt es in der Feuerherren-Ordnung weiter, daß man Mist und Erde nicht länger als 3 Tage auf der Straße liegen lassen dürfe.[148]

Der Bürger hielt sich wenig an diese Bestimmungen, was den Rat 1435 offenbar bewog, die Abfallbeseitigung, die um 1390 wohl noch Privatsache war, an sich zu ziehen.[149] Mit den Vertretungsgremien der Bürgerschaft kam man überein, zwei *Stortekaren,* also zweirädrige Karren, anzuschaffen. Mit diesen Karren sollte das *hor* von der Straße abtransportiert werden. Dafür hatte jedes Haus 1 Schilling, jede Bude die Hälfte zu geben. Gesondert aufgeführt wurde der Beitrag für Häuser mit Hintertüren *(achter ut)*, Eckhäuser *(ortheuser)* und kirchliche Gebäude. Der Mist wurde vor die Stadt gefahren. 1442 erfahren wir, daß die Bebauer der *Rhode,* vertreten durch Reymbert v. Wintheim, 6 Jahre lang den Abfall von Hannovers Straßen abfahren wollen, und zwar zu den Tarifen, die der Rat festgesetzt hatte.[150] Alle diese Bemühungen scheinen aber keinen großen Erfolg gehabt zu haben, denn z. B. 1484 entlohnte der Rat zwei Personen, die die Dammstraße vor einer Prozession vom Dreck gesäubert hatten.[151]

1529 waren es bereits *etliche Karren,* die von Haus zu Haus, von Bude zu Bude fuhren. Jetzt durfte man den Dreck auch auf eigene Kosten an die vom Rat bestimmten Stellen fahren, wofür man sich immerhin 14 Tage Zeit lassen konnte.[152] Die städtisch organisierte Müllabfuhr kam offensichtlich mit der Beseitigung der Abfallmengen nicht nach, denn mit den Ratskarren durfte ausdrücklich nur *Straßendreck, der vor jedermanns Tür und Haus liegt, aber kein anderer Dreck, der sei von Baugerüsten oder aus Backöfen,* abgefahren werden. Abfall aus Haus oder Hof wurde ebenfalls nicht mitgenommen.[153] In der Stadtordnung von 1558 wurden die Bestimmungen verschärft. Jetzt mußten die Bewohner den Dreck auf dem Steinweg vor ihrem Haus und vor ihrer Tür an jedem Samstag wegschaffen; der Mist durfte nicht länger als 3 Tage liegen bleiben. Überhaupt durfte kein Dreck oder Mist in die Gosse gefegt werden.[154] Wie wenig sich der Bürger daran hielt, zeigt sich daran, daß der Rat 1602 und 1640 diese Vorschriften erneut erließ.[155] 1619 schrieb der hannoversche Bürger Alert Richter an die Feuerherren, nicht er sei Schuld an dem Dreck und *Steingrandt* (Kies), der auf seinem Steinweg liege. Vielmehr habe sein Nachbar, der Amtmann Dietrich v. Anderten, beim Neubau seines Hauses den Bauschutt bis vor seine Tür geschoben. Er, Alert Richter, könne den Mühlenwagen nicht bezahlen, um den *unflat* wegzuschaffen; die Feuerherren sollten sich an seine Nachbarn halten. Er selbst wolle, wenn nochmals Dreck auf seinem Steinweg liege, die doppelte Strafe bezahlen.[156] Auch zu dieser Zeit wurde die Straße noch als Lagerplatz benutzt, so z. B. von den Böttchern, die dort ihr Holz lagerten. Dadurch staute sich das Wasser in der Osterstraße, zumal bei starkem Regen, und *die Nachbarn konnten nicht zueinander kommen.*[157] Aus den Vorbereitungen für ein Feuerwerk 1665 erfahren wir, daß die Straßen der Stadt von Unflat gereinigt werden mußten, bevor das Fest begann.[158] Es scheint sich also während der 300 Jahre seit der ersten Feuerherren-Ordnung nicht viel geändert zu haben.

Wegen der unsauberen Straßen war nicht nur die Gefahr der Verbreitung von Krankheiten sehr groß, auch das Wasser der Leine wurde durch die Abwässer der Stadt verunreinigt. Dieser Gefahr für die Trinkwasserqualität war man sich durchaus bewußt. Der Rat erließ deshalb wiederholt Bestimmungen, daß kein Dreck in die Gosse gefegt werden dürfe, wovon schon die Rede war.[159] In der vorreformatorischen Stadtordnung heißt es außerdem, man dürfe keinen Mist auf die Brücke oder in die Leine schütten. Der »Gewässerschutz« interessierte den Rat aber nur so lange, wie das Trinkwasser der eigenen Stadt bedroht war. Im übrigen verließ er sich auf die reinigende Kraft des fließenden Wassers.[160] Daher durften nur die Bewohner der Schuhstraße am Leintor Dreck in die Gosse fegen, denn dieser Dreck floß unterhalb der städtischen Wasserkunst in die Leine.[161] 1558 galten die Verbote *sonderlich* (für) *diejenigen, so vor den Toren wohnen*[162], also für die Bewohner der Buden *Auf dem Specken,* bei denen es sich vorwiegend um Färber und Gerber handelte.[163] Die Abwässer dieser Handwerksbetriebe belasteten offenbar das Wasser für die städtischen Mühlen leineabwärts zu stark. Die Gewässer wurden auch dadurch belastet, daß Flachs zum Wässern in die Leine gelegt und dann zum Trocknen ausgebreitet wurde.[164] 1543 bestimmte der Rat, man solle Flachs nicht in die Ohe legen, die ja flußaufwärts lag – ohne Erfolg.[165] 1602 verbot er auch, Flachs in die Schiff- und Ziegelgräben um die Stadt zu legen.[166] Ob die Leine unterhalb der Stadt verschmutzt war, interessierte den Rat herzlich wenig!

3.2. Kleidung und Mode

Kleiderordnungen

Am 25. April des Jahres 1651 begegneten die Bruchherren bei der Marktkirche einem Ehepaar und drei Frauen. Der Mann trug eine schwarze pludrige Kniehose mit Seitenschleifen aus feinstem Brokat. Sein schwarzes, bis zur Taille reichendes Wams war aus Atlas, mit Seide verbrämt, und hatte einen Spitzenkragen. Hose und Wams waren mit kostbarer Seidenspitze besetzt. Über der Hose trug er eine schwarze Schaube, einen weiten Überwurf, dessen Aufschläge mit Hermelin abgefüttert waren. Vorn und hinten zierten ihn Gold- und Silberschlaufen sowie etwa drei Finger breite Spitze. Um den Hals trug der Mann eine schwere Kette, an der Seite einen versilberten Degen, der in einer kostbaren Scheide steckte. An seinen schwarzen Schuhen mit seitlich angebrachten Goldschnallen leuchteten goldene Sporen. Seinen Kopf bedeckte eine Zobelmütze. Die Frau an seiner Seite trug einen auf Taille gearbeiteten langen Rock aus neapolitanischer Seide. Ihr enganliegendes Mieder aus Atlas unterstrich ihre »Wespentaille« ebenso wie ein kostbares *Leibband.* Eine Perlenkette und verschiedene goldene Ketten und Armbänder zeigten ihre Wohlhabenheit an. Dieser Eindruck wurde noch unterstrichen durch vier goldene Ringe, die sie außer ihrem Ehering trug. Ihr Haar hatte sie zu Korkenzieherlocken gedreht und mit einem goldenen Band zu *Haarwülsten* zusammengefaßt. Zusätzlich trug sie auf dem Kopf einen Perlenkranz, der gut 40 Taler wert war. Als der Blick der Bruchherren auf die anderen drei Frauen fiel, sahen sie, daß die erste einen Rock aus englischem Tuch trug. Auch Mieder und Schultermantel waren aus diesem Stoff gefertigt; das Leibband fehlte. An ihre Finger hatte sie sich außer ihren Ehering noch drei Ringe gesteckt, einen Gold-, einen Amethyst- und einen Achatring. Ketten und Armreifen fehlten. Ihr Haar war mit einem mit Silber und Gold durchwirkten Band geflochten. Bedeckt hatte sie ihren Kopf mit einer Mütze aus Samt. Bei der zweiten Frau bestanden Rock, Mieder und Mantel aus Vierdraht, einem geringen Wollstoff. Außer ihrem Ehering trug sie noch einen Ring, mit einer Koralle besetzt. Ihr Haar hatte sie mit einem kostbaren Seidenband geflochten. Ihr Hut war aus Halbsamt (Tripp) gearbeitet. Die dritte Frau schließlich trug als einzige einen weitgeschnittenen Rock, der ebenso wie ihr Mantel aus einheimischem Tuch gefertigt war. Ihr Haar, das eine Mütze aus Samt bedeckte, war mit einem Seidenband geringer Qualität geflochten. Ringe trug sie außer ihrem Ehering keine.

Die Bruchherren wußten sofort, wen sie da vor sich hatten. Bei dem Ehepaar handelte es sich um den Bürgermeister und seine Frau, die dem 1. Stand angehörten. Von den übrigen drei Frauen kam die erste aus dem 3. Stand. Sie konnte die Frau eines Bäckers sein, eines Schlachters, Schmieds, Schuhmachers, Kramers, Hokers, Goldschmieds, Perlenstickers, Apothekers, Weinschenks, Buchhändlers, Barbiers oder eines Mannes, der jährlich 1500 Taler versteuerte. Die zweite Frau gehörte dem 4. Stand an. Ihr Mann konnte ein Wollenweber, Kannengießer, Tischler, Kalkbrenner, Glaser, Hutmacher, Seiler, Drechsler oder Böttcher sein oder jemand, der im Jahr 1000 Taler versteuerte. Die dritte Frau war die Frau eines Tagelöhners oder Knechts und wurde dem 6. Stand zugerechnet. Als Dienstmagd mußte sie ein weites Kleid tragen, *damit sie sich darin regen und ihre Arbeit verrichten* konnte.[1] Nachdem die Bruchherren allen ihren Gruß entboten hatten, gingen sie auf drei der Frauen zu und verhängten im Auftrag des Rates eine Geldstrafe. Sie beriefen sich dabei auf die neue Kleiderordnung[2], die seit nunmehr drei Wochen in Kraft war und die jedermann am Rathaus hatte einsehen können. Die Frau des Bürgermeisters hatte den Fehler begangen, eine Perlenkette zu tragen, was nach der neuen Kleiderordnung jedermann verboten war. Außerdem durfte ihr Perlenkranz höchstens 25 Taler wert sein; einer zu 40 Talern stand nur einer Verlobten aus dem 1. Stand zu. Die Frau aus dem 3. Stand trug einen Ring zuviel. Überdies war es nur einer Frau aus dem 1. Stand erlaubt, einen Goldring zu tragen. Bei der Frau aus dem 6. Stand erregte ihre Samtmütze das Mißfallen der Bruchherren, durfte in ihrem Stand die Mütze doch nur aus gewöhnlicher Leinwand hergestellt sein.

Diese Begebenheit ist natürlich frei erfunden, aber so oder ähnlich haben wir uns die Arbeit der Bruchherren vorzustellen. Zu tun hatten sie genug, denn wer etwas auf sich hielt, ging in Samt und Seide, nach dem Motto »Kleider machen Leute«. Damit verstießen sie jedoch gegen die Kleiderordnungen des Rates. Dieser regelte, wie allgemein üblich, Quantität und Qualität der Kleidung. Als Grund wurde angegeben, daß nur so die Prunksucht (ein Laster!) in Grenzen gehalten und der einzelne – und mittelbar die Stadt – vor dem wirtschaftlichen Ruin bewahrt werden könnte.[3] Dieser Grund trat jedoch zurück hinter einem anderen, der aus den Verordnungen selbst spricht: diese Frauen sollten durch Kleidung und Schmuck ihren Stand jedem erkennbar zeigen. Oder anders formuliert: Kleiderordnungen sollten Stand, Beruf und Vermögen sichtbar machen; sie schufen zwischen den Ständen Distanz und erhielten diese aufrecht.[4]

Die älteste Kleiderordnung stammt aus der Zeit um 1300.[5] 80 Jahre später stellte der Rat eine neue auf.[6] Von einer weiteren Kleiderordnung – wir wissen leider nicht von wann – haben sich Spuren in einem Dokument von 1497 erhalten.[7] Darin wird unterschieden zwischen Mädchen aus den Gilden – welche gemeint sind, wird nicht gesagt –, die Seidengewänder tragen dürfen, und Mädchen, denen das verboten ist. Außerdem kennt das Dokument Mädchen, die an ihren Seidengewändern Spangen tragen dürfen, und solche, die das nicht dürfen. Zuletzt werden die *armen* Mädchen genannt.[8] Diese Unterscheidung in *Mädchen mit und Mädchen ohne Spangen* finden wir dann wieder in der Kleiderordnung, die der Rat in den Jahren vor der Reformation erließ[9], und auch in der von 1543.[10]

Die vorreformatorische Ordnung nennt außerdem besondere Kleidervorschriften für die Haushälterinnen *(Pfaffenmägde)* der (katholischen) Geistlichen. Ihnen war das Tragen von Seidengewändern oder gefütterten Schauben verboten. Dirnen durften keine langen Umhänge und überhaupt keinen Schmuck tragen.

In der Kleiderordnung von 1544 wird die Bürgerschaft zum erstenmal in die Gruppe der *Geschlechter,* also der vornehmen Familien, eingeteilt, und in die der *gemeinen Bürgerschaft.*[11] Aus der zweiten Hälfte des 16. Jahrhunderts kennen wir keine Kleiderordnungen. Sie setzen erst 1603 wieder ein.[12] In den Ordnungen seit Anfang des 17. Jahrhunderts tritt uns die hannoversche Gesellschaft schon differenziert nach Ständen entgegen, ausgerichtet an Beruf und Vermögen. Bis 1671[13] erläßt der Rat jetzt nicht weniger als 16mal Kleidervorschriften: 1603, 1627–29, 1631/32, 1635, 1637, 1643, 1651, 1656, 1658/59, 1663, 1668 und 1671. Diese Kleiderordnungen sind Versuche, komplexe und fluktuierende soziale Verhältnisse zu normieren, aber auch ein Zeichen dafür, wie wenig sich der Bürger an Kleidervorschriften hielt.[14] Die Strafregister, die die Bruchherren führten, sind voll von »Missetätern«. Dafür 2 Beispiele:[15]

21. 6. 1657. Johann Mogelken hat täglich einen Mantel mit 2 Reihen Knöpfen besetzet getragen, dafür zur Strafe erlegen müssen 1 Taler.

24. 6. 1658. Jobst Baumgartens selige Tochter hat einen über alle Maße kostbaren Rock getragen und sich sonsten über ihren Stand in aller Üppigkeit erhoben, dafür zur Strafe entrichten lassen müssen 6 Taler.

Wie regelte der hannoversche Rat nun im einzelnen das Tragen von Schmuck und Kleidung? Zunächst ist festzustellen, daß die Unterscheidung der erlaubten und verbotenen Materialien, Kleidungs- und Schmuckstücke von Kleiderordnung zu Kleiderordnung immer detaillierter wird. In der vorreformatorischen Kleiderordnung werden nur drei Stoffe genannt: Damast, Samt und Seide.[16] 1544 kam Atlas hinzu. 1627 werden außer diesen vier Arten weitere 11 aufgeführt: Barchent, Doppeltaft, Dreidraht, englisches Tuch, Florett, Grobgrün, Kaftsamt, Kamelot, Sindeltort, Tripp und Vierdraht. Die Kleiderordnung von 1651 kennt außerdem noch weitere acht Gewebe: Brokat, Kronentasch, Leinen, Perpetuan, Rupfen, Terzenel, Kammertuch und Schiertuch. Diese Beispiele mögen genügen, um zu zeigen, wie die Kleiderordnungen allmählich zu *Stoffordnungen* werden.[17] Erlaubte Stoffarten und ihre Preise waren vom Stand ihres Trägers abhängig. Stoffe wie Plüsch, Atlas und Brokat waren den höheren Ständen vorbehalten. Andere Stoffe konnten auch von niedrigeren Ständen getragen werden; bei ihnen durften sie aber nicht so teuer sein: der 3. Stand konnte Grobgrün und Terzenel tragen; die Elle durfte aber nicht mehr als 2½ Taler kosten. Dem 4. Stand waren diese Stoffe verboten. Angehörigen dieses Standes war es erlaubt, Kleidung aus Vierdraht zu tragen; die Elle durfte jedoch höchstens 2 Taler kosten. Der 5. und 6. Stand mußte auf diese Stoffart verzichten. Ähnlich war es auch bei den Pelzen. Hermelin, Zobel und Marder blieben dem Bürgermeister, den Syndici, Doktores und Licentiaten vorbehalten. Kammerherren, Ratsherren und Mitglieder der *Geschlechter* durften ihre Kleidung mit Wolf, Fuchs und anderen Pelzen abfüttern. Den übrigen Ständen blieben Pelze offenbar verboten (Kleiderordnung von 1651). Festgelegt waren für jeden Stand auch Beschaffenheit, Gewicht, Preis und Menge des Schmucks. Frauen aus den ersten drei Ständen konnten Schmuck auf dem Haupt tragen, der allerdings höchstens 30, 20 bzw. 10 Taler wert sein durfte (Kleiderordnung von 1671). Den übrigen Ständen war das verboten. Diamantringe blieben Angehörigen der ersten beiden Stände vorbehalten; niedrigere Stände durften nur ihren Trauring tragen. Durch immer detailliertere Bestimmungen suchte man den komplexen sozialen Aufbau in der Stadt einzufangen.

Mode: die Kleidung des Mannes

Wer etwas darüber wissen will, wer im Mittelalter und in der Frühen Neuzeit wie gekleidet war, sieht sich Gemälde, Trachtenbücher oder Buchillustrationen aus dieser Zeit an. Das ist für eine Stadt wie Nürnberg keine Schwierigkeit. Leider hatte Hannover keinen Albrecht Dürer; bildliche Darstellungen von Hannoveranern fehlen fast völlig. Das wenige, was wir haben, sind Bildhauerarbeiten, Grabsteine und Wandmale in und an Kirchen und auf Friedhöfen. Anhand dieser Bildwerke und der hannoverschen Kleiderordnungen sowie der allgemeinen Geschichte der Kleidung wollen wir versuchen, einiges über die Entwicklung der Mode in Hannover herauszufinden.[18] Zunächst zur Kleidung des Mannes.

Die allgemein übliche Kleidung des Mannes im 15. Jahrhundert, enganliegende Strumpfhose und Leibrock, trug auch der Hannoveraner.[19] Diese Beinkleider waren zwar modisch, aber unbequem. Sie waren oft so eng, *daß vornehme Leute eines Dieners bedurften, um sich sozusagen hineinschütteln zu lassen.*[20] Vorn wurde die Hose durch die Schamkapsel verschlossen.[21] An dieser Stelle war der Stoff so ausgearbeitet, daß er die Genitalien aufnehmen konnte. Der an den Seiten aufgeschnittene Rock bedeckte

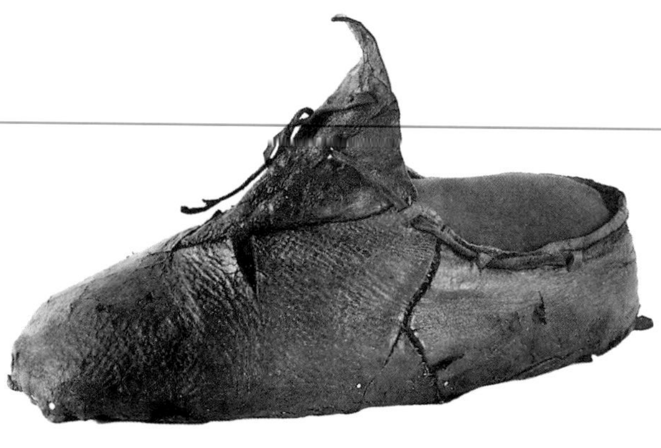

ABB. 22: Schuh, 15. Jahrhundert.

ABB. 23: Kinderstiefel, 15. Jahrhundert.

gerade – auch das war üblich[22] – das Gesäß. Seine Ärmel waren weit geschnitten *(Sackärmel)*. Mit einem schmalen Riemen wurde er über den Hüften gegürtet. Die Schuhe liefen spitz zu. Häufig versah man den Schnabelschuh noch mit einem Unterschuh, der aus einer Holzsohle bestand, mit Absätzen in Höhe der Ferse und des Fußballens.[23] Der modische Herr trug sein Haar schulterlang; auch der Vollbart war Mode.[24]

Auf die hautenge Strumpfhose mochte so mancher Hannoveraner auch noch Mitte des 16. Jahrhunderts nicht verzichten.[25] Um diese Zeit war das allerdings schon unmodern: Der modebewußte Herr – und auch die Dame – trug jetzt spanische Tracht. Was am Hofe Karls V. und Philipps II. getragen wurde, galt auch im hannoverschen Bürgertum als elegant. Kennzeichen dieser Kleidung war für den Herrn einmal die pludrige Kniehose, wie sie uns z. B. auf dem Grabstein des vornehmen Kaufmanns Franz v. Wintheim und seiner Frau überliefert ist.[26] Solche Hosen waren in Streifen zerlegt und unterfüttert, in der Regel mit einem leichten Seidenstoff. Da man mehr Stoff für das Futter als für die Hose nahm, konnte das Futter in bauschigen Falten durch die Schlitze hervorgezogen werden.[27] Eine andere Hosenform war die sogenannte *Schlumperhose*[28], die sich aus der spanischen Pluderhose entwickelte. Conrad Wiedemeyer wird auf seinem Grabstein mit solch einer Hose dargestellt.[29] Diese Oberhosen *waren jetzt nur noch zwei Kissen von entsetzlicher Dicke, mit einem Loch in der Mitte, durch das man sie anzog.*[30]

ABB. 24:
Epitaph des Jürgen Idensen und seiner Ehefrau († 1557/1588).

ABB. 25:
Epitaph des Franz v. Wintheim und seiner Ehefrau, 1588.

Das Wams, wie es Conrad Wiedemeyer trägt, schloß man mit Kugelknöpfen über der Brust; die Vorderseite wurde vom Hals bis zum Gürtel ausgepolstert. In der Magengegend spitzte sich das Wams zu. Dieser ausgestopfte *Gänsebauch* wurde Anfang des 17. Jahrhunderts unmodern. Die Ärmel des Wamses lagen eng an, was auf unserem Bild leider nicht zu sehen ist. Ein typisches Merkmal der spanischen Tracht war auch die Krause, die einem Mühlstein glich. Wir erkennen sie bei Franz v. Wintheim.[31] Diese Mühlsteinkrause – sie hielt sich bis Mitte des 17. Jahrhunderts – fand auch in die Amtstracht des evangelischen Geistlichen Eingang. Der Grabstein des Predigers der Marktkirche, David Meier, zeigt uns diese Tracht.[32] Seit Beginn der 80er Jahre des 16. Jahrhunderts war außer der Mühlsteinkrause auch der *welsche oder spanische* Kragen in Mode.[33] Einen solchen Kragen trug Conrad Wiedemeyer.[34] Dieser Kragen war in der Regel am Hemd festgenäht und *stieg aus dem Halsausschnitte des Wamses schräg gegen den Nacken empor, den er umgab. Nach seinem unteren oder inneren Rande hin, der am Hemde saß, war der Kragen in einige Falten gelegt, die beim Stärken zusammengeklebt und dann glattgebügelt wurden... Dieser Kragen machte es nötig, den Rock- oder Wamskragen, der darunter saß, in ähnlicher Weise umzubiegen.*[35]

Wie sehr man in Hannover mit der Mode ging, zeigt sich auch am Oberkleid des Mannes, der altdeutschen Schaube. Dieser weite, vorn offene Überwurf wurde jetzt, unter dem Einfluß der spanischen Mode, gekürzt und mit einem steilen Kragen versehen, wie wir es bei Conrad Wiedemeyer erkennen können.[36]

Sie war die typische Amtstracht des Bürgermeisters, der außerdem noch eine schwere Kette trug. Nur evangelische Geistliche sowie Trauernde trugen die Schaube seit dem späten 16. Jahrhundert lang.
Unter dem spanischen Einfluß veränderte sich auch der Haarschnitt des Mannes. Allgemein galt: je größer die Krause, desto kürzer das Haar. Dazu gehörte ein Vollbart oder Schnurr- und Kinnbart.[37] Auf dem Kopf trug der Herr einen hohen, zylinderähnlichen Hut mit schmaler Krempe, der nach unten schmaler wurde. Einen solchen Hut finden wir z. B. bei Everd v. Berckhusen, einem der Söhne des ersten hannoverschen Bürgermeisters nach der Reformation, Antonius v. Berckhusen.[38]
Auch die Schuhmode paßte sich dem veränderten Zeitgeschmack an. Der Schnabelschuh hatte Anfang des 16. Jahrhunderts ausgedient. Der Schuh wurde

Abb. 26:
Epitaph des Conrad Wiedemeyer († 1598).

Abb. 27:
Epitaph des Pastors David Meier,
Prediger an der Marktkirche († 1640).

jetzt breiter und *dehnte sich allmählich vor den Zehen mehr als handbreit aus.*[39] Wegen seiner breiten Form nannte man ihn auch *Kuhmaul.*
Die erste Hälfte des 17. Jahrhunderts brachte wieder Neuerungen. Die Hose befestigte man nach wie vor am Wams. Sie wurde jetzt aber länger und unterhalb des Knies mit Kniebinden geschlossen, die mit Spitzen oder Fransen besetzt waren.[40] Länger und weiter wurde auch das Wams, das jetzt bis zur Hüfte reichte.[41] Den Hals bedeckte wie bisher die Mühlsteinkrause. Daneben kam seit den 30er Jahren der gefältelte Klappkragen auf[42], der es seinem Träger erlaubte, sich die Haare wieder länger wachsen zu lassen. In dieser Zeit erhielt auch der Schuh den Zuschnitt, den er bis heute behalten hat.[43] *Man setzte*

Abb. 28:
Filzhut mit Seidenbüscheln und Samtrolle als Band. Aus Einbeck um 1590.

das Oberzeug aus Vorder- und Hinterblatt zusammen und vernähte beide Blätter an den Seiten herab; zugleich verstärkte man die Sohle unter der Ferse mit einem Absatz.[44] Über dem Spann war ein Schlitz angebracht, *der mit angenähten Schnürriemen geschlossen wurde.*[45] Darüber hinaus kamen Stiefel in Mode.[46] Ein typischer Vertreter dieser Moderichtung war der hannoversche Bürgermeister Hermann Bartels (gest. 1635), wie ihn uns seine Grabplatte zeigt.[47]
Gegen Ende des 17. Jahrhunderts beginnt Frankreich immer mehr, Spanien in der Mode den Rang abzulaufen. Hannoveraner, die en vogue sein wollten, trugen jetzt über der Hose einen dreiviertellangen Ärmelrock, der durchgehend mit Knöpfen versehen war.[48] Zunächst nicht auf Taille gearbeitet, erhält er dann aber doch eine leichteingezogene Taille.[49] Die Hose bleibt weit und knielang. Schuhe kamen nicht aus der Mode; zahlreiche Hannoveraner dürften jedoch in Stiefeln herumgelaufen sein, die bis zur Jahrhundertmitte Becherform hatten, dann aber wieder niedriger wurden. Der hohe spanische Hut mit schmaler Krempe wurde jetzt vom flachen Schlapphut mit breitem Rand verdrängt. Mit dem Aufkommen des Spitzenkragens, der flach auf der Schulter lag, wurden auch die Haare wieder länger, wie es z. B. auf dem Wandmal des Johann Bugenhagen (gest. 1671) zu sehen ist.[50]

Die Kleidung der Frau

Die Frauenmode können wir ebenfalls erst seit Mitte des 16. Jahrhunderts genauer verfolgen. Am Anfang des 16. Jahrhunderts trug die Hannoveranerin vermutlich ein Gewand, das um die Hüften mit einem Gürtel zusammengefaßt war. Dieses Kleidungsstück durfte der vorreformatorischen Kleiderordnung zufolge nicht mit Damast, Samt oder Seide besetzt sein. Der Gürtel war in besonderen Fällen mit Goldplättchen belegt.[51]
Seit der Mitte des 16. Jahrhunderts trug auch die Hannoveranerin, wie allgemein zu dieser Zeit üblich, ihr faltenreiches Kleid bis zum Kinn hochgeschlossen. Der Saum des Kleides berührte den Boden. Die am Jäckchen angesetzten Ärmel waren am Oberarm geschlitzt und wurden zum Ellenbogen hin enger. Eine Krause umschloß Hals und Handgelenke. Die Halskrause wurde allmählich so groß, daß man *»Löffel mit langem Stiele herstellen mußte, damit es den Damen möglich wurde, die Suppe zum Munde zu führen ohne ihre Krause zu zerknittern«.*[52]
Den vor allem in Norddeutschland im Mittelalter üblichen ärmellosen, glockenförmig geschnittenen Umhang finden wir auch bei Hannovers Frauen. Die-

Abb. 29:
Epitaph des Bürgermeisters Hermann Bartels († 1635).

Abb. 30:
Epitaph der Catarina Reiche († 1577).

ses Obergewand wurde vorn offen getragen *(Schaube, sube)* oder mit einer Spange geschlossen *(hoike)*. Ehrbare Frauen durften der vorreformatorischen Kleiderordnung zufolge diesen Umhang lang tragen; *Pfaffenmägden* und Dirnen war, ähnlich wie in Braunschweig zu dieser Zeit, nur eine kurze Hoike erlaubt.[53] Nach der vorreformatorischen Kleiderordnung durfte jede *ehrliche und fromme* Frau 2 gefütterte Schauben besitzen[54]; 1543 erhöhte der Rat die Zahl auf 3.[55] Einer *ehrlichen, alten und betagten Matrone* erlaubte der Rat in seiner Kleiderordnung von 1544 eine gefütterte Schaube.

Den Kopf bedeckte im 14. und 15. Jahrhundert die *Kogel*[56], eine Kapuze, die, am Mantel angenäht, bei schlechtem Wetter über den Kopf gezogen wurde. Der Kleiderordnung von 1381 zufolge durfte man sie mit Perlen besetzen, was allgemein üblich war. Spätestens seit der zweiten Hälfte des 14. Jahrhunderts sind auch Damenhüte in Hannover nachweisbar: Der Rat verbietet allen Frauen, ihre Hüte mit Silberstiften zu benähen.[57] Eine weitere weibliche Kopfbedeckung war die *Haube*. Vor der Reformation durfte jede *ehrbare und fromme Frau* 2 gefütterte Hauben besitzen. Diese Kleiderordnung erlaubte außerdem jeder Frau, die Spangen tragen durfte, ihre Haube mit Gold oder Silber zu schmücken. 1544 untersagte der Rat die Verwendung von Silber. Ein typischer Kopfschmuck für Bräute war der Perlenkranz, der schon in der Kleiderordnung von 1381 erwähnt wird. Da auch verheiratete Frauen sich damit schmückten, schärfte die vorreformatorische Kleiderordnung noch einmal allen ein, daß nur Mädchen, die *verlobt oder vergeben* seien, diesen Kranz tragen dürften.

Die Bildwerke aus der zweiten Hälfte des 16. Jahrhunderts zeigen die Hannoveranerin mit Kopftuch, das lang herabfallende breite Bänder besaß. Dieses Tuch wurde eng um den Kopf gelegt und bedeckte das Haar vollständig.[58] Um die Schultern legte sich die Hannoveranerin ein kurzes Jäckchen, wie wir es bei den Ehefrauen von Jürgen Idensen, Franz v. Wint-

Abb. 31: Epitaph der
Catharina v. d. Hoya († 1617).

heim, Georg Reiche und Gevert v. d. Wisch finden – vornehme Bürger der Stadt.[59]
In den ersten beiden Jahrzehnten des 17. Jahrhunderts gab es bei den Damen kaum modische Neuerungen. Das Kleid blieb lang und hochgeschlossen. Viele trugen es allerdings so lang, daß es über den Boden *schleifte und die Erde fegte.* Das verbot der Rat erstmals in der Kleiderordnung von 1656[60] – allerdings ohne Erfolg, wie die wiederholten Verbote zeigen.[61] Die Haare der Frauen blieben bedeckt. Allerdings löste jetzt die Haube das Kopftuch ab. Mühlsteinkrausen galten weiterhin als schick. Das enggeschnürte Mieder, das nach spanischem Vorbild vorn in einer Spitze auslief, betonte die »Wespentaille«, die jetzt zunehmend gefragt war.[62] Das ist die Kleidung, wie sie uns auf dem Wandmal der Catarina v. d. Hoya (gest. 1617), der Ehefrau des hannoverschen Bürgermeisters Erich Reiche, überliefert ist.[63] Seit den 1630er Jahren wich die Krause dem Spitzenkragen. Dadurch kam das Dekolleté wieder zu Ehren. Catharina Turke (gest. 1641) ist dafür ein Beispiel.[64] Sie trägt ein langärmliges, weit ausgeschnittenes Kleid mit hoch angesetzter Taille. Ihren Ausschnitt säumt ein Spitzenbesatz, ebenso den Kragen des Leibchens. Da dieser jetzt wieder glatt auf den Schultern lag, konnte auch das Haar wieder natürlich fallen. Catharina Turke hatte ihr durch einen Scheitel geteiltes Haar zu Locken geordnet, die ihr fast bis zu den Knien herabfielen. Diese Frisur hielt sich allgemein bis in die 80er Jahre.[65] Andere Hannoveranerinnen trugen zu dieser Zeit ebenfalls modische Korkenzieherlocken, die mit Bändern zu *Haarwülsten* zusammengefaßt waren.[66] Diese *krausen und fliegenden Haare* verbot der Rat 1656.[67] Zwei Jahre später durften die Frauen ihr Haar nicht mehr pudern.[68] Doch konnte sich der Rat gegen modebewußte Hannoveranerinnen auf Dauer nicht durchsetzen. Nachdem er das Verbot, das Haar kraus zu tragen, 1663 wiederholt hatte[69], hob er es schließlich in der Kleiderordnung vom 31. März 1671 teilweise auf: Den Frauen und Töchtern der Graduierten, also von Doktoren, Magistern etc., sollte es in Zukunft erlaubt sein.[70] Diese Entscheidung rief acht Tage später die *alten Patrizierfamilien* der Stadt auf den Plan. Die Turke, v. Sode, v. Anderten, Limborch, v. Wintheim, Blome, v. Lude, Volger, v. Rode, v. Idensen und v. Berckhusen forderten das gleiche Recht für ihre Frauen.[71] Ob der Rat diesem Ansinnen nachgab, wissen wir nicht.
Die »Offenherzigkeit« der Frauen nahm in der zweiten Hälfte des 17. Jahrhunderts immer mehr zu.[72] Das Dekolleté wurde tiefer und tiefer; im Mieder waren Taschen eingenäht, die mit Parfüm gefüllt waren[73], was so manchen feurigen Kavalier um seinen Verstand gebracht haben wird. 1663 beschäftigte diese Offenherzigkeit erstmals den Rat. In der neuen Kleiderordnung verbot er allen Frauen, den Busen zu entblößen, da das schon zu viel Ärgernis Anlaß gegeben habe.[74]

ABB. 32:
Epitaph der Catharina Turke († 1641).

Zum Abendmahl sollte jede Frau in Zukunft einen Mantel tragen.[75] Aber auch mit diesen Kleidervorschriften setzte sich der Rat nicht durch. 1669 verbot er erneut die *ärgerliche entblößung des Halses, Rugken undt brüste.*[76] Zwei Jahre später mußte er den Frauen erneut einschärfen, keine zu tief ausgeschnittenen Kleider zu tragen und sich zum Abendmahl mit Mantel einzufinden.[77]
Im 17. Jahrhundert kam auch das Schminken verstärkt auf.[78] Gesicht, Hals, Arme und Hände wurden weiß gepudert. Das Gesicht beklebte man mit Schönheitspflästerchen, die, aus schwarzer Seide hergestellt, die Form von Halbmonden, Sternen und Blumen hatten. Man wählte schwarz, um die Gesichtsfarbe frischer erscheinen zu lassen. Dieser aus Frankreich kommenden Mode war auch die Hannoveranerin verfallen. 1669 schritt der Rat dagegen ein und verbot *die Schmincke* (und) *Schonzflaster.*[79] Doch war

ABB. 33: Epitaph von Kindern des Erich v. Wintheim, 17. Jahrhundert.

dieser Erlaß das Papier nicht wert, auf dem er stand.
Aus Frankreich waren auch die schwarzen Samtmasken gekommen, die vornehme Frauen trugen, um ihren weißen Teint vor der Sonne zu schützen.[80] Auch diese Mode fand in Hannover ihre Nachahmung. 1688 wurde sie – natürlich – verboten.[81]

Die Kleidung des Kindes

Über die Kleidung der Kinder ist für Hannover wenig bekannt. Allgemein gilt, daß Kinder wie Erwachsene gekleidet waren[82], daß sich also in der Tracht des Kindes der Stand der Eltern widerspiegelte. Ein Grabmal überliefert uns das Bild von drei Kindern Erich v. Wintheims (gest. 1646).[83] Bemerkenswert an diesem Bild ist, daß beide Söhne die gleiche Kleidung trugen: langärmliges, bis fast zum Boden reichendes Kleid mit Schürze, auf dem Kopf eine Mütze. Demgegenüber trägt das Mädchen das bei Frauen übliche mit Fischbein gesteifte Korsett zum langen Kleid. Seine in der Mitte gescheitelten Haare fallen auf seine Schultern herab.

3.3. Essen und Trinken

Ein Festessen

Vom 14. bis 17. Februar 1618 weilte der Landesherr, Herzog Friedrich Ulrich, in Hannover. Wie bei solchen Anlässen üblich, gab der Rat ihm zu Ehren ein Festessen. An diesen drei Tagen (Samstagabend bis Dienstagmorgen) verspeisten der Fürst und sein etwa 200 Mann starkes Gefolge 10 Kälber, 1 Ochsen, 4 Ochsenköpfe und -füße, 4 Hinterviertel und 2 Schultern von Ochsen, 8 Ochsenzungen, 6 Hasen, 3 Schweine, 2 Schinken, 8 Lämmer, 12 Gänse, 2 Rebhühner, 2 Enten, eine ungenannte Zahl von Hühnern, 7 Mettwürste, 10 Pfund geräuchertes Rindfleisch, 1 Zentner Karpfen, 23 Aale, 1 Hecht, Lachse, Stockfisch, Hering, Eier, 26 weiße Kohlköpfe, Erbsen, 43 Pfund Käse, 177 Pfund Butter, 3 Speckseiten und 85 Pfund Speck. Dazu wurde Brot gereicht, das 4 Bäcker 3 Tage lang, Tag und Nacht, gebacken hatten.[1]
Angesichts solcher Mengen dürfte es dem Rat nicht unlieb gewesen sein, wenn der Landesherr nicht all-

zuoft kam, riß doch solche Beköstigung jedesmal ein großes Loch in das Stadtsäckel. Freilich nahm man an den Mengen als solchen kaum Anstoß. Allgemein galt: man aß und trank oft, gern und viel. Allerdings konnte sich der einfache Bürger nicht das alles leisten, was die Rathausküche 1618 dem Landesherrn bot.

Ein Grundnahrungsmittel: das Brot

Anders als über Festmähler sind wir über die täglichen Nahrungsgewohnheiten jener Zeit kaum informiert. Wir wissen, daß Getreide zu den Grundnahrungsmitteln gehörte. Brot bildete in einer Zeit, in der die Kartoffel noch nicht bekannt und Reis sehr teuer war, einen der wichtigsten Bestandteile der täglichen Ernährung. Die Vorratshaltung von Brotgetreide war wichtig, da immer wieder durch Mißernten Hungersnöte drohten. In solchen Zeiten erhöhte sich der Getreidepreis enorm.[2] Auch Fehden und Unruhen ließen den Nachschub an Getreide stocken und die Preise hochschnellen. Daher lagerte jeder Bürger Korn auf dem Boden seines Hauses. Häufig ließ man sein eigenes Getreide durch Hausbäcker verarbeiten. Auch der Rat sorgte sich um die Kornvorräte in der Stadt, denn zur eigenständigen Stadtpolitik gehörte die Sicherung der Getreideversorgung. Am 28. Juni 1443 forderte der Rat z. B. jeden Stadtbewohner auf, sich mit soviel Korn einzudecken, wie er bis Michaelis (29. September) brauche.[3] Außerdem verbot er die Ausfuhr von Getreide. Auch 1456 untersagte er jegliche Ausfuhr von Getreide.[4]

Über Unruhen in Hannover wegen Kornmangels erfahren wir anläßlich der innerstädtischen Auseinandersetzungen um die »Einführung« der evangelischen Lehre. Nachdem die Ratsherren im September 1533 aus der Stadt geflohen waren, weil sie die neue Lehre nicht annehmen wollten, ließ der katholische Landesherr, Herzog Erich I., die Zufahrtsstraßen zur Stadt sperren. In der angespannten Versorgungslage drangen schon bald *etliche christliche Brüder, lose Buben,* in die Häuser *vermögender Leute* ein und forderten sie auf, ihr Korn mit ihnen zu teilen.[5]

Die Versorgung Hannovers mit Getreide war insgesamt verhältnismäßig günstig, weil es Umschlagplatz für den Kornhandel aus seinem Hinterland nach Norden war. Daher mußte es sich nicht auf den unsicheren, mit vielen Unwägbarkeiten behafteten Fernhandel verlassen. Durch seine Lage konnte Hannover seine Versorgung mit Roggen selbst dann sichern, wenn in anderen Städten Mangel herrschte. So finden wir in der Sammlung des Bürgermeisters Homeister aus dem 16. Jahrhundert einen Brief des Rates von Nienburg an den Rat von Hannover vom 11. März 1587.[6] Darin bittet der Nienburger Rat, in Hannover Roggen ankaufen zu dürfen, weil in seiner Stadt und in der Umgebung kaum noch welcher vorhanden wäre. Die Einfuhr von Roggen aus Polen, Preußen und Livland über die Ostsee war in diesem Jahr wegen des harten Winters lange nicht möglich.

Die große Teuerungskrise um 1600[7] machte jedoch auch vor dem Fürstentum und Hannover nicht halt. Im September 1597 erließ Herzog Heinrich Julius ein Edikt gegen Teuerung, Wucher und Vorkauf durch *etliche unchristliche vorteilhaftige Kornhändler.*[8] Darin werden u. a. die Bürgermeister und Räte seiner Städte aufgefordert, gegen diese *»unchristliche Monopolia«* vorzugehen und dafür zu sorgen, daß sich jeder mit Korn zu einem angemessenen Preis versorgen könne.

Am teuersten war das Brot aus Weizen, billiger das aus Roggen. Auch Hafer und Gerste wurden im Mittelalter zu Brot verbacken; für Hannover liegen uns dazu aber keine Quellen vor. Aus der Ordnung des Bäckeramtes von 1481 wissen wir, daß hannoversche Bäcker Weizenbrot und Roggenbrot buken. Für Wecken wurde teurer Weizen mit Milch und Butter verbacken.[9] Für besondere Anlässe verarbeitete man Brot zu verschiedenen Formen. Wir finden in den Quellen z. B. flaches Fladenbrot, das man füllen konnte. Außerdem wurden kleine Semmeln aus Weizenmehl und Weihebrot für kirchliche Festtage angeboten. Mehl wurde nicht nur zu Brot verarbeitet; man verstand es auch, Kuchen zu backen: Honigkuchen, Spritzkuchen[10] und Pfefferkuchen.[11]

Mus und Grütze

Eine der wichtigsten und billigsten Speisen im Mittelalter und in der Frühen Neuzeit war das Mus oder die Grütze aus Getreide. Die Hafergrütze, wie sie Cord Bunke herstellte, gehörte wohl zu den täglichen Speisen des durchschnittlichen Hannoveraners.

Fleisch

Die Fleischversorgung der städtischen Bevölkerung wurde zumindest teilweise durch die eigene Viehhaltung gesichert. Kühe und Schweine konnten in Ställen auf den Hinterhöfen der Häuser gehalten werden. Außerdem wurde Vieh von den Knochenhauern in der Umgebung Hannovers aufgekauft, geschlachtet und verkauft. Die Bedeutung der eigenen Viehhaltung insgesamt ist dagegen nicht zu unterschätzen. Das wird deutlich in der Beschwerde von Flüchtlingen, die während des Dreißigjährigen Krieges in Hannover lebten. Sie berichten, daß es ihnen wegen der hohen Preise fast unmöglich sei, auf dem Markt frisches Fleisch zu kaufen. Sie könnten sich aber nicht nur von den mühsam gewonnenen Gartenfrüchten ernähren. Daher seien sie gezwungen, eigene Schweine zu halten. Sie beanspruchten deshalb öffentliche Plätze für ihre Schweinekoven.[12]

Anders als der Brotgetreideverbrauch hing der Fleischkonsum des einzelnen stark von seiner sozialen Stellung ab: Je reicher der Stadtbewohner war, desto mehr Fleisch konnte er sich leisten. Zwar gab es viele »Abstinenztage« im Jahr, an denen keine tierischen Produkte gegessen werden durften (z. B. die Fastenzeit vor Ostern, Adventszeit, Freitag und Samstag jeder Woche). Jedoch aß ein wohlhabender Bürger durchaus mehr als 100 kg Fleisch im Jahr; der durchschnittliche Stadtbewohner kam wohl auf etwa 50 kg.[13] Um die Versorgung der Bevölkerung mit diesem Grundnahrungsmittel zu angemessenen Preisen zu sichern, setzte der Rat daher wiederholt die Fleischpreise fest. Fettes Ochsenfleisch oder Hammelfleisch war am teuersten, mageres oder Kuhfleisch billiger.[14]

Anhand von Tierknochen, die bei Ausgrabungen gefunden wurden, wissen wir, daß die Hannoveraner überwiegend Rindfleisch aßen, gefolgt von Schweinefleisch. Schafe und Ziegen sowie Geflügel waren für die Fleischversorgung der Bevölkerung weniger bedeutend.[15]

Auf den Tisch der Stadtbewohner kam Fleisch als Braten, gekocht, geräuchert oder eingelegt. Zum Kochen (gesottenes Fleisch) legte man das Fleisch in einen Kessel, der an einem Kesselhaken über dem offenen Feuer hing.[16] Oder man setzte den Kessel mit einem Gestell auf das Feuer.[17] Gebraten wurde das Fleisch in einer Pfanne, die man auf den Rost stellte, oder in einem Topf mit drei Füßen *(Grapen)*.[18] Größere Braten steckte man an einen langen Spieß, der dann über dem Feuer gedreht wurde.[19]

Frisches Fleisch gab es im Winter nach der Schlachtung. Um es haltbar zu machen, mußte man es räuchern. Dazu hängte man das Fleisch über dem offenen Herdfeuer an Holzstangen auf.[20] Geräuchert wurden u. a. auch Ochsenzungen. Besonders beliebt, aber auch teuer, war geräucherter und gesalzener Schin-

ABB. 34: Einzug Johann Friedrichs, Herzog zu Braunschweig-Lüneburg, 1668, Kupferstich.

ken. Zwei Schinken wurden z. B. auf der Feier für den Herzog in Hannover 1618 serviert, von der schon die Rede war.

Eine weitere Möglichkeit, Fleisch haltbar zu machen, war das Einlegen in eine Lösung aus Essig und Gewürzen. Ochsenköpfe und Ochsenfüße legte man in eine Salzlake *(pökeln)*. Auch Innereien *(Caldunen)* wurden häufig eingelegt. Sie gehörten nicht unbedingt zu den feinen Gerichten, wurden aber selbst bei Festmählern nicht verschmäht.[21] Um sie für das Auge ansprechender zu machen, färbte man sie und würzte sie zugleich durch Safran. So wurden dem Gefolge des Landesherrn am 16. Februar 1618 zum Abendessen u. a. *gelbe Caldunen* und *gelbe Rinderfüße* serviert.[22]

Hühner wurden gekocht und gebraten verzehrt. Vögel galten zwar als gesunde Speise – Wachtel, Feldhuhn, Taube, Drossel sollten gut gegen Gicht sein[23] –, jedoch tauchten sie kaum auf dem Speisezettel der Stadtbewohner auf.[24]

Auch Wildbret kam nur auf den Tisch der Vornehmen. Als während der Reformation die auch aus den Bauernkriegen bekannte Forderung nach freier Jagd für den gemeinen Mann auftauchte, beschied der Rat, daß jede Jagd im Stadtwald (Eilenriede) von seiner Erlaubnis abhängig sei, gab aber zu, daß der Bürger Anspruch auf Wildbret in Form von Niederwild (Hasen etc.) habe.[25] Insgesamt war also der Anteil von Wild an den Fleischspeisen unbedeutend.[26]

Zubereitet wurde Wild als Hirsch-, Reh- und Hasenbraten. Es war üblich, das Fleisch in eine Beize zu legen (Hasenpfeffer, Rehpfeffer).[27] Auf dem Bankett zu Ehren des Landesherrn von 1636 gab es u. a. Hirsch, Reh- und Hasenpastete.[28] Rebhühner und Wildenten gehörten ebenfalls zu den vornehmen Speisen.[29]

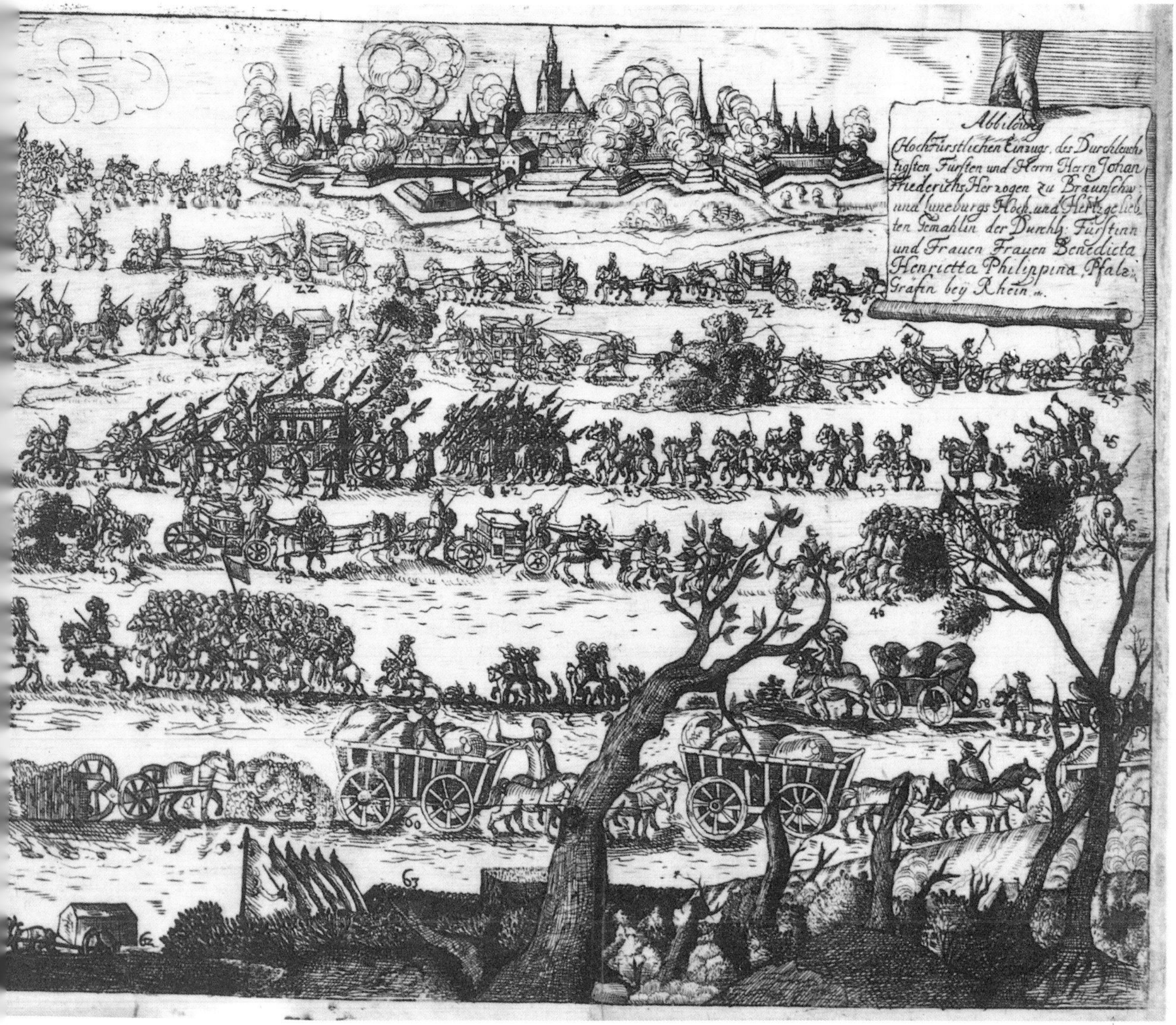

Fisch

In den Gewässern um die Stadt, also Leine, Stadtgraben und Teiche, durfte jeder Fische fangen, der eine Stelle vom Rat gepachtet hatte. Im Laufe der Zeit hatte es sich eingespielt, daß solche Nutzungsrechte an Honoratioren vergeben wurden. Beispielsweise erhielt der Bürgermeister Hans Blome 1512 die Stelle des Stadtgrabens, an der die Karpfen laichten.[30] In Zeiten großer Versorgungsprobleme erregte dies naturgemäß Unmut in breiten Bevölkerungskreisen. So forderte die Bürgeropposition anläßlich der innerstädtischen Auseinandersetzungen um die »Einführung« der evangelischen Lehre die freie Nutzung aller Wasserläufe.[31]

Die Stadt wurde jedoch nicht nur aus eigenen Gewässern versorgt. Süßwasserfische züchtete man auch in der Umgebung in Teichen, zum Teil wurden sie aus Hildesheim angeliefert.[32] Auch aus dem Steinhuder Meer kamen Fische auf den hannoverschen Markt.[33] Dorsch (Stockfisch) und Hering fing man in Ost- und Nordsee und lieferte sie in Fässern verpackt bis nach Hannover.

Da an den vielen Fastentagen im Jahr der Genuß von Fleisch verboten war, war Fisch als Fastenspeise besonders wichtig. Auf den Tisch kamen Karpfen, Hecht, Neunauge, Stör, Bratfisch, Barsch, Lachs, Stockfisch, Hering, Butt und Aal.[34] Auch Austern waren bekannt.[35] Man aß den Fisch in Butter oder Speck gedünstet, geräuchert, sauer eingelegt, in einer Gewürzbrühe gekocht, mit Speck oder Meerrettich zubereitet.[36] Allerdings gehörte er zu den teureren Nahrungsmitteln.[37] Im 17. Jahrhundert verbot der Rat sogar, ihn bei Hochzeitsessen auf den Tisch zu bringen. Das galt jedoch vor allem für frischen Fisch. Dagegen gehörten Stockfisch und Hering zu den Nahrungsmitteln, die sich auch einfachere Handwerker leisten konnten.[38] Hering war der am meisten gegessene Fisch. So erhielten z. B. 1493 die Geschützgießer und ihre Knechte u. a. Hering als Zehrung, ebenso 1618 die Lieferanten für das fürstliche Mahl.[39]

Besonders wertvoll war frischer Stör. Als am 4. Juni 1637 im Stadtgraben und bei der Klickmühle 5 Störe von 7 Zentnern und 11 Pfund Gewicht gefangen wurden, verkaufte man sie keineswegs, wie man meinen könnte, auf dem Markt. Vielmehr wurden sie an hochgestellte Personen verteilt. Den ersten Stör bekam der Landesherr in Celle, den zweiten Herzog Georg in Hildesheim. Zwei Störe wurden in 50 bis 60 Portionen aufgeteilt und in der Stadt unter den Ratsherren, Sindici, Stadtsekretären, Pastoren, Doktoren und Kapitänen *und mehr vornehmen Leuten getheilet und geschickt.* Den kleinsten Fisch bekam der Kammandant der Neustadt, Johann Dietrich von Ehlen. Auch andere Störe, die man in diesem Jahr fing, wurden an Mitglieder des Hofes verteilt.[40]

Butter, Käse und Eier

Außer Brot, Getreidebrei, Fleisch und Fisch nahm man auch Milchprodukte zu sich. Da die Versorgung durch die eigenen Kühe nicht ausreichte, bezog man zusätzlich Butter aus Dänemark, Schweden und vor allem aus den Viehzuchtgebieten nördlich von Hannover.[41] Sie war ein viel gebrauchtes Fett, das sich auch weniger wohlhabende Stadtbewohner leisten konnten. In der Taufordnung von 1656 heißt es z. B., daß Angehörige des 5. und 6. Standes Butter und Broyhan-Bier reichen dürften. Man kannte süßen Käse *(Sotekäse)* und *Grünkäse,* den man mit Petersilie färbte[42]; ebenso weißen Käse[43] und Schafskäse. Als besonders gesund galt alter Käse.[44]
Eier wurden u. a. als Eierkuchen gegessen[45], aber auch gekocht und gebraten.[46] In vornehmen Haushalten gab es besondere *Tafelkörbe,* in denen sie serviert wurden.[47]

Obst und Gemüse

Ebenso wie mit Fleisch und mit Milchprodukten konnten sich die Stadtbewohner auch mit Obst und Gemüse zum Teil selbst versorgen. Äpfel, Birnen, Zwetschen, Nüsse, Kirschen, Johannisbeeren, Schlehen und Holunderbeeren wuchsen in den Hausgärten.[48] Man aß das Obst roh, im Winter gedörrt, auch als Mus gekocht mit allerlei Gewürzen zubereitet.[49] Man stellte Obstsäfte und Obstwein her.[50]
Erbsen, Mohrrüben, Kohl, Bohnen, Rhabarber und Linsen konnten ebenfalls in den Gärten vor der Stadt angebaut werden.[51] Auch Meerrettich, Zwiebeln *(Sipollen),* Spinat und Pastinaken (eine Art Rettich) werden in den Quellen erwähnt. Im 17. Jahrhundert kamen auf den hannoverschen Markt auch auswärtige Gartenfrüchte, z. B. aus Braunschweig.[52] Hülsenfrüchte aß man häufig als Mus zubereitet.[53] Kohl wurde nicht nur mit Speck, Butter oder Schmalz gekocht, sondern auch roh, mit Gewürzen angerichtet, gegessen.

Gewürze

Vielfalt, Qualität und Ausgefallenheit der Gerichte waren fast ausschließlich eine Frage des Geldbeutels. Das machte sich nicht nur bei Fleisch und Gemüse bemerkbar, sondern besonders bei den Gewürzen. Senf, Anis, Kümmel, Minze, Salbei und Lavendel waren heimische Gewürze geworden, die man im Hausgarten ziehen konnte.[54] Salz erhielt man aus dem nahegelegenen Lüneburg. Dagegen mußten Pfeffer, Lorbeer, Muskat, Ingwer, Mandeln, Gewürznelken *(Nägelein),* Koriander, Safran, Zimt, Korinthen, Rosinen, Fenchel und Zucker aus Südeuropa, Asien und Amerika importiert werden; sie zählten zu den hochwertigen Luxuswaren.[55] Wer es sich leisten konnte, würzte seine Speisen reichlich und für unseren Geschmack in ungewöhnlichen Kombinationen. Aus einem mittelniederdeutschen Kochbuch wissen wir, daß z. B. Apfelmus mit Mandeln und Honig gewürzt wurde, mit Safran, Ingwer, Nelken und Pfeffer; Rehkeule mit Rosinen, Ingwer und Nelken, Erbsen mit Honig, Pfeffer und Safran, Huhn mit Pfeffer, Zimt und Safran.[56] Die benötigten Gewürze kaufte man beim Kramer oder in der Apotheke, was nicht weiter verwundern sollte, da Gewürze auch als Heilmittel galten. In der Küche wurden sie dann nach Bedarf in Mörsern kleingestoßen. Wenn in der Küche des Johann Duve eine Gewürzmühle stand[57], zeugt das von dessen großem Verbrauch an Gewürzen und damit von seinem Reichtum. Die Senfmühle des Dr. Ziesenіß[58] diente sicherlich auch nicht nur zum Mahlen von Senf.

Süßstoffe und Leckereien

Süßstoffe waren im Mittelalter und in der Frühen Neuzeit wesentlich teurer als heute. Rübenzucker war noch unbekannt, Rohrzucker mußte über den Fernhandel zu hohen Preisen bezogen werden. Der einzige einheimische Süßstoff war Bienenhonig. Mit Honig würzte man nicht nur Speisen, er diente auch als Grundstoff für Met. Mancher Bürger besaß einen eigenen Immengarten vor den Toren der Stadt, oder er pachtete einen vom Rat.[59] Im 16. Jahrhundert hatte sich die Imkerei zu einem eigenen Berufszweig entwickelt. Diese Imker wandten sich im Mai 1591 mit folgender Beschwerde an den Rat[60]: Der Rat hatte einem fremden Imker erlaubt, seine Bienenkörbe innerhalb der Landwehr aufzustellen. Das wollten sie nur gestatten, wenn einer ihrer Kollegen »zu gleicher Hälfte« mit ihm »sitzen« dürfe (also genauso viele Körbe aufstellen dürfe).
Zu den beliebten, aber teuren Leckereien gehörten außer Zucker Konfekt, Mandeln, Rosinen und Honigkuchen. Als 1618 der hannoversche Bürger Lorenz Meyer für seine Gäste, adlige Mitglieder aus dem Gefolge Herzog Friedrich Ulrichs, aus der Apotheke morgens Zucker und Honigkuchen, abends Konfekt holen ließ, hatte er dafür große Ausgaben. Allein seine Ausgaben für Konfekt entsprachen dem Wert von zwei Lämmern oder einem gut genährten Kalb![61]

Getränke: das Bier

Wir wissen, daß in Hannover bereits im 14. Jahrhundert Bier gebraut wurde.[62] Bier war für die mittelalterlichen Menschen flüssige Nahrung. Das Brauen war eine kostspielige Angelegenheit, das sich nicht jeder leisten konnte. Man brauchte ein geeignetes Gebäude und Braugerät sowie die notwendigen Rohstoffe, nämlich Getreide, Hopfen und Malz. Diese Rohstoffe mußte der Brauer kaufen. So mancher Bürger war allerdings Selbstversorger: er hatte einen eigenen Hopfengarten vor der Stadt.[63]
Um 1419 brauten nur 61 von etwa 430 Bürgern Bier, um es zu verkaufen. In der Folgezeit förderte der Rat den Absatz des einheimischen Bieres durch das Verbot von fremdem. So untersagte er 1422 den Vertrieb des in Hannover sehr beliebten Hildesheimer Bieres. Der Hannoveraner durfte es noch nicht einmal in Dörfern der Umgebung trinken! Dieses Verbot war zunächst auf zwei Jahre befristet, wurde dann aber immer wieder erneuert. Das ist ein Hinweis darauf, daß sich der Bürger vom Rat nicht vorschreiben lassen wollte, was er trinken durfte. Erst Ende des 15. Jahrhunderts hatte das einheimische Bier das Hildesheimer vom Markt verdrängt. Hannoversche Bürger brauten jetzt ein qualitativ besseres Bier, das auch in der Umgebung gern getrunken wurde. Hannoversches Bier wurde zum Exportartikel für die Stadt. 1440 konnte der Rat den Verkauf von Einbecker Bier zulassen; seit 1461 wurde im Stadtkeller außerdem Hamburger Bier ausgeschenkt. – Die zunehmende Brautätigkeit in Hannover führte dazu, daß immer mehr Getreide zum Bierbrauen verwendet wurde. Dadurch war die regelmäßige und preisgünstige Versorgung der Stadtbevölkerung mit Brotgetreide gefährdet. Der Rat mußte deshalb das Bierbrauen wieder einschränken. Brauberechtigt war seit etwa 1490 nur noch jeder Besitzer eines Hauses *(domus)*. Budenbesitzer durften nur mit Sondergenehmigung brauen.
Einen weiteren Aufschwung nahm das Brauwesen ab 1526 durch die Entwicklung des *Broyhan*-Bieres durch Cord Broyhan. Um 1600 erreichte das Brauwesen in Hannover seine Blüte. Zu dieser Zeit waren schon alle Brauberechtigten in einer eigenen Brauergilde vereinigt, die sich 1644 ein eigenes Amtshaus in der Osterstraße baute.
Durch Gildeordnungen und Bierproben sollte die Qualität des Hannoverschen Bieres erhalten werden. Doch konnten diese Vorschriften nicht verhindern, daß die Menge des gebrauten Bieres von 1600 bis 1696 auf weniger als die Hälfte sank. Konkurrenz von außen und mangelhafte Qualität führten dazu, daß das Hannoversche Bier im 17. Jahrhundert viele Marktanteile verlor.

Wein

Während Bier verhältnismäßig preisgünstig war, konnte sich der durchschnittliche Hannoveraner Wein nur selten leisten. Er war in Hannover ein ausgesprochen exklusives Getränk, da ihn die langen Transportwege vom Rhein bis nach Norddeutschland sehr verteuerten. So verwundert es nicht, daß von allen Gilden nur die Kaufleute auf ihren Festen Rheinwein tranken.

Man würzte den Wein häufig mit allerlei Zutaten.[64] Auf dem Bankett zu Ehren Herzog Friedrich Ulrichs 1633 schnitt man z. B. die Kostbarkeit von drei frischen Zitronen in den Wein.[65]

Der Stadtkeller

Wein wurde seit 1321 im Stadtkeller unter Aufsicht des Rates verkauft.[66] Dieser städtische Weinkeller wurde verpachtet. Außerdem stellte die Stadt besondere Knechte als »Kellner« und Weinzapfer *(winteppér)* an.[67] Seit dem Spätmittelalter konnte man dort auch Branntwein trinken.[68]

Nicht immer bezahlten die Kunden des Stadtkellers ihre Rechnung: Die Wein- und Bierrechnung des Hans von Lübeke war 1475 dermaßen angewachsen, daß er dem Rat Ländereien für drei Jahre verpfänden mußte.[69] 1504 mußte sich der Pächter des Stadtkellers, Dietrich Schernhagen, verpflichten, niemandem etwas zu borgen, bevor der ihm nicht goldene oder silberne Pfänder gegeben hätte.[70] Kurz vor der Reformation bestimmte der Rat, daß niemand ohne Erlaubnis der Knechte den Weinkeller verlassen dürfe.[71] Diese erhielt man natürlich erst, wenn man bezahlt hatte.

Die Trunksucht

Die Trunksucht war in Deutschland ein weitverbreitetes Laster, das auch Kaiser Karl V. nicht verborgen blieb. Er machte dazu 1541 die bissige Bemerkung, *es sei ebensoviel, wenn man gegen die Trunckenheit den Deutschen ein Gesetz gebe, als wenn er seinen Spaniern das Stehlen verbieten wollte; denn es werde keines* (dieser Gesetze) *gehalten werden.* Dieser Ausspruch ist uns durch eine Eintragung des Dr. Hebestreit in seinem Pesttraktat (16. Jahrhundert) überliefert.[72]

Auch die Hannoveraner sprachen dem Alkohol lebhaft zu. Zwar rief der Rat sie wiederholt zur Mäßigung auf, zumal an Feiertagen. In der ersten Stadtordnung nach der Reformation, der von 1534, heißt es dazu[73]: *Die heiligen Festtage sind von Rat und Geschworenen deshalb verordnet ..., daß ein jeder Hausvater mit seinem Gesinde Zeit und Muße habe, zu hören das heilige Wort Gottes; ... so wollen auch Rat und Geschworene nicht, daß man in den* (Fest)*tagen mit Saufen (overdrinkende), Grölen (singende) und Fressen (fretende) sich überlade.* Sollte ein Stadtbewohner in diesem Zustand angetroffen werden, wollte man ihn zur Ausnüchterung in die Kohlenkammer sperren und bestrafen. Die Bruchregister zeigen, daß solche Drohungen nicht viel halfen. So finden wir z. B. unter dem 10. Juli 1659 folgende Eintragung:[74]

Henning Bartels hat abermals des Sonntagmorgens sich in Branntwein vollgesoffen. (Er hat) *Strafe dafür erlegen müssen 1 Taler.*

Übermäßiges Trinken hob nicht nur die Stimmung im Stadtkeller, sondern führte auch oft genug zu Streit. Dieser mußte nicht immer tödlich ausgehen, wie 1558, als Jost Sieverding seinem Zechkumpanen *dodlich* (tödlich) *ein Messer in die borst* (Brust) *gestecken* hatte.[75] Andere zogen nach dem reichlichen Genuß von Alkohol des Nachts randalierend durch die Gassen.[76] *Wilden und losen Gesellen,* die in Hannover *nicht weren hussittende,* durfte der vorreformatorischen Stadtordnung zufolge deshalb vorsorglich nach 20 Uhr kein Bier und Wein mehr ausgeschenkt werden.[77] Bürgern, die in betrunkenem Zustand den Rat beschimpften oder Unruhe stifteten, drohte im 16. Jahrhundert der Verlust der Bürgerschaft und der Stadtverweis[78], ja sogar die Todesstrafe![79]

Eß- und Trinkgeschirr

Das Eß- und Trinkgeschirr, einfache Schalen, Schüsseln, Bottiche, Löffel, Teller und Becher, war häufig aus Holz gefertigt.[80] Bereits im 13. Jahrhundert gab es auch Gefäße aus Keramik. Weit verbreitet waren vor allem die *Grapen (Gropen),* Töpfe mit drei Füßen, die auf die Herdplatte gestellt wurden. Sie dienten als Kochgefäße oder als Pfannen. Auch Becher, Krüge und Kannen bestanden oft aus Keramik.[81] Die Mehrzahl dieser Irdenware stammte aus dem südnieder-

Abb. 35: Steinzeugkännchen, grün-braun glasiert, mit Gurtfurchen, um 1500.

sächsischen und hessischen *Pottland,* vor allem aus der Gegend um Duingen.[82] Wohlhabendere Haushalte besaßen aber auch Becher aus dem Rheinland.[83]

Andere Trinkgefäße waren aus Glas. Wenn es 1618 in Hannover keine Schwierigkeit war, über 400 Gläser bzw. Glasbecher für das fürstliche Festmahl zu beschaffen, zeigt das die weite Verbreitung des Glases zu jener Zeit. Bis etwa 1500 dürfte Glas jedoch im Haushalt des Durchschnittsbürgers selten gewesen sein, da es sehr teuer war. Reichere Bürger besaßen dagegen auch venezianische, böhmische oder rheinische Gläser.[84]

Wesentlich widerstandsfähiger war Hausrat aus Metall. Eisernes Küchengerät haben wir bereits bei der Zubereitung von Fleisch kennengelernt: Rost, Kesselhaken und Bratspieß. Der Ratsschmied Barnsdorf Bode besaß um 1631 außerdem eine Eierkuchenpfanne, einen Grapen mit Eisenaufhängung und eine eiserne Feuerschüssel.[85] Dieser Grapen war wahrscheinlich aus Metall. Solche Töpfe gab es in jedem Haushalt, oft mehrere Exemplare. Beispielsweise besaß Hermen Lunde 1673 7 kleinere und größere.[86]

An Messinggerät finden wir Kessel, dreibeinige Tiegel, Töpfe, Schöpfkellen und Leuchter.[87] Besonders verbreitet waren Zinngegenstände. Sie wurden als Tafelgeschirr benutzt; je wohlhabender ein Bürger war, desto mehr Zinngerät konnte er sich leisten. Hermen Lunde besaß nicht weniger als 35 Schalen aus Zinn, von denen Speisen gegessen wurden.[88] Zu einem Durchschnittshaushalt wie dem des Ratsschmieds gehörten zwei Schalen, eine Kanne und zwei Krüge mit Zinndeckel.[89]

Die wertvollsten Hausgeräte bestanden aus Silber oder Gold. Die Silberpokale der Gilden zeigen deren Vermögen und Bedeutung. Wenn die Witwe des Hermen Lunde 1673 im Hausinventar ausdrücklich vermerken ließ: *Silbergeschirr ist nicht vorhanden gewesen*[90], ist das ein Hinweis dafür, daß Silber zur standesgemäßen Ausstattung eines reichen Bürgerhaushalts gehörte. Dementsprechend sind im Nachlaß des

ABB. 36:
Kanne aus grauschwarzem Ton 1300—1400,
1938/39 im Ballhof,
Grundstück Dependal, gefunden.

ABB. 37:
Topf mit drei stumpfen Füßen,
1938/39 im Ballhof,
Grundstück Dependal, gefunden.

ABB. 38:
3 Zinnteller, 16. und 17. Jahrhundert,
17—45 cm Durchmesser.

Dr. Ziesenіß 1631 folgende Gegenstände verzeichnet[91]: 2 silberne Kannen, 10 silberne Becher, 1 großer silberner Becher, oben und unten vergoldet, 1 silberner Löffel mit Monogramm.
Löffel aus Holz oder Metall zum Auffüllen der Speisen waren durchaus bekannt. Das Decken von Messern und Gabel als Eßbesteck dagegen blieb bis ins 17. Jahrhundert unüblich. Während man also Suppen und Mus »löffeln« konnte, langte man bei festen Speisen unbekümmert mit der Hand zu oder schnitt sich mit dem eigenen, mitgebrachten Messer ein Stück Fleisch ab.[92]

3.4. Ehe und Familie

Die Heirat

Im Spätmittelalter und in der Frühen Neuzeit war die nichteheliche Lebensgemeinschaft verboten. Erwischte der Rat solche Personen, verhängte er Geldstrafen, lagen sie doch *in Unordentlichkeit.*[1] Der Stadtordnung von 1536 zufolge hatten sie vier Wochen Zeit zu heiraten; andernfalls mußten sie die Stadt verlassen.[2] Der Rat selbst ging mit gutem Beispiel voran: Die Ratsreform von 1448 verankerte den einwandfreien Lebenswandel als ein Kriterium für die Mitgliedschaft im Rat: Wer mit einer Frau zusammenlebte, ohne mit ihr verheiratet zu sein, wurde nicht länger im Rat geduldet.[3]
Ein hannoverscher Bürger durfte jedoch nicht heiraten, wen und wann er wollte. Heiratete er an *fremden Orten,* verlor er sein Bürgerrecht. Das gleiche galt für den Fall, daß er einen Nichtbürger in Hannover oder außerhalb heiratete.[4] Hinter diesem Erlaß des Rates stand eine fiskalische Überlegung: Bei Heiraten nach auswärts wären der Stadt Steuereinnahmen verlorengegangen.
Nach der Reformation brauchten beide Ehepartner die Einwilligung ihrer Eltern[5], vor allem des Vaters, der ja das Familienoberhaupt *(Hausvater)* war.[6] In den Eheverträgen des 16. und 17. Jahrhunderts wird darauf ausdrücklich hingewiesen: Der Ehevertrag sei geschlossen mit *Vorwissen, Rat und Erlaubnis der Eltern beider Seiten.*[7] Heirateten beide heimlich, also ohne die Einwilligung der Eltern, war nach dem Gesetz die Trauung ungültig.[8] An solche Bestimmungen hielten sich die Heiratslustigen jedoch wenig: In den Stadtordnungen des 16. und 17. Jahrhunderts mußte der Rat immer wieder an dieses Verbot erinnern.[9]

Heiratsalter und Ehepartner

Über das Heiratsalter finden sich in den hannoverschen Quellen kaum Angaben. Die Stadtordnung von 1534 setzte fest, daß man schon einmal zum Abendmahl gegangen sein müsse.[10] Aus anderen Städten wissen wir, daß Mädchen schon mit elfeinhalb Jahren verlobt, mit 15 bereits verheiratet waren.[11] Insgesamt gilt, daß *von der Halbwüchsigkeit bis ins höchste Greisenalter* geheiratet wurde.[12] Den Spruch des Johann Fischart *Beileib laß man die Töchter nicht veralten, sie sind kein Lagerobst, das man kann halten*[13], wird sich wohl auch so mancher heiratswillige Hannoveraner zu Herzen genommen haben. Im übrigen dürften berufliche und politische Rücksichten wichtiger gewesen sein als Alter, Aussehen oder gar Zuneigung. So erwarb ein Auswärtiger doch das Bürgerrecht zu günstigeren Bedingungen, wenn er eines Bürgers Tochter oder Witwe heiratete. Das war vor allem für Gesellen wichtig, die in ihrem Handwerk weiterkommen wollten. Aber auch für die Söhne der politisch tonangebenden Kaufmannsfamilien Hannovers dürfte das Alter der Frau weniger wichtig gewesen sein als ihr Vermögen und die Familie, aus der sie kam. Bot die eigene Familie durch ihre materiellen Ressourcen und durch ihre Verbindungen den nötigen Rückhalt für den erfolgreichen politischen Aufstieg, was lag dann näher, als den Sohn mit der Tochter eines einflußreichen »Politikers« zu verheiraten. Deren Sohn wurde in dieses System hineingeboren; seine Ehefrau wurde wiederum danach ausgesucht, daß sie eine ansehnliche Mitgift mitbrachte und daß sie ebenfalls aus einer politisch tonangebenden Familie kam. Auf diese Weise wurde das Netz verwandtschaftlicher Bindungen immer enger geknüpft; am Ende beherrschten wenige Familien die Stadt. Das galt für viele Städte und auch für Hannover. Sieht man sich dazu die Heiratspolitik der Honoratiorenfamilien von 1448–1533 an[14], zeigt sich, daß die Wahl des Ehepartners stark von der politischen Macht der jeweiligen Familie bestimmt war. Das wird an dem politischen Einfluß der Schwiegerväter, Schwiegersöhne und Väter der Schwiegertöchter deutlich. Durch die Heirat einer Frau aus einflußreicher Familie war zugleich die Verbindung zu deren – einflußreichen – Brüdern gesichert. So waren z. B. beide Ehefrauen des Bürgermeisters Diderik Schacht (1491–1497) Töchter eines Bürgermeisters. Zwei seiner Schwäger hatten ebenfalls dieses Amt inne, ebenso sein Sohn. Die Väter seiner Schwiegertöchter waren in Spitzenpositionen tätig, ein Schwiegersohn war Bürgermeister in Braunschweig. Solche Beispiele für Machtverfilzung können vor der Reformation noch in großer Zahl gefunden werden. Durch diese

Heiratspolitik blieben Bürgermeister- und einflußreiche Ratsherrenfamilien weitgehend unter sich. Heiratete ein Kaufmannssohn einmal nicht eine Hannoveranerin, sahen seine Eltern darauf, daß seine zukünftige Ehefrau wengistens Vermögen und Verbindungen mitbrachte.

Normalerweise waren es die Eltern, die die Ehepartner ihrer Kinder aussuchten. In der vorreformatorischen Stadtordnung fand das seinen Ausdruck in der Formulierung: *Wenn Leute sich versprochen sind oder zusammengegeben werden...*[15]

Die Heiratsmöglichkeiten wurden gewöhnlich in der Familie durchgesprochen. Als z. B. der Hildesheimer Bürgermeister Henning Brandis im Alter von 53 Jahren seine Frau verlor, fragte ihn sein Bruder zehn Wochen nach der Beerdigung, ob er denn nicht wieder heiraten wolle. Brandis bejahte dies und teilte ihm seine Vorstellungen mit: *Eine Jungfrau müßte es sein, so um die 30, geboren von Adel oder Bürgerstochter, fromm, je ärmer desto besser.* Letzteres war natürlich nicht ernst zu nehmen, denn er heiratete immerhin eine Tochter des hannoverschen Bürgermeisters Hans Blome (1487–1515).[16]

Brautwerbung und Ehevertrag

War die Wahl getroffen, begann die Brautwerbung, die in der Regel ein naher Verwandter übernahm. Führte sie zum Erfolg, setzten Freunde und Verwandte beider Seiten den Ehevertrag *(Eheberedinge und Bruthandel)* auf. In ihm war aufgeführt, was jeder Teil in die Ehe mitbringen mußte. 1543 schrieb der Rat vor, daß die Eltern *schuldig und verpflichtet sind, ihren Kindern zur Ehe zu helfen und mit Gaben (mitgaven) zu versorgen.*[17] Aber so mancher Vater wollte seiner Tochter keine Mitgift geben. Die Hochzeitsordnung von 1659 sprach es deutlicher aus: *Weiln auch der Ehestand ohne Mittel nicht kan geführet werden,* sei der Brautschatz notwendig, der jedoch *also beschaffen sein soll, daß die Eltern selber keine Noth leiden.*[18] Das führt uns zu dem anderen Extrem: Das Prestigebedürfnis der Eltern überwog ihre finanzielle Vernunft. *Viele Bürger stürzten sich bei der Vorbereitung der Ehe und der Aussteuer der Kinder über ihr Vermögen in großen Schaden und Verderben.* Auch beklagte sich der Rat darüber, daß der *Unvermögende dem Vermögenden nacheifere.*[19] Hier ging es dem Rat um die Überlastung der Bürger durch eine wertvolle Mitgift. Eine andere Sorge von ihm war, daß durch Heirat nach auswärts größere Vermögen abflossen. 1436 verfügte er daher, daß niemand seinem Kind nach außerhalb mehr als 100 rheinische Gulden mitgeben dürfe. Alles, was darüber lag, mußten die Eltern außerdem noch einmal an die Stadtkasse bezahlen.[20] Um welche großen Summen es in so manchem Ehevertrag ging, zeigt der Ehehandel zwischen dem reichen Kaufmannssohn Hermann Seldenbuth und seiner Braut Migeke Barteld vom 6. Februar 1455. Die Braut sollte die gewaltige Summe von 400 lübischen Mark als Brautschatz *(brutschatte)* mitbringen. Der Bräutigam verpflichtete sich, ihr Kleider und Schmuck zu geben, die Hochzeit allein zu bezahlen und ihr etliche Morgen Land zu überschreiben. Sollte die Braut binnen Jahr und Tag nach dem ersten Beischlaf *(bislapinge)* sterben, ohne ihm ein Kind geschenkt zu haben, durfte er die Hälfte des Brautschatzes sowie Kleider und Schmuck behalten.[21]

Die Sorge des Rates um das finanzielle Wohlergehen seiner Bürger führte dazu, daß er 100 Jahre später in der Stadtordnung von 1558 folgende Teile als Höchstmenge an Wäsche festsetzte[22]: 8 Laken, 10 Hauptlaken, 12 Hemden, 12 kurze Leinentücher, 12 Kragen, 12 Mützen, 12 Bindelhauben, 1 Badelaken, 1 Badebeutel, 2 Badekappen, 4 leinerne Kissenbezüge, 6 kurze und 6 lange Tücher, 4 Tischtücher, 4 Handtücher *(Handt Dwelen),* 1 Bett, 2 Pfühle, 2 kleine Kissenbezüge, 1 Alltagsdecke *(alledages decken),* 12 große Kissen, 2 gestopfte Kissen *(puste)* sowie Sitzbänke *(panckpole).* Der Hochzeitsordnung von 1656 zufolge richtete sich der Umfang des Brautschatzes, nämlich Geld, Bettwäsche und Tücher, nach der Standeszugehörigkeit der Braut. So durften z. B. Eltern aus dem 1. Stand ihrer Tochter 24 Teile an Bettwäsche und Tücher mitgeben; dagegen fand eine Braut aus dem 5. Stand in ihrer Brautkiste nur höchstens 6 Teile vor.[23]

Nach dem Aufsetzen des Ehevertrages fand eine Feier im kleinen Kreis statt. Die Braut und ihre Eltern luden den Bräutigam, seine Eltern und Geschwister und die *zwei nächsten Nachbarn*[24] zum Abendessen in ihr Haus.[25] *Manchmal lernte sich das Brautpaar bei diesem Anlaß überhaupt erst kennen.*[26] Bei dieser Zusammenkunft gab sich das Brautpaar das Eheversprechen. Diese Verlobung war für beide Partner verbindlich. Wer sich *öffentlich versprochen hatte, war damit gebunden wie ein Ehegatte.*[27]

Das kirchliche Aufgebot

Der nächste Schritt war das Anmelden des kirchlichen Aufgebots. Die Stadtordnung von 1543 sah dazu vor: *Darum sollen Braut und Bräutigam in der Kirche nach christlicher Ordnung dreimal aufgeboten... werden.*[28] Das Aufgebot wurde also an den drei der Hochzeit vorangehenden Sonntagen verlesen, so daß Gemeindemitglieder mögliche Ehehindernisse rechtzeitig anzeigen konnten.[29]

Als Hochzeitstage sahen die Ordnungen von 1656 und 1671 den Dienstag und Donnerstag vor.[30] Im 16. Jahrhundert fanden Trauungen in der Regel am Montag statt.[31] Nur in der Advents- und Fastenzeit durfte – wie allgemein üblich – keine Hochzeit stattfinden.[32]

Die Einladung der Gäste

Erst einen Tag vor der Hochzeit durften die Gäste mündlich eingeladen werden, die in Hannover wohnten.[33] Das übernahmen eine Freundin der Braut und ein Freund des Bräutigams.[34] Gäste, die von auswärts kamen, wurden natürlich eher geladen. Solche Anreise konnte mitunter beschwerlich sein. Ein Hildesheimer Zeitgenosse, der zur Hochzeit von Johann Reiche, Sohn des hannoverschen Bürgermeisters Erich Reiche, am 27. Februar 1609 eingeladen war, berichtet uns dazu folgendes[35]:

Am Sonntag Esto mihi (26. 2.) *den Morgen um 8 Uhr hier* (von Hildesheim) *ausgefahren nach Hannover zu der Hochzeit Johann Reiche und Leveke von der Hoya. Ich hatte des Rates Wagen und 6 Pferde* (sowie) *einen Knecht bei mir im Wagen. Heinrich Heinemann ritt... Bei der Landwehr vor Hannover stießen wir auf die Braut, die mit vielen Wagen und Pferden von Peine gebracht wurde, und* (wir) *schlossen uns dem Zug an. Die Braut wurde in Vorenwolds Haus gebracht. Ich kam zur Herberge in Jasper v. Wintheims Haus und Doktor Johann* (Reiche) *in Hans v. Sodes Haus, das nebenan lag. Die Hochzeit fand in Erich Reiches Haus statt. Den folgenden Mittwochmorgen fuhren wir aus um 8 Uhr und kamen zu Hause an um 2 Uhr, und hatten eine beschwerliche Hin- und Rückreise, viel Regen und Überschwemmungen.*

Der Hochzeitstag

Die Trauung erfolgte in der Kirche, zu der die Braut gehörte[36], und zwar seit der Reformation *in öffentlicher Versammlung der christlichen Gemeinde im Namen Gottes.* Haustrauungen waren verboten, doch gab es Ausnahmen. Der Hildesheimer Henning Brandis berichtet uns dazu über seine Trauung 1508 folgendes[37]:

Wir kamen in Hannover an, als die Glocke 10 schlug. Abends um 5 Uhr ging ich mit den Blomen und anderen zum Markt. Dort erwarteten uns schon ihre obersten Geistlichen, 3 oder 4, auch der Bürgermeister und andere gebetene Freunde, die Spielleute, Posaunenbläser und Pfeifer, an der Spitze, und von da ging es bis vor die Haustür. Kurz danach, nachdem wir ins Haus gekommen waren, gab uns ein Geistlicher zusammen, der hieß Herr Johann Brage.

Den Verlauf des Hochzeitstages lernen wir aus den Stadtordnungen kennen. Der Hochzeitsordnung von 1656 zufolge durften die Spielleute am Hochzeitsmorgen kurz nach 10 Uhr der Braut vor dem Hochzeitshaus mit Posaunen und Saitenspiel (Geige) ein Ständchen bringen, sofern sie Jungfrau und keine Witwe war. Trommeln und Trompeten *(das große Spielwerk)* waren nach dem Dreißigjährigen Krieg verboten, da sie *leider mehr alß zuviel in diesen kriegeszeiten erschollen.* Um 10 Uhr läutete die Brautglocke; für den Bräutigam war es jetzt an der Zeit, sich für den Kirchgang bereitzuhalten. Der Kirchgang war öffentlich; der Landesherr konnte davon befreien.[38] Das Paar ging getrennt zur Kirche. Der Bräutigam hatte sich um 11 Uhr mit seiner Begleitung in der Kirche einzufinden, die Braut mit der ihren eine Viertelstunde später. Verspäteten sich beide, mußten sie beim Auszug aus der Kirche einen halben Taler in den Gotteskasten legen. Der Küster war gehalten, die Kirche nicht eher zu öffnen, bis die Strafe bezahlt war. Der Einsegnung sollten alle Anwesenden *mit gebührender Andacht zuhören und das allgemeine Gebet für die Wohlfahrt der jungen Eheleute verrichten* und nicht *mit unnützem Geschwätz oder anderen flatternden Gedanken den Gottesdienst entheiligen.* Orgelmusik während der Trauung war damals (1656) den Personen aus den ersten drei Ständen vorbehalten, also Bürgermeistern, Sindici, Doktores, Licentiaten, Predigern, Magistern, Kammerherren, Ratsherren und denjenigen, die mindestens 2000 Taler versteuerten. Dagegen mußten Tagelöhner, Knechte, Mägde und Personen mit geringem Vermögen ohne Orgelmusik auskommen.[39]

Nach dem Auszug aus der Kirche begab man sich in das Elternhaus der Braut. Der Stadtordnung von 1544 zufolge wurde der Bräutigam *dem heiligen Ehestand zu Ehren,* von beiden Bürgermeistern, dem amtierenden und dem des Vorjahres, am Marktplatz in die Mitte genommen und bis zum Hochzeitshaus begleitet.[40] Wenn viele Hochzeiten stattfanden, dürften die Bürgermeister sehr beschäftigt gewesen sein.

Das Hochzeitsfest

Feierte das Brautpaar eine zweitägige Hochzeit *(volle Hochzeit),* mußte der Hochzeitsschmaus im 16. Jahrhundert pünktlich um 1 Uhr[41], im 17. Jahrhundert um 12 Uhr beginnen. Er hatte um 16 Uhr bzw. um 15 Uhr zu enden.[42] Zu diesem Fest durften vor der Reformation noch bei einer vollen Hochzeit 200 Gäste eingeladen werden[43]; nach der Stadtordnung von 1558 waren es nur noch 100.[44] Zur *halben Hochzeit (Abendkost)* durften 1558 nur 60 Personen erscheinen[45]; allerdings waren dabei die engsten Angehörigen, die Prediger und die Ratsdiener nicht eingerechnet. Der Hochzeitsordnung von 1656 zufolge war die Zahl der Gäste von der Standeszugehörigkeit abhängig. Für Angehörige der ersten drei Stände blieb es bei der alten Regelung. Der 4. Stand dagegen durfte nur noch 8 Tische für je 10 Personen aufstellen, der 5. und 6. Stand nur noch 6. Damit die Hochzeitsbestimmungen auch eingehalten wurden, ordnete der Rat zu jeder Hochzeit zwei Personen ab. Diese hatten die Aufgabe, *bei dem ersten Gericht umzugehen, die geladenen Personen nachzuzählen und die überzähligen Gäste aufzuschreiben.* Der Bräutigam mußte für jede »übrige Person« einen halben Gulden Strafe bezahlen.[46] Doch auch eine zu geringe Zahl von Gästen war nicht erlaubt: Jeder sollte die Hochzeit seiner Kinder »standesgemäß« ausrichten. So trugen die Bruchherren am 9. Februar 1658 in ihr Buch ein: *Wegen Herbord Luchtebeckers seel. Tochter Hochzeit, weil wenig Volk dagewesen, und man sich ansonsten den legibus* (den Gesetzen) *nicht angemäß bezeiget, ist deswegen von Luchtebekkers Seite 1 Dukaten zur Strafe bezahlt worden.*[47]

Auch das Mindestalter der Gäste war festgelegt: für Knaben 14 Jahre, für Mädchen 12.[48] Unter diese Regelung fielen nicht die Geschwister des Brautpaares, ihre Cousinen und Cousins sowie ihre Kinder.

Bei Tisch zeigten die Gäste ein Benehmen, das der Rat nicht schätzte. Im Laufe der Zeit hatte sich die Unsitte eingeschlichen, daß Hochzeitsgäste sich die besten Plätze dadurch reservierten, daß sie Mädchen hinter die Stühle stellten. Das verbot die Hochzeitsordnung von 1671: Jeder hatte zu warten, bis ihm der Diener seinen Platz anwies.[49]

Das Essen bestand üblicherweise aus 4 Gängen mit mehreren Gerichten. Es wurden die verschiedensten Fleischspeisen gereicht; nur Fisch durfte nicht auf den Tisch kommen.[50] Allerdings konnten sich nach der Hochzeitsordnung von 1656 die Brautpaare aus den ersten drei Ständen vom Bürgermeister dafür eine Sondergenehmigung erbitten. Erst die Ordnung von 1671 erlaubte es allgemein, auch Fisch zu essen.[51] Zum Essen durfte kein Wein getrunken werden. Bis ins 16. Jahrhundert zogen die Hannoveraner Hamburger Bier dem Einbecker vor. Das verbot der Rat 1544 bzw. 1558, denn inzwischen wurde in Hannover das gute Broyhan-Bier hergestellt, das man vor auswärtiger Konkurrenz schützen wollte.[52]

Während des Mittagessens unterhielten Musikanten die Gäste mit frommen Liedern. Sie waren gehalten, mit anstößigen Liedern *züchtige Ohren zu verschonen.* Zusätzlich konnten noch der Spielmann des Rates und *seine Gesellen* die Gäste mit *guter Musik und bekannten Liedern* erfreuen. Der Stadtordnung von 1558 zufolge sollte der Spielmann bei vornehmen Hochzeiten Trompete spielen, bei *gemeinen* die Schalmei.[53] In vornehmen Häusern war es im 16. und 17. Jahrhundert üblich, Gedichte, Rätsel und Hochzeitslieder drucken zu lassen.

In der Sammlung des Bürgermeisters Homeister liegt z. B. ein Lied, das Philipp Dreser 1599 für die Hochzeit von Ludolf Vorenwold und Catharina Reiche, des Bürgermeisters Tochter, schrieb. Zur Hochzeit des Bartold Volger mit Elisabeth Herbst – er stammte aus einer alteingesessenen reichen hannoverschen Kaufmannsfamilie – komponierte der Kantor der städtischen Lateinschule, Andreas Crappius, ein vierstimmiges Lied. Das Liederblatt wurde auf den Tisch gelegt, die Sänger setzten sich entsprechend ihrer Stimmlage an den Tisch.[54]

Nach dem Festessen zog dieHochzeitsgesellschaft in den Tanzsaal des Rathauses *(Dantzehus).* Dazu hatte der Stadtordnung von 1543 zufolge der Bräutigam den Bürgermeister einzuladen.[55] Am Tanzvergnügen durften nur die geladenen Gäste teilnehmen. Fanden mehrere Hochzeiten an einem Tag statt, wird es nicht ausgeblieben sein, daß man sich im Tanzsaal ständig auf die Füße trat. Jeder Gast mußte den langen Dolch, Schwert oder Degen *(langen rutingen, schwerden, ader tashaken)* zu Hause lassen.[56] Das war auch vonnöten, kam es doch wiederholt vor, daß sich Gäste in die Haare gerieten. Am 8. Mai 1575 endeten solche Auseinandersetzungen tödlich: Jonas v. Wintheim erschlug einen Ratsknecht. Er konnte *über die Stadtmauer durch den Graben davonkommen.*[57] Der Rat drohte deshalb, jeden einzusperren und abzuurteilen, der auf dem Saal *Unruhe, Unwillen und Aufstand* verursacht. Der erste Tanz *(Vortanz)* gebührte der vornehmsten Braut; die übrigen Bräute durften sich dann anschließen, sofern sie auf ihrem Haupte Lichter trugen.[58]

Wie lange die Hochzeitsgesellschaft im allgemeinen im Tanzhaus tanzte, wissen wir nicht. Henning Brandis notierte in sein Tagebuch, sie wären um 20 Uhr zum Tanzen und um 22 Uhr wieder nach Hause gegangen.[59] Lassen wir ihn selbst zu Wort kommen[60]:

kurz danach setzte ihr Vater mir sie (die Braut) *ins Bett und sagte: »Im Namen des Vaters, des Sohnes und des Heiligen Geistes, auf daß Euch Gott Glück und Heil gebe!« Auf der Seite, auf der ich saß, waren Breiger, Hagen und andere* (Freunde), *ansonsten war die ganze Kammer voll von Frauen; Jungfrauen waren nicht dabei. Man gab uns Konfekt und schenkte Wein und Einbecker Bier. Als das geschehen war, setzten sich alle hin. Zu essen gab man Braten, Hühner und andere übriggebliebene Speisen. Als die Glocke 12 schlug, ging jeder nach Hause. Hans Winkelmann nahm sich der Braut an und blieb mein Brautführer. Sie tanzte so weiter mit gelöstem Haar.*

Hochzeitsgeschenke

Am anderen Morgen schenkte ihm seine Frau das allgemein übliche Geschenk, ein Hochzeitshemd.[61] Üblich war auch, daß der Ehemann seinerseits seiner Frau eine Kette überreichte, deren Höchstgewicht vom Rat festgelegt war[62], sowie Pantoffeln und Schuhe.[63] Auch die Dienerschaft wurde beschenkt. Natürlich wurden auch dem Brautpaar von den Gästen Geschenke gemacht, wobei im 17. Jahrhundert Geldgeschenke nach dem Stand, dem das junge Paar angehörte, gestaffelt waren.[64]

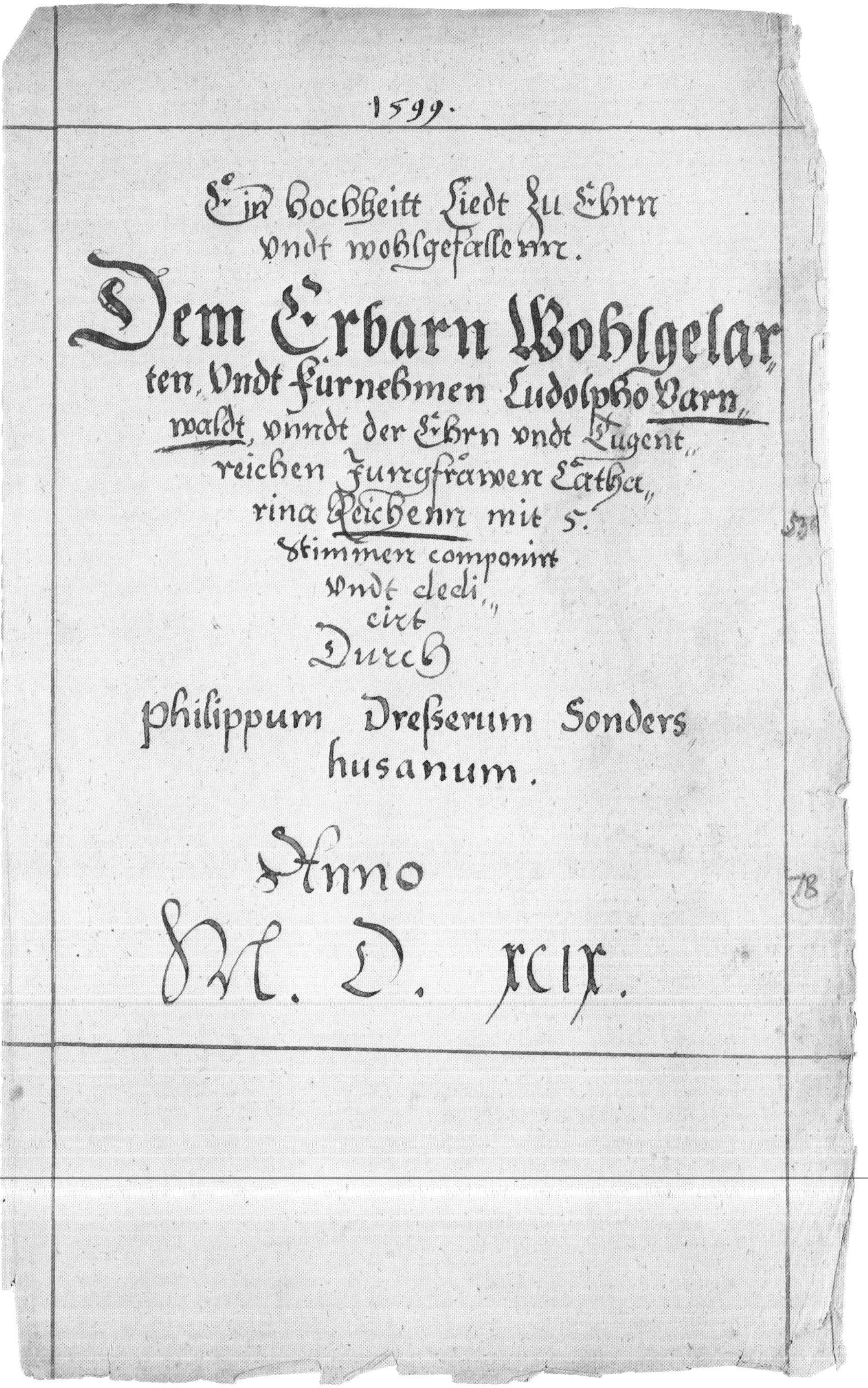
1599.

Ein Hochzeitt Liedt zu Ehrn
vndt wohlgefallenn.
Dem Erbarn Wohlgelar
ten, Vndt Fürnehmen Ludolpho Varn
waldt, vnndt der Ehrn vndt Tugent
reichen Jungfrawen Catha
rina Reichenn mit 5.
Stimmen componirt
vndt dedi
cirt
Durch
Philippum Dresserum Sonders
husanum.

Anno
M. D. XCIX.

ABB. 39: Auszug aus dem Hochzeitslied des Philipp Dresser.

Komponiert für das Brautpaar Ludolf Vorenwold und Catharina Reiche, 1599.

Verstöße gegen die Hochzeitsordnung

Nach der Hochzeit mußten sich Bräutigam und Brautvater zu den *Bruchherren* begeben und ihnen *Rede und Antwort geben, ob sie der Hochzeitsordnung in allem gelebt* hätten.[65] Der Stadtordnung von 1558 zufolge hatten sie dafür 8 Tage Zeit.[66]
Nicht nur über die Zahl der Gäste, auch über ihr Benehmen, die Länge der Feier und das Festessen mußten sie Rechenschaft ablegen. Dazu seien hier nur zwei Beispiele von vielen genannt[67]:
18. September 1657. Hans Sokelandt hat zu seiner Hochzeit zuviel Volks gehabt, deshalber 2½ Taler Strafe erlegen müssen.
3. März 1658. Meister Andreas Schröder, ein Böttcher, hat eine Abendhochzeit gehalten, des anderen Tags aber viel Leute wieder gehabt, und Karpfen gespeiset, welches in seinem Stande gar nicht zulässig, hat sich zunächst mit der Unwissenheit entschuldigen wollen, dessen aber ungeachtet in 4 Taler condemniret, so er auch bezahlet.
Über Mangel an Arbeit konnten sich die Bruchherren im 17. Jahrhundert nicht beklagen. Wie wir aus einer *Denkschrift über den jetzigen Zustand der Stadt* vom November 1657 wissen, hielt sich kaum jemand an die Hochzeitsbestimmungen. Keiner wollte hinter dem anderen zurückstehen. Jeder versuchte ohne Rücksicht auf seine finanziellen Verhältnisse den anderen zu übertrumpfen. Das führte dazu, daß Leute ihre Steuern nicht mehr bezahlen konnten und so große Schulden machten, daß sie die Kirche *belästigten* und Gelder aus ihrem Armenfonds haben wollten.[68]

Die Taufe

Ähnlich wie die Hochzeit war auch die Taufe eine öffentliche Angelegenheit. Seit der Reformation erließ der Rat hierzu Vorschriften. Die Taufe war in der Gemeinde durch den Pastor vorzunehmen, und zwar wegen der hohen Kindersterblichkeit spätestens am dritten Tag nach der Geburt in der Kirche. Nur wenn unmittelbare Lebensgefahr für das Neugeborene bestand, war Nottaufe zu Hause zulässig[69], und auch da nicht etwa durch die Eltern. Welche Folgen das für die Bürger hatte, zeigt folgender Fall: 1605 gab eine junge Frau, Lucke Heßling, vor, ihr eben geborenes Kind liege im Sterben. Statt den Pastor ließ sie die Frau des Küsters holen, die das Kind bei der Wöchnerin taufte. Dann brachte diese es außerhalb der Stadt bei Pflegeeltern unter und hoffte wohl so,

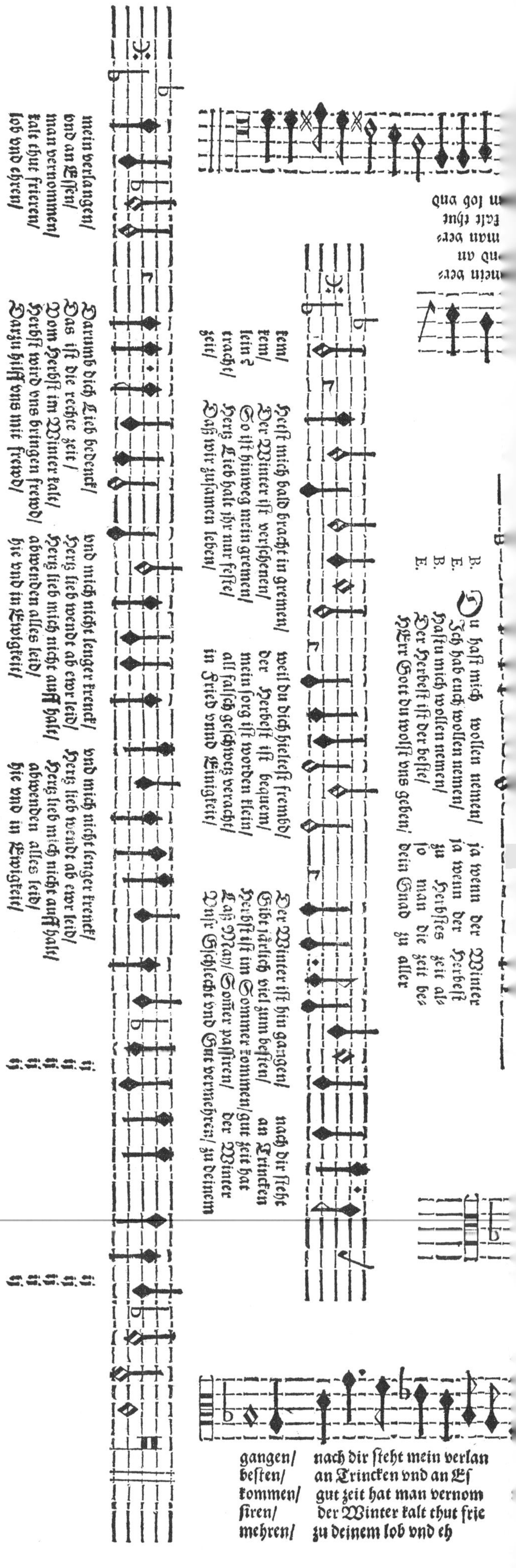

Abb. 40:
Hochzeitslied von Andreas Crappius, Rektor der Lateinschule, komponiert für das Brautpaar Bartold Volger und Elisabeth Herbst zu ihrer Hochzeit am 27. April 1600.

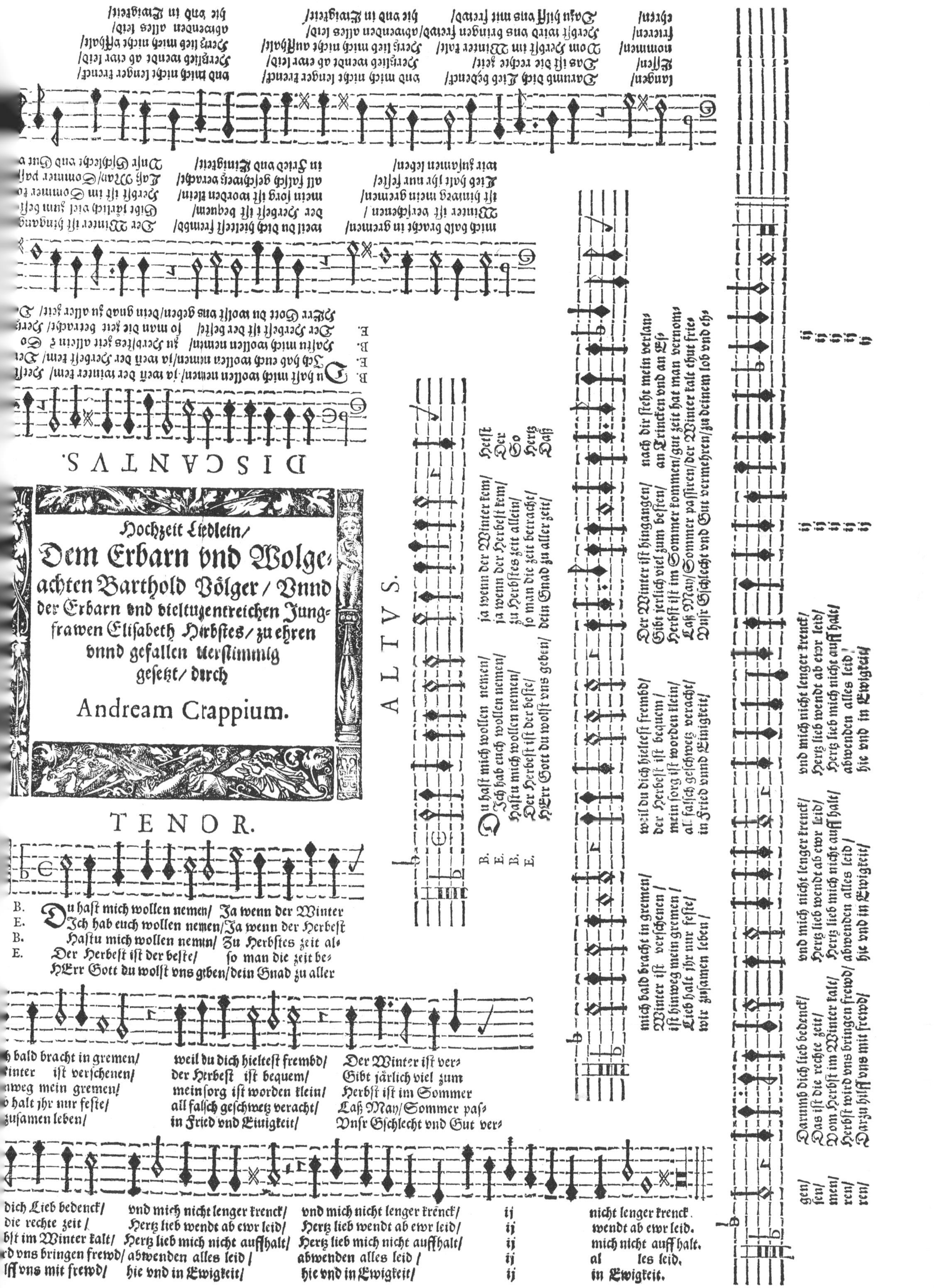

DISCANTUS.
Hochzeit Liedlein/
Dem Erbarn vnd Wolgeachten Barthold Völger/ Vnnd der Erbarn vnd vieltugentreichen Jungfrawen Elisabeth Herbstes/ zu ehren vnnd gefallen vierstimmig gesetzt/ durch
Andream Crappium.
ALTUS.
TENOR.
B. Du hast mich wollen nemen/ Ja wenn der Winter
E. Ich hab euch wollen nemen/ Ja wenn der Herbest
B. Hastu mich wollen nemn/ Zu Herbstes zeit al-
E. Der Herbest ist der beste/ so man die zeit be-
HErr Gott du wolst vns gbn/ dein Gnad zu aller
h bald bracht in gremen/ weil du dich hieltest frembd/ Der Winter ist ver-
inter ist verschenen/ der Herbest ist bequem/ Gibt järlich viel zum
nweg mein gremen/ mein sorg ist worden klein/ Herbst ist im Sommer
halt jhr nur feste/ all falsch geschwetz veracht/ Laß May/ Sommer pas-
zusamen leben/ in Fried vnd Ewigkeit/ Vnsr Gschlecht vnd Gut ver-
dich Lieb bedenck/ vnd mich nicht lenger krenck/ vnd mich nicht lenger krenck/ ij nicht lenger krenck.
die rechte zeit/ Hertz lieb wendt ab ewr leid/ Hertz lieb wendt ab ewr leid/ ij wendt ab ewr leid.
bst im Winter kalt/ Hertz lieb mich nicht auffhalt/ Hertz lieb mich nicht auffhalt/ ij mich nicht auff halt.
rd vns bringen frewd/ abwenden alles leid/ abwenden alles leid/ ij al les leid.
lff vns mit frewd/ hie vnd in Ewigkeit/ hie vnd in Ewigkeit/ ij in Ewigkeit.

ihren Fehltritt verschleiert und für das Kind gut gesorgt zu haben. Anders der Rat. Als die Sache publik wurde, ließ er sie wegen Verstoß gegen die Stadtordnung ins Gefängnis werfen. Die Schwere des Falles wagte er allerdings nicht selbst zu beurteilen, weil es hier ja auch um geistliche Gerichtsbarkeit ging: Er holte daher Gutachten ein, ein theologisches, das zu dem Urteil kam, daß sich Lucke Heßling *an Gottes Ordnung hart und schwer versündigt, die Gemeinde Gottes auf das höchste geärgert und in das heilige, ordentliche Predigeramt in ungebührlicher Weise unverantwortlich eingegriffen* habe. Der juristischen Fakultät der Universität Helmstedt schien der Fall gravierend genug für den Stadtverweis. Dem folgte der Rat.[70]

Auch in der Wahl der Paten waren die Eltern nicht frei: Es sollten drei sein und alle drei schon zum Abendmahl gegangen sein.[71] Wer dagegen verstieß, mußte Strafe zahlen, z. B. auch, wenn er mehr als drei benannte. Am 12. Juni 1656 z. B. wurde Michael Knolle in das Strafregister eingetragen mit folgendem Vermerk[72]:

Michael Knolle hat zu seinem Kinde 4 Taufpaten gebeten gehabt, wofür er sich nun entschuldigt, angebend, er hätte nicht gewußt, daß man nicht mehr als drei bitten solle, ist er jedoch in 1½ Taler Strafe condemniret.

Wer mit seinem Neugeborenen 1656 zur Kirche gehen wollte und nicht wußte, wieviel Personen er zum Kirchgang einladen durfte, sah in der Taufordnung nach, die am Rathaus ausgehängt war. Dort erfuhr er dann, daß ihn außer den Paten 12 Frauen begleiten durften.[73]

Nach der Taufe, an der die Mutter des Neugeborenen natürlich nicht teilnahm, erwarteten die Gäste, 50 durften es sein[74], gut beköstigt zu werden. Wer aber Leckereien erwartete, wurde enttäuscht. Konfekt, Zucker, Mandeln, Rosinen, Honigkuchen, Wein und süße Getränke waren verboten. Statt dessen gab es der Taufordnung von 1656 zufolge für die Angehörigen der ersten vier Stände einheimisches Obst und Gemüse, Fladenbrot mit Butter und Käse sowie Broyhan-Bier. Wer zu einer Taufe zu Gast war, bei der die Eltern dem 5. oder 6. Stand angehörten, mußte mit Butter und Broyhan-Bier vorliebnehmen.[75] Von solchen starren Regeln gab es Ausnahmen. Baten Personen aus den ersten beiden Ständen Auswärtige, die Patenschaft zu übernehmen, durften sie diesen zeigen, was Keller und Küche zu bieten hatten. Für den 1. Stand war dann sogar Wein erlaubt. Allerdings sollte man *niemand über sein Vermögen zum überflüssigen, unchristlichen Trinken nötigen oder drängen.*[76]

Ein alter Brauch war es auch, daß die Paten Mutter und Kind sowie Hebamme und Gesinde beschenkten.[77] Auch darüber erließ der Rat Vorschriften; er bemaß den Höchstwert dieses Geschenks nach der jeweiligen Standeszugehörigkeit.[78] Absprachen unter den Paten waren verboten; jeder sollte sein Geschenk in Papier eingewickelt verdeckt übergeben. Später meinte der Rat wohl, gegenseitige Kontrolle sei besser, und schrieb vor, das Geschenk öffentlich zu übergeben.[79]

Einer – bis in die vorchristliche Zeit zurückreichenden – Tradition folgend begab sich die junge Mutter sechs Wochen nach der Geburt zum erstenmal wieder in die Kirche.[80] Nach der kirchlichen Aussegnung galt sie dann wieder als »rein«. Auch dieser erste Kirchgang wurde traditionell gefeiert, die Mutter wurde von vielen Frauen begleitet. 1656 schritt der Rat ein und bestimmte rigoros, daß nur noch nahe Verwandte und Freundinnen dabei sein durften.[81]

Das häusliche Leben

Das häusliche Leben von Mann und Frau entzieht sich weitgehend unseren Blicken. Es gab sicherlich genau wie heute *gute und schlechte Ehen, böse, tyrannische und geizige Frauen, gewalttätige Männer und umgekehrt, sorgfältige und sorglose Erzieher.*[82] Wir wissen aber aus zahlreichen Einträgen in den Ratsprotokollen, daß Eheleute miteinander im Streit lagen. Der Rat schickte dann zwei Ratsherren als Schlichter. Dabei mußten sie einem Ratserlaß von 1543 zufolge von den *nächsten Freunden* unterstützt werden.[83] Konnte der Ehekrach nicht beigelegt werden, kam die Sache vor den Rat. In einem Eintrag im Ratsprotokollbuch für das Jahr 1490 heißt es dazu[84]:

Ludeke Lakemann bat zu schreiben, daß der Rat Hans Bock befiehlt, er solle Frieden halten mit seiner Frau mit Worten und Werken; dafür verbürgen sich Cort Doniges und Werneke auf der Brücke (2 Bürger), *daß er sich tüchtig und ehrlich verhalten werde gegenüber seiner Frau; desgleichen soll die Frau wiederum sich gegenüber ihrem Mann tüchtig und ehrlich verhalten wie* (es) *sich gebührt ...*

Leider erfahren wir selten Näheres über die Ursachen solcher häuslichen Auseinandersetzungen. Sie werden wohl die gleichen gewesen sein wie heute. Wir wissen nur, daß sich Frauen wiederholt gegen ihren Mann auflehnten. So vermacht 1548 eine Mutter ihrer Tochter nur für den Fall etwas, daß sie sich in Zukunft *nach ihrem Mann richten werde.*[85] 1671 endete eine Auseinandersetzung tödlich: Die Frau erstach ihren Mann.[86] Auch Trunksucht des Ehemannes taucht wiederholt in den Ratsprotokollen auf, ebenso Vater/Sohn- und Mutter/Tochter-Konflikte.[87]

Eine der größten Gefahren für die Ehe war die Sinnenlust beider Ehepartner. Am Fastelabend lebte sich so mancher richtig aus; das Dirnenhaus zog so manchen braven Ehemann in seinen Bann.[88] Zwar beseitigte der Rat nach der Reformation diesen »Sündenpfuhl«, jedoch waren außereheliche Sexualkontakte nach wie vor gang und gäbe. Der Rat bekämpfte den

Ehebruch vergebens. Selbst der Stadtverweis, ja sogar die angedrohte Todesstrafe hinderten Verheiratete nicht, sich fleischlichen Genüssen hinzugeben. Wurde der Rat solcher Männer habhaft, gehörte auch die unbeteiligte Ehefrau zu den Leidtragenden, und zwar nicht nur dadurch, daß sie ja die hohen Geldstrafen mittragen mußte. Als sich 1567 Asmus Smeth wegen außerehelicher Beziehungen zu seiner Magd vor dem Rat verantworten mußte, verfügte dieser nicht nur eine hohe Geldstrafe gegen den Mann. Seiner Ehefrau verbot er, sich in Zukunft so zu kleiden wie die vornehmsten Hannoveranerinnen. Bei Gesellschaften war es beiden fortan untersagt, den Vorsitz zu übernehmen. Ehebruch konnte also für beide Ehepartner »sozialen Abstieg« zur Folge haben.

Familienmitglieder

Zur Kernfamilie gehörten Mann, Frau und unmündige Kinder.[89] Kinderreichtum war zumindest bei den Honoratiorenfamilien der Stadt die Regel. Der reiche hannoversche Kaufmann und Ratsherr Godeke Volger (gest. 1411) hatte z. B. 6 Kinder. Während sein Sohn Diderik und sein Enkel Diderik nur 2 bzw. 3 Kinder hatten, setzte die 4. Generation, Hans Volger (1463–1537), die »Tradition« fort: Er zeugte 7 Kinder. Dessen Sohn Jürgen (1485–1553) hatte 5 Kinder, sein Sohn Hans (1537–1606) 11. Die nächsten drei Generationen, Jürgen (1572–1646), Johann (1575–1646) und Magnus (1596–1641) hatten 10 bzw. 6 Kinder. Erich (1608–1674), der Sohn von Magnus Volger, war Vater von 9 Kindern, ebenso sein Sohn Johann (1635–1703) und sein Enkel Otto (1676–1725).[90]

Dieses Beispiel mag für die Durchschnittsfamilie nicht die Regel gewesen sein. Hohe Kindersterblichkeit und geringe Lebenserwartung reduzierten in vielen Fällen die Nachkommenschaft. So ist uns aus der Kopfsteuerbeschreibung von 1689 bekannt, daß etwa 6 Personen pro Haushalt üblich waren. Von den tonangebenden hannoverschen Familien wissen wir jedoch, daß die überwiegende Zahl ihrer Kinder überlebte und heiratete.

Für so manchen Nachkommen einer angesehenen Familie bot die Kirche eine standesgemäße Versorgung: Jungen wurden Weltgeistliche, seltener Mönche, Mädchen gingen ins Kloster oder Beginenhaus. So waren z. B. 3 der 7 Söhne des hannoverschen Bürgermeisters Hans Blome jun. (1489–1523) Geistliche; 3 seiner Töchter lebten im Beginenhaus. Das hatte auch den Vorteil, das Familienvermögen vor Zersplitterung zu bewahren.

Im Haushalt lebten außer der Kernfamilie häufig auch Lehrlinge, Knechte und Mägde. Diese lebten in der Hausgemeinschaft wie die engere Familie, d. h. unter der Autorität des Hausvaters.[91] Auf der einen Seite herrschte strenge Anweisung und Gehorsam, auf der anderen Verantwortung und Fürsorge für die Abhängigen. Daß es auch wärmere, individuelle Beziehungen im Haus gab, darüber belehren uns die Testamente. Danach wird das Dienstpersonal mit Geld und Kleidung bedacht.[92] Aber auch das Dienstpersonal selbst bedenkt einzelne Mitglieder der Herrschaft in dieser Weise.

Das Testament

In einer Zeit, in der die sozialen Beziehungen so wichtig und zugleich so kompliziert waren, war die Errichtung des Testaments genauso wichtig, ja wichtiger als der Ehevertrag. Entsprechend große Aufmerksamkeit widmete ihm der Rat. Vor der Reformation bestand der Rat darauf, daß Testamente von solchen Personen, die erhebliches Gut (und »Erbe«!) zu vermachen hatten, vom Stadtschreiber und zwei Ratsherren aufgesetzt wurden. Dem verdanken wir unser Wissen darüber, wer wem wann was vermacht hat. Nach der Reformation erließ der Rat neue Richtlinien. Neu war, daß der Bürger sein Testament jetzt auch selbst aufsetzen durfte. Es mußte nur *mit hellen, klaren und deutlichen Worten in eine Form gebracht* werden. 100 Jahre später galt wieder die vorreformatorische Regelung: Nur ein Notar oder Stadtschreiber durfte das Testament verfassen.[93] Der Stadtordnung von 1534 zufolge sollte die Testamentseröffnung innerhalb von 8 Tagen nach dem Tod erfolgen[94]; seit 1536 galt eine 4-Wochen-Frist.[95]

Vererbt wurden Geldbeträge, Kleidung[96], Wertgegenstände und vieles mehr.[97] Immer enthalten die Testamente Verfügungen zugunsten frommer Stiftungen[98] und der Armen.[99] 1526 vermachte der Testator einem Erben das Vorkaufsrecht an seinem Haus.[100] Der vorreformatorischen Stadtordnung zufolge war jeder gehalten, der Pfarrkirche, in dessen Bezirk er wohnte, etwas zu hinterlassen.[101] Nach der Reformation war jeder Testator verpflichtet, die Armen zu bedenken. Jetzt hielt auch die Stadt die Hand auf: Dem Rat mußte etwas zur Instandhaltung der Straßen und Befestigungen *(tho wegenn unnde stegen, tho der stadt veste)* vermacht werden.[102]

Es galt als selbstverständlich, im Testament die nächsten Angehörigen angemessen zu bedenken. Daß dies jedoch keine rechtliche Verpflichtung war, belegt der folgende Fall: Als 1562 Beske Frolinges ihr Testament aufsetzen ließ, klagte sie, daß sie geraume und lange Zeit sehr schwach gewesen sei und im Bett gelegen habe. Doch habe sich ihre Tochter ihr gegenüber leider nicht so verhalten, wie *ein Kind gegen seine Mutter zu tun schuldig* (sei), *sondern wäre ihr ganz ungehorsam gewesen,* (habe) *auch keine Handreichung getan, sondern ihr unnütze Worte entboten.* Obwohl sie es deshalb nicht verdient habe zu erben, wolle sie ihr dennoch etwas hinterlassen.[103]

Der Tod

Wenn heute jemand beerdigt wird, erkennt man als Unbeteiligter kaum, ob der Verstorbene arm oder reich war und aus welcher Gesellschaftsschicht er kam. In der Frühen Neuzeit wußte man das genau, vorausgesetzt, jeder Stand hielt sich an die Beerdigungsbestimmungen. Solche Ordnungen wurden hauptsächlich für das 17. Jahrhundert in großer Zahl erlassen, so daß wir gut darüber unterrichtet sind, wie zu dieser Zeit eine Beerdigung vor sich ging. Was war dabei zu beachten?

Die Stadtordnung von 1543 sah vor, den Toten noch am Todestag zu beerdigen, falls er vormittags verstorben war. Verstarb er erst am Nachmittag, sollte die Beerdigung am anderen Morgen um 8 Uhr stattfinden.[104] Diese Regelung war angesichts der damaligen hygienischen Verhältnisse in der Stadt durchaus sinnvoll. Vor allem in Pestzeiten mußten Tote schnell beerdigt werden. Der Beerdigungsordnung von 1656 zufolge durfte der Tote *ohne Specialerlaubnüß* nicht länger als vier Tage über der Erde stehen.[105] Die Bestattung sollte um 12 Uhr oder um 14 Uhr stattfinden. Die Einhaltung dieser Bestimmungen konnte allerdings dann problematisch werden, wenn mehrere Beerdigungen gleichzeitig anstanden. Aus einem Brief eines Sebastian Eilers an den Bürgermeister vom 15. Oktober 1674 erfahren wir dazu folgendes[106]: Nachdem Eilers Frau am Donnerstag gestorben war, suchte er zunächst den Pastor auf und bat ihn, sie am Sonntag um 14 Uhr zu beerdigen. Der Pastor lehnte diese Bitte jedoch mit dem Hinweis ab, daß er an diesem Tag schon um 12 Uhr eine Beerdigung habe; ohne Erlaubnis des Bürgermeisters dürfe er nicht zwei Leichen an einem Tag bestatten. Er schlug deshalb den folgenden Dienstag vor. Eilers erbat sich daraufhin vom Bürgermeister die nötige Ausnahmegenehmigung. Sein Argument: Bei einem Aufschub der Bestattung würden die Leute und er *mit dem übeln geruch im Heuse beschweret.*

Eine andere, für alle Stände geltende Bestimmung betraf die Ausrichtung des Begräbnisses im allgemeinen. *Wan jemands durch den zeitlichen Todt aus diesem Jammerthal abgefordert* war, sollten seine Freunde und Verwandten das Begräbnis *derogestalt anrichten, das es demüthig, ehrbahr und christlich zugehe und also Gott wolgefellig sein möge.*[107]

Das waren aber auch schon fast alle Gemeinsamkeiten der sechs Stände. Wenn es dann an den Kauf des Sarges ging, hatte jeder auf seinen Stand zu achten. Während für die ersten drei Stände *erhobene* Särge zugelassen waren, mußten die Stände 4 bis 6 *Platten und niedrige Särge* nehmen.

Die Einladung an die Trauergäste erfolgte mündlich durch einen *Umbitter.* Dieser lud mitunter so viele ein, daß mehr Leute im Trauerhaus als auf der Straße waren. Der Rat legte deshalb die Zahl der Gäste fest: für den 1. Stand 40 Personen, für den 2. 32 und für den 3. und 4. Stand 24 Personen. Festgelegt war auch die Trauerkleidung. Lange Trauermäntel waren nur Männern aus den ersten drei Ständen erlaubt. Der 4. Stand durfte nur kurze Trauermäntel tragen, die bis zum Knie reichten. Ebenso war auch die Länge des Trauerflors am Trauerhut vom Stand abhängig. Die Frauen trugen außerdem Trauerschleier, die oft so *tief gemachet* waren, daß *die Hern Prediger bey austheilung des heiligen Abendmahls... behindert* wurden und dadurch *Ergenuß* (Ärgernis) *gegeben* wurde.[108]

Der Sarg einer Jungfrau durfte mit einem Kranz geschmückt werden. Hatte sie einem der ersten drei Stände angehört, bestand der *Ehrenkranz* aus Rosmarin; kam sie aus den Ständen 4 bis 6, durfte er nur aus *Ruten* geflochten sein. Das Wappen eines Verstorbenen durfte nicht an den Sarg gehängt werden, es sei denn, er war der letzte aus dem Geschlecht.

In der Kirche durften die Angehörigen des Verstorbenen aus dem ersten Stand vor der Predigt einen gemeinsamen Gesang anstimmen; dem 2. und 3. Stand war das *bloß bey der kuhlen vergönnet.* Nach der Predigt durfte nur noch der Pastor singen. Er sollte sich aber der Kürze befleißigen, *damit die Schüler wieder an ihre gewöhnliche Arbeit gehen, die Jugend in der Schule nicht so viel versäumt, auch die Begräbnisleute nicht über Gebühr von ihren obliegenden Geschäften abgehalten werden.* Für Verstorbene aus dem 1. Stand durfte auch der Kantor singen. *Bei der Kuhle sollte er sich aber länger nicht aufhalten, bis der Psalm, den er singt, zu Ende ist, egal ob die Kuhle schon zugeworfen ist oder noch nicht.*

Sechs Personen trugen den Sarg; ein Säugling von höchstens sechs Wochen durfte nur von vier Leichenträgern zu Grabe getragen werden.

Dem Sarg folgte der Trauerzug, wobei sich immer *zwei und zwei zusammenfügen* sollten. Die Frauen waren gehalten, bescheiden aufzutreten und sich nicht um den Vortritt zu streiten, um »ihren Stand« zu wahren *(umb das furgehen dringen).* Auf die Frauen folgten die Schüler. Der Rat legte ihre Zahl fest, da er nicht wollte, daß der Unterrichtsausfall zu groß wurde. Nur beim Begräbnis einer Person aus den ersten drei Ständen gingen alle fünf Klassen mit. Kam der Verstorbene aus dem 4. Stand, stellte der Schulrektor immerhin noch 3 Klassen ab, bei Personen aus dem 5. und 6. Stand nur noch 10 Schüler.

Die Begräbnisordnungen schreiben fast alles vor. Nur über den Standort des Grabes finden wir keine Bestimmungen. Da jeder Gläubige dem Pfarrzwang unterlag, mußte er sich in dem Kirchspiel begraben lassen, dem er angehörte. Im 17. Jahrhundert scheint es üblich gewesen zu sein, daß die Verstorbenen aus den angesehensten Familien in einer ihnen vorbehaltenen Ecke des Friedhofes lagen. Dort war der Preis für ein Erbbegräbnis besonders hoch.[109]

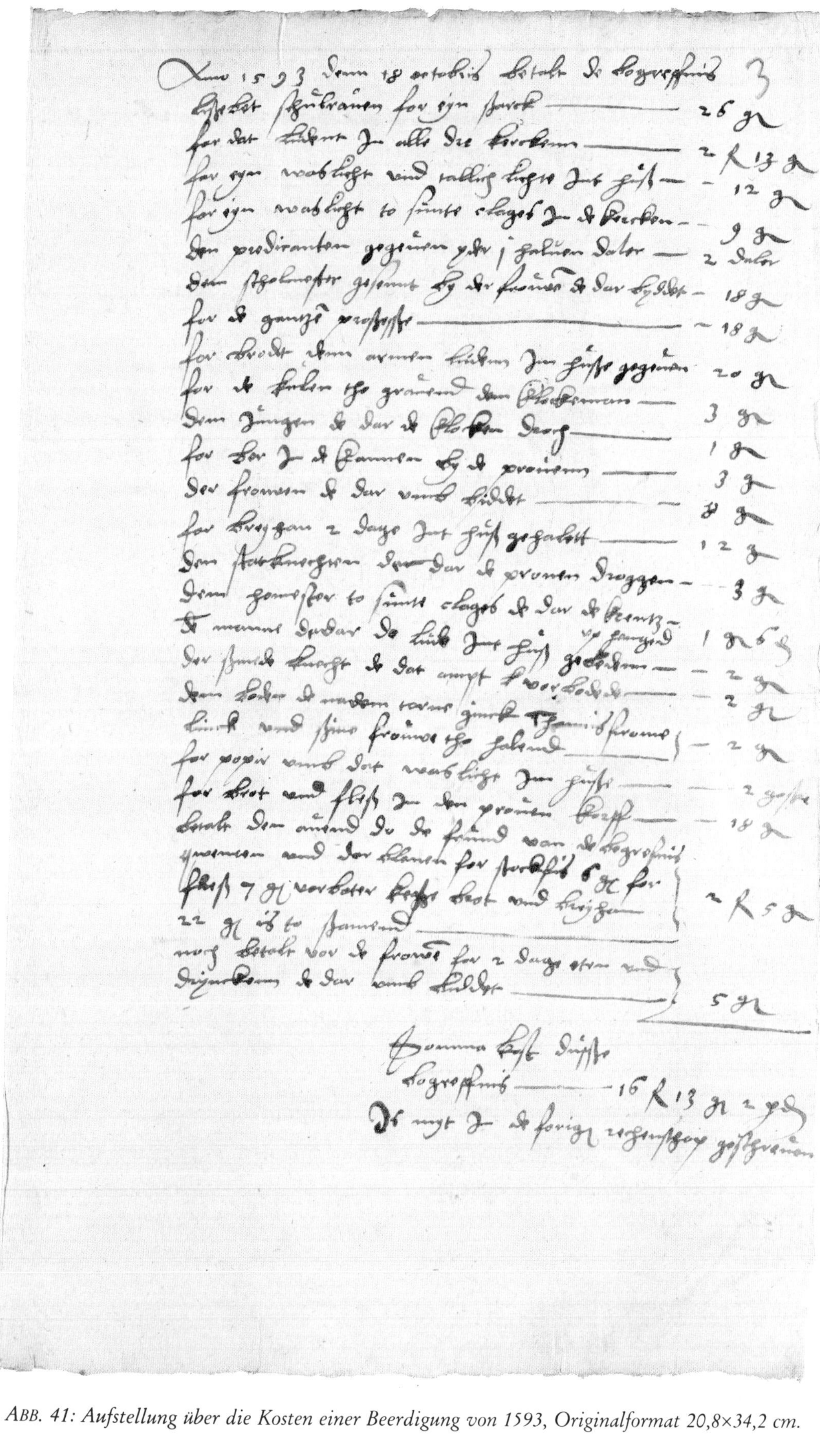

Abb. 41: Aufstellung über die Kosten einer Beerdigung von 1593, Originalformat 20,8×34,2 cm.

Nach der Beisetzung begab sich der Trauerzug wieder in die Kirche, um die übliche Leichenpredigt zu hören.[110] Diese durfte nicht länger als eine halbe Stunde dauern. Auch ihr Aufbau und Inhalt waren vorgeschrieben: Name der Eltern des Verstorbenen, Daten zur Person, Lebenswandel, erreichtes Alter, *alles in mögligster kürtze undt mit weinig worten, damit die anwesende*(n) *Persohnen dadurch nicht aufgehalten werden.* Anschließend erhielt der Pastor sein Honorar, das je nach der Standeszugehörigkeit des Toten unterschiedlich hoch ausfiel.

Ein Leichenschmaus *(Trauermahl)* war verboten, ebenso *weitläufige Danksagungen.*

Natürlich blieben auch die Beerdigungsbestimmungen Wunschdenken des Rates. In den Strafregistern der Bruchherren sind wiederholt Hinterbliebene aufgeführt, die wegen *zuo kostbahrer angestalter begräbnis* Geldstrafen bezahlen mußten.[111] Umgekehrt kam es aber auch vor, daß Trauernde den Rat baten, den Toten *in der stille* beerdigen zu dürfen, weil die öffentliche Beerdigung zu kostspielig für sie war.[112] Welche Kosten auf einen zukommen konnten, zeigt die Abrechnung, die aus Anlaß der Beerdigung einer Lisbet Schulraven am 18. Oktober 1593 aufgestellt wurde.[113] Danach war u. a. der Sarg zu bezahlen, das Läuten der Glocken in allen drei Pfarrkirchen, Wachslichter im Haus und in der Kirche, die Pastoren, der Totengräber, Brot, Fleisch, Butter, Käse und Broyhan-Bier für verschiedene Personen.

Von Gilden wissen wir, daß sie einen Fonds einrichteten, in den jeder Amtsbruder zu Lebzeiten regelmäßig Beiträge einzahlte. Starb er dann, bezahlte die Gilde aus dieser »Sterbekasse« die Bestattungskosten.[114]

3.5. Schule und Bildung

Schulen und Universitäten

Kinder in die Schule zu schicken, damit sie etwas lernen, ist heutzutage selbstverständlich. Im Mittelalter war das keine Selbstverständlichkeit. Schulbesuch und Bildung[1] waren zunächst Vorrecht des Klerus.[2] In Dom-, Stifts- und Klosterschulen wurde der Priesternachwuchs in den sogenannten sieben freien Künsten unterrichtet. Diese umfaßten das Trivium (Grammatik, Dialektik, Rhetorik) und das Quadrivium (Arithmetik, Astronomie, Geometrie, Musiktheorie). Seit dem 12. Jahrhundert gab es erstmals auch für Laien Bildungsmöglichkeiten an den in Italien und Frankreich entstandenen Universitäten.[3] Dort konnte – der Idee nach – jeder studieren, ob arm oder reich, ob Bauer, Bürger oder Edelmann. Die erste deutsche Universität wurde 1348 in Prag gegründet. Mit dem Aufblühen des Städtewesens wurden im 13. Jahrhundert in wachsender Zahl Stadtschulen *(Lateinschulen)* gegründet. Seit dem 15. Jahrhundert gab es außerdem sogenannte *deutsche Schulen (Schreibschulen),* die aus praktischen Erfordernissen entstanden: Handel und Handwerk brauchten des Schreibens und Lesens Kundige. Während des gesamten Mittelalters und der Frühen Neuzeit gab es allerdings keine allgemeine Schulpflicht; der Schulbesuch kostete Geld. Wenden wir uns zunächst der Stadtschule bis zur Reformation zu.

Die Lateinschule

Im Mittelalter und in der Frühen Neuzeit war das Schulwesen Sache der jeweiligen Stadt; sie besaß die »Kulturhoheit«.[4] Deshalb finden wir auch kein einheitliches Schulwesen vor: Jede Stadt regelte die Schulaufsicht anders, hatte Lehrer unterschiedlicher Vorbildung und andere Lehrpläne. Das hatte natürlich ein je nach Schule unterschiedliches Bildungsniveau zur Folge, zumal die Lehrer vom Rat meistens nur für kurze Zeit angestellt wurden und dann weiter wanderten.

Abweichend von der allgemeinen Entwicklung ist die erste hannoversche *Lateinschule* nicht aus einer Pfarrschule entstanden, sondern aus einer Burgschule hervorgegangen. Die Schule lag in der Burg Lauenrode vor den Toren der Stadt und wurde wohl auch von hannoverschen Schülern besucht. 1282 ist zum erstenmal ein städtischer Einfluß auf diese Burgschule nachweisbar: Außer den vier herzoglichen Burgmannen präsentierten vier Bürger dem Landesherrn den Schulrektor.[5] 1315 gestattet der Landesherr dem Rat, bei der Marktkirche eine eigene Schule zu errichten; seit 1348 besaß der Rat darüber weitgehend die Schulaufsicht. Wahrgenommen wurde sie vom – geistlichen – Ratsschreiber, der als Gebildeter nach Ansicht der Ratsherren, die ja selbst meistens keine Lateinschule besucht hatten, wohl über die entsprechenden Fachkenntnisse verfügte. Nur indirekt können wir aus einem Eintrag im Ratsprotokollbuch von 1521 zumindest ihre Größenordnung entnehmen: Der Rat bestimmte, daß der Lehrer nicht mehr als 100 – zahlende – Schüler annehmen dürfe.[6]

Die Lehrer

Die Lehrer an der Lateinschule waren in der Regel Geistliche. Der nachfolgende Anstellungsvertrag eines Lehrers aus dem Jahr 1500 gibt einen Einblick in die Rechte und Pflichten beider Vertragsparteien. Darin heißt es:[7]

Am Freitag, dem Fest der hl. Adelgund, (30. 1.) *gab der Rat Baccalarius Hermann Lunde die Schule* (für) *ein Jahr,* (von) *Ostern* (an), *und Hermann Lunde, sein Vater, bürgte für die* (Pacht-)*Zahlung* (ungenannter Höhe). *Falls irgendein Unwille entstehe bei unseren Bürgern und Einwohnern wegen seiner Gesellen oder Schüler, sollen die Bürger ihr Recht nicht auswärts* (vor dem geistlichen Gericht) *suchen, sondern vor dem Rat. Und er möge die Bürgerkinder tüchtig »regieren« und vor allem Latein sprechen lehren und sich in dem Chor und in allem anderen tüchtig halten, in der Weise und in der Hoffnung, er werde Dank von dem Rat verdienen.*

Die akademische Vorbildung der hannoverschen Lehrer war sehr unterschiedlich. 5 der 21 Lehrer im 15. Jahrhundert besaßen den baccalarius-Titel, hatten also 2 Jahre lang eine Universität besucht, 11 waren Magister (4 Jahre Studium), 5 hatten keinen akademischen Grad erworben. Keiner dieser Lehrer verfügte über eine über die Grenzen des Herzogtums hinausgehende Reputation.[8]

Bei der Anstellung des Schulmeisters – in der Regel für ein Jahr – verfolgte also der Rat keine »progressive« Politik etwa in dem Sinne, daß er z. B. humanistisch orientierte Lehrer anwarb, die philosophisch-philologische Studien betrieben, sich als Übersetzer griechischer oder lateinischer Texte betätigten, Gedichte verfaßten, sich als Schreiber von Chroniken einen Namen gemacht hatten oder durch längere Italienaufenthalte von sich reden machten. Auch schuf der hannoversche Rat für Humanisten keine attraktiven Stellen, wie wir es von Florenz oder Nürnberg her kennen. Allerdings sind für 1515 und 1522 humanistische Impulse nachzuweisen: Der Rat stellt Schulmeister an, die erstmals klassisches Latein lehren.

Wie andernorts erwiesen sich auch hannoversche Lehrer besonders aufgeschlossen für die reformatorische Bewegung: Einer dieser Schulmeister, Georg Scharnekau (1527), war einer ihrer Wortführer. Ein anderer, Walter Hoker, nach der Reformation Pastor in Pattensen, verbreitete unter den Augen seines altgläubigen Dienstherrn die evangelische Abendmahlslehre.

Die Lehrinhalte

Über die Lehrinhalte ist wenig bekannt. Sie dürften aber – abgesehen von den humanistischen Impulsen kurz vor der Reformation – weitgehend denen entsprochen haben, die allgemein üblich waren. Im Unterschied zu den Dom-, Stifts- und Klosterschulen vermittelte die städtische Lateinschule nur das Trivium. In manchen Schulen übte man außerdem das Aufsetzen von Geschäftsbriefen. Unterrichtssprache war das Latein des Mittelalters (Mittellatein), nicht das der Antike (klassisches Latein). In der Regel trat man in die Lateinschule mit sechs oder sieben Jahren ein. Zunächst kam der Schüler in den ersten *Haufen* (Klasse), wo er etwa zwei Jahre blieb. Dort lernte er Lesen und Schreiben anhand einer Fibel, die u. a. das lateinische Alphabet, das Pater Noster, das Ave Marie und die zehn Gebote enthielt. In der zweiten Klasse wurde die lateinische Grammatik durchgenommen. Lateinische Syntax und Stilistik sowie rhetorische Übungen standen auf dem Stundenplan der dritten Klasse. Hielt der Schüler bis zum Schluß durch, verließ er die Schule nach sechs Schuljahren. Aus dem, was er gelernt hat, können wir schon erkennen, daß die Lateinschule als »Hilfsanstalt der Kirche« fungierte: Die Schüler erhielten Religions- und Musikunterricht, damit sie dem Pfarrer bei seinen liturgischen

Abb. 43: Tintenfaßständer aus Bleiguß, 1676, Harz.

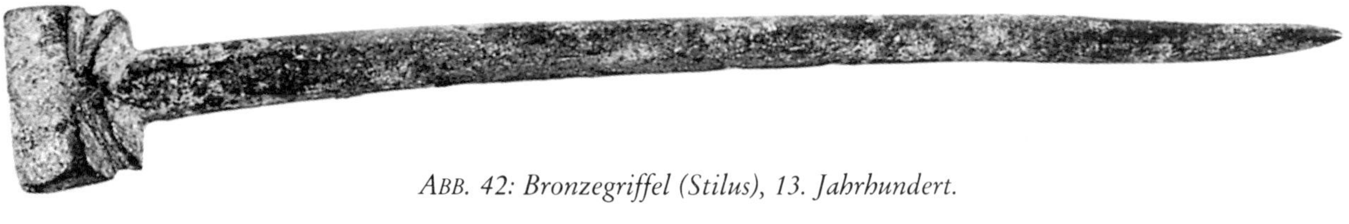

Abb. 42: Bronzegriffel (Stilus), 13. Jahrhundert.

Aufgaben im Rahmen des Gottesdienstes helfen konnten. Außerdem kam aus dieser Schule der Priesternachwuchs.

Förderung des Schulwesens

Die Bevölkerung förderte das Schulwesen. Diese Förderung geschah einmal dadurch, daß sich der Schüler durch seinen Gesang anläßlich der Gedenkgottesdienste für Verstorbene ein wenig Geld verdienen konnte. Ärmere Schüler konnten auch von Stipendien profitieren, die hannoversche Bürger stifteten. 1452 gewährte z. B. ein Bürger solchen armen Schülern ein Stipendium, die Geistliche werden wollten.

Einen anderen Charakter tragen die Familienstiftungen, die Familienangehörigen sowie entfernten Verwandten bzw. befreundeten Familien den Universitätsbesuch ermöglichen sollten. Bezeugt sind die Stipendien der Familien v. Anderten und Schone. Beide waren sehr gut dotiert und liefen über einen langen Zeitraum (3 bis 10 Jahre). Über die Vergabe dieser Hochschulstipendien entschied der Rat, der mit diesen Familien eng verbunden war.

Universitätsbesuch

Wenn der Schüler mit 12 oder 13 Jahren die Lateinschule absolviert hatte, konnte er eine Universität besuchen. Dort durchlief er zunächst ein artistisches Grundstudium, das aus den sieben freien Künsten bestand und etwa zwei Jahre dauerte. Anschließend konnte er Jura, Medizin oder Theologie studieren. Sieht man sich die Zahlen der hannoverschen Studenten in ihrer Entwicklung von 1395–1533 an[9], ergibt sich, daß die Nachfrage an »Universitätsbildung« nach 1464 zunahm. In den zehn Jahren von 1395–1404 studierten nur 7 Hannoveraner, hundert Jahre später waren es immerhin schon 38.

Bei der Ortswahl zeigt sich, daß Hannovers Studenten Universitäten im Norden des Reiches bevorzugten, was wohl oftmals eine Folge der Geschäftsverbindungen ihrer Eltern war. In der »Beliebtheitsskala« stand Rostock an der Spitze, gefolgt von Erfurt und Leipzig.

Die geringe Zahl der Studierenden zeigt, daß sich der Bildungsdrang in Grenzen hielt, zumal die meisten dieser hannoverschen Studenten noch nicht einmal das artistische Grundstudium absolvierten; nach einem oder zwei Semestern kehrten sie wieder nach Hause zurück. Das zeigt, wie wenig ein Studium gefragt war. Um ein städtisches Amt zu bekleiden, brauchte man ohnehin nicht studiert zu haben: von 1448–1533 hatten mit großer Wahrscheinlichkeit nur 9 der 404 Amtsträger (= 2 %) studiert[10], nur zwei von ihnen, Diderik Hagen (1454 Univ. Leipzig) und Diderik Schacht (1469 Univ. Erfurt) wurden Ratsherren. Der Kaufmann Diderik Schacht blieb bis zur Reformation der einzige studierte Bürgermeister.

Die deutsche Schule

An anderer Stelle haben wir schon gehört, daß es in Hannover außer der Lateinschule auch eine *deutsche Schule (Schreibschule)*, Vorläufer der späteren Volksschule, gab. In ihr lernte der Schüler Lesen und Schreiben in deutscher Sprache sowie – für Kaufleute und Handwerker wichtig – kaufmännisches Rechnen. Sie vermittelte also das für eine handwerkliche oder kaufmännische Berufsausübung wichtige theoretische Rüstzeug. Die eigentliche Berufsausbildung fand im Betrieb eines Gildemeisters oder Kaufmanns statt. Kaufleute, die auf sich hielten, schickten ihre Söhne auch zu Kollegen in andere Städte.

Wie die Lateinschule war auch die deutsche Schule in drei Klassen gegliedert. Auch diese Schule war in der Regel eine städtische Einrichtung.

Über die hannoversche Schreibschule läßt sich aufgrund der schlechten Quellenlage wenig sagen. Sie ist seit 1526 nachweisbar, bestand aber vermutlich schon 1519. In diesem Jahr *tat* der Rat dem Küster der Ägidienkirche und einem Bürger *die Gnade, eine Schreibschule zu halten*, d. h. er verpachtete sie. Zugleich verbot er ihnen, Lateinschüler anzunehmen, die noch nicht *ihre Fibel konnten.*[11]

Für einen wohlhabenden hannoverschen Bürger gab es immer die Möglichkeit, seine Söhne von einem Privatlehrer unterrichten zu lassen. Wie die Gehilfen des Lehrers und oft die Lehrer selbst wurden diese aus den umherziehenden Studenten und Magistern genommen. Für Mädchen gab es die Möglichkeit, sich von den Beginen unterrichten zu lassen. Das läßt sich für Hannover nachweisen.

Folgen der Reformation: die Neuordnung des Schulwesens

Die Reformation bedeutete schulgeschichtlich gesehen einen Einschnitt. Luther brach das Bildungsmonopol des Klerus endgültig. Nach katholischer Auffassung durfte nur die Kirche die Heilige Schrift auslegen. Tat das der Laie, war die Einheit der Kirche in Gefahr; dem Ketzertum standen dann Tür und Tor offen.[12] Anders Luther. Entsprechend seiner Lehre vom Priestertum aller Gläubigen sollte jeder sein eigener Theologe sein, d. h., jeder sollte in der Lage sein, die Heilige Schrift im Original zu lesen und auszulegen, um so von Autoritäten befreit zu sein. Da die Bibel aber in Griechisch (NT) und Hebräisch (AT) geschrieben war, setzte ihre Kenntnis den Besuch der Lateinschule – mit erweitertem Lehrangebot – voraus. Im Auftrag Luthers ging sein Weggefährte Melanchthon daran, diese Bildungskonzeption in die Tat umzusetzen.[13] Seine Kursächsische Schulordnung von 1528 wurde Vorbild für die Schulordnungen vieler evangelisch gewordener Städte und Territorien, vor allem Norddeutschlands.[14] Zum erstenmal gab es in den Lateinschulen so etwas wie einen gemeinsamen

Lehrplan, der gemäß Luthers theologischer Lehre auch Griechisch und Hebräisch beinhaltete. Luther selbst übersetzte die Bibel ins Deutsche; damit eröffnete er den Absolventen der deutschen Schule die Möglichkeit der Bibellektüre. Des weiteren zeigt sich der Einschnitt daran, daß die Zahl der Dorf-, Stadt- und Hochschulgründungen – entsprechend Luthers Bildungsauftrag – bis zum Ende des 16. Jahrhunderts stark anstieg. Freilich blieb die Praxis hinter der Theorie zurück: Zwar wurden überall weitere Schulen eingerichtet, jedoch gab es weiterhin keine allgemeine Schulpflicht – in Hannover wurde sie erst 1708 eingeführt.[15] Auch kam die Bildung der Mädchen, die größtenteils in eigenen Schulen unterrichtet wurden[16], nach wie vor zu kurz. Als Folge der Reformation wurde die Verbindung zwischen Schule und Kirche noch enger. Die Schule wurde jetzt ein wichtiges Erziehungsinstrument in den Händen der Obrigkeit, um den evangelischen Glauben einzuüben.[17] Diese Verflechtung wurde allen schon dadurch sichtbar, daß die neue hannoversche Schulordnung – sie lehnt sich an die Sächsische und Lüneburger Ordnung an[18] – in die Kirchenordnung von 1536 eingebunden war. Zum Ausdruck kam sie auch dadurch, daß die Schulen auch nach der Reformation de facto unter geistlicher Aufsicht standen.[19] In der Lateinschule wachten die Stadtgeistlichen als Schulinspektoren über die »Reinheit« der Lehre, was wiederholt zu Dissonanzen mit Schulrektoren führte.[20] In der deutschen Schule überprüfte der Superintendent vor der Anstellung des Schulmeisters dessen Eignung.[21] Ein- bis zweimal im Monat konnte er die Schule *besuchen und einsehen, das die jugent mit vleis und guter ordnung in der lere und christlicher zucht unterrichtet werde.*[22] Im Elternhaus sollte sich diese Erziehung zu Gehorsam und Gottesfurcht dann fortsetzen (Bibellektüre im trauten Heim, Katechismusunterricht).[23]

Ausfluß der Verbindung ist das Lehrprogramm beider Schultypen. *Damit das junge volk gottesfurcht und gute kunst zusamen lerne*[24], so heißt es in der Kirchenordnung, sollen die Lateinschüler im Katechismus – er ist zuerst genannt – und in den alten Sprachen unterrichtet werden. Ein Wochentag, entweder der Mittwoch oder der Samstag, war sogar ausschließlich der Unterweisung im evangelischen Glauben vorbehalten.[25] Die Schulordnung von 1670 schrieb vor, daß in der Quarta und Quinta – zu dieser Zeit gab es nicht mehr 3, sondern 5 Klassen – der *teutsche catechismo Lutheri getrieben* werde, *und die Knaben denselben also lernen, das, wen sie für der gantzen Gemeine in den Kirchen beten, und ihr bekandtnuß thuen, sie solches ohne stamlen konnen verrichten.*[26] Daneben lernten die Schüler Psalmen, die sie während einer Trauung vortrugen.[27] In der deutschen Schule wurde außer Lesen, Schreiben und Rechnen jetzt auch die Katechismuslektüre in das Lehrprogramm aufgenommen. So versprach z. B. 1575 Petrus Bredenbach bei seiner Bewerbung um die Stelle des Schreib- und Rechenmeisters, die Schüler auch in *anderer zucht, godfruchtigkeit, undt sonsten guther lher* zu unterweisen.[28]

Die Lateinschule wurde zur »Vorbereitungsanstalt für das Theologiestudium«.[29] Die zukünftigen Prediger mußten sehr beredsam sein, wollten sie eine volkstümliche Predigt halten, die ja Kernstück des evangelischen Gottesdienstes war. Aber auch wegen der Auseinandersetzung mit Andersgläubigen gewann die rhetorische Schulung »an den Alten« für den evangelischen Theologen an Bedeutung. Dem dahinterstehenden Eloquenz-Ideal sollten sich die Schüler der zweiten Schulordnung nach der Reformation, der von 1599, zufolge vor allem durch die Lektüre Ciceros nähern. Dieses stilistische Interesse an antiken Autoren blieb auch im 17. Jahrhundert vorherrschend. So heißt es z. B. in der *Notwendigen Schulerinnerung* des Rates vom 11. Juni 1646: Das Studium der Alten würde *der Jugend merklich helfen* und diene dazu, sich *eine Fertigkeit im Reden anzuschaffen.*[30]

Nach Auffassung des Humanisten Melanchthon diente das Studium der Alten auch der Bildung der Persönlichkeit, der Versittlichung des Menschen. Die Folge war, daß das klassische Latein das Mittellatein ablöste. In der dritten Klasse las man jetzt wieder Texte der antiken Autoren. In der hannoverschen Lateinschule standen z. B. für das Halbjahr *Herbst 1667 bis Ostern 1668* folgende Klassiker auf dem Stundenplan: Cato, Cicero, Hesiod, Horaz, Isocrates, Ovid, Publius Syrus, Terenz und Vergil.[31]

Bei diesen nach der Reformation eingeführten Veränderungen im Schulwesen blieb es grundsätzlich bis zum 18. Jahrhundert. Es gab nur graduelle Unterschiede. Jeder Rektor brachte neue pädagogische Ideen mit; die Lehrpläne erweiterten sich, neue Unterrichtsmethoden wurden eingeführt. Anhand der Schulordnung von 1599 wissen wir, daß an der hannoverschen Lateinschule jetzt außer dem Trivium auch ein Teil des Quadriviums, nämlich Arithmetik und Musiktheorie, gelehrt wurde. Unter dem Rektorat des Magisters Johann Strube (1627–1638) finden wir zum erstenmal die Fächer Geographie sowie griechische und römische Geschichte[32] auf dem Lehrplan[33], des weiteren Sport.[34] Darüber hinaus werden in der Schulordnung von 1670 zwei weitere Fächer genannt: Chronologie und Genealogie.

Schulalltag im 17. Jahrhundert

Wie sah nun der Schulalltag im 17. Jahrhundert aus? Hierzu gibt uns die Schulordnung von 1670 Auskunft.

Der Unterricht fand vormittags (ab 6 oder 7 Uhr) und nachmittags (13 bis 15 Uhr) statt. Samstags wiederholte der Lehrer den Stoff der vergangenen Woche.

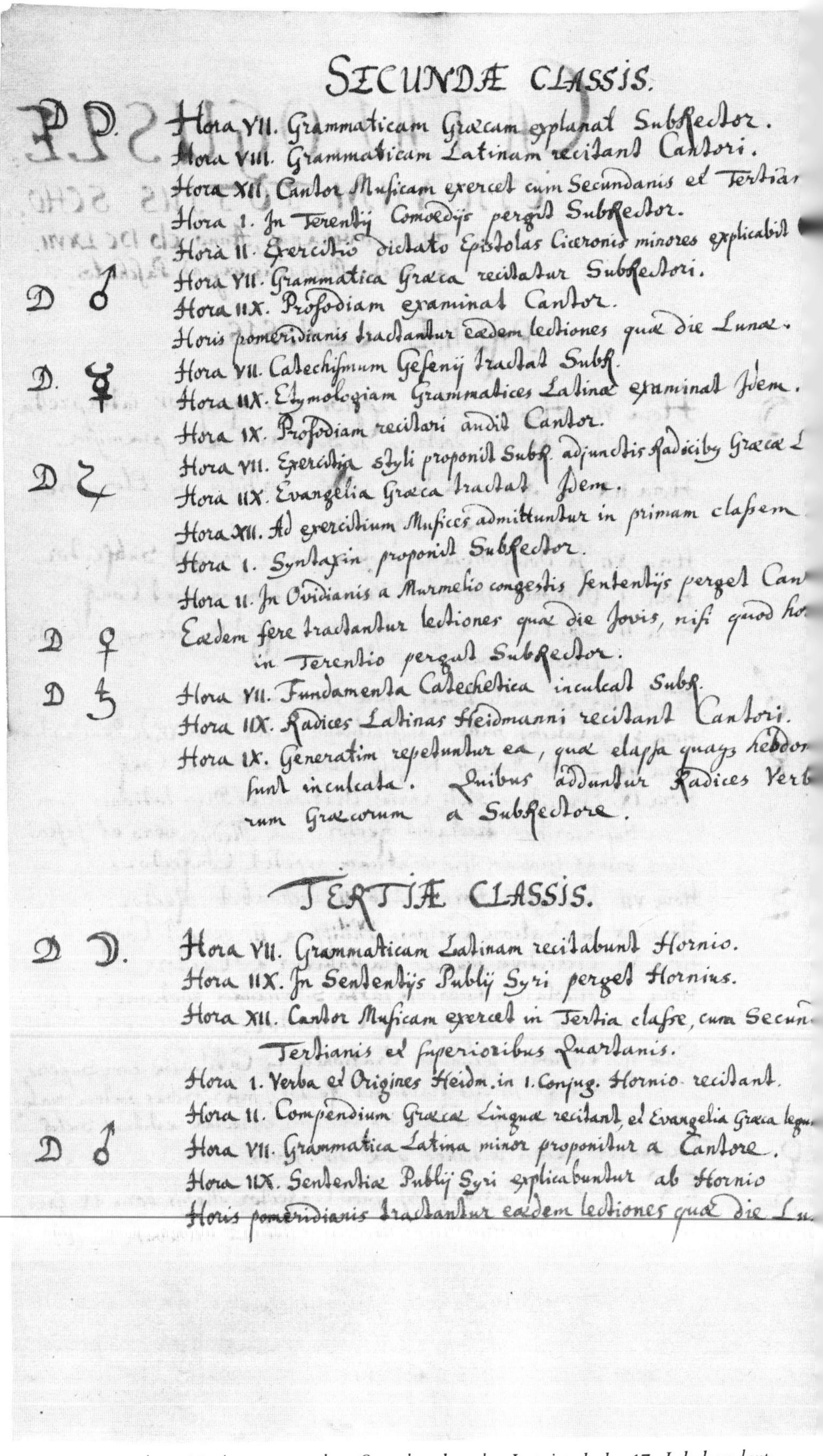

SECUNDÆ CLASSIS.

D. ☽. Hora VII. Grammaticam Græcam explanat SubRector.
Hora VIII. Grammaticam Latinam recitant Cantori.
Hora XII. Cantor Musicam exercet cum Secundanis et Tertian
Hora I. In Terentij Comoedijs pergit SubRector.
Hora II. Exercitio dictato Epistolas Ciceronis minores explicabit

D ♂ Hora VII. Grammatica Græca recitatur SubRectori.
Hora IIX. Prosodiam examinat Cantor.
Horis pomeridianis tractantur eædem lectiones quæ die Lunæ.

D. ☿ Hora VII. Catechismum Gesenij tractat Subr.
Hora IIX. Etymologiam Grammatices Latinæ examinat Idem.
Hora IX. Prosodiam recitari audit Cantor.

D ♃ Hora VII. Exercitia styli proponit Subr. adjunctis Radicibus Græcæ L
Hora IIX. Evangelia Græca tractat Idem.
Hora XII. Ad exercitium Musices admittuntur in primam classem
Hora I. Syntaxin proponit SubRector.
Hora II. In Ovidianis a Murmelio congestis sententijs perget Can

D ♀ Eædem fere tractantur lectiones quæ die Jovis, nisi quod ho
in Terentio pergat SubRector.

D ♄ Hora VII. Fundamenta Catechetica inculcat Subr.
Hora IIX. Radices Latinas Heidmanni recitant Cantori.
Hora IX. Generatim repetuntur ea, quæ elapsa quaque hebdom
sunt inculcata. Quibus adduntur Radices Verb
rum Græcorum a SubRectore.

TERTIÆ CLASSIS.

D ☽. Hora VII. Grammaticam Latinam recitabunt Hornio.
Hora IIX. In Sententijs Publij Syri perget Hornius.
Hora XII. Cantor Musicam exercet in Tertia classe, cum Secun
Tertianis et superioribus Quartanis.
Hora I. Verba et Origines Heidm. in I. Conjug. Hornio recitant.
Hora II. Compendium Græcæ Linguæ recitant, et Evangelia Græca legun

D ♂ Hora VII. Grammatica Latina minor proponitur a Cantore.
Hora IIX. Sententiæ Publij Syri explicabuntur ab Hornio
Horis pomeridianis tractantur eædem lectiones quæ die Lu

ABB. 44: Auszug aus dem Stundenplan der Lateinschule, 17. Jahrhundert.

☿ Hora VII. Fundamenta Catechetica Gesenij inculcantur a SubRectore
Hora IIX. Verba et Origines 2. et 4. Conjugationis Heidmanni ab Hornio injunctæ recitantur.
Hora IX. Exercitium dictatur, et Donatus repetitur ab Hornio.

♃ Hora VII. Colloquia Corderi a Cantore exponuntur.
Hora IIX. In Aurei libelli de civilitate morum parte III. perget Hornius
Hora XII. Ad Exercitium Musices conveniunt in prima classe.
Hora I. Syntaxis Latina minor Hornio recitatur.
Hora II. Radices Heidmanni in 3. Conjugat: Eidem recitant.

♀ Eædem tractantur lectiones quæ die Jovis.

♄ Eadem quæ die Mercurij

QUARTÆ CLASSIS.

```
…ebus
…unæ
et
…rtis.
```

Hora VII. Grammatica Latina minor a Præceptore classico proponitur.
Hora IIX. Disticha Catonis explicantur.
Hora XII. Donatus recitatur Custodi.
Hora I. a Præceptore classico repetitur idem.
Hora II. Radices Heidmanni recitantur.

```
…ebus
…curij et
…bati.
```

Hora VII. Catechismus tractatur.
Hora IIX. Analysis exhibetur.
Hora IX. Exercitium alicujus scripti exhibetur.

```
…ebus
…vis
et
…neris.
```

Hora VII. Syntaxis inculcatur.
Hora IIX. Colloquia Corderi proponuntur.
Hora XII. Donatus recitatur Custodi.
Hora I. Repetitur idem à Præceptore classico.
Hora II. Radices Heidmanni recitantur

QUINTÆ CLASSIS

Quintani orando, legendo, scribendo, Donato recitando, et Radicibus ediscendis indies a Præceptore classico exercentur.

Originalformat dieser Doppelseite 36,0×29,0 cm.

Am letzten Tag des Monats wurde jeweils das Monatspensum *repetiret.*

Einzelne Schultage waren bestimmten Fächern vorbehalten. So sollte in der Prima und Secunda montags und dienstags u. a. *Arithmetica und zwar in teutscher sprache perpetuirlich proponiret* werden. Mittwochs und samstags hielt der Cantor in der Schule *privat singestunde*(n) ab.

Der Unterricht hatte pünktlich zu beginnen. Das war keinesfalls selbstverständlich. Wie wir aus der schon erwähnten *Notwendigen Schulerinnerung* wissen, sollten die *Praeceptores nicht ein viertheil, vielweiniger eine halbe stunde müßig zubringen, sondern die labores scholasticos zu rechter Zeit anfangen, in puncto hora in die classis gehen.*[35] Nach dem Gesang, Gebet und einer biblischen Lektion begann dann der eigentliche Unterricht. Hierbei hatte sich im Laufe der Zeit die Gewohnheit herausgebildet, daß die Primaner das Privileg erhielten, im Sitzen zu antworten. Dieser Brauch *leitete sich aus der Zeit her, da die Primaner gewohnt waren, mit dem Degen zur Schule zu gehen und ihn in der Stunde umzubehalten. Unter diesen Umständen verursachte das Aufstehen der Schüler Unbequemlichkeit* (,) *und das damit verbundene Geräusch störte den Unterricht.*[36] Unter dem Rektorat des Andreas Christoph Augspurg (1698–1717) wurde das geändert: Er zwang die Schüler der Prima, beim Antworten aufzustehen.

Ferientage gab es, gemessen an heutigen Verhältnissen, wenige. Der Rat stand auf dem Standpunkt, daß zuviel Ferien *der Jugend nur Anlaß zum schädlichen Müßiggang geben und das Studieren sehr behindern* würden.[37] Abgesehen von den Feiertagen waren die Mittwoch- und Samstagnachmittage frei, ebenso die ersten beiden Tage im Jahr. Zu Ostern und zum Herbst, wenn die Versetzungen anstanden, gab es kurze Ferien. Auch »hitz frei« war bekannt. Zwar bestimmte die Schulordnung von 1670, daß auch *an den Hundestagen ... continue frequentiret und informiret werden* sollte, jedoch war es dem Rektor nicht verwehrt, *bey etwa einfallender großer Hitze ... dan und wan veniam zugeben.* Der Unterricht fiel auch aus bei Beerdigungen, auf denen die Schüler singen mußten. Hierzu bestimmte die Schulordnung: *... damit auch durch die Begrebnißen den Lectionibus nicht zu viell abgebrochen werde, so sollen hinführo zur winterszeitt praecise die Leiche (es wehre dan, das auß beiden thoren Leiche fielen) umb 12 Uhr begraben werden und dafern zur Sommerßzeitt furnehmen Leuthen müße nachgegeben werden, ihre todten umb 2. uhr zubegraben, so sollen die Gesangsstunden abgestellet, und an derselben statt die gewohnliche lectiones gehalten werden.*[38]

Das Schuljahr wechselte zu Ostern und im Herbst. Alle Schüler hatten sich dann dem mündlichen Examen zu stellen. Der Schulordnung von 1670 zufolge sollten 8 Tage vor der Prüfung alle Lektionen wiederholt werden. Danach sollten sich die Lehrer mit den Eltern unterhalten, ob sie ihnen *einrathen können, ihre Kinder bey dem studiren zu laßen oder auff ein ander vitae genus zu führen.*

Die Schulordnung von 1670 regelte auch das Betragen der Schüler. Von jedem Schüler erwartete man ein einwandfreies Benehmen, ordentliche Kleidung und einen sittlichen Lebenswandel. Das Degentragen in der Stadt war in Zukunft untersagt.[39]

Wer die hannoverschen Schulen besuchen wollte, mußte – wie überall – Schulgeld bezahlen.[40] Das Schulgeld war gestaffelt; seine Höhe hing von der Klasse ab, die der Schüler besuchte. Die Quintaner bezahlten am wenigsten, die Primaner am meisten, wobei der Lehrer der jeweiligen Klasse diese Gelder erhielt.[41] Das führte im 17. Jahrhundert dazu, daß Rektoren Schüler mehrere Klassen überspringen ließen, um sie in ihrer Klasse (Prima) zu haben – sehr zum Leidwesen der anderen Lehrer.[42]

Wir wissen kaum, welche Anziehungskraft die Lateinschule in der Frühen Neuzeit auf Schüler und Lehrer ausgeübt hat. Ende des 16. Jahrhunderts soll sie etwa 800 Schüler gehabt haben.[43] Eine Reihe von ihnen kam von auswärts, was zeigt, daß sie einen guten Ruf hatte. 1638 schickte z. B. ein reicher Hamburger Kaufmann seine beiden Söhne deshalb in diese Schule.[44] Die Schülerzahl ging in Pestzeiten rapide zurück, wodurch sich auch die Einnahmen der Lehrer stark verringerten.[45]

Winkelschulen

Auch nach der Reformation schickten Hannoveraner ihre Kinder nicht in die städtischen Schulen, sondern in sogenannte *Winkelschulen.* Diese machten vor allem der deutschen Schule Konkurrenz.[46] 1569 beklagte sich darüber der Leiter der Schreibschule, der Schreib- und Rechenmeister Conrad Hagemann, beim Rat: Ein Schulmeister habe eine Winkelschule eingerichtet und 4 Schüler angenommen. Diese habe er *zu abreizunge meiner schulere ... deromassen abgerichtt, das er itzo denn mheren theil meiner discipuli wider alle pilligkaytt zu sich gezogenn unnd angenhomen hatt.*[47] Diese Privatschulen erhielten vor allem in der zweiten Hälfte des 17. Jahrhunderts starken Zulauf. Am 9. Februar 1677 beklagte sich der Schreib- und Rechenmeister beim Rat, sein Vater habe noch *etliche 100 Knaben gehabt;* er habe *kaum 40 oder 50,* von denen könne er nicht leben.[48] Auch die Schulordnung von 1670 stellte fest, daß viele Bürger ihre Kinder zu Privatlehrern gäben, *theils dieselbe*(n) *gar an andere öhrter nahe und fern* sendeten.[49]

Eine Winkelschule konnte jeder betreiben. 1667 war es der *hiesige Garnisonsküster,* 1668 ein Schuhmacher, der eine Privatschule einrichtete. Letzterer gab gegenüber dem Rat auch Auskunft über seine Motive:

Er habe es aus Not getan, weil er wegen seines augenscheinlichen Gebrechens mit seinem schweren Handwerk nicht fortkommen könne.[50]
Am 10. September 1666 verbot der Rat alle Winkelschulen in der Stadt[51] – ohne Erfolg: Sie bestanden auch noch im 18. Jahrhundert.[52]

Stipendienwesen

Wie vor der Reformation war auch danach der Besuch einer Lateinschule Voraussetzung zum Studium. Wie die alte Kirche gewährte das neue Kirchenwesen bzw. die evangelische Obrigkeit Stipendien. Dafür wurden alte Stiftungseinkünfte umgewidmet: Der Rat zog die Familienstiftungen der v. Anderten und Schone an sich[53]; seit den 1560er Jahren verwendete er auch Einkünfte vakanter Pfründen für die Einrichtung fester Stipendien. Die Laufzeit der Stipendien lag zwischen zwei und sechs Jahren. Unterstützt wurden nur Bürgerkinder. Die Stipendiaten waren verpflichtet, dem Rat ihre Dienste anzubieten. Als 1569 Ludolf Lange vor dem Rat erschien und ihn um eines der drei vom Rat eingerichteten Stipendien bat, stimmte dieser zu mit der Auflage, daß Lange nach Ablauf der drei Jahre kommen müsse, wenn er ihn brauchen sollte. Lange wurde später Pfarrherr der Ägidienkirche.
Außer dem Rat unterstützten auch Prediger und Gilden studierende Bürgerkinder. Von dem Prediger Scharnekau – er war nach der Reformation der erste Prediger an der Marktkirche – ist überliefert, daß er testamentarisch bestimmte, daß die *scholastica, sonderlich dero die Bibliotheca entraten kan, ... unter fromme studiosos vorteilet* werden sollten.
Fragt man nach der Anzahl der Bürgerkinder, die in der ersten Generation nach der Reformation studierten (1534–1562), ergibt sich zunächst, daß die Zahl der Einschreibungen nur wenig höher als im vorreformatorischen Vergleichszeitraum lag. Die meisten studierten in Wittenberg, gefolgt von Rostock. Leipzig war jetzt weniger beliebt.
Für die Bekleidung eines städtischen Amtes war ein Studium auch nach der Reformation wenig gefragt. Von den 375 Amtsträgern von 1534–1619 besaßen nur 33 (= 9%) eine akademische Ausbildung. 3 der 10 Bürgermeister dieser Jahre hatten studiert: Heiso Grove, Statius Vasmer und Bernhard Homeister. Der erste promovierte Bürgermeister der Stadt war Dr. Jacobus Bünting (1624–1654).

3.6 Recht, Gericht und Strafvollzug

Die Niedergerichtsbarkeit

In dem Kapitel »Stadtentstehung, Stadtrecht und Landesherrschaft« haben wir schon gehört, daß die Stadt am Ende des 14. Jahrhunderts vom Landesherrn weitgehend unabhängig geworden war. Ausdruck dafür war u. a., daß der Rat die Gerichtsbarkeit ausübte, allerdings nur die Niedergerichtsbarkeit. Die Hoch- oder Blutgerichtsbarkeit, also das Recht, über Leben und Tod zu entscheiden, verblieb beim Landesherrn. Außer dieser weltlichen Gerichtsbarkeit gab es noch die geistliche. Wenden wir uns zunächst der Niedergerichtsbarkeit zu.
Das Stadtgericht wurde von den zwölf Ratsherren und den vier Geschworenen gebildet. Sie alle waren Laienrichter, die sich bei der Urteilsfindung auf die Statuten stützten, die im Laufe der Zeit gesammelt worden waren. Waren sie sich unsicher, wandten sie sich an Minden, dessen Stadtrechtskreis sie sich angeschlossen hatten. Erst im 16. Jahrhundert finden sich unter den Ratsherren juristisch vorgebildete Personen. Einen Staatsanwalt im modernen Sinn, der im »öffentlichen Interesse« tätig wurde, gab es nicht. Immer mußte der Geschädigte seine Sache selbst vor den Rat bringen und dort verfechten. Ansonsten galt der bekannte Rechtssatz: »Wo kein Kläger ist, da ist auch kein Richter.« Indizien reichten zur Verurteilung nicht aus. Entweder konnte der Kläger Zeugen beibringen, oder er hatte ein Geständnis des Beklagten. Das Stadtgericht war für zivil- und strafrechtliche Fälle zuständig. Es tagte, wie in den Städten zu jener Zeit üblich[1], unter freiem Himmel, unter einer offenen *Gerichtslaube* vor dem Rathaus. So konnte jeder Schaulustige den Prozeß verfolgen.
Die Jurisdiktionsgewalt Hannovers reichte nicht weit über die Stadtmauern hinaus: Jenseits der Landwehr begann schon die Gerichtshoheit anderer Städte und Herren. Der hannoversche Rat mußte deshalb darauf bedacht sein, daß auf seinem Gebiet begangene Rechtsbrüche von ihm geahndet wurden, und sich der Täter seiner Verurteilung nicht durch Flucht entzog. Diese Jurisdiktionsgewalt hatte die Stadt ihrem Landesherrn schrittweise abgerungen. Spätestens seit dem Ende des 14. Jahrhunderts hatten die Bewohner Hannovers vor dem Rat ihren Gerichtsstand. Auch das Angebot, Streitfälle vor dem geistlichen Richter auszutragen, schränkte der Rat früh ein. Die Reformation bildet hier den Abschluß einer langen Entwicklung. 1534 mußte der Rat das landesfürstliche Gericht in der ersten Instanz wieder zulassen. Dazu heißt es in der Stadtordnung, daß jedem *Bürger, Bürgerssohn und Einwohner*, er *sei geistlichen oder weltli-*

chen Standes, falls er nicht *Recht pflegen wolle vor unserem gnädigen Herrn oder vor dem Rat zu Hannover,* daß ihm dann Hannover *ein Leben lang verschlossen bleiben* werde.[2] Das war der politische Preis, den Hannover 1533 zahlen mußte, um Frieden zu bekommen. Diese Bestimmung galt auch noch 100 Jahre später, wie wir aus dem Residenzrezeß vom 18. Februar 1636, der das Verhältnis des Hofes zur Stadt regelte, wissen.[3]

Schien einem Bürger der Richterspruch des Rates nicht akzeptierbar, konnte er in die zweite Instanz gehen. Die Appellationsinstanz war das Gericht des Landesherrn, das Hofgericht in Pattensen. Die Anrufung der nächsthöheren Instanz mußte man sich reiflich überlegen, wie ein Ratsbeschluß von 1536 zeigt. Darin heißt es nämlich:[4]

Wenn einer mutwillig von des Rates Sententien (Urteil) *an das Hofgericht unseres gnädigen Herrn appelliert und dann der Rat bei seiner ehrsamen gesprochenen Sentenz bleibe und vor dem Hofgericht Recht erkannt werde, dann soll der Rat den oder die Appellierenden in gebührende Strafe nehmen. Wer deswegen in der gemeinen Bürgerschaft Aufruhr erweckt, den oder die, egal wer sie sind, soll der Rat strafen.*

Eine »leichtfertige« Appellation wurde also als Störung des Stadtfriedens interpretiert.

Mit dem Stadtgericht konnte grundsätzlich jeder Stadtbewohner zu tun bekommen. Hiervon waren allerdings Adel und Geistlichkeit sowie – seit dem Residenzrezeß von 1636 – Hofbedienstete und deren Gesinde ausgenommen. Auch Personen, die als geisteskrank *(unsinnig)* galten, konnten gerichtlich nicht belangt werden. 1528 wollten die Geschädigten Bartold Block wegen eines Brandes, den sein Bruder gelegt hatte, zur Verantwortung ziehen. Aus der Argumentation des Rates erkennen wir den Verlauf der Angelegenheit: Nach dem Brand hatte der Rat den Brandstifter den Geschädigten übergeben lassen (!). Diese wollten sich jedoch an ihm nicht *schadlos* halten, wohl weil sie wußten, daß er ein *unsinniger Mensch* war. Daraufhin wurde er in die *Torenkiste*[5] gesteckt, aus der er aber entkommen konnte. Die Geschädigten erhielten keinen Ersatz: Der Rat bestimmte, daß Bartold Block anstelle seines Bruders nicht haftbar gemacht werden könne.[6]

Strafmaß und Fürsprache

Anders als heute gab es damals nicht die Gleichheit vor dem Gesetz. Beispielsweise wurde 1531 Markus Rike wegen Mordes zu einer Gefängnisstrafe verurteilt[7]; im selben Jahr wurde Johann Jordens wegen desselben Tatbestandes geköpft.[8]

Die Fürsprache hochgestellter Personen beeinflußte das Urteil und konnte den Verurteilten sogar vor dem Tod retten. 1554 erreichte die Markgräfin zu Brandenburg beim Rat, daß dieser einem Missetäter die Gefängnisstrafe erließ.[9] Als sich 1567 der verheiratete Scharfrichter Asmus Smeth wegen wiederholter sexueller Kontakte zu seiner Magd vor dem Rat zu verantworten hatte und dieser auf die Todesstrafe erkannte, waren es *fürstliche Junker, Räte und Bürger,* die ihm das Leben retteten und bewirkten, daß die Todesstrafe in eine hohe Geldstrafe umgewandelt wurde.[10]

Fürsprache konnte aber auch die Art der Vollstrekkung der Todesstrafe ändern. So wurde 1559 Joachim Kregenberch auf Fürbitten seines Vaters, Bruders und Schwagers nicht gehenkt – dies war in den Augen der Zeitgenossen ein schändlicher Tod –, sondern »nur« geköpft.[11]

Eine uns fremde Vorstellung des alten Rechts zeigt sich auch darin, daß selbst der Tod nicht vor Strafe rettete. Auch Tote zog man noch zur Verantwortung.[12] Auch im Tod war man also noch in der privilegierten Gemeinschaft der Stadt, die Lebende und Tote umfaßte. Aus ihr konnte man daher wie im Leben so im Tod ausgestoßen werden. Dazu heißt es in einer Verordnung des Rates von 1565, daß man den *toten Körper vor Gericht bringen* solle, wo er *angeklagt* werde. Anschließend sei er auf dem Schinderkarren aus der Stadt zu bringen und auf dem Schindanger zu verbrennen.[13] Ein Hildesheimer Zeitgenosse berichtet uns, daß sich jemand am 13. April 1598 morgens zwischen 7 und 8 Uhr im hannoverschen Gefängnis an einer Seidenschnur erhängt hatte. Am anderen Morgen, so erzählt er weiter, *hadden de Hannoverschen den doden corper laten henut* (hinaus) *foiren under den galgen und ome* (ihm) *darselbest Laten den kop afhauwen und begraven.*[14]

Von solcher Regelung ging der Rat in Einzelfällen jedoch ab. Auch hier hatte – wie über Lebende – der Richter ein Gnadenrecht, das erbeten sein wollte. Doch erstreckte dieses Gnadenrecht sich nicht darauf, einem Selbstmörder ein christliches Begräbnis zu geben. Als Lorenz Düsterhop 1565 den Rat wegen seiner verstorbenen Ehefrau, die sich *sulvest* (selbst) *vom levend thom dode jammerlich gebracht,* aufsuchte, erlaubte der Rat, daß er sie außerhalb Hannovers auf einem Feld begraben dürfe, nicht jedoch auf dem Kirchhof.[15]

Ähnlich wie heute mahlten auch damals die Mühlen der Justiz mitunter recht langsam. Wie aus den Ratsprotokollen hervorgeht, zogen sich private Streitigkeiten (z. B. Erbangelegenheiten) oft über mehrere Monate und sogar Jahre hin. Das war vor allem Anfang des 17. Jahrhunderts der Fall, als der Rat von einer Prozeßlawine regelrecht überrollt wurde. Es war schon so weit gekommen, daß der Rat meinte, die Leute kämen *nicht allein täglichs, sondern fast alle stunde angeloffen* und der Bürgermeister werde *von andern wichtigen und schweren Stadtsachen mechtig abgehalten, ja vielmahls ihn so viele Zeit, daß er mahlzeit halten könte, nicht gegönnet und gelassen, und aber einem menschen solches alles zu verrichten viele zu schwer, ja schlechts unmöglich fallen thut.*[16] Am 24. Januar 1625 wurde daher beschlossen, *umb des gemeinen nutzens frommen und Besten willen zu fürderlichster entscheidung der streitigen partheien und schleuniger abhelffung der teglichen zu wachsenden sachen*, eine Kommission einzusetzen, die zuvor die streitenden Parteien anhören und, wenn möglich, den Streitfall beilegen sollte. Kam keine Einigung zustande, sollte der Rat urteilen, wobei jede Partei ihren Standpunkt ohne *weitleuffkeit* vorzutragen habe.[17]

Kriminalität

Über Mangel an Arbeit konnte sich das Stadtgericht auch deshalb nicht beklagen, weil die Kriminalität weitverbreitet war. Die Landstraßen waren ebenso unsicher wie die Straßen in der Stadt. Im November 1486 beschwerte sich z. B. die Herzogin Anna von Braunschweig-Lüneburg beim Rat wegen der Raubüberfälle hannoverscher Bürger auf Frachtwagen, die von Burgdorf nach Gittelde unterwegs waren, um Salz zu holen.[18] Es ist deshalb auch nicht verwunderlich, daß der Rat die Bürger wiederholt davor warnte, *geraubtes und gestohlenes Gut, das hier hereinkommt zum Kauf,* (zu) *kaufen.*[19] Wie unsicher auch die Straßen in Hannover waren, verdeutlicht ein Ratserlaß aus vorreformatorischer Zeit. Danach war es jedermann verboten, *nach der Zeit, als die Glocke hat neun geschlagen des Abends, auf die Straßen* (zu) *gehen ohne Licht.*[20] Im Falle eines Hilferufes zur Nachtzeit sollte man *das Licht in seiner Lampe entzünden und sie vor dem Haus aufhängen, damit sie die Straße beleuchte und dadurch die Jagd nach Missetätern erleichtere.*[21] Sollte ein Verbrecher gejagt werden *(Ausjagd)*, schlug der Rat die Glocke. Daraufhin hatte jeder *Bürger und Mitbewohner*[22] mit seiner Waffe zum Marktplatz zu eilen und dort auf das Eintreffen des Rates zu warten. Wer vor den Toren der Stadt wohnte, mußte rasch hereinkommen, damit diese verschlossen werden konnten.[23] So sollte verhindert werden, daß der flüchtige Verbrecher aus der Stadt entweichen und sich dem Arm des Gesetzes entziehen konnte. Ein berühmtes Beispiel hierfür ist der Mörder Caspar Hanebuth, der erst nach 19 Morden in und um Hannover gefaßt werden konnte und am 4. Februar 1653 seinen Richter fand.[24]

Seine Befugnis zu diesen Bestimmungen leitete der Rat aus dem Auftrag her, den Frieden zu wahren. 1534 bringt er das sehr klar zum Ausdruck, als er *einen jeden* ermahnt, den *bürgerlichen Frieden auf Straßen und in Häusern, so weit sein Gebiet reicht, nicht zu brechen.*[25] War es dennoch zur Störung des Stadtfriedens gekommen, strafte der Rat den Missetäter. Darauf standen Leibes-, Gefängnis- und Geldstrafen, Hausarrest sowie der Stadtverweis. Die Verurteilung zum Tode war dem Landesherrn vorbehalten, wie noch auszuführen sein wird.

Strafarten

Das *Stäupen*, d. h. die Züchtigung mit Ruten am Schandpfahl, war eine verbreitete Leibesstrafe. Wie solche Strafen im einzelnen vollzogen wurden, können wir aus Eintragungen im Gerichtsprotokollbuch ersehen. Dort heißt es z. B., daß man 1532 Peter Sebarth erst durchprügelte, anschließend schnitt man ihm ein Ohr ab, weil er beim Spiel betrogen hatte.[26] Konnte diese Strafe durchaus zum Tode führen, war das Steinetragen zwar ebenso schändlich, jedoch weitaus ungefährlicher. Dem Delinquenten wurde mit Hilfe eines Bügels ein schwerer Stein um den Hals gehängt.[27] Die Stadtordnung von 1534 sah diese Strafe für Ratsherren vor, die Ehebruch begangen hatten.[28]

Freiheitsstrafen im heutigen Sinn kannte man im Mittelalter nicht. Im Gefängnis wurde der Missetäter meist nur kurz verwahrt. Bei den damaligen Zuständen im Gefängnis genügte das nicht selten, um zu bleibenden gesundheitlichen Schäden zu führen.[29] Es gab zwei städtische Gefängnisse: den Beginenturm, in dem auch das *peinliche Verhör* durchgeführt wurde[30], und die *Kohlenkammer*, die sich im Rathaus befand.

Für welche Vergehen wurden Gefängnisstrafen verhängt? Mit Gefängnis wurde z. B. 1528 jemand bestraft, der den Schulmeister geschlagen hatte.[31] 1532 traf es einen Bürger, der in der Eilenriede, dem Stadtwald Hannovers, Holz geschlagen hatte.[32] 1534 zogen zwei Bürger *zu nachtschlafender Zeit* durch die Straßen der Stadt und *schossen eine Büchse los.* Auch sie ließ der Rat ins Gefängnis werfen.[33] In die Kohlenkammer wurde der ersten Stadtordnung nach der Reformation zufolge jeder eingeliefert, der mit *Ehefrauen, Bürgerstöchtern, losen Frauen oder Dienstmädchen Unzucht getrieben* hatte. Dort sollte er *zur Schande der ganzen Welt sitzen und sich anschauen lassen von den Leuten, die da vorübergehen.*[34] Dieses Disziplinierungsmittel, nämlich den Missetäter der öffentlichen Schande preiszugeben, förderte die Entwicklung von Schuldgefühlen, zumal in einer kleinen, überschaubaren Stadt, in der jeder jeden kannte.

Am häufigsten waren Geldstrafen, die für Streitigkeiten und Gewalttätigkeiten und auch für verbotene Sexualkontakte ausgesprochen wurden. Hier seien aus der Fülle von Beispielen nur drei aus dem 17. Jahrhundert aufgeführt[35]:

12. Juni 1657. Melchior Curd v. Wintheim und Heinrich Hansing haben sich außerhalb der Stadt gebalget und dadurch wider die leges huius civitatis (gegen die Gesetze dieser Stadt) *gehandelt. Dafür* (hat) *ein jeder*

ABB. 45: Beginenturm, Am Hohen Ufer.

3 Reichstaler Strafe erlegen müssen, welche nach vieler Mühe endlich eingebracht worden (sind).
Dieses Vergehen hätte noch 200 Jahre früher zum Stadtverweis geführt.
6. Juli 1657. Es hat Johann Stuverling Magister Andreas Beensen eine Saite auf der großen Baßgeigen mutwillig entzweigeschnitten, für solchen verübten Mutwillen (hat er) *zur Strafe 4 Taler zahlen müssen. So hat* (auch) *Curd Hacke, der mit Stuverling der abgeschnittenen Saite eins gewesen und seinen Applaus dazu gegeben, auch einen Taler Strafe erlegen müssen.*
9. März 1658. Jacob Müller hat hinter der Mauern mit Hans Manne auf offener freier Gasse ein Wortgezank angefangen, demselbigen (ist er) *in die Haare gefallen und* (hat ihn) *gescholten, dafür endlich zur Strafe* (hat er) *erlegen müssen einen Taler.*
Seit Ende der 1620er Jahre bewirkten vor allem Verstöße gegen Begräbnis-, Hochzeits- und Kleiderordnungen, daß sich das Stadtsäckel füllte.
Eine Form der Beugehaft war der Hausarrest *(bürgerliches Einlager)*, von dem in den Ratsprotokollen wiederholt die Rede ist.[36] Der Rat verhängte ihn z. B. bei übler Nachrede oder für den Fall, daß Schuldner ihren Verbindlichkeiten noch nicht nachgekommen waren. Diese Strafe war der Gesundheit des Verurteilten weniger abträglich als die Gefängnisstrafe und beließ ihn doch unter der Aufsicht des Rates.
Der Stadtverweis war die wohl folgenschwerste Strafe, die der Rat außer bestimmten Leibesstrafen verhängen konnte. Er traf den Bürger schwer, verlor er doch sein Bürgerrecht, seine wirtschaftliche Existenz und den Schutz der Stadt. Eine mildere Strafe war der befristete Stadtverweis, der im 14. Jahrhundert schon für vergleichsweise geringe Vergehen ausgesprochen wurde. Kam man also im 17. Jahrhundert bei Tätlichkeiten mit einer Geldstrafe davon, mußte man für diese Untaten im 14. Jahrhundert die Stadt zeitweise verlassen. So heißt es in den Stadtordnungen jener Zeit[37]:
Welcher Bürger den anderen mißhandelt mit üblen Worten und wer damit überführt ist, der soll bleiben außerhalb der Stadt vier Wochen eine Meile fern, und hat acht Tage Frist zur Abreise.
Welcher Bürger den anderen ohrfeigt ... oder mit Frevel in sein Gesicht spuckt ... oder bei den Haaren zieht, der soll sein aus der Stadt ein halbes Jahr lang und der Stadt nicht näher kommen als auf eine Meile.

Selbstjustiz

Wiederholt kam es vor, daß der Bürger dem Arm des Gesetzes nicht traute und zur Selbstjustiz griff. Dagegen ging der Rat scharf vor.[38] 1566 gebot er einem Bürger, den er zuvor ins Gefängnis hatte legen lassen, *so er mit jemand was zu tun und zu schaffen haben möchte*, solle er *dieses mit ordentlichem Recht und nicht eigenmächtig vornehmen.*[39]
Mitunter drohte auch Lynchjustiz. Als 1430 Dietrich v. Stenhus seinen Zechgenossen im Weinkeller getötet hatte, stellte sich sein Sohn Konrad eilig vor die Kellertür und rief der herbeieilenden Menge zu, sie möge wegbleiben und seinem Vater keine Gewalt antun, da er in Notwehr gehandelt habe. Nachdem sich die Ratsherren und Geschworenen eingefunden hatten, ließen sie sofort die Tür schließen, um das versammelte Volk in Schach zu halten.[40]

Die Blutgerichtsbarkeit

An anderer Stelle war schon von der Blutgerichtsbarkeit des Landesherrn die Rede. Sie übte stellvertretend für ihn sein Vogt (Vogteigericht) aus. Dieser war zunächst Laienrichter. Im 17. Jahrhundert setzte der Landesherr dann in der Regel nur solche Vögte ein, die eine juristische Vorbildung besaßen.[41] Der Rat war bei den Gerichtsverhandlungen durch zwei Ratsherren als *Richteherren* (Schöffen) sowie durch zwei weitere als »Prozeßbeobachter« vertreten. Diese sorgten seit dem 15. Jahrhundert dafür, daß der Prozeß mit dem Urteil endete, das der Rat zuvor festgesetzt hatte. Zu dieser Zeit war es dem Rat nämlich gelungen, die *tatsächliche Behandlung aller Strafsachen an sich zu ziehen.*[42] Der Vogt, der formalrechtlich für die Blutgerichtsbarkeit zuständig war, wurde dadurch nur *ausführendes Organ des Rates.*[43]
Das Vogteigericht hatte keinen festen Tagungsort. So konnte die Verhandlung in der Gerichtslaube stattfinden, aber auch im Ratskeller, im Tanzhaus oder auf der Ratsschreiberei.[44]
Anders als das Stadtgericht hatte das Vogteigericht die Möglichkeit, ein Geständnis des Beklagten durch Folter zu erreichen. Die Folter wurde seit dem 14. Jahrhundert vom weltlichen Gericht verstärkt bei der Wahrheitsfindung eingesetzt.[45] Nicht selten gab der Gepeinigte alles zu, nur um von den Qualen der Tortur erlöst zu werden.[46] Was auf diese Art erzwungene Geständnisse wert sein konnten, zeigt ein Fall vom 22. August 1539. Melchior v. Reden hatte zunächst im Ratsgefängnis unter der Folter alle Beschuldigungen zugegeben. Als ihm dann vor dem Vogteigericht noch einmal seine Untaten vorgehalten wurden, mußte im Protokoll folgendes vermerkt werden:[47]
1. Delikt: Diebstahl einer Kanne. Darauf fragte der Vogt: »Melchior, was sagst Du dazu?« Darauf hat Melchior geantwortet: »ja.«
2. Delikt: Diebstahl eines Schweines. Darauf fragte der Vogt: »Melchior, was sagst Du dazu?« Darauf hat Melchior geantwortet: »Ich habe es unter der Folter zugegeben, in Wirklichkeit bin ich aber unschuldig.
Das *peinliche Verhör*, so der Quellenausdruck für die Folter[48], führte der Scharfrichter im städtischen

Abb. 46: Folterwerkzeuge, Zeichnungen von 1754.

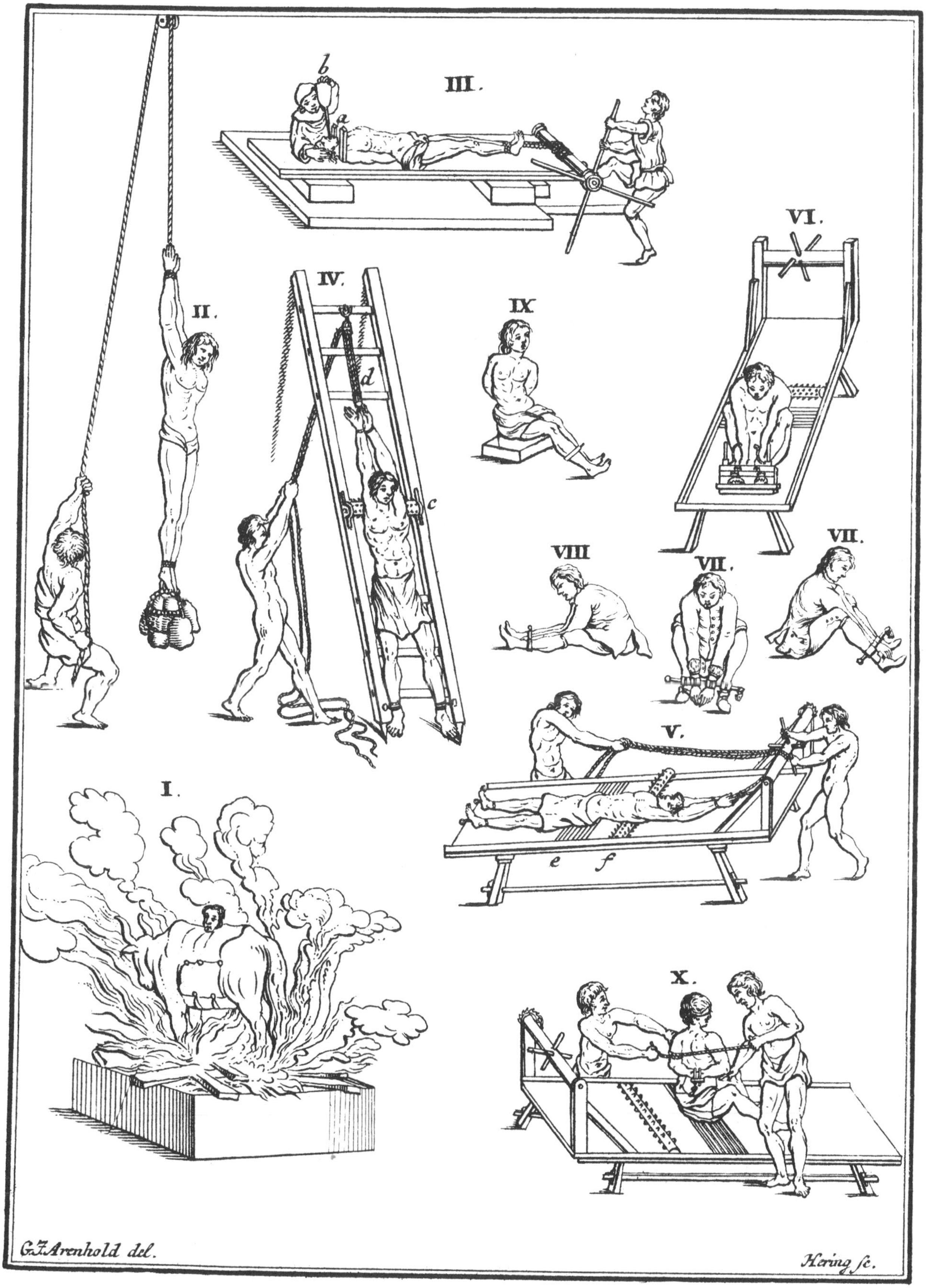
III.
b
a
VI.
IV.
II.
IX
d
c
VIII
VII.
VII.
V.
I.
e
f
X.
G. J. Arenhold del.
Hering sc.

Gefängnis im Beisein des herzoglichen Vogts[49] und der *Richteherren* durch. Der Hannoversche Scharfrichter, der zugleich auch Abdecker war, wurde wiederholt von Nachbarstädten angefordert, verstand er sich doch auf die Kunst, die *Befragung* ohne viel Schmerzen für den Delinquenten durchzuführen.[50]
Die letzte Folterung in Hannover fand vermutlich 1753 statt.[51]
Das Blutgericht konnte, wie gesagt, die Todesstrafe verhängen.[52] Hierbei stand das Vergeltungsmotiv im Vordergrund.
Der Gedanke, daß der Täter vor Gott und den Menschen schuldig geworden sei und dafür zu entgelten habe[53], war auch in Hannover eine geläufige Vorstellung. 1534 bestimmte der Rat im Rahmen der Regelung des *vorsätzlichen Totschlags*, daß *das Blut desjenigen, der Blut vergossen habe, wieder vergossen werden* müsse.[54]

Todesstrafen

Üblich waren das Hängen *(mit dem Strang gerichtet)*[55], das Verbrennen auf dem Scheiterhaufen[56], das Rädern *(gerichtet mit dem Rad)*[57], das Köpfen *(mit dem Schwert gerichtet)*[58] und das Ertränken. In diesem Fall steckte man den Verurteilten in einen Sack und warf ihn in den Stadtgraben.[59] Für 1530 ist eine weitere Todesart überliefert: man begrub eine Frau, die wegen Hehlerei verurteilt war, lebendig unter dem Galgen.[60]
Die Richtstätte lag, wie allgemein üblich, außerhalb der Stadt, in Hannover vor dem Steintor *(steinerner Galgen)*. Hinrichtungen kamen nicht selten vor. Sie waren öffentlich und jedesmal ein Schauspiel. Sieht man das Gerichtsprotokollbuch auf die Todesurteile hin durch, stellt man fest, daß sie zur Reformation hin zunahmen. So sind z. B. von 1494–1503 und von 1504–1513 fünf bzw. sechs Todesurteile verhängt worden. Von 1514–1523 und von 1524–1533 waren es 22 bzw. 20. Die meisten dieser Todesurteile betrafen Frauen, die wegen Zauberei verurteilt waren. 1523 fanden allein zwölf solcher Hexenverbrennungen statt[61]; ein Zeichen für die um sich greifende Glaubensunsicherheit.
Der *typische Hexenprozeß kam durch das Zusammenwirken von Denunziation und Inquisition, von Volk und Obrigkeit zustande.*[62] Durch die Folter wurden die Hexenprozesse dann *zur Epidemie, denn jede Hexe wurde damit gezwungen, andere Personen zu denunzieren.*[63] Die letzte Hexenverbrennung in

Abb. 47: Foltergeräte: Dornenkrone, Beinquetsche, 4 Daumenquetschen, Eisen.

Hannover fand 1648 statt.[64] Wie solch ein Hexenprozeß vor dem Vogteigericht ablief, können wir einer Gerichtsverhandlung vom 16. April 1516 entnehmen. Nachdem die Angeklagte, Geseke Stolle, vor dem Gericht erschienen ist, wird ihr die Anklageschrift verlesen:

daß sie Bernd Blomes Frau etwas gegeben habe in einer Brotspeise, davon sie noch gegenwärtig krank sei.

Auch habe sie ein anderes Mal Hans Idensens Frau die Milch verzaubert und Hans Idensens Tochter etwas gegeben in einem weichen Brot, davon sie noch krank sei.

Zum vierten habe sie Arnd Krudeners Frau einen Topf vor ihrer Tür eingegraben, mit einem alten Dolch, da Zauberei drinnen war, und (habe ihn) *fünf Wochen vor Fastelabend wieder ausgegraben nach Rat ihres Beichtvaters* (!) *Und dann habe sie die Erde genommen aus der »Fußspur« der Krudenerschen und auf den Kirchhof zu St. Nikolai getragen und dabei gesagt, sie solle verschwinden aus ihrem Leben.*

Geseke Stolle bekennt sich in allen Punkten für schuldig, woraufhin ihn der Scharfrichter, von den Prozeßbeobachtern des Rates nach dem Urteil gefragt, *für Recht fand, man solle sie darum brennen.*[65]

Das geistliche Gericht

Im Gegensatz zu den Bürgern und Einwohnern der Stadt konnten die Geistlichen nur vor dem geistlichen Gericht belangt werden, das auch für Ehe-, Vormundschafts- und Testamentsangelegenheiten zuständig war. In solchen Angelegenheiten konnte also auch jeder Laie mit diesem Gericht zu tun bekommen. Der Rat mußte die Sonderstellung des Klerus in der Rechtsprechung beseitigen, wollte er ein einheitliches und von ihm kontrolliertes Gemeinwesen schaffen. Der früheste Beleg, der zeigt, wie der Rat darauf hinarbeitete, daß er auch in Causae mixtae (Kleriker/Laie) zuständig war, stammt von 1373.[66] In der Folgezeit zog der Rat wiederholt solche Konflikte an sich, konnte sich aber zunächst nicht immer durchsetzen. Sofern der Geistliche den Rat als Gerichtsherrn in seinem Streit mit einem Bürger nicht anerkannte, unternahm der Rat entweder gar nichts, oder er übte auf den Kleriker Druck aus, von der Vorladung des Bürgers vor das geistliche Gericht Abstand zu nehmen.

Ein Kompromiß wurde spätestens 1518 erreicht: Man bildete ein Gericht, in dem »die« Vertreter des Klerus, die Pfarrherrn der drei städtischen Pfarrkirchen, als sachkundige Richter beigezogen wurden. 1527 legalisierte ein Vertrag zwischen dem Rat und den drei Pfarrherrn samt allen Geistlichen, die in Hannover wohnten, diese Rechtspraxis. Allerdings durfte dieses Gericht nur solche Streitigkeiten von Laien und Geistlichen verhandeln, die aus *Zinsen, Schulden, widerwilligen Worten und Werken* herrührten. Appellationsinstanz für die beim gemischten Gremium anhängigen Prozesse war der Landesherr. Ein Stadtverweis drohte jedem, der dieses gerichtliche Verfahren nicht anerkennen wollte.

Mit der Reformation veränderte sich der Status des Klerus. Nach der Stadtordnung von 1534 galt das Ratsgericht allein als das zuständige Gericht, als Appellationsinstanz das herzogliche Hofgericht, auch für den altgläubig gebliebenen Klerus. In der Folgezeit kam es wegen der Jurisdiktionsgewalt über die Geistlichen wiederholt zu Auseinandersetzungen mit dem Landesherrn, der Kompetenzen des Rates an sich ziehen konnte.[67]

3.7. Gesundheit und Krankheit

Die städtischen Badestuben

Angesichts unseres so hochentwickelten Gesundheitswesens hätte uns das des Mittelalters, würden wir darin zurückversetzt, vermutlich in Angst und Schrecken versetzt. Die Menschen standen den periodisch wiederkehrenden Seuchen hilflos gegenüber. Die starke Verunreinigung der Straßen, Mensch und Vieh auf engstem Raum, mangelhafte Reinlichkeit in den Häusern, das Fehlen einer vernünftigen Diätetik und die falsche Ernährung trugen zur raschen Verbreitung von Krankheiten bei. Das heißt aber nicht, daß es keine Vorsorgemaßnahmen gab. Dazu gehörten die öffentlichen Badestuben. Da man damals in der Regel noch kein eigenes Badezimmer im Haus hatte, wohl aber einen Sinn für Hygiene, schufen sich die Stadtbewohner Einrichtungen, die sie gemeinsam benutzten. Diese Badestuben waren ein Ort der Körperpflege, der Geselligkeit, oftmals aber auch ein Ort ungezügelter Sinnenfreude.

Die Leitung solch eines Badehauses lag in den Händen eines vom Rat angestellten und beaufsichtigten Bademeisters *(Bader)*[1], der seine Dienste auch als Wundarzt, Masseur, Friseur und Kuppler anbot.[2] Ihm unterstanden eine Reihe von Badeknechten und Bademägden. Erstere sorgten für den für Dampf- und Schwitzbäder nötigen Dampf, indem sie erhitzte Ziegel- oder Kalksteine mit Wasser begossen.[3] Die Bademägde übernahmen Massage und Waschen.

In Hannover gab es drei Badestuben: den Osterstoven, den Nyenstoven und den Leinstoven.[4] Sie waren ausgestattet mit Holzzubern, Kübeln und Geräten zum Wassertragen, Körperpflege und Heilbehandlung. Seife und Badetücher wurden offensichtlich gestellt. Darüber sind wir informiert durch die Anklage gegen einen hannoverschen Bürger, der 1483 ein Badelaken gestohlen hatte.[5]

Baden konnte jeder, der das Badegeld bezahlte[6] und nicht von *Aussatz*[7] befallen war. Damit auch Arme zu einem Bad kamen, stiftete 1393 ein hannoverscher Bürger ein Kapital für ein wöchentliches Freibad *(Seelenbad)* im Nyenstoven. Badetag war der Donnerstag.[8] Der Osterstoven war dienstags, mittwochs und donnerstags geöffnet[9]; bei dem Leinstoven wird es ähnlich gewesen sein.

Über die Badefreudigkeit der Hannoveraner ist wenig bekannt, doch wird man annehmen dürfen, daß sie ebenso wie die Bewohner anderer Städte oft und ausgiebig badeten. Wir wissen, daß Gilden das Baden als eine der Voraussetzungen für den Erwerb des Amtes ansahen. Beispielsweise bestimmte ein Statut der Hoker aus der Zeit um 1530, daß der neue Amtsbruder vor seiner Aufnahme das ganze Amt, *fruwen und mans,* in die Badestube einladen mußte, nachdem er alle zuvor mit Speis und Trank bewirtet hatte.[10] Doch damit noch nicht genug. Eine Bestimmung aus dem Statut der Kürschnergilde (um 1450) sah vor, daß man den Frauen, die zum Baden gingen, noch eine Kanne Bier mitgab.[11] Über den weiteren Verlauf schweigen die Quellen.

Natürlich war es nicht ungefährlich, die Badestube zu besuchen. Wenn ein von Läusen geplagter Reisender sich ihrer in der Badestube zu entledigen hoffte, bedeutete das immer eine Gefahr für die übrigen Badegäste. Von anderen Städten wissen wir, daß Leute dorthin auch ihre ansteckenden Krankheiten schleppten, vor allem ihre Geschlechtskrankheiten[12] – in Hannover wird es nicht anders gewesen sein. Wie groß das Risiko des Badens war, zeigt das Beispiel des Johann Blome, Pfarrer der Marktkirche. Auf einer Reise nach Brüssel hatte er sich 1531 eine Infektion am Zeh zugezogen. Als er am 22. Juli nach Hannover zurückkehrte, badete er sogleich im Badehaus, wo er sich vollends infizierte. Drei Wochen später trug man ihn zu Grabe.[13] Im Laufe der Zeit scheint man sich immer mehr bewußt geworden zu sein, welche Ansteckungsgefahr das intensive Baden bedeutete, denn die Badehäuser gingen im 17. Jahrhundert ein.[14] Dessenungeachtet bestand z. B. der Osterstoven noch 1685.[15]

Heilverfahren: Aderlaß und Schröpfen

Die Tätigkeit des Baders haben wir schon kurz angesprochen. Zu seinen wichtigsten Aufgaben gehörten auch das Aderlassen und Schröpfen. Diese Heilverfahren sollen im folgenden dargestellt werden, wobei diese Ausführungen keine medizinhistorische Abhandlung ersetzen wollen oder können.

Die herrschende Meinung in der Heilbehandlung vertrat die Auffassung, daß Krankheiten aus den überflüssigen Säften des Leibes entstünden. Immer, *wen des bluts mehr iß den der leib zur narunge bedarfft,* sollte man sich Blut abzapfen lassen[16], sei es durch Aderlasse oder durch Schröpfen. Nach Dr. Johann Hebestreit, Hofmedicus Herzog Erichs II. (1540–1584), dem wir eine Abhandlung über diese Heilbehandlung verdanken, bestand der Unterschied darin, daß beim Aderlaß das Blut *von tieffen herauß* aus Herz, Lunge, Leber und Milz gezogen werde. Dagegen werde es durch das Schröpfen nur aus dem *äußeren,* aus Fleisch und Haut, gezogen. Hebestreit und seine Zeitgenossen waren überzeugt, daß Aderlasse, *wen sie recht geschickt, zu geburlich zeit und mitt rechter masse* durchgeführt würden, Krankheiten verhüten und ein langes Leben gewähren könnten.

Entsprechend dieser Auffassung sollten nach Dr. Hebestreit diejenigen Personen den Aderlaß durchführen lassen, *so wolleibig und doch nicht zu feist* seien sowie die, *die sich ihn yrem Regimente halten mit grossem Wollust essens und tringkens,* außerdem solche, *die nicht baden, noch der leibe viell pflegen.*

Die damalige Medizin beruhte weniger auf naturwissenschaftlicher als vielmehr auf astrologischer Grundlage. Kein Wunder, daß der Aderlaß, sollte er wirksam sein, nur zu bestimmten Zeiten durchgeführt werden durfte.[17] Dr. Hebestreit schlug deshalb vor, im *ersten Quart des Mondes* nur *junge Menschen* zur Ader zu lassen, im zweiten Quart 25–35jährige, im dritten bis 65jährige und im vierten Quart die ab 65jährigen Menschen.

Für den Zeitpunkt und die Dauer des Aderlasses war auch die Harnprobe wichtig. Nach Dr. Hebestreit galt hier folgende Regel: *wen der Harnn rot und dick iß, so erheischt alzeit grosse noth ader zulassen, aber dagegen keins wegs der weisse dunne harn.* Sofern die Urinprobe ergab, daß das Blut *schleunerig, dick und unartig* sei, sollte es der Bader mit Hilfe von Arzneien zuvor flüssig machen. Jedoch waren folgende Personen vom Aderlaß ausgenommen:

Wer sich ihn wein voll gesoffen od(er) *des abendts voll od*(er) *sonst unlustig gewes*(en)*... Item, die so geneigt sein zum brechen, und den magen voller speise und Gallen haben... Item uff das batt* (Bad), *geübte unkeuschheit, harte arbeit, langwirige kranckheit, soll men auch nicht lassen, weill die Spiritus und Kreffte hiedurch vorhin geschwecht sein.*

Wichtig war, daß man in die Hände eines erfahrenen Barbiers kam, der Venen von Arterien unterscheiden konnte und nicht die Pulsader öffnete, wie es wiederholt vorkam. Der Bader sollte eine *leichte, nicht zitternde Hand* haben. Sein Eisen sollte scharf sein, *im Winter breiter als im Sommer.*

Welche Ader jeweils geöffnet wurde, hing von der Krankheit des Patienten ab. Die *Ohrader* war z. B. zu

öffnen bei »Zittern des Haubts und sausen der Ohren«, die *Zungader* bei *geschwulst ihm halse und ihm munde«*, die *Halsader* bei Kopfweh, kurzem Atem und Heiserkeit, die *Hauptader auf der Hand* bei Fallsucht. Die *Stirnader* sollte geöffnet werden bei den *Blattern und unreinigkeit des angesichts ... So sie aber zu offt gelassen, minderts die vernunfft und wirdt Memoria* (Gedächtnis) *geschwecht.*
Problematisch konnte diese Prozedur werden, wenn *»die geschlagene Ader nicht lauffet«*. Dr. Hebestreit führte das auf fünf Ursachen zurück:

1. *Furcht und Schrecken des Patienten.* In diesem Fall sollte man dem Patienten eine in Wein getauchte Scheibe Brot geben und sein Gesicht mit Rosenwasser besprengen.
2. *das das lochlein d*(er) *geschlagenen Ader zu klein und also nicht genugsamb geoffnet.* Für diesen Fall war vorgesehen, die Öffnung zu erweitern.
3. zuviel Blut, so daß die Öffnung rasch verstopft wird. Der Bader soll die Arme des Patienten bewegen und ihm auf die Schulter schlagen.
4. *ist die grobheit und dicke des gebluts.* Das Blut sei mit Arzneien flüssig zu machen.
5. zu wenig Blut im Körper. Vorschlag: *mit sterckend*(er) *speise den Patienten erquicken.*

Nach dem Aderlaß, bei dem der Patient ca. ¼ Liter Blut verlor, sollte der Patient den Arm oder die Hand eine Zeit lang hochhalten, sich nicht zu sehr bewegen oder hart arbeiten und *alle böse Begierden meiden.* Auch sollte er sich *desselben tags nicht vollsauffen.* Am sechsten Tag durfte er wieder baden.
Ähnlich wie beim Aderlaß gab es auch beim Schröpfen bestimmte Körperstellen, an denen das Blut entnommen wurde. Nach Meinung von Dr. Hebestreit half das Ansetzen von Schröpfköpfen (Gefäße aus Glas oder Horn) zwischen den Schultern bei *Herzzittern. Auff den Arßbacken* angesetzt, dienten sie dazu, den *ganzen Leib, das Blut zu reinigen.* Ein Schröpfkopf oberhalb des Knies plaziert, reinigte die Nieren (!), *auch fördert es den Frauen ihre Blumen, darum will* (es) *sich nicht gebühren den jungen Frauen ausgenommen ein- oder zweimal nach dem Kindbett, ehe sie wieder empfangen.*
Der Bader nahm zunächst allein Aufgaben der gewerblichen Heilkunst wahr. *Er schnitt, verband, operierte, renkte ein, behandelte Knochenbrüche, zog Zähne und was dergleichen täglich anfiel.*[18] Seine »Ausbildung« bestand meistens aus der langjährigen Erfahrung. *Es muß erfahren und erlernt werden, und sollt es hundert Bauern kosten,* soll ein Bader über seinen Beruf gesagt haben.[19] Seit dem 13. Jahrhundert tauchen in Städten die ersten Ärzte auf.[20] Dennoch sollte der Bader über Jahrhunderte für die meisten Menschen der »praktische Arzt« bleiben.[21]

Ärzte, Barbiere und Chirurgen

Der Stadtarzt wurde in der Regel für mehrere Jahre angestellt. Für Hannover ist spätestens seit 1446 ein Stadtarzt für die Mitglieder des Stadtregiments bezeugt. Im Bestallungsvertrag von 1456 heißt es dazu[22]:

Item am Dienstag nach Palmarum (23. 3.) *empfangen der Rat und* (die) *Geschworenen Meister Johann v. Colne IIII Jahre nacheinander folgend für ihren Arzt und Diener jedes Jahr zwei Pfund hann. Währung zu geben, und die Sommerkleidung gleich anderen Ratsdienern; dazu soll er haben die Zeit über das Haus und Kemenate bei dem Marstall darin zu wohnen, und den Garten halb ...; wenn dann Meister Johann dem Rat nicht länger gefällt oder daß er in des Rates Diensten nicht länger bleiben wolle, das solle einer dem anderen ein halbes Jahr vorher bekannt geben ...*

Der Rat machte mit diesem Arzt offenbar gute Erfahrungen, denn neun Jahre später stellte er Meister Johann v. Colne auf Lebenszeit an.[23] Während wir bei diesem Arzt nicht wissen, welche Ausbildung er absolviert hatte, können wir mit Bestimmtheit sagen, daß der erste studierte und promovierte Stadtarzt *(Stadtphysikus)* 1567 eingestellt wurde.[24]

Im Laufe der Zeit nahm die Spezialisierung im Heilberuf zu. Außer Badern praktizierten jetzt auch Chirurgen *(Bruch- und Steinschneider).* Außerdem gab es immer mehr Bader, die ihrem Gewerbe außerhalb der Badestube nachgingen *(Barbiere).* Da jeder »alles« machen wollte, konnten Streitigkeiten um die Verteilung der Aufgaben nicht ausbleiben. Solche Streitigkeiten können wir in vielen Städten am Ausgang des Mittelalters beobachten.[25] In Hannover mußte der Rat erstmals 1473 eingreifen.[26] Er bestimmte, daß die Bader ihre gewerbliche Heilkunst nur in den Badestuben ausüben dürften; das Barbieramt verlieh der Rat an vier Barbiere oder Chirurgen. Sie allein waren befugt, das Messingbecken (Aderlaßbecken) als Zeichen ihres Handwerks vor ihrem Haus aufzuhängen.

Diese Ärzte praktizierten also in ihrem eigenen Haus. Bei langwierigen Krankheiten wurden die Patienten offenbar von ihnen aufgenommen oder in der Nachbarschaft untergebracht. So schrieb Meister Cord Dankmer, seines Zeichens Bruch- und Steinschneider, am 28. November 1593 an den Rat, er habe *vonn Jugent auff ... die Kunst des stein und bruche schneidens ... mitt vleiß gelernett und an vielenn breschafftigen Menschen szo woll ann Burgern und burger kindern als auch ann andern beide Adels und unadelß persohnen* durchgeführt. Er habe, so schreibt er weiter, seine Patienten, *offtermhal uber Zehenn ader Eilff ... hin und wider bey guthenn leuten* untergebracht. Um sie bei sich aufnehmen zu können, bittet er den Rat, ihm eine Bude in der Judengasse zu überlassen.[27]

Wiederholt versuchten auch andere Ärzte in Hannover Fuß zu fassen. Das sollte durch die Einbindung der Ärzte in die Gildeordnung verhindert werden. In der Satzung der Barbiere und Chirurgen vom 5.12. 1645[28] heißt es dazu: *Damit einer den anderen in dießen schweren Zeiten, auch sonsten an der nahrung nicht behinderen, undt das Brodt (wie man sagt) fur dem Munde abschneide*, wurde beschlossen, daß in Hannover nicht mehr als *vier Meister der Chirurgia und Barbierkunst zugelaßen werden sollen noch konnen.* Wer in Hannover praktizieren wollte, mußte zunächst Gott und sein heiliges Wort lieben. Seine Lebensführung hatte den Grundsätzen der evangelischen Lehre zu entsprechen. Nachzuweisen waren außerdem *beglaubigte Geburt* und der *Lehrbrief, daß er bey einem redlichen, und dieses ehrlichen Ambts würdigen Meister (zu verstehen, welcher die Kunst gleicher gestalt in seiner Jugendt gelernet habe), drey Jahr lang continue geweßen.* Desweiteren sah die Satzung vor: *vier Jahr soll Er gereiset* (sein), *bei den vornembsten Meistern in den löblichen Reiches: auch an Seestädten woll versucht* und in *seinem Gesellenstande sich ehrlich und züchtig ... verhalten haben.*

Die Anfertigung des Meisterstücks bestand in der Zubereitung verschiedener Tinkturen, Salben und Pflaster.[29] Anschließend nahmen die Meister und der Stadtphysikus die mündliche Prüfung ab. Die ganze Prüfung konnte dreimal wiederholt werden. Allerdings mußte er beim vierten Anlauf zuvor ein weiteres halbes Jahr Praxis absolvieren, *umb beßerer erfahrung zu gewinnen.*[30] Nach bestandenem Examen schwor der neue Meister den Amtseid, dem Amt *treu und holt* zu sein, die Amtsstatuten nicht *zu schwächen, sondern nach besten Kräften zu fördern.* Wir haben es bei dieser Berufsgruppe also auch im wesentlichen mit Praktikern zu tun. Der im Statut erwähnte Stadtphysikus war dagegen wahrscheinlich studiert.[31]

Trotz der Bestimmungen des Rates versuchten die Bader immer wieder, in den Aufgabenbereich der Barbiere einzudringen. 1677 flammten die Streitigkeiten erneut auf. Am 2. März schrieben die Barbiere und Chirurgen dem Rat, es gehe nicht an, *Baden, Schröpfen und dergleichen mit der Barbierkunst einmischen und vermengen* zu wollen. Der Bader Ludwig Hirschfeld – er hatte den Osterstoven gepachtet – solle deshalb sein ausgehängtes Messingbecken – das ja nur die Barbiere aushängen durften – wieder abnehmen. Er könne, wie es ja allgemein üblich sei, einen Badeschurz oder ein Badetuch vor der Badestube aufhängen, damit ihn *die außwertige*(n) *und fremde*(n)... *dabei woll finden können.*[32]

Die Begrenzung der Zahl der Barbiere in der Altstadt auf 4 führte wiederholt dazu, daß Barbiere aus der Neustadt in der Altstadt praktizierten.[33] Am 7. November 1681 beklagten sich die eingesessenen Barbiere darüber beim Rat[34] und brachten das uns schon vertraute Argument vor, nämlich daß *durch die Menge der Nahrungsgenossen einem jeden* (die) *Nahrung verringert werde.* Dadurch, so fuhren sie fort, gerate *eine jede Wissenschaft in Abgang... auch an Stelle fleißiger erfahrener Männer nachlässige und einfältige Leute sich hervortun, welche außer dem Namen der Disziplin und einigen Externa wenig Beständiges zu schaffen wissen.* Das sei besonders schlimm in der Chirurgie, *welche ihre vornehmste Verrichtung hat bei dem edelsten Körper eines vernünftigen Menschen, dessen Gesundheit und Wohlstand mit keinem Geld zu vergleichen* sei.[35]

Wunderheiler

Schwer zu schaffen machten den niedergelassenen Barbieren nicht nur die Bader, sondern auch die *Fuscher, Störer* und *Winkelärzte.*[36] Ihrer Meinung nach waren deren Patienten zu bedauern, denn seien sie erst einmal in die Hände dieser Fuscher gefallen, seien sie *unwiderruflich verdorben* und müßten bald sterben.[37] Demgegenüber waren diese Ärzte selbst von der Qualität ihrer Arbeit durchaus überzeugt. Solche Wunderärzte, deren Ausbildung weithin unbekannt ist, kamen häufiger nach Hannover. So hatte sich 1594 ein *Büttel* aus Wunstorf unterstanden, in Hannover ausgerenkte Glieder wieder einzurenken und Wunden zu verbinden, *welchs doch nicht ihme zustehett.*[38] Dadurch, so meinten die Barbiere, Bekanntes wiederholend, entziehe er ihnen ihre Nahrung und schneide ihnen *das tägliche Brot vor dem Maul ab.*[39]

Die Spezialitäten solcher Operateure, die von Stadt zu Stadt zogen und ihre Dienste marktschreierisch anboten, waren das Starstechen, das Stein- und Bruchschneiden sowie Hasenschartenoperationen. Am 23. Mai 1693 kam ein solcher Wunderarzt, Andreas Justus Hutterus, nach Hannover. Er nahm Quartier im Schusterkrug auf der Osterstraße, wo er auf seiner Stube jeden Tag von 6 Uhr bis 20 Uhr Sprechstunde hielt. Um auch gebührend auf sich aufmerksam zu machen, verkündete er überall in der Stadt seine Wundertaten: Am 14. Mai habe er einen 14jährigen Knaben aus dem benachbarten Dorf Ricklingen, der mit einer abscheulichen Hasenscharte zur Welt geboren sei, geschnitten und völlig geheilt. Eine betagte Frau, die seit geraumer Zeit stockblind gewesen war, habe er am 17. des Monats mit Hilfe eines goldenen Instruments in Gegenwart vieler Menschen wieder zu ihrem Gesicht gebracht. *So gehet mein Zweck dahin/daß mit diesem geringen nur dieses respective dienst- und freundl. erinnern wollen/daß mich niemand vor einen solchen Marckschreyer und Idioten ansehen noch halten, sondern eine andere und besser Meinung von mir fasse, und haben möge, und da ich noch unterschiedliche blinde Personen... in meine Cur genommen, so noch diese oder künfftige*

Wochen ... zur operation genommen werden sollen, so müchte (ich) *noch etliche Wochen allhier ... verweilen, da denn gebrechliche Personen in Zeiten sich bey mir einfinden, und guten Rathes und Hülfe sich bedienen können.*[40]

Außer solchen männlichen Wunderheilern gab es während des Mittelalters und der frühen Neuzeit Frauen, denen besondere Heilkräfte nachgesagt wurden. So ging z. B. 1530 Wunneke Fricke wegen ihres Augenleidens zu Metteke Gerleves. Diese *küßte* ihr *irgend etwas in ihre Wangen,* in der Meinung, daß *das erst heraus müßte, das der Teufel da hineingebracht hätte.* Vom Vogteigericht befragt, wer ihr das gesagt hätte, gab sie zur Antwort, daß ihr das Jesus gesagt hätte, den sie im Schlaf gesehen habe. Sie wurde der Stadt verwiesen *um ihrer Missetat und* (ihres) *Mißglaubens willen.*[41]

Bei den reicheren Bürgern Hannovers war es üblich, mehrere Ärzte zu konsultieren, wobei sich allerdings der Erfolg nicht immer einstellte. 1531 hatte sich, wie oben gesagt, der Pfarrer der Marktkirche, Johann Blome, eine Infektion am Zeh zugezogen. Daraufhin suchte er zunächst die hannoverschen Ärzte auf. Als die ihm nicht helfen konnten, wandte er sich an den Hildesheimer Arzt Meister Bernd. Dieser reiste nach Hannover, diagnostizierte »Wundbrand« und schritt sofort zur Amputation des Zehs. Nachdem die Schmerzen aber nicht nachließen, beschloß der Kranke, selbst nach Hildesheim zu reisen, wobei er nur auf einem Wagen, der mit Stoffen ausgeschlagen war, liegend transportiert werden konnte. Als er im Haus seines Schwagers ankam, warteten außer Meister Bernd noch Ärzte aus Wunstorf auf ihn. Dieses Kollegium kam zu dem Ergebnis, daß eine weitere Operation unumgänglich sei, und amputierte einen weiteren Zeh. *Aver dat fuir* (Feuer) *was ome alrede* (schon) *im vote* (Fuß), wie sein Schwager berichtet. Der Kirchherr litt entsetzliche Schmerzen, *das nicht möglich ist nachzuerzählen. Er konnte nicht schlafen, nicht liegen, nicht sitzen, sondern ging so stets auf der Kammer auf zwei Krücken hin und her.* Schließlich riet der Hildesheimer Chirurg zur Amputation des Beines oberhalb der Kniescheibe.

Welche Erfolgsaussichten Patient und Arzt einer solchen Operation zumaßen, erkennt man daran, daß Johann Blome zuvor dem Probst von Wennigsen seine Kirche verlieh. Mit dem behandelnden Chirurgen schloß er folgenden Vertrag: Er sollte sofort nach der Amputation 30 Taler und für seinen Knecht 3 Taler erhalten. Überlebte der Patient den Eingriff, sollte er innerhalb von 5 Wochen noch einmal 5 Gulden bekommen sowie weitere 4 Gulden, wenn Blome wieder gesund würde.

Der Kranke wurde zur Operation auf die Diele (!) gebracht. Meister Bernd führte die Amputation durch. Über die erste Rate seines Honorars kam er aber nicht hinaus, da sich der Zustand des Patienten so verschlechterte, daß er schon drei Tage später die letzte Ölung erhalten mußte. Am vierten Tag, morgens kurz vor 9 Uhr, starb er im Beisein seiner Schwestern, Brüder und Vettern.[42]

Ferndiagnosen

Mitunter konsultierte man mehrere Ärzte auch brieflich, wobei sich die Angeschriebenen nicht scheuten, eine Ferndiagnose zu stellen und Therapievorschläge zu unterbreiten. Als z. B. die Ehefrau des hannoverschen Bürgermeisters Berthold Homeister erkrankte, stellte Dr. Christoph Germanus aus Neustadt a. Rbg. am 25. 9. 1561 die Diagnose, daß seine Frau an Asthma leide. Er empfahl ihr, Stockfisch, Käse, Milchwerk, Aal, Schleie und Karpfen zu meiden und Hühner, Hammelfleisch, Rindfleisch *und derselben Suppen und Brühe* zu essen.[43]

An dieser Krankheit litt auch die Witwe des Baltasar Turke. Als sie deswegen an Dr. Hektor Mithobius in Lüneburg schrieb, erklärte ihr dieser am 26. 11. 1568 zunächst ihre Krankheit: *Dieser Euer Gebrechen ... heißt bei den Gelehrten Asthma.* (Es) *ist eine Beschwerung der Lunge, welche ein Instrument und Werkzeug des Atems, und sobald derselben etwas zutritt an Beschwerungen ... so muß sich dasselbe äußern und entledigen durch den Katarrh und Husten, auch Auswurf mit Husten.* Anschließend macht er seine Therapievorschläge, die denen des Dr. Germanus ähnlich sind: Maßhalten im Essen und Trinken. Außerdem riet er ihr, sich zu hüten vor *kalten und nassen Zeiten,* vor *West- und Nordwind.*[44]

Ein anderer Patient litt an der Gicht. Da *diese Krankheit will in allen Dingen Mäßigkeit haben,* empfahl Dr. Mithobius folgende Gerichte: *Wachteln, Feldhühner, Tauben, Drosseln, kleine Vögel, ist alles gut, was gebraten, besser als gesotten. Eier, Milch schaden Euch im Sommer nicht, frischer Käse ist nicht notwendig, alter Käse ist gut ... Fische gebraten sind gesund.* Außerdem riet er, um 21 Uhr zu Bett zu gehen und *zuvor alle Glieder auf die rechte Seite, danach auf die linke* zu legen. *Acht oder neun Stunden Schlaf sind all genug, was darüber, ist nicht gut.*[45]

Es kam auch vor, daß diese Fernbehandlung nicht den gewünschten Erfolg brachte. So passierte es 1566, daß die von dem Hildesheimer Arzt Henning Konerding einem hannoverschen Bürger verordnete Arznei negative Wirkungen hervorrief. Als der Patient daraufhin dem Arzt schrieb, führte dieser das auf den Stand des Hundssterns (Sirius) zurück: *denn zu dieser Zeit gehen die Medikamente nicht so wohl in ihren Affectum, als außerhalb dieser Zeit.*[46]

Das Apothekenwesen

Die Kenntnis von der Heilkraft bestimmter Kräuter war im Mittelalter weit verbreitet. Ursprünglich wird außer den Klöstern auch so mancher Haushalt über Kräuter zur Heilbehandlung verfügt haben. Seit dem 13. Jahrhundert finden wir in Städten die ersten Apotheker.[47] Im 14. Jahrhundert begann man, städtische Apotheken einzurichten.[48] In Norddeutschland hießen sie meist »Ratsapotheke«, in Süddeutschland »Stadtapotheke«. Der Unterschied bestand darin, daß die süddeutschen Apotheken nur teilweise städtisches Eigentum waren. Hier konnte der Apotheker auf eigene Rechnung arbeiten.[49]

Für Hannover ist der erste »Apotheker« 1487 bezeugt[50], die erste Ratsapotheke 1565.[51] Vor dieser Zeit, aber auch noch danach, holte man Arzneien u. a. aus der Hildesheimer Apotheke[52], die seit 1318 bestand und eine der ältesten Apotheken im Reich war.[53] Mit der Einrichtung der hannoverschen Ratsapotheke können wir das Apothekenwesen in dieser Stadt besser verfolgen. Der Rat erließ eine Apothekenordnung, die 16 Punkte umfaßte.[54] Danach hatte der vom Rat angestellte und von zwei Apothekenherren und dem Stadtphysikus beaufsichtigte Apotheker *alle Materialien, Kräuter, Wasser, Weine und alle Dinge, die dazu gehören, in fleißiger Acht* zu halten. Giftige Arzneien die stets unter Verschluß gehalten werden mußten, durfte er weder an *verdächtige* noch an *unbekannte Personen verschenken oder verkaufen.* Sofern solche Arzneien benötigt wurden, mußte er zuvor die Erlaubnis der Apothekenherren einholen. Auch war es ihm untersagt, die ärztlichen Rezepte abzuändern. Waren nicht alle benötigten Medikamente vorrätig, war das dem Stadtphysikus mitzuteilen, *auf das derselbige darum zusehe und andere Mittel dazu nehme.* Die übrigen Bestimmungen regelten den Gebrauch der Maße und Gewichte sowie die Buchführung. Seit 1568 ließ der Rat ein Apothekenregister führen, in dem die Einnahmen und Ausgaben für die Apotheke verzeichnet sind. Anhand dieses Registers wissen wir, daß der hannoversche Apotheker weite Reisen unternahm, um Arzneien einzukaufen. Wir finden ihn in Antwerpen, Bremen, Frankfurt a. M., Goslar, Hamburg, Leipzig und Magdeburg.[55]

Diese Wareneinkäufe erinnern an die einer Kolonialwarenhandlung um die Jahrhundertwende. Von Bienenwachs, Bindfaden, Papier, Tinte über Süßigkeiten und Gewürze bis zu Weinen war alles zu haben. Auf einer Rechnung über Wareneinkäufe vom 20. Juli 1678 finden wir auch so sonderbare Dinge wie den Rückenschulp des Tintenfisches und Einbalsamierungsstoffe. Darüber hinaus ließ der Rat in der Stadt auch Apothekengärten anlegen, in denen Heil- und Gewürzpflanzen sowie Zierpflanzen und Obstgehölze angebaut wurden. Der erste von drei Gärten wurde 1568 angelegt und lag hinter dem Franziskanerkloster. Er war vielleicht der frühere Kräutergarten des Klosters, das ja nach der Reformation aufgelöst worden war.[56] Dieser Garten bestand bis etwa 1640. Anschließend wurde dort das Leineschloß, die neue Residenz des Landesherrn, gebaut. Ein zweiter Apothekengarten wurde vermutlich 1579 auf dem Ottenwerder angelegt. Er war bis 1686 in Gebrauch.[57] Der dritte Garten lag seit 1686 vor dem Ägidientor in der Masch. Bis ins 18. Jahrhundert wurde er benutzt.

Die Spitäler

Außer den öffentlichen Badestuben sowie dem Arzt- und Apothekenwesen gehörten auch die Spitäler zur städtischen Gesundheitsfürsorge. Die Spitäler des Abendlandes waren ursprünglich kirchliche Einrichtungen. Sie boten Reisenden und Gebrechlichen ein Dach über dem Kopf, geistlichen Zuspruch und – nicht immer – ärztliche Betreuung. Seit dem 13. Jahrhundert begann auch in diesem Bereich die Kommunalisierung, d. h. der Rat unterstellte die Spitäler seiner Aufsicht.[58] Das älteste Spital Hannovers war das Hl.-Geist-Spital, das 1256 von Hannovers Bürgern in der Absicht gestiftet wurde, Fremden, Reisenden, Blinden und Lahmen eine Unterkunft zu schaffen. Die Einnahmen für den Unterhalt kamen aus Stiftungen und Almosen. Im Unterschied zu heute lebten im Hospital des Mittelalters Gesunde mit Kranken unter einem Dach. Seit 1323 wurde es üblich, verarmten Ratsherren und Burmestern das Wohnrecht im Spital zu geben, wo sie auch kostenlos verpflegt wurden.[59] Seit Ende des 14. Jahrhunderts haben wir Belege dafür, daß sich auch gutsituierte Bürger in das Spital einkauften.[60] Damit wurde das Spital immer mehr zum Altersheim.

Das Hospital St. Nikolaus, das Leprakranke beherbergte, ist urkundlich erstmals 1325 belegt; es dürfte aber schon 1284 bestanden haben. Es lag, wie allgemein üblich, außerhalb der Stadt, in Hannover vor dem Steintor. Eine medizinische Betreuung der Insassen läßt sich aus den uns erhaltenen Quellen kaum greifen. Vermutlich entschieden die Kirchenpfleger, die das Spital im Auftrag des Rates verwalteten, über die Aufnahme von Aussätzigen, wie es vielerorts der Fall war. Ähnlich wie im Hl.-Geist-Spital finden wir auch im Leprosenhaus seit dem 14. Jahrhundert Gesunde, die dort lebenslang wohnen durften.[61]

Der Bau eines dritten Spitals, des Marienspitals, gelangte nie zur Ausführung. Es sollte vor dem Ägidientor gebaut werden und 13 Personen aufnehmen.

Krankheiten: die Syphilis

Wir haben schon erzählt, daß die Menschen im Mittelalter und in der frühen Neuzeit Krankheiten mehr oder weniger hilflos ausgeliefert waren. Kein Wunder

ABB. 48: Medikamentenrechnung der Ratsapotheke für den Arzt Dr. Rust, 6.–14. Februar 1665.

Ano 1665	Herr Doctor Rüst hat auß Hl. Kastß Apothekey nachfolgend abfodern lassen			
6 febr.	Ein Magen wasser	—	21	—
7.	Ein Clystir 3 mal gemacht	1	6	—
	Ein Pulver	—	3	—
	Einen Rückschlag fürs hauckt	—	4	4
10.	Ein Hertzpulver und ein wasser	—	17	—
	Ein abendtränklein	—	5	—
11	Ein Magen pflaster und ein oell	—	30	—
12	Ein tranck wie der den durst und bibergeil	—	9	—
	2 Pulverlein und pillen	—	11	—
14	noch 2 ander Pulverlein	—	6	—
	Da	4	4	4

ist bezahlt.

Jacob Meyer mpp

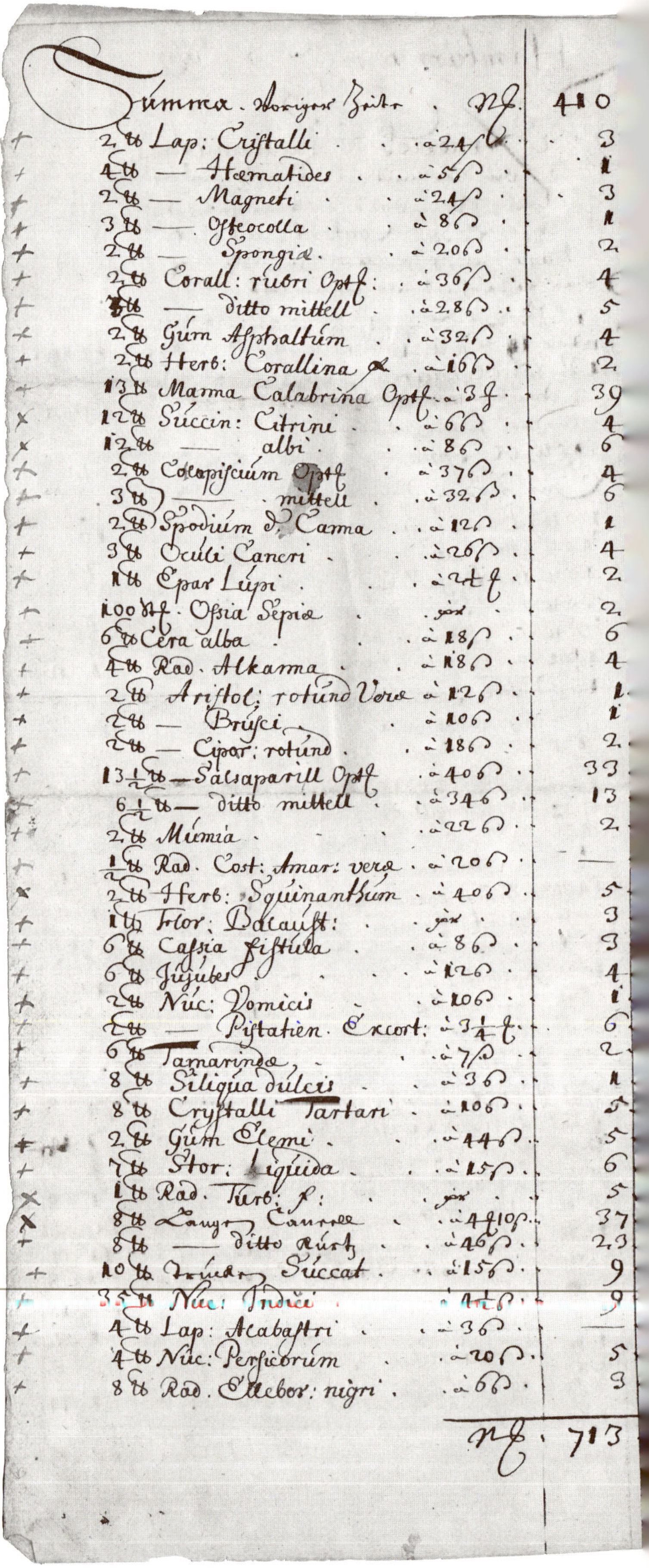
Summa vorigen Zettel . ℛ 410
2 ℔ Lap: Cristalli . à 2 ß . 3
4 ℔ — Hematides . à 5 ß . 1
2 ℔ — Magneti . à 2 ß . 3
3 ℔ — Osteocolla . à 8 ß . 1
2 ℔ — Spongiæ . à 20 ß . 2
2 ℔ Corall: rubri Opt: . à 36 ß . 4
3 ℔ — ditto mittell . à 28 ß . 5
2 ℔ Gum Asphaltum . à 32 ß . 4
2 ℔ Herb: Corallina . à 16 ß . 2
13 ℔ Manna Calabrina Opt. à 3 ℛ . 39
12 ℔ Succin: Citrini . à 6 ß . 4
12 ℔ — albi . à 8 ß . 6
2 ℔ Colophonium Opt. à 37 ß . 4
3 ℔ — mittell . à 32 ß . 6
2 ℔ Spodium d' Canna . à 12 ß . 1
3 ℔ Oculi Cancri . à 26 ß . 4
1 ℔ Epar Lupi . à 2 ℛ . 2
100 ℛ Ossia Sepiæ . pro . 2
6 ℔ Cera alba . à 18 ß . 6
4 ℔ Rad: Alkanna . à 18 ß . 4
2 ℔ Aristol: rotund Veræ à 12 ß . 1
2 ℔ — Brusci . à 10 ß . 1
2 ℔ — Cypar: rotund . à 18 ß . 2
13½ ℔ — Salsaparill Opt. à 40 ß . 33
6½ ℔ — ditto mittell . à 34 ß . 13
2 ℔ Mumia . à 22 ß . 2
½ ℔ Rad. Cost: Amar: veræ . à 20 ß .
2 ℔ Herb: Squinanthum . à 40 ß . 5
1 ℔ Flor: Balaust: . pro . 3
6 ℔ Cassia fistula . à 8 ß . 3
6 ℔ Jujubes . à 12 ß . 4
2 ℔ Nuc: Vomicis . à 10 ß . 1
2 ℔ — Pistatien Excort: à 3¼ ℛ . 6
6 ℔ Tamarinde . à 7 ß . 2
8 ℔ Siliqua dulcis . à 3 ß . 1
8 ℔ Crystalli Tartari . à 10 ß . 5
2 ℔ Gum Elemi . à 44 ß . 5
7 ℔ Stor: Liquida . à 15 ß . 6
1 ℔ Rad. Turb: ƒ: . pro . 5
8 ℔ Lange Canneel . à 4 ℛ 10 ß . 37
8 ℔ — ditto kurtz . à 46 ß . 23
10 ℔ Jngber Succat . à 15 ß . 9
3½ ℔ Nuc: Indici . à 42 ß . 9
4 ℔ Lap: Alabastri . à 3 ß .
4 ℔ Nuc: Persicorum . à 20 ß . 5
8 ℔ Rad. Ellebor: nigri . à 6 ß . 3
ℛ 713

Abb. 49:
Auszug aus der Rechnung
über Wareneinkäufe in Hamburg
für die Ratsapotheke
vom 20. Juli 1678,
Originalformat der Doppelseite
32,2×35,0 cm.

		20	
Summa voriger Seiten. Rthl	713	11	6
$5\frac{3}{4}$ ℔ Terb: Venetiæ . . à 14 g	5	—	6
2 ℔ Licht Schirdt gelb . . à 12 g	1	8	—
8 ℔ Schierbar weiß . . à 5 g	2	8	—
12 ℔ Ofterbarber Grün . . à $5\frac{1}{2}$ g	4	2	—
12 ℔ Rad. Gentiana rubri . à 5 g	3	12	—
$12\frac{1}{2}$ ℔. Orlean . . . à 16 g	12	8	—
6 Kisten prunellen gewogen B. 55 ℔			
Tar. 9 ℔. à $1\frac{1}{2}$ ℔ netto. 46 ℔ . . à 12 g	34	8	—
1 ℔ ol. Succini. albi Opt: . . pr .	7	8	—
4 Untz ol: Foeniculi . à 16 g . .	4	—	—
3 U. — Lig: Rhodini Opt. 3 f .	9	—	—
2 U. — Cariophilli . . à 3 f	6	—	—
1 U. — Macis. distilatæ . pr .	8	—	—
1 U. — Nucum musch: distil: pr .	5	8	—
1 U. — Origanum . . pr .	3	—	—
Vom Vaß dareins.			
8 ℔ Ireas . . à 5 g . .	2	8	—
2 ℔ Rad. rub: Tinctor. à 10 g .	1	4	—
8 ℔ Herb: Capill: Vener: à 15 g .	7	8	—
1 ℔ Fol: Diptam: albi . . à $2\frac{5}{8}$ f .	2	10	—
6 ℔ Rhabarbar. Levant. nov: à 13 f	78	—	—
4 ℔ Fruct: Squillen . . à 6 g .	1	8	—
1 ℔ Lig: Aloes Opt . . pr .	12	—	—
8 ℔ Rad. Gulappa . . à 36 g .	18	—	—
6 ℔ Gum Amoniacum pr: . à 19 g .	7	2	—
4 ℔ — Animæ f: . . à 26 g .	6	8	—
4 ℔ — Carana . . à $5\frac{1}{2}$ f .	22	—	—
2 ℔ — Bdellium Opt . à 52 g	6	8	—
2 ℔ — dito Ord . . à 44 g	5	8	—
2 ℔ — Assa foetida Opt. à 26 g .	2	14	—
4 ℔ — dito mittell . à 16 g	4	—	—
$2\frac{1}{4}$ ℔ — Aloes Succotr . à 40 g .	5	10	—
4 ℔ — Assa dulcis Opt . à 60 g .	15	—	—
4 ℔ — Euphorbium . à 8 g .	2	—	—
4 ℔ — Campfor . . à $4\frac{1}{2}$ f .	18	—	—
1 ℔ — Lacc in granis . pr .	—	12	—
1 ℔ — dito in stücken . pr .	1	—	—
9 ℔ — Opium Thebaicum à $7\frac{1}{4}$ f	21	12	—
2 ℔ — Guttæ . . à 5 f .	10	—	—
4 ℔ — Taccamahac . . à 18 g .	4	8	—
4 ℔ — Opoponax . . à 42 g .	10	8	—
8 ℔ — Mastix . . à 27 g .	13	8	—
4 ℔ — Scammonea pr . à 10 f .	40	—	—
6 ℔ — Ladani . . à 16 g	6	—	—
5 ℔ — Myrrhæ in Sorten à 14 g .	4	6	—
1 ℔ — Electi . pr .	2	2	—
3 ℔ — Aloes Epat: . . à 24 g .	4	8	—
2 ℔ Caballina . . à 16 g .	2	—	—
$\frac{1}{2}$ ℔ Grana Algermes . . à 56 g .	1	12	—
Rthl	1161	14	—

Kurtzer Bericht

gen / oder ein Knöpfflein von Wacholderholtz / welches auch schwangern Frawen nicht schedlich.

Balsam.

Die Naßlöcher mit Angeliken / Rauten / Limonien / Citronen / RosenSälblein / oder Balsam / mit Theriac / Mithridat / oder mit dem in der Apoteken verordneten Balsam bestrichen.

Secklin. *Pomamber.*

Es können auch reiche Leute wolriechende Säcklin / oder Pomamber / wie in der Fürstlichen Apoteken bereitet / in den Henden tragen / vnd daran riechen.

Netzung deß Angesichtes.

+ oder brunnen wasser

Die Hende / vnd das Angesicht frűe morgens mit Rosen / oder Lavendelwasser + / darin Pomerantzen / Limonien / oder Citronenschalen macerirt, vnd eingeweichet sein / sauber vnd rein halten.

Von deß Menschlichen corporis vorbereitung.

Der Mensche wird auff dreyerley weyse võ bösen Feuchtigkeiten vñ dem Giffe bewahret.

DEn Menschlichen Cörper belangt / wird derselbige von dem Pestilentzischen gifft bewahrt / 1. mit einer ordentlicher Diæt: 2. mit reinigung des Geblűts: 3. mit sterckung deß Hertzens.

Von der Diaet.

Lufft / vnd Gemächer.

ERstlich soll man meiden gar warme Stuben / insonderheit Badestuben / denn durch solche wärmnuß deß Menschen Geblűt vorhitzet wird / vnd desto ehe die gifftige art / vnd qualitet / wie auch andere Fieber / an sich nimpt.

In was Wohnung vnd Lufft man sich auffhalten soll / ist zuuor gedacht.

Vnmessiges leben verursachen böse Feuchtigkeiten / darinn sich der gifft kan auffenthalten.

2. Man soll allen vberfluß Essens vnnd Trinckens meiden / denn durch vnmässiges leben / samlet man viel böser humoren, welche zu innerlichen Fäulniß deß Geblűts vrsach geben / vnd das Gifft desto leichter an sich nemen. Darumb sey man mit wenig Speise / so gute nahrung / vnd gut Geblűt geben /

Abb. 50: *Auszug aus dem Pesttraktat des Dr. Conrad Mithobius von 1609.*

ben/zu frieden/vnd meide die vielheit der Speyse/denn varietas ciborum ist pestilens, & longè pestilentior condimentorum varietas, Celso attestante. Gense/Enten/Fische/die keine schupen haben/rho Obst/Kumpskohl/Milch/Schweinfleisch/schimlich/vnd hummig Brodt/vnd alles was leichtlich faulet/vnd hart zu verdawen ist/dienet nicht. Verbottens Speyse.

Starck vnd hitzig Gewürtz vnter der Speyse/bringet mehr schaden/denn frommen. Man soll aber an deren statt/die Speyse mit Essig/insonderheit Rosenessig/Limonien/Citronen Sawrampffer/Granaten/Johannis Treublein Safft/Kerßpern mueß/vnd dergleichen zurichten/oder eintunckens dauon dabey setzen/welche Fäulnuß des Geblütes hindern/vnd wehren. Säwrliche Speyse. Eintunckens.

Starck Getränck/vnde dickes Bier sey verbotten/dagegen Citronen/Carduibenedicten/Salveien/Roßmarien/Alant/Wermuten Wein/vnd Bier nützlich vnd dienstlich. Geträncke.

3. Mittages Schlaff. 4. vnd grosse bewegnus deß Leibes/mit lauffen/ringen/springen vnd dantzen/sein sehr schädlich. Schlaff. Bewegung des Leibes.

5. Es soll ein jeder auch eines freyen Gemüts sein/denn ein frisch Gemüet/machet gut geblüte. des Gemüts

Meiden dagegen Trawrigkeit/Angst/Furcht vnd schrecken/denn solche imaginationes bey kleinmütigen Personen vielmahls impressiones machen vnd verursachen/daß bey solchen Menschen das Gifft desto ehr kan entpfangen werden. Traurigkeit vnd furcht sein schädlich

6. Befindet man auch eine trägheit der Natur in excretione, soll ein Medicus dariñ consulirt werden/denn solche excretiones ultra naturæ debitum retentæ, den Menschen gefahr bringen. Verstopffung des Leibes vnd der gewönlichen gänge bringẽ nichtes gutes.

Von reinigung deß Geblütes.

OBwoll alle Menschen dem schedlichen Gifft der Pestilentz vnterworffen sein/so entfangen dennoch denselben viel ehe/leichter vñ mehr die jenigen/so voll geblütes vñ voller böser Welche Menschen sich der Pest am ersten zu befahren.

Feuchtig-

also, daß sich immer wieder Seuchen ausbreiten konnten und verheerende Folgen gerade für die dicht beieinander wohnende Bevölkerung der Städte hatte.

Die Syphilis oder *Franzosenkrankheit* war ein im 16. Jahrhundert weit verbreitetes Leiden.[62] Man versuchte es dadurch zu bekämpfen, daß man Gujakholz abkochte.[63] Wie diese Behandlung im einzelnen vor sich ging, zeigt die nachfolgende Quelle, die vermutlich aus der zweiten Hälfte des 16. Jahrhunderts stammt.[64] Zunächst, so heißt es dort, müsse man 2 Pfund Gujakholz mit 6 Kannen Wasser aufgießen und 23 Stunden lang quellen lassen. Anschließend werde es *mit einem steten, langsamen Feuer* solange gekocht, bis es auf die Hälfte zusammengegangen sei. Dann müsse es 23 Stunden stehen. Danach sei das Wasser abzugießen und neues aufzugießen. Der Kranke mußte sowohl den ersten als auch den zweiten Aufguß 5 Tage lang trinken. Am 6. Tag seien erneut 2 Pfund Holz mit 6 Kannen Wasser aufzusetzen; die Prozedur war die gleiche. Die Quelle berichtet uns weiter, daß der Kranke 30 Tage lang in einer dunklen Kammer bleiben sollte, wobei er nach einem genau vorgeschriebenen Plan abwechselnd den ersten bzw. den zweiten Sud trinken mußte. Nach Ablauf der 30 Tage durfte sich der Patient nicht *überessen oder übertrinken.* Vielmehr sollte er zuerst wenig essen, dann von Tag zu Tag mehr, doch immer die gleiche Speise. Am 9. Tag durfte er, *mit Kleidern warm angetan,* im Haus herumlaufen, doch mußte er das Haupt *wohl verwahrt* halten, *also daß er das Licht auch langsam und nicht zu bald wiederum anfange zu gebrauchen.* Halte er sich an diese Bestimmungen, so gäbe es *keinen Zweifel, er werde frischer, gesünder, wohlgemuter, als er es sein Leben lang jemals gewesen sei.* Sei der Patient dann kuriert, *und die Luft wieder gewöhnt,* solle er sich mindestens 2 Monate lang *vor aller Unkeuschheit* hüten. Auch solle er sich hüten *vor überflüssigem Fleisch, Zwiebeln, Pfeffer oder anderen hitzigen Speisen,* vor allem vor Fischen möge er sich in acht nehmen, egal ob sie gesalzen sind oder nicht, denn sie seien *ihm zur Krankheit ganz schädlich.* Ob diese Therapie tatsächlich half, sei dahingestellt. Wahrscheinlich war es aber so, daß mehr der Glaube des Kranken an die Heilkraft der Behandlung als die Behandlung selbst zur Genesung beitrug – wie so oft in dieser Zeit.

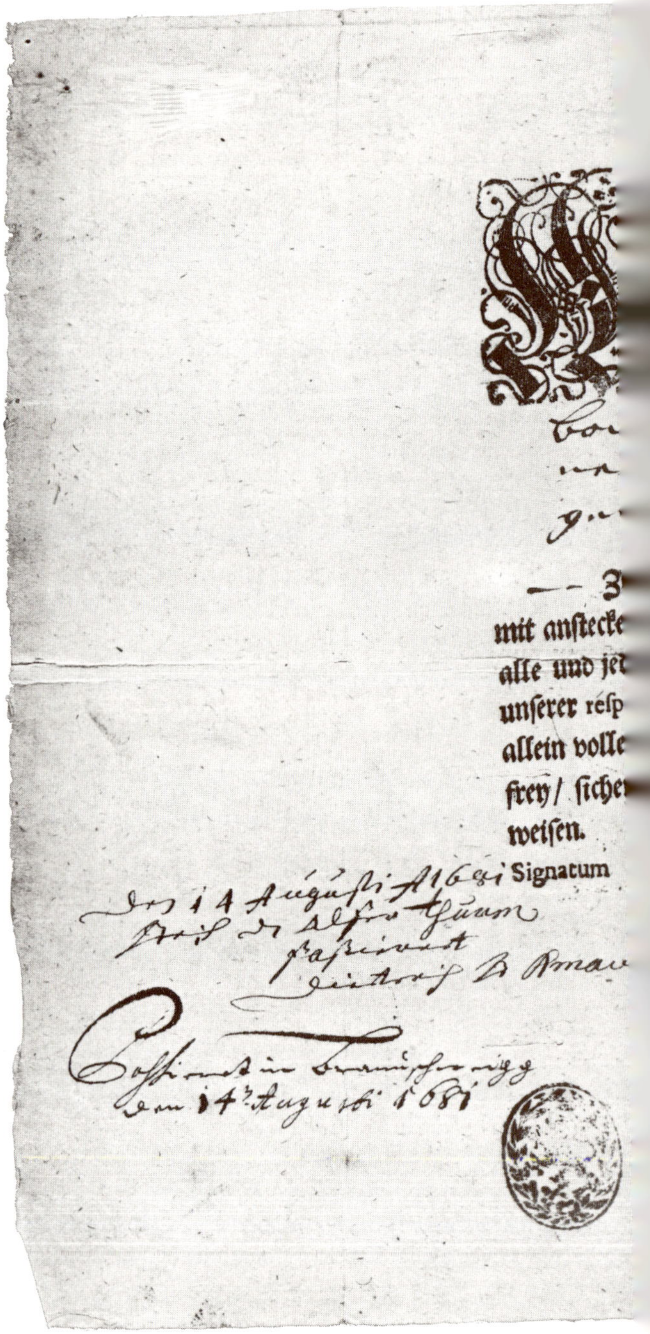
mit ansteck
alle und je
unserer resp
allein volle
frey/ sicher
weisen.
Signatum

Die Pest

Die Pest, der *Schwarze Tod,* war die größte Massenseuche, die Europa immer wieder vom 14. bis zum 17. Jahrhundert heimsuchte.[65] Schätzungen zufolge verloren zwischen 10% und 40% der Bevölkerung ihr Leben.[66] Besonders verheerend wirkte sich die Pest in den dichtbesiedelten Städten aus, wo es zahlreiche Infektionsquellen gab. Hannover soll 1350 bei der ersten Pestwelle 3000 Einwohner innerhalb von 6 Monaten verloren haben[67], 1566 etwa 1000.[68] Diese Zahlen mögen übertrieben sein – entstanden aus der Angst und Hilflosigkeit der Menschen und aus der Unmöglichkeit, die Toten, die schnell verscharrt oder verbrannt werden mußten, zu zählen. Es war aber sicher so, daß jede Familie betroffen wurde, ob arm oder reich. Die dürftige Entwicklung der Medizin in der damaligen Zeit machte eine erfolgreiche Bekämpfung der Seuche fast unmöglich. Vorkehrungen gegen die Pest waren auch deshalb schwierig zu treffen, weil

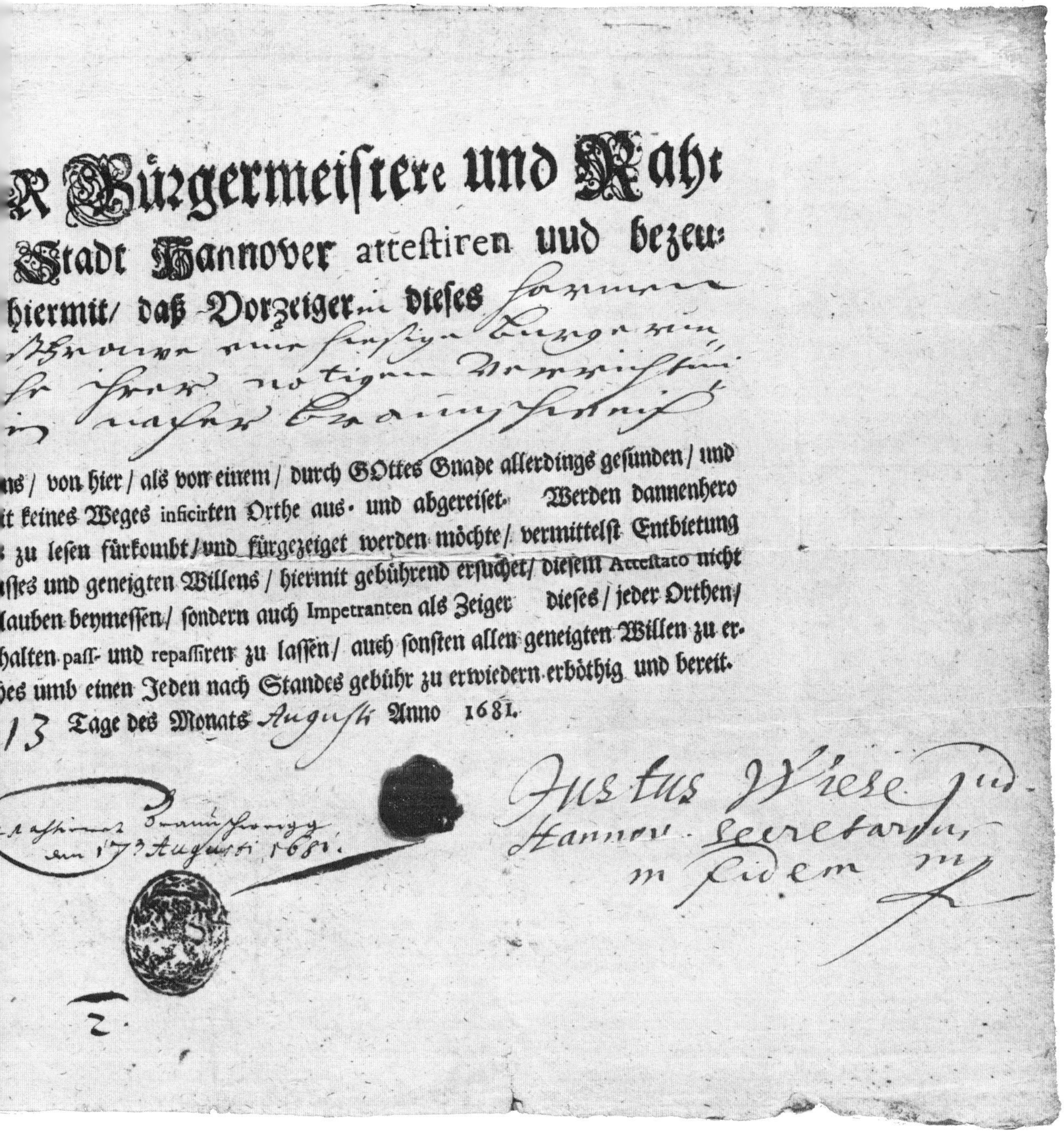

R Bürgermeistere und Raht
Stadt Hannover attestiren und bezeu-
hiermit/ daß Vorzeiger dieses
…ns / von hier / als von einem / durch GOttes Gnade allerdings gesunden / und
…t keines Weges inficirten Orthe aus- und abgereiset. Werden dannenhero
… zu lesen fürkombt / und fürgezeiget werden möchte / vermittelst Entbietung
…sses und geneigten Willens / hiermit gebührend ersuchet / diesem Attestato nicht
…lauben beymessen / sondern auch Impetranten als Zeiger dieses / jeder Orthen /
…halten pass- und repassiren zu lassen / auch sonsten allen geneigten Willen zu er-
…es umb einen Jeden nach Standes gebühr zu erwiedern erbötig und bereit.
13 Tage des Monats Augusti Anno 1681.

ABB. 51: Gesundheitspaß, ausgestellt vom hannoverschen Rat am 13. August 1681 für Harmen Bodes Ehefrau, die nach Braunschweig reisen will, Originalformat 33,2×21,0 cm.

sie als Strafe Gottes angesehen wurde[69], die er den Menschen für ihre Sünden auferlegt habe. Über den Übertragungsmechanismus herrschte weithin Unkenntnis. Erst seit dem Ende des 19. Jahrhunderts (!) wissen wir, daß die Pest durch den Stich des Rattenflohs übertragen wird; möglich ist aber auch die Übertragung der Krankheit durch Mäuse, Hunde und Katzen.[70] Bei den damaligen hygienischen Verhältnissen konnte man sich also leicht anstecken. Nach einer Inkubationszeit von nur wenigen Tagen treten *Fieber, toxische Erscheinungen, Erbrechen, Milzvergrößerung und Kreislaufkollaps als Symptome auf. Häufig tritt noch eine sekundäre Hautpest hinzu*[71], daher der Beiname *Schwarzer Tod.*
Angesichts der großen Angst vor dieser Seuche waren zahlreiche Pesttraktate und Rezepte gegen die Pest im Umlauf. Im allgemeinen hielt man frische Luft für das beste Abwehrmittel. Im Rezeptbuch von 1597[72] heißt es dazu: »Daß man des morgens nicht auß dem hause gehe, es sey dan (denn) die Sonne ein gute weill aufgegangen damit sie die Luft gereiniget hat.« Die *Gemächer* seien mit einem Gemisch aus Essig, Rosenwas-

ser, Lorbeeren, Rosmarien, Weihrauch, Thymian etc. zu besprengen. Auch sei die Bettwäsche öfter zu wechseln.[73] Wichtig war auch, alle Speisen in Essig zu kochen.[74] Mit Essig sollte man sich morgens, bevor man aus dem Haus ging, auch unter den Augen waschen[75], wohl eine frühe Form der Desinfizierung. Empfohlen wurden auch Pillen, *gehetenn pillule pestilenciales... der reiniget den mynschenn vann vorgyfft.*[76] Ein Pesttraktat aus dem 15. Jahrhundert riet dem Kranken zur Schwitzkur[77]:

unde de kranke schal dar up tho bedde gan un(de) *sick vasthe ware*(n) *tho deckenn* (zudecken) *so lange daetz he swetetz unde schal blyve*(n) *lyggen III, IIII, V stunde lanck so he ytz lyden* (leiden) *kan, wo he lenger swetetz wo beter daetz ys, wente de kranckheytz der pestylentye geytz dorch daeth sweten en wech, unde me wertz genesen, so aver de kranke nycht konde swetenn, szo nym van stunden an II efte 3 tegelstene* (Ziegelsteine) *warme*(n) *unde myth eyne nate*(n) (nassen) *doke* (Decke) *um*(m)*e winden unde under de deken legge an des kranken syden edder twyskenn de beye* (Beine) *edder wor he wyl dar he sweten kaen, so balde alse he swetetz so ys he genesen.*

Solche Behandlungsmethoden konnten natürlich – das wissen wir heute – nicht helfen. Den Menschen damals blieb nur die Möglichkeit, eine weitere Ausbreitung der Seuche zu verhindern. Die Stadtregierung versuchte, dafür Vorkehrungen zu treffen. Sie verbot Massenansammlungen, schloß Schulen und Badestuben. 1598 mußten die Kirchenbesucher in Hannover zum Empfang des Abendmahls einzeln nach vorn kommen und anschließend einzeln wieder zu ihrem Platz gehen.[78] Rat und Geschworene beschränkten ihre Zusammenkünfte auf ein Minimum.[79] Im selben Jahr sagte Hildesheim seinen Gallenmarkt ab, da die Pest in Hannover und den umliegenden Dörfern so heftig grassierte, daß man großes Unheil befürchtete.[80] 1666 klagten die Lehrer der Lateinschule darüber, daß *ein guth Teil unser Schul-Jugendt* durch die Pest *vergeringert worden* sei.[81]

1680 versuchte der hannoversche Stadtphysikus, abgesehen von solchen Einzelmaßnahmen, die ganze Vorsorge systematisch zu organisieren. Er schlug dem Rat vor, nach dem Vorbild italienischer und französischer Städte außerhalb der Stadt eine Quarantänestation (Pestlazarett) einzurichten. Des weiteren riet er, die Seuche sofort nach dem Ausbruch mit folgenden Maßnahmen zu bekämpfen: 1. Schließung und Kennzeichnung der infizierten Häuser, 2. Anstellung *gewißer Handlanger, die den eingesperrten* die Lebensmittel bringen sollten, 3. Ausgabe wirksamer Medikamente an die Infizierten, 4. *Mittel aufs Neue auf der Apotheke in Vorraht wieder anzuschaffen.* Durch diese Maßnahmen sollte erreicht werden, *daß die Seuche* nicht *überall gehet.* Die *Chirurgen* sollten die Pestkranken *besuchen und verbinden;* dagegen behielten sich die »Mediziner« die Betreuung der Gesunden vor.[82] Hierzu hatte das Barbieramt eine eindeutige Regelung getroffen: In einem solchen Fall hatte *der Jüngste, so er dazu capabel,* das Amt anzutreten.[83]

Um die Ansteckungsgefahr möglichst gering zu halten, verfügte der Rat die eilige Bestattung der Toten. 1428 verscharrte man sie in Hannover in Gruben auf dem Feld.[84] 1609 sollen in Hannover bis zu 26 Leichen am Tag beerdigt worden sein, insgesamt 4000.[85] Da konnte es schon einmal vorkommen, daß man auch Lebende einsargte. Solches soll sich 1598 zugetragen haben: Als der Prediger der Marktkirche, Erythropel, den Sargdeckel öffnen ließ, um seinen Freund noch einmal zu sehen, richtete sich der »Tote« auf und entbot dem Geistlichen seinen Gruß.[86]

Die Pest wurde durch Händler, fahrendes Volk und wandernde Gesellen von Ort zu Ort getragen. Wollten sich noch nicht betroffene Städte vor der Seuche schützen, mußten sie also jeglichen Verkehr mit verseuchten Städten und Territorien verbieten. Seit dem 17. Jahrhundert erließen die Landesherren Verordnungen, deren Vorteil darin lag, daß sie nicht auf eine Stadt beschränkt blieben, sondern für ein großes Gebiet galten.[87] So verbot z.B. 1682 Herzog Ernst August seinen Untertanen, mit der von der Pest heimgesuchten Mark Brandenburg *Handel und Wandel* zu treiben.[88] Solche Maßnahmen behinderten natürlich den Handel ganz entscheidend und brachten ihn fast zum Erliegen. Um diese Folgen der Pest zu umgehen, stellten die Städte seit dem 17. Jahrhundert Gesundheitspässe für Reisende aus. Als am 21. Juni 1681 der Braunschweiger Bürger Johann Schulrabe mit viereinhalb Faß Bier nach Hannover reisen wollte, bescheinigte ihm der Rat seiner Stadt, daß in Braunschweig *gute, reine, gesunde Luft* wäre *und von keiner Contagion oder ansteckenden Krankheit etwas zu verspüren* sei.[89]

3.8. Vergnügen und Zeitvertreib

Geselligkeiten der Mitglieder des Stadtregiments

Im Mittelalter wurde das gesellige Beisammensein sehr gepflegt. Man traf sich im Wirtshaus, bei Freunden, Nachbarn, Bekannten, Verwandten und in der Badestube. *Man beredete bei solchen Zusammenkünften, wie es sich gerade ergab, Familienangelegenheiten, Heiratsprojekte, auch manches Geschäftliche und Berufliche und natürlich die Ereignisse des Tages.*[1]

Von diesen privaten unterscheiden sich die Formen der Geselligkeit, die korporativen Charakter hatten: die Zusammenkünfte der Mitglieder des Stadtregiments und der Gilden.
Die Ratsherren und Geschworenen, also jene 16 Männer, die die Stadt regierten, pflegen sich auch zu fröhlicher Geselligkeit zu treffen.[2] Wie wir aus den Kämmereiregistern wissen, aßen und tranken sie dabei auf Kosten der Stadt. Anlässe für gemeinsame Zusammenkünfte, die den Zusammenhalt förderten, gab es genug, und oft feierten andere mit. Eine traditionelle Zusammenkunft fand jedes Jahr anläßlich der Ratsneuwahl (6. Januar) statt. 1498 verbrachte der Landesherr z. B. den Fastelabend mit dem Rat im Rathaus.[3] Die ausgiebigsten Festgelage fanden wohl jeweils anläßlich der Huldigungsfeier für den Landesherrn, sein Gefolge sowie die Landstände statt. Als Herzog Friedrich Ulrich 1613 Hannover seinen »Antrittsbesuch« abstattete, wurde auf dem anschließenden *Panckett* u. a. folgendes verzehrt:[4] 30 Tonnen voll Bier, 2 Ochsen, 4 Schweine, 16 Hammel, 3 Kälber, 26 Gänse, 112 Hühner, 210 Eier, ½ Zentner Karpfen aus Gifhorn und ½ Zentner Barsche aus Steinhude. Wie viele Gäste diese enormen Mengen verzehrt haben, wissen wir nicht genau. Bekannt ist nur, daß für 230 Stühle nach beendeter Festlichkeit Steuer zu zahlen war.[5] Besonders aufwendig scheint die Feier für Herzog Georg gewesen zu sein, der seine Residenz 1636 nach Hannover verlegt hatte. Der Stadtkämmerer berichtet uns dazu folgendes:[6]
Donnerstags den 18. Februarii, alß die Huldigungen unnd Aydtsleistungen geschehen, seindt Ihre F. G. der Herr Generall mit Ihro F. G. Herrn Sohnen unnd gantzem Comitat, der gantzen Landschafft an Ritterschaft, an Prelaten, auch den großen Erbahren Städten auff dem Rathhause geblieben, die Frau Gemahlin sambt dem Freuwlin und Ihrem Frauwen Zimmer ist auch hinauff kommen, also das der gantze Hoff Stadt vom Obersten biß zum Niedersten dagewesen, die Rathstube, das Alte Rathhaus oder Rathstube, das gemach bey der Küchen eitell voll, auch auf dem Tantzhause etzliche Tische gestanden, die Schreiberey auch voll, die Schencke voll, Gesindlein der 3 großen Städte geschickt in der kleinen Cämery, neben dem Silber Knechte unnd den Seinigen bey 3 Tischen gespeiset; Also auch das die Gemächer so voll an Tischen, auch der Diener umb die Tische so voll gestanden, das man sich dadurch mit Gewalt dringen müssen, Inn Sa. es ist eine große menge von Volk hinauff gewesen.
Abgesehen von solchen »offiziellen« Anlässen kamen Ratsherren und Geschworene auch zu anderen Gelegenheiten zusammen. 1567 wurden auf dem Rathaus z. B. *etzliche stucke uth dem nien testament gespelet,*[7] 1605 trat ein *Wasserkünstler* aus Augsburg vor dem Rat auf;[8] 1617 *agierten* Komödianten auf dem Rathaus.[9] 1651 sorgte ein *Franzose, der Steine schlucken konnte,* für Kurzweil, ebenso ein Musikant, der sich *uff allerhand instrumenten, insonderheit uff sonderlichen harpffen* (hat) *horen laßen.*[10]
Darüber hinaus luden angesehene hannoversche Bürger, Auswärtige sowie die Landesherren den Rat wiederholt zu Hochzeiten, Kindtaufen und Beerdigungen ein.[11] So bat 1584 der Apotheker Heinrich Kale den Rat, *gonstiglich an*(zu)*nehmen,... waß Godt der Almechtige aus derobehueff inn keller unnd kuchen gnediglich bescheren wird.*[12] Am 7. November 1589 erhielt der Rat eine nicht alltägliche Einladung: Der Doktorand Johannes Werner lud ihn zu seiner Hochzeit am 1. Dezember nach Helmstedt ein. Zugleich bat er den Rat, seiner Promotion in Medizin beizuwohnen, die ebenfalls für diesen Tag anstand.[13]

Die Feste der Gilden

Eine besondere Form der Geselligkeit waren in Mittelalter und Früher Neuzeit die Feste der Gilden. Vor allem bei der Aufnahme neuer Mitglieder ging es dort hoch her.[14] Dem Statut der Hoker aus der Zeit um 1530 zufolge mußte ein aus dem Amt hervorgegangener Geselle bei der Gewinnung des Amtes sämtliche Mitglieder, *fruwen unde mans* zwei Tage beköstigen *(amptkost), des middages veer richte* (4 Gerichte), *unde den andern dach veer richte unde so vele beeres, als suster und broder twe ganze dage utdrinken mogen.*[15] Unter »Gerichten« sind hier übrigens nicht Gänge, sondern tatsächlich vollständige Menüs mit mehreren Gängen zu verstehen! Nach der ersten Mahlzeit mußte der neue Amtsbruder vor *Herren, Meistern und Vorstehern ein anständiges (havisch) Lied singen.* Wer dabei lachte, hatte 10 Schilling in die Innungskasse zu zahlen.[16] Das Singen war auch in anderen Gilden üblich. So mußte dem Statut der Kürschnergilde (um 1450) zufolge das Lied drei Strophen *(ghesette)* haben. Wer nicht singen wollte oder konnte, durfte *dat losen myt eyner tunnen bers.*[17] Wer in die Kaufmannsinnung eintreten wollte, mußte aufgrund des Statuts von 1567 allen Kaufleuten nebst Jungfrauen und Frauen 3 Tage Rheinwein und Einbecker Bier spendieren und sie mit Gesottenem und Gebratenem *traktieren.*[18] Den Abschluß der Feier bildete häufig der gemeinsame Besuch des Badehauses.

Massenvergnügungen

Jenseits der Feierlichkeiten im Rahmen von Familie und Korporationen boten Massenvergnügungen reichlich Zeitvertreib. Hinrichtungen lockten stets viel Volk an. Auf Schützenfesten maßen sich die Schützen im Ambrustschießen *(Papageienschießen).* Vor allem das Kirchenjahr bot vor der Reformation viele Anlässe zum Feiern. Die Patronatsfeste der Heiligen, Ostern und Pfingsten sorgten dafür, daß es immer etwas zu feiern gab, wobei man sich wenig um die vom Rat vorgeschriebene Dauer der Festlichkeiten scherte.[19] So manches Fest gab Anlaß zu Klagen. So mußte z. B. der Rat in der vorreformatorischen Stadtordnung bestimmen, daß in Zukunft am St. Martinsabend (10. November) nur noch Kinder unter 12 Jahren um Geld singen durften.[20] Direkt nach der »Einführung« der Reformation verbot der evangelische Rat das *umbsingen* ganz[21], wohl weil die neue Lehre keine Heiligenverehrung gestattete. Aber auch das nutzte nicht: Das Martinssingen ist auch heute noch Brauch.

Die Festgebräuche am Fastelabend, also am Abend vor Beginn der 40tägigen Fastenzeit bis Ostern, entsprechen dem Bild, das wir uns vom bunten, ausgelassenen Treiben auf mittelalterlichen Festen machen: Jeder, der konnte, tobte sich noch einmal aus. Man lud Nachbarn, Freunde und Verwandte zum Essen und Trinken ein[22], wobei es wiederholt zu Ausschreitungen *(overmoith unnde wildicheit)* kam.[23] Das Volk tanzte so wild in den Gassen, daß der Rat 1558 beschloß, in Zukunft müsse jeder zumindest in seiner Nachbarschaft bleiben und dürfe nicht *von einer Straße auf die andere* tanzen.[24] Handwerksgesellen zogen in der Stadt umher und sammelten Würste[25]; die nötige flüssige Nahrung wird nicht gefehlt haben. 1534 hatte der Rat auch diesen Brauch verboten[26] – ohne Erfolg.[27] Vermummte Gestalten liefen am Fastelabend *Schauteufel* durch die Straßen.[28] Diese *Mummetei* war nicht frei von Pikanterie: In der vorreformatorischen Stadtordnung mußte der Rat verbieten, vermummt das Beginenhaus oder das Franziskanerkloster zu betreten.[29] 1534 untersagte der Rat allen Frauen, an diesem Abend in Männerkleidern herumzulaufen.[30]

Überhaupt verkleidete man sich gern auch das übrige Jahr über. 1544 verbot der Rat dies und warnte jeden, sein *Antlitz zu beschmutzen oder zu bedecken.*[31] Diese Sitte war aber nicht zu unterdrücken; auch später mußte sie der Rat bekämpfen.[32] Ende des 17. Jahrhunderts scheint es Mode gewesen zu sein, auf den Gassen, auf dem Markt, bei Hochzeiten und öffentlichen Versammlungen Masken zu tragen. 1688 wurde das verboten. Jeder war gehalten, falls er maskiert ein Haus betrat, die Maske abzunehmen und *sich kund* (zu) *geben.*[33]

Würfel-, Brett- und Kartenspiel, Kegeln

Außer diesen Massenvergnügungen gab es natürlich auch *die gewöhnlichen Formen des Zeitvertreibs und der Unterhaltung ... Würfel-, Brett- und Kartenspiel; dazu kamen noch Wetten, Ballspiele und sonstiges Spielen um Geld.*[34]

Der hannoversche Bürger war im Spätmittelalter und in der Frühen Neuzeit von einer wahren Spielleidenschaft ergriffen, die der Rat – und die Gilden – einzudämmen suchten.[35] Ein vermutlich schon vor 1365 erlassenes Ratsdekret verbot das Würfelspiel zu Hause. Ebenso wurde das Kegeln *vor den doren* unter Strafe gestellt. Die vorreformatorische Stadtordnung verbot jedermann, das Würfel- oder Kartenspiel im Weinkeller oder in anderen Städten, um Geld und um Gold. Mit solchen Maßnahmen sollte dem finanziellen Ruin leidenschaftlicher Spieler Einhalt geboten und Einnahmeverluste für die Stadtkasse verhindert werden.

ABB. 52: *Würfel aus Knochen, um 1300.*

Tanzvergnügen

Die Reglementierung von Formen bürgerlicher Geselligkeit umfaßte auch das Tanzvergnügen. Der Rat wandte sich besonders gegen neue Tänze. Es war jedermann verboten, *neue unehrenhafte Tänze zu tanzen oder spielen* zu lassen. Statt dessen mußte jeder *nha wontliker wise vor sick hen dantzen.* Auch durch andere Bestimmungen in der vorreformatorischen Stadtordnung versuchte er, Tanzveranstaltungen zu kontrollieren. So beschloß er, daß das Tanzvergnügen zuvor beim Rat oder Bürgermeister angemeldet werden müsse. Um die Einhaltung der Stadtordnung sicherzustellen, übten die städtischen Pfeifer die Aufsicht aus: Nur Spielleute des Rates durften zum Tanz aufspielen.

Mit der Reformation verschärfte der Rat seine Sittenaufsicht und damit auch die Reglementierung der bürgerlichen Geselligkeit. Das Würfelspiel wurde *durch goddes geboth unnde gemeiner stadt wilkor* generell untersagt, *darmede tho zancke, hader, morde unnde dodtslage nein ursake gegeven worde*. Dies bedeutet, daß von nun an auch die Würfelspiele ohne Geldeinsatz verboten waren. Freilich ließen sich leidenschaftliche Spieler dadurch ebensowenig abschrecken wie mancher Schüler. Als der Magister Christian Beckmann die Lateinschule übernahm, ließ er 1599 eine Schulordnung drucken, in der er u. a. auch den Lebenswandel seiner Schüler regelte. Fortan waren Würfel- und Kartenspiel verboten, ebenso das Kaltbaden, Eislaufen und Schneeballschlachten.[36]

Glückstöpfe

Beliebt waren auch die Glückstöpfe, die man mit unseren heutigen Losbuden vergleichen könnte. Schausteller zogen von Stadt zu Stadt und veranstalteten auf Jahrmärkten Lotterien. Für ihren Glückstopf brauchten die Veranstalter natürlich eine Erlaubnis. Am 18. März 1617 schrieb der Hildesheimer Bürger Jacob Wiederkampf dem hannoverschen Rat, er habe in Wolfenbüttel und Hildesheim *einen öffentlichen, ehrlichen, redlichen, aufrichtigen und unverdächtigen Glückstopf* abgehalten. Nun wolle er nach Hannover kommen und künftigen Philippi Jacobi Markt 14 Tage lang den Glückstopf öffentlich halten.[37] Zu gewinnen gab es dabei viel. Das Inventar eines Glückstopfes von 1614 führt folgende Gegenstände auf[38]:
etliche silberne Trinkgeschirre, Löffel, Schalen, Konfektschalen, Gürtel, Ketten und Knöpfe, Ringe mit Rubinen, Türkisen, Diamanten und Smaragden besetzt, 1 Perlenhaube mit 16 großen und 24 kleinen Kronstiften verziert; mehrere Hüte, darunter ein Hut mit einer Straußenfeder, Mieder, Röcke und Schürzen; 26 Musketen, 35 große Kristallspiegel *(Christelinenspiegel)*, etliche Pistolen, 66 Paar Strickstrümpfe, 500 Schreibtafeln, 12 Zinnbecher, 400 Dutzend Knöpfe, 12 Pulverflaschen, 12 Perlmuttlöffel, 300 Dutzend Schnürsenkel, 500 Gebetbücher, 164 Ellen Leinwand, 12 Paar Hosenbänder, 1000 kleine Spiegel, 3 Rüstungen und 500 Stübchen Broihan Bier. Sogar 2 Ochsen waren dabei.
Der Gesamtwert der Gegenstände belief sich auf die stolze Summe von 8912 Taler; der Veranstalter hatte 105 435 Lose *(Zettel)* angefertigt.

3.9. Waffen und Krieg

Die allgemeine Wehrpflicht

Am 11. Januar 1622 erhielten die *Burmeister* vom Rat den Auftrag, eine Reihe von Verbesserungen an den städtischen Befestigungsanlagen durchzuführen. Sie sollten 400 Schaufeln und Spaten sowie 100 Hacken anschaffen. 200 lange Bäume sollten gefällt werden, um als Pfähle für Palisaden Verwendung zu finden, außerdem die Bäume am Schiffgraben. Die Burmeister wurden beauftragt, die Brustwehren reparieren zu lassen; es war geplant, beim Beginenturm die Leine zu überbrücken. Die Schildhäuser sollten besichtigt werden, ebenso die Ketten, die, über die Gassen gespannt, als Straßensperren dienten. Sämtliche Gitter mußten auf ihre Funktionsfähigkeit hin überprüft werden. Sie waren *einzuschmieren und ganghaft zu halten.*[1] Diese Maßnahmen zeigen uns, daß der Dreißigjährige Krieg (1618–1648) nun auch auf Hannover vorrückte. Ein Jahr später sollte die Stadt erstmals von ihm direkt berührt werden.[2]
Die an Fehden und Kriegen reiche Zeit erforderte den Bau von Befestigungsanlagen, ihren Ausbau und ihre Instandhaltung. Sie erforderte aber auch, daß die Bewohner der Stadt, die im Schutz dieser Mauern lebten, jederzeit wehrbereit waren. Deshalb galt wie überall – modern ausgedrückt – die allgemeine Wehrpflicht. Jeder Bürger war aufgrund seines Bürgereides zu Graben- und Schanzarbeiten, zu Streifengängen und zur Verteidigung der Stadt verpflichtet. Außerdem trug er durch seine Steuern zur Unterhaltung der Stadtmauer und der dazu gehörenden Gebäude und Anlagen bei. Eine Pflicht, der der Bürger täglich nachkommen mußte, war die Wachpflicht. Die Dauer der Wache auf dem Stein- und Ägidientor war genau geregelt. Einem Erlaß von 1440 zufolge sollten jeweils 2 Bürger pro Tag Wache halten. Jeden Abend war Wachablösung. Wer sich verspätete, mußte Strafe bezahlen.[3] Wie der Wachdienst im einzelnen geregelt wurde, sei am Beispiel einiger Bestimmungen aus Wachordnungen des 17. Jahrhunderts gezeigt. Danach mußte jeder, *Nachbar bei Nachbar,* auf die Wache ziehen, wenn die Reihe an ihm war. Ausgenommen waren u. a. Doktores und Licentiaten sowie *alte, verlebte Männer,* die aber ein *qualifiziertes Subjekt* als Ersatz stellen mußten. Diese Regelung galt auch für Männer über 60. Die Wache begann im Winter um 16 Uhr, im Sommer um 18 Uhr. Wer auf Wache zog, mußte ein schußbereites Gewehr mit sich führen sowie 10 Schuß Muniton. Der Rat verbot das *schädliche Saufen* sowie Würfel- und Kartenspiel während des Dienstes. Beendet war die Wache morgens, wenn die Kühe durch den Kuhhirten durch das Tor getrieben wurden und die vor dem Tor haltenden Wagen in die Stadt fuhren.[4]
Ursprünglich mag jeder die Notwendigkeit des Wachdienstes eingesehen haben. Im Laufe der Zeit empfanden ihn die Bürger jedoch zunehmend als lästig. Am 12. März 1632 beklagte sich der Stadthauptmann Bertold Knaust beim Rat, daß *vornehme Personen* gar nicht mehr aufzögen. Manche Korpo-

ralschaft bestehe nur aus *alten Kerlen und Jungen,* die bei der Nachtwache einschliefen.[5] 1667 stellte eine vom Rat eingesetzte Kommission fest, daß von den 637 Bürgern 96 Witwen seien, *so die wache halb thun.* An den Toren stünden Leute mit *schlechten Gewehren.* Dem einen fehle der Abzugshahn, der andere hätte weder Pulver noch Blei, der dritte hätte sein Rohr nicht geladen und wäre so rüstig wie ein Eisen, das im Rost läge.[6]

Der Rat versuchte wiederholt, diese und andere Mängel durch Wachordnungen zu regeln und die Bürger an ihre Wachpflicht zu erinnern, so 1630, 1634, 1640, 1651/52, 1654 und 1670.[7] Diese rasche Folge von neuen Erlassen zeigen die Ergebnislosigkeit seiner Bemühungen. Der Grund für die Verdrossenheit vieler Bürger lag auf der Hand. Sie sahen nicht ein, warum nur sie die Lasten des Wachdienstes tragen sollten, seit der Landesherr in Hannover seine Residenz hatte. Das Artillerieregister von 1646[8], in dem die Wachvergehen und die dafür festgesetzten Geldstrafen eingetragen wurden, gibt diese Stimmung wieder. Dazu einige Beispiele:

14. Juli 1644. Hermann Lichtenberg und Hans Castens, daß sie bei gehaltener Nachtwache, während sie die Runde machten, den Herrn Kommandanten nicht fleißig gegrüßt (geachtet) *haben ...*

Am selben Tag. Hans Lien, der ohne Urlaub von der Nachtwache gegangen ist und Branntwein geholt hat.

26. September. Heinrich Bödeker, daß er niemand auf der Wache gehabt hat (d.h., keinen Ersatzmann gestellt hat).

28. September. Melchior Peters, der von seinem Hause niemand auf der Musterung gehabt und deswegen auf die Schreiberei zitiert (wurde); *hat er gesagt, er schere sich viel um die Ordinantz, sie möchte wohl am Galgen, oder am Teufel hängen, da fragte er wenig nach.*

4. Juli 1645. Erich Volger, daß er zu spät (zur Wache) *gekommen ist.*

22. Oktober 1646. Joachim Castens ..., als er vor dem Wall stand, hat er einen Kerl ungefragt auf den Wall gehen lassen.

Die Idee, über die Sicherheit der eigenen Stadt zu wachen, hatte sich wohl überlebt. Es war deshalb nur konsequent, daß der Landesherr seit 1667 die Wache auf den Toren durch eigene Soldaten durchführen ließ.[9]

Außer den Wachen auf den Toren gab es noch vom Rat angestellte Wächter vor den Toren[10] sowie für die einzelnen Abschnitte der Landwehr.[11] Um Stadt und Umland aus der Vogelperspektive überwachen zu können, nahm der Rat einen Türmer *(torneman)* in seine Dienste. Die Aufgaben des Türmers kennen wir durch einen Vertrag, den der Rat am 12. Februar 1530 mit Bastian Vorst für ein Jahr schloß. Bastian Vorst verpflichtete sich, zusammen mit seinem Sohn Clemens zu den festgesetzten Stunden vom Turm der Marktkirche zu blasen, nämlich morgens zwischen 3 und 4, abends – Winter wie Sommer –, wenn das Vieh zurückgebracht wird, und im Winter auch zwischen 8 und 9 Uhr. Außerdem mußten sie sofort blasen, wenn sich mehr als drei Reiter der Stadt näherten.[12] Sollten aber er und sein Sohn bei einer Hochzeit oder bei anderen Gesellschaften aufspielen, mußte Vorst seinen Gehilfen auf den Turm schicken, damit der Turm Tag und Nacht besetzt war.[13]

Solche Vorschriften waren in kriegerischen Zeiten überlebensnotwendig. Nur vor diesem Hintergrund ist z. B. der Erlaß des Rates von 1466 zu verstehen, daß niemand *Männer Herzog Wilhelms in die Stadt einlassen* dürfe, solange Fehde sei. Wer Korn in die Stadt brachte, sollte von einem *treuen* Bürger begleitet werden, der ihm nicht von der Seite weichen durfte, bis der Lieferant die Stadt wieder verlassen hatte.[14] Während der Hildesheimer Stiftsfehde (1519–23) versperrte der Rat die Stadt bis auf ein Tor, um alle Ein- und Ausfahrenden genau beobachten zu können. Der Landesherr riet im April 1522 der Stadt außerdem, *keinen von Adel, der mehr als 3 oder 4 Pferde bei sich hat, einzulassen.*[15]

Die militärische Organisation der Bürgerschaft

Der Bürgermeister war de jure der Oberbefehlshaber der städtischen Bürgerwehr. De facto übernahm aber der vom Rat angestellte *Hauptmann* das Kommando.[16] Über die militärische Organisation der Bürgerschaft und ihre Bewaffnung erfahren wir Näheres aus Musterungsregistern. In ihnen sind die Bürger mit ihren Waffen – geordnet nach den vier Stadtvierteln Oster-, Markt-, Köbelinger- und Leinstraße – aufgeführt. Jedes Stadtviertel umfaßte eine Anzahl von *Rotten,* die von 2 Personen *(Capitanei)* befehligt wurden.[17] Das Register von 1563 gliedert das städtische Aufgebot in insgesamt 77 Rotten.[18] Durchschnittlich entfielen also auf jede der vier Hauptstraßen 19 Rotten. Jede Rotte setzte sich zusammen aus dem *Rottenmeister* und seinen *Rottengesellen (Roethgesellen).* Aus einem Verzeichnis der bei den Bürgern in der Osterstraße festgestellten Waffen vom 22. Mai 1595[19] wissen wir, daß die 302 Haushalte dieser Straße in 25 Rotten eingeteilt waren. Somit bildeten etwa 12 Haushalte eine Rotte. Die kleinste Rotte umfaßte 10 Mann, die größte 17.[20]

Im Alarmfall kannte jeder seine Rotte. So gehörte z. B. der Bürgermeister des Jahres 1602, Bernhard Homeister, der 19. Rotte in der Leinstraße an.[21] In derselben Rotte finden wir den Feuerherrn Jost Bessel, den Wakeherrn Hans v. Sode und den Artillerieherrn, Burmeister und Roggenherrn dieses Jahres, Cort v. Wintheim.

Diese allgemein übliche Gliederung des städtischen Aufgebots nach Stadtvierteln kommt auch beim Einsatzort zum Ausdruck. Wenn die Sturmglocke geläutet wurde, hatten sich die Bewohner der jeweiligen Straße bei ihren Kapitänen zu melden. Hierzu bestimmte der Rat 1466: Bei einem nächtlichen Überfall auf die Stadt hatten sich die Bewohner der Osterstraße am Ägidientor einzufinden, die der Marktstraße am Steintor, die aus der Leinstraße am Leintor und die Bewohner der Köbelingerstraße auf dem Markt.[22] Von dieser Regelung scheint der Rat 100 Jahre später abgegangen zu sein. 1558 verfügte er, daß nach dem Läuten der Sturmglocke alle *geschworenen Bürger* mit Waffen und Lampen zum Marktplatz kommen sollten.[23] Diese Regelung galt auch noch 1696.[24] Auf dem Marktplatz hatten alle auf das Eintreffen des Rates zu warten, der dann die notwendigen Befehle gab.

Dem Musterungsregister von 1563 zufolge waren die Rotten tagsüber auf 13 Standorte in der Stadt verteilt, wobei auf dem Marktplatz etwa ein Viertel der Truppe eingesetzt war; jeweils 6 % der Rotten waren an einem der drei Stadttore postiert. Anhand der Zahl der Rotten können wir also die Bedeutung eines Standortes für die Stadtverteidigung erkennen.

Waffen

Der Bürger war ständig wehrbereit, trug er doch stets ein Messer oder einen Degen bei sich. Hatte er dann im Ratskeller einen über den Durst getrunken, war die Waffe schnell gezogen. Aber auch das dichte Beieinanderwohnen führte dazu, daß Reibereien und Tätlichkeiten an der Tagesordnung waren.[25] Der Rat erließ deshalb strenge Sicherheitsbestimmungen über das Tragen von Waffen.[26]

Die für den Kriegsfall notwendigen Waffen hatte der Bürger im Haus. Wollte der Rat die Zahl der zu Hause aufbewahrten Waffen feststellen, ließ er die Bürger, geordnet nach den 4 Hauptstraßen, auf das Rathaus kommen, wo er ihnen mitteilte, *wie es ein jeder mit seiner Wehr halten solle.*[27] Die Bewaffnung jeder Rotte ließ der Rat im Musterungsregister eintragen. 1563 war eine Rotte durchschnittlich mit 1 Rüstung ausgestattet, 3 Hakenbüchsen, 5 Musketen und 9 Spießen. So verfügte z. B. 1563 die Rotte des Hinrik Meigenberch – sie wurde am Beginenturm eingesetzt – über 2 Harnische, 3 Hakenbüchsen, 6 Musketen und 10 Spieße. Auf dem großen Rondel bei der Klickmühle waren dagegen 10 Rotten postiert, deren Bewaffnung aus 18 Rüstungen, 35 Hakenbüchsen, 73 Musketen und 121 Spießen bestand.[28]

Dreißig Jahre später, 1595, besaß eine Rotte im Durchschnitt 2 Harnische, 10 Degen, 3 Hakenbüchsen, 10 Musketen und 1 Hellebarde.[29] In der Regel brachte jetzt jeder Mann wenigstens einen Degen und eine Muskete bzw. einen Spieß mit.

Abb. 53: Harnisch, geriefelt, mit Visierhelm, Anfang 16. Jahrhundert.

Mitte des 16. Jahrhunderts scheint es gang und gäbe gewesen zu sein, daß etliche Hannoveraner ihre Waffen bei Juden versetzten, wodurch natürlich die Wehrbereitschaft abnahm. Als der Rat Ostern 1550 neue Juden in der Stadt aufnahm, verbot er ihnen zugleich, den Bürgern auf ihre Waffen Geld vorzustrecken.[30]

Während der Bürger seine Waffen zu Hause hatte, bewahrte der Rat das für die Stadtverteidigung notwendige Material wie Pulver, Salpeter, Schwefel, Granaten, Kugeln, Lunten, Musketen, Feuerrohre, Hellebarden, Geschütze und Feuermörser im städtischen Zeughaus auf.[31] Des öfteren ließ er Bestandsaufnahmen durchführen, wobei er die Zahl der Geschütze und Kugeln feststellen ließ und sich darüber informierte, wie lange der Vorrat an Kugeln im

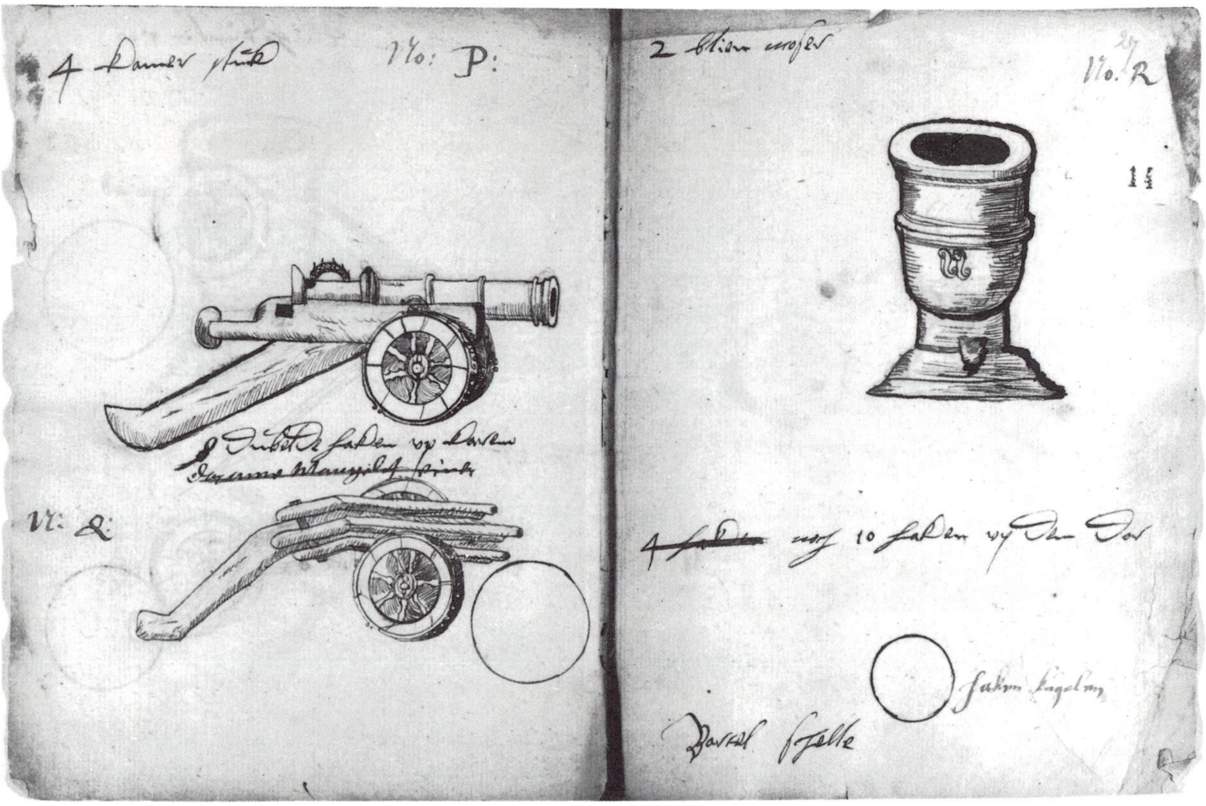

Abb. 54:
Zeichnungen von Geschützen und Bleimörser, enthalten im Soldbuch der Stadt Hannover von 1553.

Kriegsfall reichen würde. Dazu heißt es z. B. im Soldbuch von 1553[32]:
Die doppelte Kartaune (ein Geschütz) *hat 159 Kugeln, wenn nur jeden Tag 15 Wurf daraus verschossen, kann man damit 11 Tage hinkommen.*
Zu der Notschlange sind 650 Kugeln, wenn nun jeden Tag daraus getan werden 20 Schuß, kann man damit hinkommen 33 Tage.
Zu vier Feldschlangen sind ein Vorrat 1280 Kugeln, wenn nun aus jeder des Tages geschossen werden 20 Kugeln, könnte man damit hinkommen 16 Tage.
Nun mußte nicht für jede verschossene Kugel eine neue gekauft werden. Aus dem Artillerieregister von 1646 erfahren wir, daß der Rat sie – gegen Bezahlung – wieder einsammeln ließ.[33]
Die Geschütze wurden nicht nur im Krieg gebraucht. Es war üblich, daß man auch Salut schoß, wenn hohe Herren der Stadt einen Besuch abstatteten. Aus einer Aufstellung über die dabei verbrauchte Artilleriemunition wissen wir, wer alles von 1665–1670 Hannover besuchte.[34] Am 12. September 1665 war es z. B. ein schwedischer Gesandter, für den 9 Schuß Salut abgefeuert wurden. Dabei verbrauchte man 54 Pfund Pulver. Am 12. November kam der Graf von Darmstadt, am 25. des Monats ein kaiserlicher Gesandter. Unter den illustren Namen finden wir auch den König von Dänemark sowie die Bischöfe von Osnabrück und Straßburg.

Die Übung der Wehrbereitschaft

Um ständig wehrbereit zu sein, übten sich die Bürger im Gebrauch der Waffen. Vor der Stadt schossen sie in der frühen Zeit mit ihrer Armbrust auf einen bunten Holzvogel, der an einer Stange befestigt war. Das Hannoversche Schützenfest hat in diesem *Papageienschießen* seinen Ursprung.[35] Seit dem Aufkommen der Handfeuerwaffen seit Erfindung des Schwarzpulvers im 14. Jahrhundert gehörte die Armbrust zunehmend weniger zur Bewaffnung des Bürgers. Seit Anfang des 16. Jahrhunderts trat die Hakenbüchse an die Stelle der Armbrust.[36] In der zweiten Hälfte des 16. Jahrhunderts löste das *Scheibenschießen* mit der Büchse das Papageienschießen ab. 1573/74 bauten die Bürger dafür am jetzigen Klagesmarkt ein Schützenhaus, wobei sie zwei Pfosten auf den Boden des landesherrlichen Territoriums setzten. Darüber beklagte sich der Vogt von Langenhagen beim Landesherrn, hatte aber keinen Erfolg. Vielmehr entschied Herzog Erich II. am 8. April 1574, daß es dabei bleiben solle, damit *die junge Bürgerschaft desto eher Ursache haben möge, sich in Schutzgefehr zu üben.* Die Hannoveraner sollten jedoch *gute Achtung geben, daß mit Schießen der Wandersmann des Ortes nicht beschädigt werde.*[37] Dies zeigt, wie sehr dem Landesherrn zu dieser Zeit an der militärischen Schlagkraft seiner Untertanen gelegen war. Der Einteilung der Bürgerschaft in vier Stadtviertel entsprach die Regelung, daß jede Hauptstraße für sich die Schießübung durchführte.[38]

Im Laufe der Zeit hatte der Bürger immer weniger Lust, seine Wehrbereitschaft zu üben. 1632 beklagte sich der Stadthauptmann darüber beim Rat. *Der eine,* so berichtet er, *rühmt sich Standes, gibt vor, er sei ein Student, der andere ein Soldat oder Offizier, der dritte trügt sich auf seinen Reichtum, der vierte auf seine ansehnlichen Freunde oder Favoriten, der Patrizier will gar nicht herbei.*[39]

Landsknechte und Büchsenschützen

Wir haben schon gehört, daß der Rat für Wall und Tore auch Wachen anstellte. Zusätzlich nahm er besoldete Landsknechte in seine Dienste, die ihr Kriegshandwerk verstanden.[40] Das hatte für den Bürger den Vorteil, daß er selbst nicht ausziehen mußte, sondern weiterhin seinen Geschäften nachgehen konnte. Einen solchen Vertrag mit Landsknechtführern schloß der Rat z. B. 1436: Die Brüder Ernst und Arnd Hake traten mit 30 Pferden in den Dienst des Rates. Dieser verpflichtete sich, sie zu entlohnen sowie *Verpflegung, Futter und Hufbeschlag* sicherzustellen.[41] Aus dem Lohnregister von 1486 wissen wir, daß der Rat 44 Landsknechte angestellt hatte.[42] Jeder Knecht erhielt wöchentlich seinen Sold *(solt).* Während des Schmalkaldischen Krieges warb der Rat 103 Landsknechte. Anhand des Besoldungsregisters gewinnt man den Eindruck, daß sie ein bunt zusammengewürfelter Haufen waren. Sie stammten nämlich aus Braunschweig, Bremen, Calenberg, Eldagsen, Hameln, Hoya, Münden, Neustadt a. Rbg., Oldendorf, Peine, Rethen, Schaumburg, Seesen, Springe und Wunstorf.[43]

Außer Landsknechten stellte der Rat auch Büchsenschützen an, Leute, die sich mit Hakenbüchsen und Geschützen auskannten.[44] Für 1565 sind z. B. 13 Büchsenschützen bezeugt.[45] Ihre Aufgaben werden sich von denen ihrer Kollegen in anderen Städten nicht unterschieden haben: Geschützguß in der städtischen Gießhütte, Herstellung und Überwachung der Pulverproduktion, Reparatur der Waffen, Beratung des Stadtkämmerers bei Materialeinkäufen.[46]

ABB. 55: Schützenhaus am Klagesmarkt, 1653.

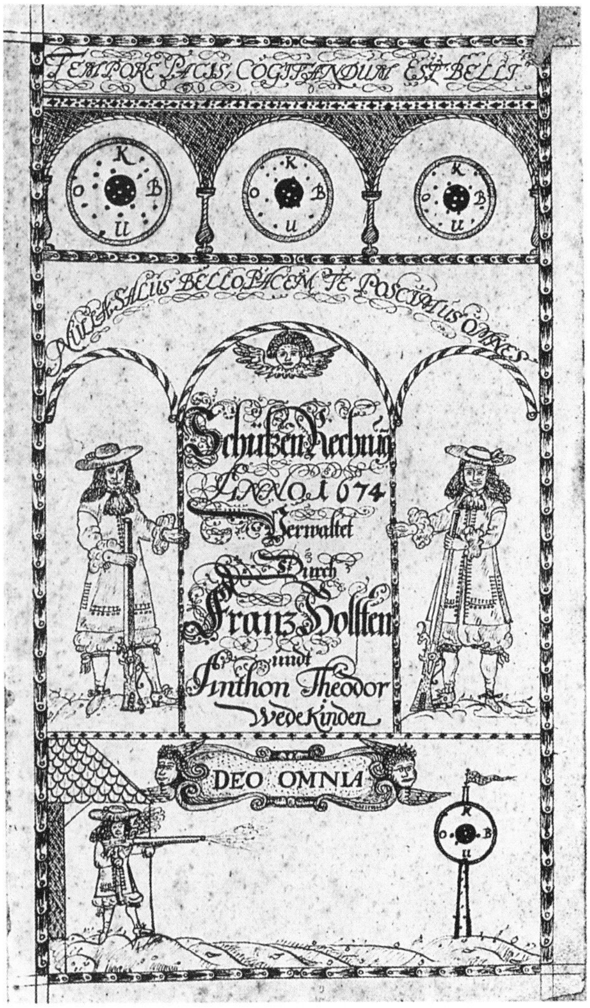

ABB. 56: Schützenrechnung von 1674.

Fehden und Kriege

Wir haben schon gehört, daß die Zeit reich an Fehden und Kriegen war. Immer wieder wurden Stadt und Land davon heimgesucht, und auch Hannover blieb nicht verschont. Die zahlreichen Erbteilungen des Welfenhauses machten die Stadt leicht zum Spielball machtpolitischer Interessen, vor denen sie sich durch Bündnisse mit anderen Städten zu schützen hoffte.[47] Zwar kann sie ihre im 14. Jahrhundert gewonnene weitgehende Unabhängigkeit vom Landesherrn auf Dauer nicht behaupten, doch gelingt es ihr, alle Kriege dieser Zeit – mit Ausnahme des von 1289[48] – relativ unbeschadet zu überstehen. Im Dreißigjährigen Krieg wurde von allen Städten Calenbergs nur Hannover nicht erobert.[49]

1297 gerät Hannover zum erstenmal in eine bewaffnete Auseinandersetzung mit seinem Landesherrn, Herzog Otto II. von Braunschweig-Lüneburg. Dabei fallen 38 Mann für die Freiheit und Verteidigung der Stadt *(pro libertate et defensione civitatis)*.[50] 200 Jahre später ist es Herzog Heinrich von Braunschweig-Lüneburg, der am 23. November 1490 vergeblich hofft, Hannover in einer Nacht- und Nebelaktion einzunehmen.[51] 1536 trat Hannover dem Schmalkaldischen Bund bei, um vor Übergriffen seines katholisch gebliebenen Landesherrn geschützt zu sein. Nach dem Augsburger Religionsfriede (1555) folgt *eine Friedenszeit von über sechs Jahrzehnten, in denen sich die Auseinandersetzungen von der militärischen auf die diplomatische Ebene verschieben.*[52]

Dann aber steht der Dreißigjährige Krieg vor der Tür. Aus einer Beschwerdeschrift der Stadt an den Landesherrn vom 21. Januar 1640 wegen der Kontributionen erfahren wir einiges über ihr Schicksal.[53] Danach wurde Hannover erstmals 1623 von dieser *schweren Kriegsempörung* erfaßt. Warb man zuerst 80, dann 100 und 200 Söldner an, waren es schließlich, *als die Zeit immer gefährlicher geworden war,* 300, und zuletzt 320 Söldner, die von 1623 bis 1632 die Stadt verteidigen sollten. Um weder Truppen des Feindes noch die der Verbündeten aufnehmen zu müssen, mußte die Stadt wiederholt riesige Geldsummen zahlen. Doch wurde sie dadurch nicht von Einquartierungen verschont.

Als das Calenberger Land 1625 zum Kriegsschauplatz wurde und Tilly von Sieg zu Sieg eilte[54], flohen viele vor seinen Truppen nach Hannover. Am 30. September sollen über 500 Wagen mit Flüchtlingen vor dem Leintor auf Einlaß gewartet haben.[55] Am 6. Oktober nahm Tilly Pattensen und Coldingen ein, zwei Tage später waren seine Truppen in Sarstedt. Am 14. des Monats fielen sie in Grasdorf, Laatzen, Wülfel und Döhren ein.[56] Am 22. Oktober fiel die Festung Calenberg.[57] Schließlich stand Tilly auf dem Lindener Berg. Aus dem Kirchenbuch der Marktkirche erfahren wir, daß jetzt ein großer Flüchtlingsstrom aus dem Umland in das freie und unzerstörte Hannover einsetzte. In etlichen Häusern wohnten *50, 60, ja wohl 100 Menschen.*[57] Auch für die Stadtbevölkerung brachte die Kriegszeit viele Belastungen. Seit 1624 riß die Pest große Lücken in die Bevölkerung. Das Kirchenbuch der Marktkirche berichtet, daß von Oktober 1625 bis zum Dezember 1626 *von Hausleuten und Dänischen Soldaten ... mehr als 1000 Personen, jung und alt, aus beiden Toren ohne besondere Zeremonie herausgebracht und begraben* wurden.[59] Wenn Hannover auch nicht erobert wurde, hatte die Stadt doch im Krieg gefallene Bürger zu beklagen. So verloren 1623 bei einem Gefecht mit den Leuten des Grafen von Gronsfeld 23 *junge Bürger und Bürgersöhne* ihr Leben.[60] Sie gehörten der Kompanie (ca. 200 Mann)

ABB. 57:
Brief General Tillys an die Stadt Hannover
vom 10. Mai 1628,
mit eigenhändiger Unterschrift,
Originalformat 20,5×32,8 cm.

Johann graue Tserclaes von Tilly, Freyherr
von Marbeis, Herr zu Balastre, Mortig-
ni, vnnd Braittenegkh etc:

Vnnsern gönstigen grueß zuuor, Ehrnueste
fürsichtige, vnnd wolweise liebe besondere,

Wür geben euch durch den beyschluß zuuernemen,
was an vnns, Ehrn: Jobsten Johann Barkhausen
Haußfrauen, demüettig gelangen lassen, Wann
nun hierüber vnnser begehren nit ist, gemelten
Barkhausen vnnsert wegen lenger in hafft
zuhalten, So möcht Ihr Ihne, da Ihr wider
denselben nichts anderes habt, vnnsert halber
wol wider auf freyen fueß khommen lassen,
wollens euch gönstig vermelden, vnnd ver-
bleiben euch zu beharlicher willfahrung vnnd
allem guetten genaigt, Datum [illegible]
-10- maij Ao: 1620-

Ehrn: Gutwilliger.

Johan graue von Tilly

an die Statt Hannover

an, die der Rat dem Landesherrn zur Verfügung gestellt hatte.
Zu diesen Beschwerungen kamen noch weitere. Da die Naturallieferungen aus dem Umland ausblieben – Äcker, Felder, Gärten, Wiesen und Obstbäume waren verwüstet – mußte die Bevölkerung den Gürtel enger schnallen. Von 1633 bis 1640 hielt sich ständig *Soldateska* in der Stadt auf. Sie waren in den Bürgerhäusern einquartiert. Beim Zusammenleben auf engstem Raum blieben Reibereien nicht aus. Für diese Einquartierungen hatte die Bürgerschaft hohe Kosten aufzubringen. Solche Kosten machten der Stadt deshalb so schwer zu schaffen, weil sie stark verschuldet war und für die Aufnahme neuer Darlehen hohe Zinsen zahlen mußte; der Stadthaushalt drohte jetzt nach Aussage der Stadt zusammenzubrechen.[61] Vom 28. März 1632 bis zum 9. Juni lagen z. B. etwa 400 Mann unter dem Kommando des Generalquartiermeisters Johann Dietrich v. Ehlen in der Stadt, die mit 3550 Taler *an Proviant und Geld verpflegt* wurden. Kaum waren sie abgezogen, kamen drei lüneburgische Kompanien, die bis zum 19. Juli blieben.

ABB. 58: Hannover vom Lindener Berg, Merian 1654.

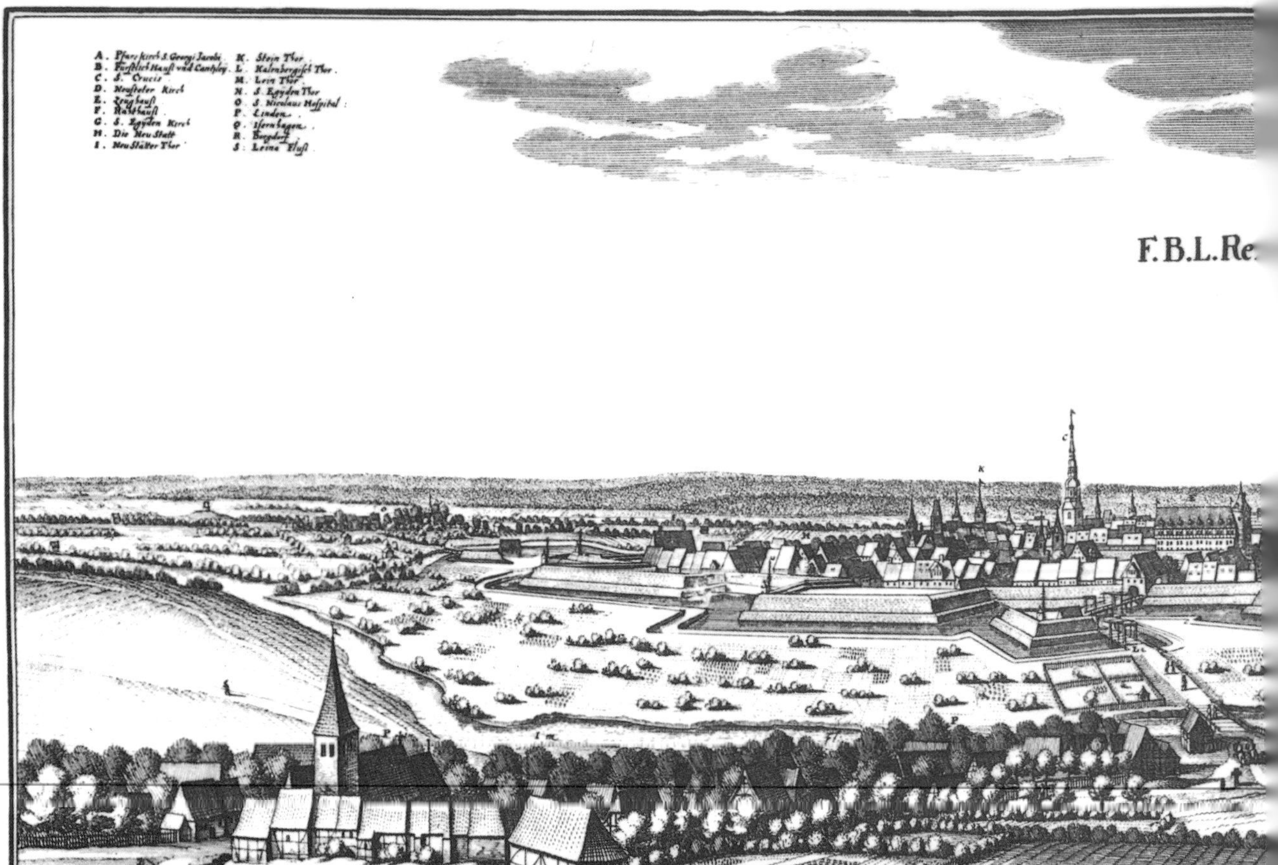

4. KIRCHE UND GLAUBEN

4.1. Das kirchliche Leben vor der Reformation

Spätmittelalterliche Frömmigkeit

Wer um 1500 die Marktkirche betrat, dem bot sich ein Bild tiefer Religiosität.[1] Er sah von Gläubigen gestiftete Leuchter mit brennenden Kerzen, kostbare Figuren und Reliquien. Er sah Gläubige, die gerade ihre fünf Paternoster und Ave beteten, um dafür die vom Mindener Bischof versprochenen 40 Tage Ablaß zu erhalten. An den Wänden hingen Totengedächtnismale. Überall standen von Gilden, Bruderschaften und einzelnen Familien gestiftete Altäre. An einigen dieser Altäre fanden gerade Gottesdienste statt. Während an dem zu Ehren des hl. Andreas gestifteten Altar Geistliche für das Seelenheil der Stifter und seiner Angehörigen beteten, war am Marienaltar der Gedenkgottesdienst für einen Verstorbenen gerade beendet und die Kirchenvorsteher *(Olderlude)* waren dabei, das *Memoriengeld,* der Dank des Toten für die Teilnahme an seiner Memorie, an die Teilnehmer, an Geistliche, an Verwandte und Freunde sowie an den Schulmeister und seine Schüler für ihren Gesang auszuzahlen – so hatte es der Verstorbene testamentarisch verfügt.

Unser Besucher wußte, daß sich ihm dieses Bild auch in den übrigen zwei Pfarrkirchen und drei Kapellen

der Stadt, aber auch in jeder anderen deutschen Stadt um diese Zeit geboten hätte, erreichte doch die Frömmigkeit gerade jetzt ihren Höhepunkt. Diese Frömmigkeit, in der sich Klerus und Laienschaft gleichermaßen übten, bot sich in den verschiedenen zeitüblichen Erscheinungsformen dar. Auf einige von ihnen, die gewissermaßen typisch für den religiösen Charakter der Zeit sind, wollen wir nun näher eingehen.

Inhalte spätmittelalterlicher Frömmigkeit zeigen sich einmal in der Heiligenverehrung. Der Gläubige betete zu »seinem« Heiligen, von dem er sich Fürsprache bei Gott erhoffte. Wie vielerorts stand auch in Hannover Maria im Zentrum der Heiligenverehrung. Es gab keine Kirche, in der ihr nicht mindestens ein Altar geweiht war. Darüber hinaus bestand seit 1334 eine Marienkapelle, die erst im Zuge der Reformation vom Rat abgerissen wurde. Weitere Heilige, denen Altäre gestiftet wurden, waren Andreas, Katharina, Maria Magdalena, Matthäus sowie Petrus und Paulus. Außer diesen stärker durch Zeitströmungen verehrten Heiligen wurden die älteren Schutzpatrone verehrt. Vor allem der Rat pflegte die Verehrung der Heiligen Aegidius, Georg und Jacob der Ältere, die Schutzpatrone von zwei der drei städtischen Pfarrkirchen waren: der Ägidienkirche und der Marktkirche. Welch großer Beliebtheit sich einzelne Heilige erfreuten, zeigen auch die Kirchenfeststiftungen. 1501 stifteten zwei Weltgeistliche ein Fest zu Ehren des hl. Antonius in der Annenkapelle in der Kreuzkirche, um jedem Bedürftigen die Gelegenheit zu geben, den Heiligen anzurufen.

Abb. 59:
Pilgermuschel, 13./14. Jahrhundert.

Im Zusammenhang mit der Heiligenverehrung steht der Reliquienkult. Das Volk sucht die Reliquien der Heiligen, weil nur die Heiligen *Hoffnung, Hilfe und Zuversicht im Elend der menschlichen Existenz geben konnten.*[2] 1289 ließ Gerhard, Kanoniker zu Köln, durch einen Mönch namens Johannes Reliquien der 11 000 Jungfrauen nach Hannover übersenden. In der Nikolaikapelle wurden zwölf Reliquien verehrt. Eine Attraktion hatte auch das Franziskanerkloster der Stadt: den Leichnam eines der unschuldigen Kinder, die Herodes ermordet hatte.

Eng verbunden mit der Heiligenverehrung sind die Wallfahrten. Alles wallfahrtete, arm und reich. Wallfahrten galten als verdienstlich für den Wallfahrer wie für seine Familie oder die Stadt. Daher finden wir eine testamentarische Bestimmung von 1435, die Pilgerfahrten nach Rom unterstützt. Und 1489 gibt der Rat sogar seinem Bürgermeister Urlaub, damit er sein Wallfahrtsgelübde erfüllen könne.

Die Prozessionsfreudigkeit des ausgehenden Mittelalters zeigt sich in der Stadt durch zahlreiche Umgänge im Verlauf des Kirchenjahres. Besonders aufwendig feierten Klerus und Laienschaft die Fronleichnamsprozession, die durch die ganze festlich geschmückte Stadt führte. Sie wurde eröffnet vom Klerus, der, liturgische Gewänder tragend, Weihrauchfässer, Fahnen, Prozessionskreuze und Kerzen mit sich führte. Zuständig für die Aufstellung der Laienschaft war der Rat, der zu diesem Zweck (1366) eine Prozessionsordnung erließ. Nach ihr führten die Kaufleute mit Fackeln und Wachslichtern die Prozession an. Ihnen folgten die vier im Rat vertretenen Gilden. Daran schlossen sich an die übrigen, nicht ratsfähigen Gilden.

Das Bewußtsein des hannoverschen Bürgers von seiner Sündhaftigkeit, seine Angst vor dem Fegefeuer ließen das Ablaßwesen auch in Hannover Fuß fassen, wo es seine Blütezeit im 14. und 15. Jahrhundert hatte. Die geistlichen Institutionen der Stadt besorgten sich für den Bau von Kirchen und Kapellen, für ihre Ausstattung, für Spitalinsassen, aber auch zur Steigerung ihres Ansehens solche Ablässe. Durch den Erwerb solcher Ablässe hoffte der Gläubige, seine Qualen und die seiner Lieben im Fegefeuer abzukürzen.

Eine weitere Möglichkeit für den hannoverschen Bürger, seine Frömmigkeit zu üben, erschloß sich ihm im Stiftungswesen, konnte er doch durch die Schenkung materieller Güter an die Kirche für sein Seelenheil Vorsorge treffen.

Außer Kirchen und Kapellen wurden zahlreiche Altarbenefizien gestiftet. Besonders der Rat bzw. die Honoratiorenfamilien der Stadt stifteten Altäre und eine kirchliche Stelle *(Pfründe)*, die ein von ihnen »angestellter« Meßpriester – in der Regel ihre Söhne oder die von Verwandten und Bekannten – innehatte. Am Altar hielt er Messen ab, für das Seelenheil des

Stifters, seiner Verwandten und Freunde. Am häufigsten waren die Memorienstiftungen. Zu diesem Zweck vermachte der Bürger der Kirche einen Geldbetrag. Als Gegenleistung verpflichtete sich der Geistliche – üblicherweise jährlich am Todestag –, für das Seelenheil des Verstorbenen zu beten: Eine solche Anniversarienstiftung bestand aus der Toten-Vigil am Vorabend und der Totenmesse. Die Stiftungsurkunden dieser Zeit enthalten genaue Bestimmungen über die Teilnehmer an den Seelmessen, über deren Entschädigung sowie gegebenenfalls über die Anzahl der zu haltenden Jahrtage. In der Regel nahmen an der Messe der jeweilige Pfarrer, einige Meßpriester und der Küster teil, der die Glocken läutete und das Totenlicht setzte, sowie der Schulmeister mit seinen Zöglingen. Anschließend zahlten die aus dem städtischen Honoratiorentum stammenden Kirchenpfleger an die Teilnehmer die sogenannten Präsenzgelder aus.

Außer Kirchen-, Kapellen-, Altar- und Memorienstiftungen gab es auch Zuwendungen an Kleriker, Arme und Kranke. Mitunter erfolgte eine Stiftung nicht zugunsten einer bestimmten »Institution«, sondern einfach für *fromme Zwecke.*

Die Beweggründe für die Stiftungen klangen teilweise bereits an. Jeder wollte in den Himmel kommen; man stiftete zu seiner *Seele Sehligkeit.* Durch Stiftungen hatte man außerdem die Möglichkeit, seinen Reichtum zu präsentieren.

Mit der Zunahme der Volksfrömmigkeit in Hannover entstanden Bruderschaften, fromme Gemeinschaften, die auch für das Seelenheil ihrer verstorbenen Mitglieder sorgten.

Anders als in einigen norddeutschen Städten gab es in Hannover wenig Bruderschaften; die Almosenbruderschaft ist die bekannteste. Sie wurde 1434 von 13 Personen gegründet, die überwiegend dem Kaufmannsstand angehörten. Bereits der Name der Bruderschaft weist auf die Zielsetzung hin: Unterstützung der Armen. Darüber hinaus erfolgte die Gründung, wie es in der Gründungspräambel heißt *dem himmlischen Gott zum Lob und zur Ehre, und allen Christen Seelen zum Trost.*

Jedes Jahr montags und dienstags vor Pfingsten wurden auf Veranlassung der Bruderschaft in der Marktkirche Memorien mit Vigilien und Seelmessen abgehalten.

Die Zahl der Mitglieder betrug von 1434 bis 1531 – anschließend traten keine Bürger mehr in die religiöse Gemeinschaft ein, vermutlich als Folge des Eindringens von Elementen lutherischen Glaubens in der Stadt – 451. Davon kamen die meisten Mitglieder aus der Kaufmannschaft. Außer den übrigen Gilden zählten auch Meinheitsangehörige, Kleriker und auswärtige Adlige zu den Mitgliedern.

Konflikte um die geistlichen Standesprivilegien

Zu dem Gesamtbild von »Stadt und Kirche« gehört jedoch nicht nur die Frömmigkeit, gleichsam als »konfliktfreie« Zone. Die Frömmigkeit war nur die eine Seite dieser Beziehungen, die Konflikte um die geistlichen Standesprivilegien die andere.[3]

Der Klerus nahm in der Stadt durch seine Privilegien eine Sonderstellung ein. In dem Maße, in dem der Rat versuchte, ein einheitliches und von ihm kontrolliertes Gemeinwesen zu schaffen, mußte er auch die Sonderrechte des Klerus im wirtschaftlichen und jurisdiktionellen Bereich beseitigen. Hier waren es in erster Linie zwei Privilegien, die den Ausbau des Kirchenregiments hemmten und zu Auseinandersetzungen Anlaß geben konnten: das privilegium immunitatis und das privilegium fori. Letzteres haben wir schon im Kapitel »Recht, Gericht und Strafvollzug« behandelt, so daß wir uns im folgenden in erster Linie dem privilegium immunitatis zuwenden wollen.

Den Versuch Augsburgs, den Klerus einzubürgern, ahmte Hannover bis zur Reformation nicht nach. Der Rat versuchte nur, diese Sonderstellung abzuschwächen. Die vielerorts belegten Konflikte um diese Sonderstellung finden sich hier nicht, einmal weil es keine geistlichen Immunitäten gab, zum anderen weil ein großer Teil des Klerus aus der hannoverschen Bevölkerung kam.

Der Klerus war von den auf Grundbesitz und mobilem Vermögen (Renten) beruhenden bürgerlichen Lasten befreit. Dadurch gingen der Stadt nicht nur Steuern verloren, sondern sie war auch vermindert wehrbereit. Die Stadt versuchte deshalb, den Übergang von Liegenschaften in geistliche Hand zu verhindern. Hierzu ergriff der hannoversche Rat verschiedene Maßnahmen: Dem Franziskanerkloster machte er jede Ausdehnung unmöglich; neue geistliche Ansiedlungen ließ er nicht zu. Außerdem regelte der Rat den Verkauf bzw. Schenkung von bürgerlichem Besitz an Geistliche. Wollte ein Kleriker solchen Besitz erwerben, mußte er ihn einem Ratserlaß von 1433 zufolge innerhalb eines Jahres wieder an Bürger oder Dingpflichtige verkaufen. Selbst behalten durfte er ihn nur für den Fall, daß er die damit verbundenen Lasten übernahm. Wie diese Regelung in Ratsherrenkreisen aufgenommen werden konnte, zeigt ein Fall von 1470: Der Bürgermeister verkauft sein Haus einem Geistlichen. Man vereinbart, daß er den Schoß, der Kleriker *Meinwerk und Wachdienst* übernehmen solle. Hingegen machten die Bürger Schwierigkeiten, wie die Ratserlasse 1445, 1512 und 1515 zeigen. Diese wurden zunehmend vom Stiftungseifer erfaßt und kümmerten sich wenig um die Bestimmungen des Rates.

Die prinzipielle Steuerfreiheit des Klerus bestand bis zur Reformation. Man war weitgehend auf das Entgegenkommen des Klerus angewiesen. Anders lagen die Dinge zwischen 1524 und 1533, als sich in Hannover die evangelische Lehre ausbreitete. Zwar setzte der Rat die alte Politik fort, jedoch mit neuem Druck. 1526 gab der gesamte weltliche Stadtklerus dem Rat auf dessen *Bitte* hin eine nicht unbeträchtliche Summe für den Bau des Stadtwalls. Darüber hinaus erhielt er von einzelnen Geistlichen von 1528 bis 1533 kleinere und größere Beträge. Sie sollten offenbar die damals verbreitete – und 1528 in der Nachbarstadt Hildesheim durchgesetzte – Forderung nach Besteuerung des Klerus entschärfen.

Für den Konfliktstoff sorgte auch die wirtschaftliche Konkurrenz des Klerus. Da sein Handel keinen Beschränkungen unterlag, konnte er seine Waren billiger anbieten als die Händler. Solche andernorts nicht seltenen Auseinandersetzungen scheint es in Hannover nicht gegeben zu haben. Daß der Rat die Konkurrenz der geistlichen Anbieter von Naturalien auf dem städtischen Markt wirksam in Schranken halten konnte, ist einmal auf seine konsequent gehandhabte Zollpolitik gegenüber auswärtigen Korporationen und Individuen zurückzuführen. Hinzu kommt, daß sich der hannoversche Klerus dem ohne erkennbaren Widerstand fügte, was an sich ungewöhnlich war. Konkurrenz in der gewerblichen Produktion, die anderswo ebenfalls zu erheblichen Auseinandersetzungen führte, ist für Hannover nicht bezeugt und – wegen der Zusammensetzung des Klerus – auch unwahrscheinlich.

Das privilegium competentiae, welches Geistliche u. a. vor Personalarrest schützte, blieb vom Rat weithin unangetastet. Ein Vorgehen gegen Kleriker, die den Stadtfrieden verletzt hatten, wagte der Rat erkennbar erst in der Reformationszeit, als es darum ging, die bestehende antiklerikale Stimmung nicht noch weiter anzuheizen. Ursache dieser Stimmung war die nicht-zölibatäre Lebensweise einzelner Kleriker. Der Rat beugte rasch und wirksam vor. In der vorreformatorischen Stadtordnung untersagte er allen Geistlichen der Stadt, weiterhin mit ihren Haushälterinnen »Unzucht« zu treiben. Übernachteten sie in anderen Städten, durften sie sich nicht von *unzüchtigen Frauen* aufnehmen lassen. Daß solche Bestimmungen keineswegs realitätsfern waren, zeigt 1530 die Ausweisung eines Geistlichen aus der Stadt, weil er im Dirnenhaus gewesen war und *seinen Willen darin geschafft* hatte.

Da die Bevölkerung auch an der guten Kleidung der Haushälterinnen der Geistlichen Anstoß nahm, regelte der Rat auch das: Er verbot ihnen Kleider aus Seide zu tragen.

Daß nicht alle Geistlichen die hohen Anforderungen erfüllten, die die kritisch gewordenen Zeitgenossen an sie stellten, offenbarte sich nicht nur in dem Verstoß gegen den Zölibat, sondern auch in der Neigung zu Karten- und Würfelspiel, Trunksucht und Schlägerei. 1516 trieb der Kleriker Johann Richerdes die Schwestern aus dem Beginenhaus.[4] Einen Bewohner jagte er mit gezogenem Messer auf die Straße. Nach etlichen Übergriffen kam schließlich ein Bürger mit seinem *blutendem Kopf... zu nachtschlafender Zeit* zum Rat, der schnell handelte und den Geistlichen festsetzen ließ. Ein anderer Geistlicher verletzte seinen Zechgenossen im Weinkeller der Stadt tödlich. Sein Bruder, ebenfalls Geistlicher, wurde 1525 aus Hildesheim ausgewiesen, nachdem er dort eine Frau »verprügelt« hatte.

Auseinandersetzungen innerhalb des Klerus

Auseinandersetzungen gab es nicht nur zwischen Klerikern und Laien, sondern auch innerhalb des Klerus. Es gab wohl kaum eine Stadt, in der sich nicht mindestens ein Bettelorden niedergelassen hatte. Von den vier großen Bettelorden der Augustinereremiten, Dominikaner, Franziskaner und Karmeliter hatten sich in Hannover nur die Franziskaner, in den hannoverschen Quellen auch die *grauen Mönche* genannt, 1291 angesiedelt. Für 1367 sind erstmals die allgemein üblichen Auseinandersetzungen mit dem Pfarrklerus über die Seelsorgerrechte – und die Gebühren dafür – in Hannover belegt. Um das zu verstehen, muß man wissen, daß der Pfarrer für geistliche Handlungen (Taufe, Hochzeit, Beichte etc.) festgesetzte Gebühren *(Stolgebühren)* erhielt. Da diese Aufgaben auch die Bettelorden wahrnehmen durften, bedeuteten sie für den Stadtpfarrklerus *nicht nur Aushilfe, sondern auch Konkurrenz*.[5] Anfang des 16. Jahrhunderts flammten die Streitigkeiten zwischen Welt- und Ordensklerus wieder auf, ein Zeichen für die anhaltende Wertschätzung der Franziskaner in der Bevölkerung.

4.2. Die Reformation: Ursachen, Verlauf, Träger und Folgen

Ursachen

War die »Heilswelt« des Bürgers um 1500 noch in Ordnung, war sie eine Generation später heftigen Erschütterungen ausgesetzt. Die gesamte Bürgerschaft war für das Heil auch der Seelen verantwortlich, nur worin das Heil lag, darüber spaltete sich die Stadt. Es trat eine evangelische Bürgeropposition auf, die – pochend auf Luthers Gemeindechristentum – Reformen im kirchlichen und im weltlichen Bereich forderte und vor allem die Mitsprache der christlichen Gemeinde. Der katholische Rat machte Zugeständnisse, weigerte sich aber, den letzten Schritt zu tun: die Annahme der neuen Lehre. Lange konnte er sich der reformatorischen Bewegung entgegenstemmen, unterstützt vom altgläubigen Klerus und vom Landesherrn, Herzog Erich I. (1495–1540). Doch wurde der Druck auf ihn immer stärker: Am 26. Juni 1533 schwört eine Versammlung von Bürgern auf dem Marktplatz, zu Luthers Wort zusammenzustehen. Dies ist der Beginn der Reformation »von unten«, der der Rat im September 1533 durch Flucht in das katholische Hildesheim weichen muß. Wie konnte so etwas passieren? Warum hatte Luther Erfolg?

Die Stadtreformationsforschung hat ein Raster von Bedingungen für die Breitenwirkung und den Erfolg der Reformation herausgearbeitet. Untersucht man die Reformation in Hannover anhand dieses Fragerasters, zeigt sich, daß hier die Bedingungen für die Aufnahme der evangelischen Lehre alles andere als günstig waren. Diese war hier auch für den Rat wenig anziehend. Die städtische Autonomie war erreicht, das Kirchenregiment wohl etabliert. Der Rat war mit dem altgläubigen Kirchensystem fest verbunden; mit dem Landesherrn, der auch das Ohr des Kaisers hatte, bestand ein gutes Einvernehmen. Weitere außenpolitische Kräfte, die auf Hannover einwirken konnten, gab es nicht. Im Innern sorgte der Rat durch vorbeugende Maßnahmen dafür, daß die Verhältnisse stabil blieben. Eine Krisensituation bestand hier nicht. Die 1448er Verfassung war intakt, vom Bauernkrieg oder von innerstädtischen Unruhen wie in Nachbarstädten (Braunschweig, Göttingen) blieb Hannover verschont. Eine humanistisch gebildete Intelligenz, die einen Unruheherd insofern hätte darstellen können, als sie sich als Träger der Reformation anbot, fehlte. Spannungen konnten deshalb nur im innerstädtisch-politischen Bereich auftreten, insofern, als das System der politischen Machtverteilung oligarchisch geprägt war und damit dem genossenschaftlichen Prinzip widersprach. Bereits die 1448er Verfassung betonte stärker das obrigkeitliche Element: die meisten Gilden, nämlich die kleinen Gilden, waren überhaupt nicht im Rat vertreten. Bei der Besetzung des Ratsherrenamtes stimmten darüber hinaus Verfassungsnorm und -wirklichkeit von 1448 bis 1533 (Reformation) nicht überein. Die Kaufmannschaft dominierte – zu Lasten der Meinheit.

Vor der Reformation hat eine Führungsgruppe das Stadtregiment (Rat und Geschworene) fest in der Hand. Diese Gruppe ist außerordentlich homogen und rekrutiert sich aus wenigen reichen Kaufmannsfamilien. Sie hat sich durch Patronage den Anhang der Vertreter der beiden anderen Bürgerschaftsgremien, der Meinheit und der ratsfähigen Gilden, gesichert. Zwar prinzipiell für Aufsteiger offen, blockierte diese Elite effektiv den Zugang zu den wichtigsten städtischen Ämtern und kontrollierte den zu den übrigen. Das führte direkt vor der Reformation zu einer auffälligen Verfestigung der Personalstruktur.
Auf der anderen Seite gab es eine nicht unerhebliche Gruppe von reichen Bürgern, die überhaupt keine oder nur unbedeutende städtische Ämter innehatten, vor allem solche aus den kleinen Gilden. Diese waren aufgrund ihres Vermögens zwar ebenfalls ratsfähig, hatten jedoch wegen der Machtverfilzung praktisch keine Möglichkeit, an die Macht zu gelangen. Bei den kleinen Gilden kommt noch hinzu, daß sie ohne eine Verfassungsänderung keine reichen und angesehenen Mitglieder in den Rat hätten entsenden können. Diese »Honoratioren ohne politische Macht« könnten sich von der Beteiligung am Stadtregiment ausgeschlossen gefühlt haben und Motoren der auch eine Belebung der genossenschaftlichen Tradition bringenden evangelischen Bewegung gewesen sein.
Angesichts solcher Konstellationen wird deutlich, daß in Hannover keine Chance bestand, daß führende Kreise in der Stadt sich der Reformation anschlossen. Sie mußte also »von unten«, durch eine Bürgeropposition, durchgesetzt werden.

Verlauf

Beim reformatorischen Geschehen in Hannover kann man drei Phasen unterscheiden: die erste Phase, vom öffentlichen Auftreten von Lutheranhängern 1524 bis August 1532. Sie ist dadurch gekennzeichnet, daß der Rat sich mit seiner repressiven Politik insgesamt behaupten kann. Die zweite Phase geht über 12 Monate (bis September 1533). In ihr tritt eine immer breitere Bürgeropposition dem Rat gegenüber. Wie aus ihren Aktionen und Schriften hervorgeht, war diese Opposition sehr heterogen zusammengesetzt. Der Anteil der überzeugten Lutheranhänger an ihr ist nicht festzustellen. Was sie einte, war die Rückbesinnung auf die genossenschaftliche Tradition.
In den Eingaben an den Rat waren anfangs Forderungen nach Kirchenreform und Beschwerden über Mißstände, meist wirtschaftlicher Art, zusammengestellt. Forderungen nach politischen Veränderungen fehlen. Bald wurden die Forderungen nach Kirchenreform abgelöst von eindeutig reformatorischen Forderungen, die reformatorisch gesinnte Geistliche vertraten, die von auswärts gekommen waren. Der einheimische Klerus hielt fast geschlossen zum Rat. Dieser, der sich seines Anhangs in den Bürgerschaftsgremien versichert hat, macht Zugeständnisse – außer in der Religionsfrage. Er kann lange dafür sorgen, daß die Streitigkeiten in den Formen ausgetragen wurden, die die Tradition der Bürgeropposton vorschrieb. Als er sich auch der Unterstützung des Landesherrn versichert, verschärfen sich die inneren Spannungen; der Rat verliert zusehends an Autorität. Am 26. Juni 1533 nehmen die oppositionellen Teile der Bürgerschaft die

genossenschaftliche Tradition wieder auf: Sie schließen sich zu einem ersten Schwurverband zusammen, der jetzt die Macht in der Stadt hat. In Hannover haben wir also eine fast lehrbuchhafte »Reformation von unten«. Im September muß der Rat aus der Stadt fliehen; eine Übergangsregierung tritt bis zur Ratsneuwahl am 26. April 1534 an seine Stelle.

Damit beginnt die dritte Phase der innerstädtischen Auseinandersetzungen. Die altgläubigen Geistlichen verlieren durch die Flucht der Ratsherren einen wichtigen Rückhalt; sie werden von Lutheranhängern massiv bedroht, ebenso altgläubig gebliebene Mitbürger. Der Landesherr läßt jetzt die Straßen sperren und sorgt dadurch für eine Lebensmittelverknappung, die die innere Desintegration fördert. Hannover nähert sich dem Zustand der Anarchie; nicht näher bestimmbare revolutionäre Elemente treten auf. Der Interimsregierung drohen die Zügel zu entgleiten. Zugleich droht sie von einer noch radikaleren Bewegung (Zwinglianer, Wiedertäufer) erfaßt zu werden. Das »Volk« fordert Neuwahlen, um faits accomplis zu schaffen, die aber sowohl die Aussöhnung mit dem Landesherrn wie mit dem vertriebenen alten Rat erschweren oder gar unmöglich machen würden. Nach langen Verhandlungen durch die (reformierten) Städtepartner gelingt der erwünschte Ausgleich, der die Stadt viel Geld kostet, die alte Ratsgruppe aber für immer entmachtet und die Reformation sichert (Juli 1534).

Träger

In den ersten beiden Phasen der Reformation lassen sich ihre Träger nicht benennen. In der dritten Phase trat eine Gruppe an die Spitze der Bürgeropposition, die wir als Honoratioren ohne politische Macht gekennzeichnet haben. Sie dominierten in der engeren Interimsregierung. Dagegen stammte fast die Hälfte der Mitglieder der weiteren Übergangsregierung aus weniger wohlhabenden Verhältnissen; sie kamen u. a. über Meinheit und kleine Gilden in das Gremium. Die Zusammensetzung der engeren Interimsregierung wird wohl darauf zurückzuführen sein, daß sie nach außen für die Verhandlungspartner möglichst präsentabel sein mußte und nach innen über möglichst viel Autorität verfügen mußte.

Folgen

Im kirchlichen Bereich übernimmt der neue Rat von seinem Vorgänger das de facto schon bestehende Kirchenregiment und baut es aus. Dazu gab ihm einmal die Kirchenordnung von 1536 die Möglichkeit, zum anderen eine Reihe von Stadtordnungen, in denen Fragen geregelt wurden, die in der Kirchenordnung offen geblieben oder kaum angesprochen worden waren. Den Beginen- und den Franziskanerkonvent löst der Rat auf; den altgläubigen Klerus unterstellt er seiner Disziplinargerichtsbarkeit. In Eheangelegenheiten erklärt er sich für zuständig; Pfründenvermögen zieht er an sich und läßt es durch Ratsbeauftragte »verwalten«. Armenfürsorge und Schulwesen ordnet er neu. Die evangelischen Prediger erhalten die Aufgaben von Volkserziehern; ihrer Banngewalt unterstand jedes Gemeindemitglied. Stadtgemeinde und Kirchengemeinde waren jetzt identisch. Insgesamt zeigt sich einerseits ein kräftiger Schub in Richtung »Verobrigkeitlichung«, andererseits die Einbindung weiterer Kreise.

Im politischen Bereich brachte die Reformation für Hannover nicht nur verfassungsgeschichtlich, sondern auch sozialgeschichtlich einen tiefen Einschnitt: Errichtung einer neuen Ratsverfassung (1534), Abschaffung der Kooptation sowie Entmachtung der alten Elite.

5. ANMERKUNGEN

Um die Fußnoten nicht zu sehr anschwellen zu lassen, erfolgt die ausführliche Literaturangabe im Quellen- und Literaturverzeichnis. Die Zitierweise ist an F.C. Dahlmann-G. Waitz, Quellenkunde zur Deutschen Geschichte, Bd. 1, Stuttgart 1969, orientiert.

Anmerkungen zu Kapitel 2.1

1 Zur Diskussion s. H. Höing.
2 Urkundenbuch Hannover (zit: UB Hann) Nr. 11.
3 H. Plath u. a., S. 8.
4 B. Diestelkamp, S. 103 ff.
5 E. Büttner 1926, S. 4 Nr. 7; B. Diestelkamp, S. 129 ff.
6 S. Müller, Dissertation.
7 H. Plath u. a., S. 50.
8 ebd., S. 52.
9 ebd., S. 53 ff.

Anmerkungen zu Kapitel 2.2

1 H. W. H. Mithoff 1868, S. 201; Stadtarchiv Hannover (zit: Stadt A H) B 8249 fol. 67 r.
2 A. Jugler 1884, S. 24; H. Brauns, S. 25 ff.; J. Köppke, S. 106.
3 F. Voß, S. 210. Allgemein dazu H. Fischer, S. 218.
4 Allgemein M. Heyne, Bd. 2, S. 148 ff.
5 H. Seedorf, S. 23 ff.
6 P. Siedentopf.
7 UB Hann Nr. 11. Damit waren wahrscheinlich die Fluren der ursprünglich in diesem Raum gelegenen Dörfer gemeint (K. F. Leonhardt 1941, S. 16). Allgemein dazu H. Fischer, S. 216; D. u. E. Munzel; H. Brauns; E. Sachers.
8 H. Fischer, S. 217 f. und S. 232 f.
9 Stadt A H Urkd. I Nr. 297.
10 Grote/Broennenberg, S. 330.
11 H. Fischer.
12 Z. B. StadtA H B 8264 m fol. 329 Nr. 1139/20, fol. 940 Nr. 4163/92 (1502). Vgl. a. H. Brauns, S. 19 ff.
13 StadtA H B 8264 m fol. 429 Nr. 1685/36.
14 StadtA H B 8263 m fol. 112 Nr. 229 (1437).
15 So z. B. die *gehle Wiede* vor 1529 (StadtA H Urkd. I Nr. 1602, abgedr. b. E. Büttner 1926, S. 23 ff.) und 1646 den *Schmachteberg* und das *Heeg* (StadtA H. Urkd. I Nr. 1895).
16 Dazu gehörte das *Honholt*, das man 1553 von Herzog Erich II. kaufte und vergrößerte (StadtA H Urkd. I Nr. 1721, abgedr. b. Grote/Broennenberg, S. 30), ein Teil der Lüneburger Landwehr östlich des Kirchröder Turms und 1643 der *Müggenkamp* westlich des Döhrener Turms (P. Siedentopf 1933, S. 25). Dieses Landstück hatte der hannoverschen Ratsherrenfamilie Volger gehört.
17 H. Plath 1971, S. 237.
18 Aus der Urkunde Herzog Erichs I. von 1529 wissen wir, daß die *gehle Wiede* mit einem 18 Fuß breiten Graben umgeben werden sollte; der Bau und die Erhaltung dieser Abgrenzungen waren also eine aufwendige Sache.
19 A. Jugler 1884, S. 33-43. Hier zeigt sich bereits der wachsende Einfluß der Territorialherrschaft im 17. Jahrhundert.
20 Grote/Broennenberg, S. 334. Vgl. a. H. Fischer, S. 233.
21 StadtA H B 8263 m fol. 12 Nr. 18.
22 StadtA H B 8092 fol. 15 r. Vgl. auch die Forderungen Nr. 22 und 43 der Bürgeropposition vom 15./16. 8. 1532 (StadtA H A 574). 1515 verkaufte z. B. der hannoversche Ratsherr Bernd Live 186 Ochsen nach Kassel (StadtA H. Urkd. I Nr. 1458).
23 StadtA H B 8092 fol. 31 r.
24 StadtA H B 8223 a fol. 162 r. Vgl. a. StadtA H B 8255 fol. 144 v (1696).
25 StadtA H B 8263m fol. 12 Nr. 18.
26 StadtA H Urkd. I Nr. 1602, gedr. b. E. Büttner 1926, S. 23 f.
27 ebd. Vgl. auch die Antwort des Rates (Nr. 32) auf die Forderung Nr. 40 der Bürgeropposition vom 15./16. 8. 1532 (StadtA H A 574). S. a. Voß, S. 204.
28 StadtA H Urkd. I Nr. 1602, gedr. b. E. Büttner 1926, S. 23 f. Vgl. a. O. Jürgens, S. 147 f.; H. Plath u. a., S. 152.
29 Beispielsweise erhielt ein hannoverscher Bürger namens Nagele 1396 vom Rat das Recht, dort Vieh einzutreiben und zu weiden (E. Büttner 1926, S. 39) – natürlich nur gegen eine entsprechende Bezahlung an die Stadtkasse (vgl. a. F. Voß, S. 204).
30 StadtA H Urkd. I Nr. 1119, 1120, 1127-1135 (1488). Vgl. a. F. Voß, S. 204 und S. 208 f.
31 ebd., Nr. 1771.
32 ebd., Nr. 945 (1468).
33 StadtA H B 8249 fol. 97 r.
34 P. Siedentopf, S. 15.
35 Allgemein W. Abel, Stuttgart 1978^3, S. 157 ff.
36 StadtA H. Urkd. I Nr. 1777.
37 ebd., Nr. 1824 (1596).
38 StadtA H B 8249 fol. 97 v.
39 Vgl. F. Voß S. 204; K. F. Leonhardt 1941. S. a. StadtA H Urkd. I Nr. 1777 (1574) und 1602 (1529).
40 K. F. Leonhardt 1941, S. 13 ff.
41 StadtA H B 8263 m fol. 225 Nr. 457.
42 Zu den frühesten Belegen s. StadtA H Urkd. I Nr. 312 (1373), Nr. 406 (1390).
43 F. Voß, S. 204 f.; K. F. Leonhardt 1941.
44 StadtA H Urkd. I Nr. 987 (1473), Nr. 1732 (1557).
45 K. F. Leonhardt 1941, S. 11.
46 Vgl. E. Büttner 1926, S. 44–50, Nr. 56, hier: S. 44, Nr. 2.
47 StadtA H Urkd. I Nr. 1602, gedr. b. E. Büttner 1926, S. 23 f.
48 StadtA H Urkd. I Nr. 1777.
Um den Ertrag der Wiesen und Äcker zu vergrößern, begann man u. a., sie mit primitiven Methoden zu düngen. Der Mist aus der städtischen Viehhaltung reichte hierfür nicht aus, zumal man ihn vielfach nutzlos auf den Straßen liegen ließ. Der Dung von der Allmende-Beweidung ging ebenfalls für den Ackerbau verloren (W. Abel). Eine einfache Düngemethode war das *Plaggen*. Dabei wurde die oberste Schicht von Rasen oder Heide – aus der Allmende – abgestochen und auf die Ländereien verteilt. Auch diese Maßnahme ging zu Lasten der allgemeinen Weide und wurde daher 1574 durch den Erlaß des Landesherrn eingeschränkt. Zum *Plaggenhauen* vgl. auch StadtA H B 8268 m fol. 1086 ff. (1563).
49 F. Voß, S. 205 f.
50 Zu den Mühlen vgl. ebd., S. 168 ff.
51 A. Nöldeke, S. 742.
52 ebd., S. 743.
53 Th. Walter, S. 157 f.
54 F. Voß, S. 182; StadtA H B 8263 m fol. 220 Nr. 440 (1442).
55 Zu den Rösehöfen s. a. H. W. H. Mithoff 1871, 180 ff.
56 UB Hann Nr. 430 (1365). Zum Brennholz für die Kalkröse s. StadtA H B 8263 m fol. 208 Nr. 409 (1442).
57 Grote/Broennenberg, S. 170. Zum Schiffgraben s. a. die Antwort des Rates Nr. 13 auf die Forderung der Bürgeropposition vom 15./16. 8. 1532 (StadtA H A 574).
58 H. W. H. Mithoff 1871, S. 193, Zu den Einnahmen s. F. Voß, S. 177 ff.
59 StadtA H Urkd. I Nr. 364 (1383), Nr. 796 (1447), Nr. 1736 (1557) sowie die Angaben bei F. Voß, S. 178.
60 StadtA H. Urkd. I Nr. 1022.
61 A. Nöldeke, S. 404.
62 H. Zimmermann 1981.
63 Vgl. K. F. Leonhardt 1941, S. 14; StadtA H Urkd. I Nr. 136 (1342).
64 K. Besecke, S. 87 ff.; F. Voß, S. 158; Grote/Broennenberg, S. 309.
65 H. Fischer, S. 236 ff., bes. S. 241 f.
66 StadtA H Urkd. I Nr. 746.
67 StadtA H B 8263 k fol. 243 Nr. 499. Weitere Rechte und Besitzungen der Stadt und von Stadtbürgern können hier nicht angeführt werden, da diese Fragestellung noch einer genaueren Untersuchung bedürfte (vgl. u. a. F. Voß, S. 207 ff. Allgemein H. Fischer, S. 223 ff.).
68 UB Hann Nr. 65 (1297).
69 A. Nöldeke, S. 47.
70 H. W. H. Mithoff 1869, S. 159.
71 ebd., S. 176.
72 ebd., S. 182.
73 ebd., S. 196 f.
74 StadtA H B 8249 fol. 17 und 73 r; StadtA H B 8254 fol. 190 v (1558); B 8262 m fol. 47 v–48 r (1603).
75 StadtA H Urkd. I Nr. 1253 (1500). Vgl. a. H. W. H. Mithoff 1869, S. 183.

76 A. Nöldeke, S. 55–57.
77 StadtA H B 8266 m fol. 1017. Vgl. a. StadtA H B 8268 m fol. 1053 ff. (1563).
78 UB Hann Nr. 116–124, 126.
79 StadtA H Urkd. I Nr. 809.
80 H. Plath 1961, S. 201.
81 E. Brix 1951, S. 20.
82 H. Plath 1961, S. 204.
83 ders. 1955, S. 81; UB Hann Nr. 45.
84 H. Plath 1961, S. 200.
85 Zu Eigentumsverhältnissen in dieser Zeit vgl. H. Deckwirth.
86 UB Hann Nr. 3.
87 H. Plath 1961, S. 200.
88 H. Seedorf, S. 30.
89 K. F. Leonhardt 1937.
90 H. Mauersberg, S. 58 nach der Kopfsteuerbeschreibung.
91 H. Seedorf, S. 33.
92 Karte von R. Dismer im Anhang von J. Studtmann 1941.
93 ebd.
94 StadtA H Alte Abteilung XIII E 11.
95 H. Plath 1955, S. 111.
96 W. Röhrbein.
97 UB Hann Nr. 185 (1333).
98 H. Plath 1955, S. 91.
99 ebd., S. 92.
100 UB Hann Nr. 387.
101 StadtA H B 8254 fol. 189 r (1558); U. Dirlmeier 1981, S. 143 f.
102 L. H. Wüthrich (Hrsg.), S. 100.
103 StadtA H B 8092 fol. 12 r.
104 ebd., fol. 22 v.
105 StadtA H A 781.
106 M. Becker, S. 23; H. Mundhenke 1954, S. 3.
107 StadtA H B 8249 fol. 14.
108 ebd.
109 H. Plath 1955, S. 93 ff.; A. Riemer 1914, S. 122.
110 H. Plath 1955, S. 109. f.
111 Vgl. F. Voß, S. 191.
112 A. Nöldeke, S. 378.
113 A. Riemer 1914, S. 106 ff.
114 K. F. Leonhardt 1926, S. 24.
115 A. Nöldeke, S. 370.
116 ebd., S. 341.
117 Vgl. dazu H. Plath u. a., S. 53 ff. Zu den Verhandlungen über den Residenzvertrag s. StadtA H A 535 und A 536; StadtA H Urkd. I Nr. 1877 (1636).
118 H. Plath u. a., S. 16 f.
119 G. Schnath 1956, S. 29 f.
120 ebd., S. 33.
121 H. Plath u. a., S. 173.
122 H. Plath 1975.
123 E. Kalthoff, S. 28.
124 H. Plath u. a., S. 175 ff.

Anmerkungen zu Kapitel 2.3

1 Allgemein W. Herborn.
2 B. Diestelkamp, S. 37 f.
3 UB Hann Nr. 11.
4 G. F. Fiedeler 1876, S. 7 Nr. 8; O. Jürgens 1928, S. 57 und S. 71.
5 UB Hann Nr. 34. S. dazu C. U. Gruppen 1740, S. 99. Vgl. a. UB Hann Nr. 53 (1289); A. Hoffmann.
6 O. Jürgens 1928, S. 78.
7 StadtA H B 8237 fol. 3–13.
8 ebd., fol. 14.
9 ebd., fol. 16, 17, 59, 60.
10 ebd., fol. 71. Für 1456 sind noch einmal 11 Sitze nachzuweisen, ohne daß dafür ein Grund angegeben werden könnte.
11 StadtA H B 8264 m fol. 949 Nr. 4192/1 (1503). Zu den Aufgaben des Bürgermeisters s. a. ebd., fol. 1179 f. Nr. 4999/29 (1511).
12 Zur Frage der Ehrenamtlichkeit s. G. Konrich, S. 317; F. Voß, S. 105 f.
13 StadtA H B 8264 m fol. 872 Nr. 3633/10 (1498).
14 ebd., fol. 838 f. Nr. 3753/3 (1499).
15 ebd., fol. 1078 Nr. 4650/44 (1507).
16 ebd., fol. 1106 Nr. 4744/65.
17 ebd., fol. 1268 Nr. 5269/a.
18 StadtA H B 8292 k fol. 335. Vgl. a. B. 8246 fol. 13 f. und fol. 15.
19 StadtA H B 8249 fol. 61 r.
20 ebd., fol. 62 r. Dieser Wortlaut galt auch noch im 17. Jahrhundert (ebd., fol. 183 r).
21 StadtA H B 8263 m fol. 259 Nr. 530 (1443), fol. 333 f. Nr. 667; B 8264 m fol. 36 Nr. 122/54 (1452). Vgl. a. fol. 32 Nr. 116/50 (1452): Vor dem Rat erscheinen die kleinen Gilden. Ihr Sprecher, Hinrik Premel, erklärt, daß sie an dem vergangenen *uplop unschuldig* seien. S. a. O. Jürgens 1928, S. 81. Es kann aber als gesichert gelten, daß die Unzufriedenheit vieler Bürger mit dem Stadtregiment (E. Büttner 1926, S. 43 Nr. 55. Vgl. a. S. 46 Nr. 14) in einem *uplop* gipfelt (Im März 1446 erhalten 2 der kleinen Gilden, die Hoker und Wollenweber, vorübergehend Zugang zum Rat; im neuen Rat sitzen 1447 je ein Vertreter der Kramer und der Schneider. S. dazu StadtA H B 8263 m fol. 346 Nr. 686. Vgl. a. B 8292 k fol. 50; B 8293 k fol. 77–79.).
22 Grote/Broennenberg, S. 350; StadtA H B 8293 k fol. 79; B 8292 k fol. 50.
23 Grote/Broennenberg, S. 350. Aus dem Statut geht nicht hervor, welche Gilden gemeint sind. F. Frensdorff (S. 28) und K. Besecke (S. 4) verstehen darunter nur die 4 ratsfähigen Gilden. Die prosopographische Auswertung der für einige Jahre namentlich genannten Geschworenen – die bisherige Forschung hat sie nicht zur Kenntnis genommen – ergab, daß auch die kleinen Gilden Vertreter in dieses Kollegium entsenden konnten. S. dazu StadtA H B 8263 m fol. 428 (1449); B 8264 m fol. 1 Nr. 1 (1451), fol. 194 Nr. 707/26 (1462); Urkd. I Nr. 892 (1460).
24 H. Plath u. a., S. 30.
25 S. Müller, Dissertation.
26 StadtA H B 8265 m fol. 1749 Nr. 1895/32.
27 StadtA H B 8293 k fol. 41; Urkd. I Nr. 663 (1432), Nr. 864 (1455). Vgl. a. O. Jürgens 1928, S. 79.
28 F. Frensdorff, S. 27.
29 StadtA H B 8293 k fol. 25.
30 StadtA H B 8263 m fol. 431 Nr. 856 (1448).
31 ebd., fol. 497 Nr. 976 (1450). Vgl. a. fol. 444 Nr. 888.
32 Die politische Mitwirkung der Meinheit ist spätestens seit 1371 belegt. In diesem Jahr *wart de sittende rad old und nyge eyn mid 13 personen ghekoren ute der meynheyt.* S. dazu F. Frensdorff, S. 26.
33 O. Jürgens 1928, S. 81.
34 S. Müller, Dissertation.
35 StadtA H B 8264 m fol. 863 Nr. 3853/103 (1499), fol. 1244 Nr. 5201/47; B 8264 m fol. 1405 f. Nr. 50/4 (1518).
36 StadtA H B 8264 m fol. 569 f. Nr. 2434/45 (1486); B 8265 m fol. 1422 Nr. 554/49.
37 StadtA H B 8264 m fol. 713 Nr. 3233/21 (1494).
38 ebd., fol. 453 Nr. 1828/52 (1478), fol. 581 Nr. 2502/38 (1487); B 8265 m fol. 1415 Nr. 530/25 (1518).
39 ebd., fol. 1248 f. Nr. 5217/62 (1513).
40 StadtA H Urkd. I Nr. 1253 (1500); B 8264 m fol. 419 Nr. 1622/64 (1475), fol. 798 Nr. 3577/55 (1497).
41 Vgl. Kapitel »Gesundheit und Krankheit«.
42 StadtA H B 8264 m fol. 358 Nr. 1299/17 (1471).
43 Vgl. Kapitel »Gesundheit und Krankheit«.
44 Vgl. Kapitel »Schule und Bildung«.
45 StadtA H B 8264 m fol. 995 Nr. 4345/53 (1504).
46 ebd., fol. 228 Nr. 810/14 (1464), fol. 783 f. Nr. 3520/104 (1496), fol. 949 Nr. 4193/2 (1503).
47 ebd., fol. 398 Nr. 1489/1 (1494).
48 ebd., fol. 687 Nr. 3111/15 (1493).
49 O. Jürgens 1928, S. 96; StadtA H B 8292 k fol. 28.
50 O. Jürgens 1928, S. 135.
51 StadtA H B 8292 k fol. 25, 58. Vgl. a. B 8246 fol. 22; B 8264 m fol. 536 Nr. 2228/12 (1484), fol. 62 Nr. 216/35, fol. 635 Nr. 2811/4 (1490), fol. 987 Nr. 3996/4 (1501). Zum Eid der Weinherren s. StadtA H B 8246 fol. 22 (1534).
52 G. F. Fiedeler 1876, S. 7 Nr. 7. Zum städtischen Finanzwesen Hannovers grundlegend F. Voß. Vgl. a. O. Jürgens 1928, S. 96 und S. 138 f.
53 StadtA H B 8293 k fol. 25 und fol. 41.
54 B. Diestelkamp, S. 115 ff.
55 StadtA H B 8293 k fol. 25.
56 O. Jürgens 1928, S. 93. Zum Eid s. B. 8246 fol. 18.
57 StadtA H B 8246 fol. 15 (1534).
58 StadtA H B 8292 k fol. 28.
59 ebd., fol. 27.
60 StadtA H Urkd. III Nr. 119 und 120 (1467). Vgl. a. StadtA H B 8264 m fol. 6 Nr. 22 (1451).
61 StadtA H B 8292 k fol. 28.
62 O. Jürgens 1928, S. 91.
63 Zum Eid s. StadtA H B 8246 fol. 11 f. Vgl. a. fol. 23 f.
64 StadtA H B 8264 m fol. 666 Nr. 3109/13 (1493); B 8292 k fol. 2.
65 Allgemein s. P. Meisel, S. 129.

66 StadtA H B 8263 m fol. 222 Nr. 448, fol. 227 Nr. 464, fol. 229 f. Nr. 472 (1442), fol. 232 Nr. 474 (1443).
67 StadtA H B 8264 m fol. 1182 Nr. 5008/38. Vgl. a. B 8263 m fol. 79 Nr. 278/34 (1455).
68 StadtA H B 8264 m fol. 654 Nr. 2912/8 (1491).
69 Zum Eid s. StadtA H B 8246 fol. 21 (1534): »*dat wy duth Jar der stadt tho erenn wakeherenn sin willenn dem rade unnde sworenn sunde unnde schande helpenn straffenn unnde vor Hannover help*(enn) *radenn na witte unnde synne, szo alse uns godt helpe.*«
70 S. Müller, Dissertation.
71 StadtA H B 8186 fol. 18 v.
72 ebd., fol. 30 v. Vgl. a. fol. 2 r (1481).
73 StadtA H A 579.
74 S. Müller, Dissertation. Zum Eid der Lehnherren s. B 8249 fol. 79 r.
75 StadtA H B 8249 fol. 40 r, 2. Hälfte 16. Jahrhundert.
76 ebd., fol. 47 r.
77 ebd., fol. 57 r–v, 17. Jahrhundert.
78 ebd., fol. 36 r, 2. Hälfte 16. Jahrhundert.
79 S. Müller, Dissertation.
80 S. Müller 1983.

Anmerkungen zu Kapitel 2.4

1 StadtA H B 8269 m fol. 310 (1564), fol. 482 f. (1566), fol. 492 f., fol. 626 (1567).
2 H. Mauersberg, S. 101 Anm. 56; StadtA H A 2150 fol. 17 v–18 r (1650). Allgemein dazu R. Wissel I, S. 145 ff.
3 Vgl. StadtA H Urkd. I Nr. 1040 (1479).
4 ebd., Nr. 517. Vgl. a. Nr. 616 (1427).
5 K. F. Leonhardt 1933, S. 82.
6 StadtA H B 8232 k fol. 52 Nr. 191. S. a. ebd., fol. 53 Nr. 195 (1406).
7 ebd., fol. 53 Nr. 194.
8 StadtA H B 8254 fol. 15 r (1534) und 15 v.
9 G. F. Fiedeler 1876, S. 32 Nr. 90.
10 StadtA H B 8266 m fol. 744.
11 StadtA H Alte Abteilung XVII G 1 a.
12 Z. B. E. Büttner 1926, S. 73 Nr. 70.
13 H. Mauersberg, S. 100 ff.
14 StadtA H Alte Abteilung XIII E 11, Brief des Schulrektors vom 19. 4. 1596; E 16, Brief des Schulrektors vom 25 6. 1627. Vgl. a. StadtA H A 541, Brief eines Doktoranden vom 7. 11. 1589.
15 StadtA H Alte Abteilung XVII C 2, Aufnahme des Hans Fimeyer in das Bürgerrecht 1656.
16 H. Mauersberg, S. 100 ff.
17 StadtA H Alte Abteilung XVII C 2, Aufnahme des Dietrich Grote in das Bürgerrecht 1556.
18 StadtA H B 8268 m fol. 451 f.
19 StadtA H A 2259: »*Senatus consultum et statum perpetuum*« vom 3. 6. 1635.
20 Z. B. StadtA H B 8092 fol. 14 v; B 8254 fol. 15 r (1534).
21 StadtA H B 8092 fol. 14 v; B 8254 fol. 15 r (1534); B 8266 m fol. 744 (1542).
22 StadtA H B 8232 k fol. 26 Nr. 114 (1379).
23 ebd., fol. 35 Nr. 156.
24 StadtA H Urkd- I Nr. 754 (1444); B 8266 m fol. 926/1 (1544).
25 StadtA H B 8264 m fol. 1078 Nr. 4650/44. Vgl. a. ebd. fol. 342 Nr. 1214/29.
26 StadtA H A 685.
27 StadtA H A 1042.
28 K. F. Leonhardt 1933, S. 191. Eine ausführliche Darstellung der Geschichte der Juden in Hannover im Spätmittelalter und in der Frühen Neuzeit fehlt bislang. Vgl. vorerst noch Maimon; dort auch weitere Literatur. Für Hildesheim s. P. Aufgebauer.
29 StadtA H Urkd. I Nr. 331. S. a. F. Voß, S. 124 f.
30 StadtA H Alte Abteilung XVII Q 1. Vgl. a. StadtA H B 8264 m fol. 584 Nr. 2521/58 (1487).
31 StadtA H Urkd. I Nr. 1241, gedr. b. E. Büttner 1926, S. 116 f. Nr. 115; Alte Abteilung XVII Q 1, Aufnahme von Juden zu Ostern 1550; Urkd. I Nr. 1792. Vgl. a. Alte Abteilung XVII Q 1 vom 4. 11. 1580.
32 StadtA H B 8264 m fol. 601 Nr. 2631/58. Vgl. a. E. Büttner 1926, S. 44 Nr. 3.
33 StadtA H B 8292 fol. 331; Alte Abteilung XVII Q 1.
34 StadtA H Urkd. I Nr. 1241.
35 StadtA H B 8092 fol. 29 v, gedr. b. E. Büttner 1926, S. 118 (Beleg aus der Reformationszeit).
36 Zur Judenstraße s. O. Jürgens 1905, S. 423.
37 StadtA H Urkd. I Nr. 1241. Vgl. a. O. Jürgens 1928 S. 195; Alte Abteilung XVII Q 1, Judenaufnahme vom April 1550.
38 Vgl. a. K. F. Leonhardt 1933, S. 190 ff. Aus diesen beiden Pfandregistern aus dem 13. und 14. Jahrhundert geht z. B. hervor, daß Juden nur in geringem Umfang als Geldleiher tätig waren.
39 Z. B. StadtA H B 8263 m fol. 401 f. Nr. 802/59, fol. 426 Nr. 851/43; B 8264 m fol. 435 Nr. 1723/6; B 8265 m fol. 1321 Nr. 173/80, fol. 1603 Nr. 1260/140, fol. 1636 Nr. 1429/137, fol. 1678 Nr. 1642/13; B 8223 a fol. 92; Alte Abteilung XV II Q 6.
40 P. Aufgebauer, S. 48 f. 1448 leistete der Jude Nachmann den Eid in dieser Weise, nämlich »*upp moses bok dat he vor den rad brachte so alse de rad sek des by dem rade to hildensem beleret laten hadde na orer joden wise aldans ludende dat mek god so helpe und de er de god moses gaff uppe deme berge synai*« (StadtA H B 8263 m fol. 426 Nr. 851). Der Judeneid von 1539 lautete: »*Dat ick Levin Jude die vorgelesenn urfeide gantz ohres inholdes by dem almechtigen godt aedonai* (!) *schepper himmels und der Erdenn und by synem hilligenn gesette dar up Ick myne beidenn finger in d*(e) *rechte handt gelecht hebbe unvorbrocke, erligenn uprichtig holdenn will, by denn straffenn so d*(e) *allmechtig*(e)*... up erlecht so wahr helpe my der aedonai und synn hillige gesette*« (StadtA H B 8266 m fol. 501).
41 StadtA H B 8266 m fol. 213 f. (1558), fol. 788 (1561), fol. 817, fol. 882 (1562), fol. 1069 f. (1563); B 8269 m fol. 333 und 334 (1566).
42 StadtA H B 8268 m fol. 800 (1561).
43 M. Wiener, S. 177. Für Hildesheim P. Aufgebauer.
44 E. Büttner 1926, S. 44 Nr. 3. S. a. StadtA H B 8263 m fol. 314 f. Nr. 630. Mit diesem Beschluß kam er einer Forderung der Bürgeropposition nach. S. dazu E. Büttner 1926, S. 45 Nr. 11.
45 StadtA H A 574.
46 Allgemein F. Irsigler.
47 StadtA H B 8092 fol. 29 v, gedr. b. E. Büttner 1926, S. 118.
48 StadtA H Alte Abteilung XVII Q 1, Judenaufnahme vom April 1550.
49 StadtA H B 8223 b fol. 129 r–130 v.
50 ebd., fol. 135 v.
51 M. Wiener, S. 190. Zum Druck des Edikts s. P. Aufgebauer, S. 83 Anm. 477.
52 StadtA H B 8268 m fol. 1085.
53 StadtA H Alte Abteilung XVII Q 2.
54 ebd., Edikt des Rates vom 3. 5. 1588. Vgl. auch die Mandate des Landesherrn vom 23. 11. 1589 und 15. 7. 1591.
55 Zit. n. K. F. Schlegel 1802, S. 183.
56 StadtA H B 8057. Questions de Mr de la Porte, Commissaire Général de S. M. T. C. faites au Magistrat de la Ville d'Hanover, touchant l'Etat de la Ville, et les Responses qu'on y a données, fol. 53 v Nr. 31.
57 G. F. Fiedeler 1876, S. 30 f. Nr. 87.
58 StadtA H B 8264 m fol. 796 f. Nr. 3512/50.
59 StadtA H A 573.

Anmerkungen zu Kapitel 2.5

1 E. Brix 1951, S. 22.
2 UB Hann Nr. 11.
3 ebd., Nr. 29 (1264).
4 ebd., Nr. 26 (ca. 1260).
5 ebd., Nr. 38 (1272); Nr. 44 (1277), Nr. 46 (1282).
6 ebd., Nr. 46 (1282).
7 StadtA H B 8234 m fol. 195 (1366), gedr. b. Grote/Broennenberg, S. 451 f. Vgl. a. G. F. Fiedeler 1876, S. 30 f.
8 H. Heimpel 1973, S. 31; Ph. Dollinger, S. 215 ff.
9 G. F. Fiedeler 1876, S. 7 f. (1303); ders. 1878, S. 134 (1370).
10 G. F. Fiedeler 1878, S. 134 (1370).
11 G. F. Fiedeler 1876, S. 7 f. (1303).
12 ebd.
13 UB Hann Nr. 186 (1333), G. F. Fiedeler 1876, S. 7 f. (1303).
14 G. F. Fiedeler 1876, S. 7 f. (1303).
15 UB Hann Nr. 204 (1338).
16 ebd., Nr. 72 (1376).
17 ebd., Nr. 26 (ca. 1260).
18 ebd., Nr. 29 (1264).
19 ebd., Nr. 61 (1295).
20 ebd., Nr. 79, 80 (1301).
21 Ph. Dollinger, S. 211.
22 Zur Seeschiffahrt allgemein s. W. Vogel.
23 Ph. Dollinger, S. 313 ff.
24 F. Bruns/M. Weczerka, S. 126 ff.
25 O. Jürgens 1928, S. 165.
26 Ph. Dollinger, S. 192.
27 Für diese freundliche Auskunft habe ich Herrn Hinze, Bremische Hafenvertretung Hannover, zu danken.
28 Ph. Dollinger, S. 254.
29 Vgl. Zollausweis vor 1474 für Winsen/Aller, gedr. b. E. Büttner 1926, S. 15, Nr. 18.

30 P. Johansen.
31 F. Rörig 1959, S. 551 ff.
32 ebd., S. 551.
33 P. Johansen, S. 44 ff.
34 UB Hann Nr. 60, 61 (1295).
35 K. F. Olechnowitz, S. 154 ff.
36 H. Ammann 1973, S. 66 f.
37 ebd., S. 62.
38 UB Hann Nr. 26 (ca. 1260).
39 G. F. Fiedeler 1876, S. 7 f. (1303).
40 ders. 1878, S. 134 (1370).
41 ebd., vgl. a. H. Ammann 1973, S. 110 und S. 132.
42 E. Büttner 1926, S. 52 Nr. 58 (1450).
43 H. Ammann 1973, S. 73.
44 ebd.
45 E. Büttner 1926, S. 53 Nr. 59 (1524).
46 F. Hottenroth, S. 538.
47 F. Rörig 1959, S. 358.
48 H. Ammann 1973, S. 84.
49 H. Kellenbenz 1963, S. 109 ff.
50 Sudendorf V Nr. 72 (1376).
51 O. Jürgens 1928, S. 165.
52 StadtA H A 2107; E. Büttner 1926, S. 14 f.; StadtA H Alte Abteilung XVII G 1.
53 Vgl. zur Rolle Lüneburgs H. Böse, S. 18 ff.
54 F. Bruns/H. Weczerka, S. 268 f.
55 Sudendorf IV, Nr. 179 (1371).
56 Sudendorf V, Nr. 71 (1375) und Nr. 72 (1376).
57 ebd.
58 H. Plath u. a., S. 251 f.
59 ebd.
60 Ph. Dollinger, S. 116 ff.
61 Hanse-Recesse I, S. 410 f.
62 Z. B. UB Hann Nr. 26 (1260).
63 Allgemein Ph. Dollinger. Für niedersächsische Städte s. E. Pitz 1973.
64 E. Büttner 1926, S. 32 Nr. 34.
65 E. Maschke 1973, S. 191 ff.
66 H. Mauersberg, S. 378.
67 UB Hann Nr. 26 (ca. 1260), Nr. 29 (1264); Sudendorf IV, Nr. 179 (1371). Vgl. a. StadtA H Urkd. I Nr. 1269 (1501).
68 UB Hann Nr. 70 (1298), Nr. 80 (1301).
69 Sudendorf V, Nr. 196 (1381), VI Nr. 251 (1389), Nr. 261 (1390).
70 Hanse-Recesse V, S. 293. S. a. F. Rörig 1959, S. 558 ff.; Ph. Dollinger, S. 194 f.
71 StadtA H Urkd. I Nr. 495, gedr. b. E. Büttner 1926, S. 30 f. Nr. 32; Hansisches Urkundenbuch V, Nr. 611.
72 StadtA H A 2107.
73 E. Maschke 1973, S. 193.
74 StadtA H B 8469 g.
75 H. Mauersberg, S. 377.
76 Z. B. E. Büttner 1926, S. 14 f. (1474).
77 UB Hann Nr. 186 (1333).
78 ebd., Nr. 273 (1349).
79 ebd., Nr. 367 (1357).
80 Sudendorf V, Nr. 71 (1375), Nr. 72 (1376).
81 Vgl. F. Bruns/H. Weczerka, S. 229 ff. und S. 126 ff.
82 StadtA H Urkd. I Nr. 697 (1437), gedr. b. E. Büttner 1926, S. 12 f. Nr. 15. Vgl. a. Urkd. I Nr. 605 (1425).
83 StadtA H Urkd. I Nr. 697.
84 StadtA H B 8264 m fol. 710 Nr. 3213/1.
85 E. Pitz 1973, S. 141.
86 StadtA H B 8263 m fol. 107 f. Nr. 219.
87 StadtA H Urkd. I Nr. 1277.
88 Vgl. F. Voß, S. 151 ff.
89 UB Hann Nr. 177 (1315).
90 E. Büttner 1926, S. 7 f. Nr. 11; StadtA H Urkd. I Nr. 1870.
91 F. Voß, S. 152 ff. Vgl. a. Grote/Broennenberg, S. 486–491.
92 F. Voß, S. 158 f.
93 O. Jürgens 1928, S. 165.
94 Vgl. E. Büttner 1926, S. 14 f., Zollausweise.
95 Ph. Dollinger, S. 217 f.
96 H. Heimpel 1973, S. 32.
97 M. Buhlers (Hrsg.), S. 3.
98 StadtA H B 8479 m.
99 ebd.
100 ebd.
101 Ph. Dollinger, S. 267 ff.
102 StadtA H B 8469 g.
103 Ph. Dollinger, S. 450 ff.
104 Vgl. auch die Ausführungen zu Johann Duve.
105 Ph. Dollinger, S. 324 und S. 405 ff.
106 StadtA H Alte Abteilung XVII G 1.
107 Vgl. Ph. Dollinger, S. 219 f.
108 StadtA H B 8265 m fol. 1821 Nr. 2466/12.
109 StadtA H Urkd. I Nr. 1654 (1535).
110 Ph. Dollinger, S. 237.
111 E. Maschke 1973, S. 214 ff.
112 Ph. Dollinger, S. 205 f.
113 H. Kellenbenz 1956, S. 28 ff.
114 StadtA H B 8469 g.
115 Ph. Dollinger, S. 211.
116 StadtA H B 8275.
117 UB Hann Nr. 38 (1272).
118 G. F. Fiedeler 1878, S. 133 f.
119 UB Hann Nr. 44.
120 U. Scheschkewitz, S. 147; E. Bodemann, S. 175.
121 G. F. Fiedeler 1878, S. 131 (1365).
122 ebd., S. 132.
123 ebd.
124 ebd., S. 129.
125 ebd., S. 123; E. Büttner 1926, S. 38 Nr. 44 (1383).
126 G. F. Fiedeler 1878, S. 148 (1489).
127 ebd., S. 133 und S. 135 (1365 und 1377).
128 ebd., S. 140, Vgl. a. S. 139.
129 StadtA H Urkd. I Nr. 477.
130 StadtA H B 8232 k fol. 68 Nr. 222; G. F. Fiedeler 1876, S. 32 ff. und ders. 1878, S. 141 ff.
131 E. Büttner 1926, S. 44 ff. Nr. 56. S. a. StadtA H B 8263 m fol. 412 ff. Nr. 843. Vgl. a. E. Büttner 1926, S. 51 f. Nr. 57.
132 StadtA H B 8263 m fol. 412 ff. Nr. 843.
133 Z. B. ebd., fol. 806 f. Nr. 990 (1450); B 8264 m fol. 875 Nr. 3901/38 (1500); B 8265 m fol. 1376 Nr. 383/38 (1517).
134 StadtA H B 8264 m fol. 14 Nr. 52 und fol. 18 Nr. 63 (1451), fol. 912 Nr. 4050/58 (1501); E. Büttner 1926, S. 53 Nr. 59.
135 E. Büttner 1926, S. 53 Nr. 59.
136 StadtA H Urkd. I Nr. 1545.
137 S. Müller, Dissertation.
138 A. Jugler 1883², S. 189.
139 S. Müller, Dissertation.
140 StadtA H B 8265 m fol. 481 f. (1539).
141 G. F. Fiedeler 1878, S. 149 f.
142 ebd., S. 121 ff.
143 S. Müller, Dissertation.
144 K. F. Leonhardt 1937.
145 StadtA H B 8424.
146 H. Mauersberg, S. 214.
147 S. Müller, Dissertation.
148 Ph. Dollinger, S. 210.
149 S. MÜller, Dissertation.
150 Für das Folgende Ph. Dollinger, S. 364 ff.
151 A. v. Brandt, S. 35 f.
152 H. Kellenbenz 1957.
153 Ph. Dollinger, S. 469.
154 F. Lütge, S. 510.
155 K. Rabe, S. 137.
156 H. Mauersberg, S. 215; W. Florin, S. 287.
157 K. Rabe, S. 39 f.; H. Zimmermann 1961.
158 Zum Folgenden vor allem K. Rabe, S. 44 ff. und S. 116 ff.
159 StadtA H Urkd. I Nr. 1744 (1562).
160 G. F. Fiedeler 1876, S. 24 f.
161 StadtA H B 8611 k.
162 G. F. Fiedeler 1876, S. 24 f.
163 ebd.
164 StadtA H B 8611 k fol. 76 r.
165 ebd., fol. 143 v.
166 J. Studtmann 1941, S. 40.
167 StadtA H B 8477 m.
168 ebd., fol. 21 v.
169 G. F. Fiedeler 1876, S. 21.
170 ebd.
171 StadtA H B 8234 m fol. 195, gedr. b. Grote/Broennenberg, S. 451 f. Vgl. a. G. F. Fiedeler 1876, S. 30 f. Vgl. a. F. Keutgen, S. 137 ff. Für Lüneburg s. U. Scheschkewitz, S. 13.
172 H. Stradal, Sp. 1688.
173 O. G. Oexle 1979, S. 206.
174 U. Scheschkewitz, S. 74 ff. sowie die Gildeordnungen (vgl. Anm. 179).

175 Vgl. O. G. Oexle, S. 210 ff.
176 K. Rabe, S. 28.
177 StadtA H Urkd. I Nr. 328 und 329 (1375); die anderen Urkunden gleichlautend.
178 Vgl. U. Scheschkewitz, S. 21.
179 Bäcker: StadtA H B 8557k (1481), gedr. b. E. Büttner 1926, S. 61 Nr. 63; Schmiede: B 8558k (1510), gedr. b. H. Meyer, S. 130; Kürschner: (etwa 1450), gedr. b. E. Büttner 1926, S. 53 Nr. 60; Hoker: (etwa 1530), gedr. b. E. Büttner 1926, S. 70 Nr. 64. Soweit im folgenden keine Quellen genannt werden, beziehe ich mich auf diese Gildeordnungen. Allgemein zur *Unehrlichkeit* einiger Berufe s. K. Hegel, S. 423; R. Wissel I, S. 145 ff.
180 StadtA H B 8232 k fol. 63 Nr. 213.
181 Ordnungen der Hoker und Schmiede. Vgl. a. StadtA H B 8264 m fol. 991 Nr. 4331/39 (1504).
182 StadtA H B 8264 m fol. 458 f. Nr. 1864/31 (1479), fol. 1130 Nr. 4827/42 (1509), fol. 1138 Nr. 4857/72, fol. 619 Nr. 2735/44; B 8265 m fol. 1567 Nr. 1135/16 (1523).
183 StadtA H B 8264 m fol. 169 Nr. 690/49.
184 U. Scheschkewitz, S. 57 ff.
185 ebd., S. 66 ff. und S. 189 ff.; E. Maschke 1973 a, S. 400 ff.
186 Vgl. U. Scheschkewitz, S. 60 ff.
187 StadtA H B 8242 fol. 360 (1445).
188 Vgl. R. Sprandel, S. 335.
189 Z. B. StadtA H B 8242 fol. 359. Allgemein s. E. Maschke 1973 a, S. 407.
190 E. Ennen 1984, S. 136.
191 U. Scheschkewitz, S. 54 f.
192 StadtA H B 8264 m fol. 1186 Nr. 5020/50. Vgl. a. fol. 362 f. Nr. 1331/49 (1471), fol. 364 Nr. 1337/55.
193 StadtA H B 8264 m fol. 991 Nr. 4331/39.
194 E. Büttner 1926, S. 55.
195 U. Scheschkewitz, S. 52 ff. und S. 172 ff.
196 StadtA H B 8512.
197 O. Jürgens 1928; A. Jugler 1883².
198 G. F. Fiedeler 1878, S. 123.
199 U. Scheschkewitz, S. 97.
200 O. G. Oexle, S. 212.
201 Zur Gerichtsbarkeit der Gilden vgl. ebd., S. 210.
202 Z. B. O. Jürgens 1928, S. 179.
203 StadtA H B 8264 m fol. 728 Nr. 3207/95 (1494), fol. 1213 f. Nr. 5091/35 (1512).
204 ebd., fol. 403 Nr. 1887/54.
205 ebd., fol. 451 Nr. 1819/43 (1478), fol. 567 Nr. 2419/30 (1486), fol. 681 Nr. 3076/87 (1492), fol. 718 Nr. 3264/52 (1494).
206 U. Scheschkewitz, S. 36 ff.
207 W. Reininghaus 1981 a, S. 215 ff.; U. Scheschkewitz, S. 44 f.
208 StadtA H B 8506.
209 Allgemein W. Reininghaus 1981 b, S. 1–21; U. Scheschkewitz, S. 60.
210 StadtA H B 8512 fol. 2 r.
211 E. Büttner 1926, S. 57.
212 W. Reininghaus 1981 a, S. 48.
213 ebd., S. 46.
214 Vgl. E. Maschke 1973 a, S. 410 f.
215 W. Reininghaus 1981 a und 1981 b.
216 StadtA H Urkd. XI Nr. 8 (1588). Vgl. a. Urkd. I Nr. 1847 (1614) und O. Jürgens 1928, S. 184.
217 U. Scheschkewitz, S. 51.
218 W. Reininghaus 1981 a.
219 R. Sprandel, S. 332; W. Reininghaus 1981 a, S. 144 ff.
220 Vgl. a. R. Sprandel, S. 330 f.
221 K. Schulz, S. 212 f.
222 R. Sprandel, S. 231.
223 StadtA H B 8512.
224 Zu Streiks von Gesellen vgl. W. Reininghaus 1981 a, S. 174 ff.
225 Zu diesem Problem s. a. K. Schulz, S. 307 ff.; W. Reininghaus 1981 a, S. 42 ff.; R. Ennen, S. 34 ff.
226 Vgl. dazu O. Jürgens 1928, S. 187.
227 R. Sprandel, S. 334. Vgl. a. U. Scheschkewitz, S. 124 ff.
228 StadtA H B 8264 m fol. 922 Nr. 4090/18 (1502).
229 G. F. Fiedeler 1878, S. 149; U. Dirlmeier 1978, S. 133 f. und ders. 1983, S. 38 ff. Vgl. a. W. Reininghaus 1981 a, S. 161 ff., vor allem zum *blauen Montag* der Gesellen sowie R. Ennen, S. 36 ff.
230 U. Scheschkewitz, S. 129 f.
231 Z. B. Kürschner, Hoker, Schmiede. Zu den Schuhmachern s. A. Jugler 1883², S. 192.
232 Vgl. U. Scheschkewitz, S. 116 ff. Vgl. a. R. Ennen, S. 40 ff. Ob hannoversche Kaufleute daran beteiligt waren, wissen wir nicht.
233 Kürschnergilde 1481, StadtA H B 8512 fol. 18 r–v.
234 A. Jugler 1883², S. 192.
235 G. F. Fiedeler 1878, S. 131.
236 ebd., S. 140.
237 Allgemein dazu R. Ennen, S. 46 f. und U. Scheschkewitz, S. 141 ff.
238 Vgl. allgemein R. Ennen, S. 71 ff.
239 G. F. Fiedeler 1878, S. 140.
240 StadtA H B 8263 m fol. 196 Nr. 388 (1441).
241 G. F. Fiedeler 1878, S. 129.
242 ders. 1876, S. 21.
243 O. Jürgens 1928, S. 182.
244 ebd., S. 183.
245 StadtA H B 8254 fol. 19 r.
246 Vgl. U. Scheschkewitz, S. 166 und R. Ennen, S. 13.
247 Z. B. StadtA H B 8264 m fol. 66 Nr. 228/47 (1454).
248 ebd., fol. 242 Nr. 857/61 (1464).
249 ebd., fol. 590 Nr. 2561/97 (1487).
250 StadtA H B 8263 m fol. 477 Nr. 935 (1450).
251 StadtA H B 8264 m fol. 66 Nr. 228/47 (1454).
252 Vgl. StadtA H Urkd. I Nr. 880 (1459); B 8264 m fol. 226 Nr. 800/4 (1464).
253 O. Jürgens 1928, S. 176; E. Büttner 1926, S. 60, Nr. 62.
254 StadtA H Urkd. XI Nr. 2 (1453). Vgl. a. E. Büttner 1926, S. 60.
255 StadtA H B 8610 ls.
256 StadtA H B 8128 fol. 185 v (8. 7. 1614).
257 ebd., fol. 306 v.
258 U. Scheschkewitz, S. 147.
259 Vgl. E. Pitz 1973, S. 162 ff.
260 Vgl. W. Florin, S. 24 ff.
261 ebd., S. 277 f.
262 K. Rabe, S. 28. Zu weiteren Eingriffen fürstlicher Beamter s. W. Florin, S. 245 ff.
263 K. Rabe, S. 113 ff.
264 ebd., S. 29.
265 W. Florin, S. 278. Allgemein F. Lütge, S. 519.
266 W. Florin, S. 293 f. Allgemein F. Lütge, S. 518 ff.; E. Pitz, S. 160 f.
267 K. Rabe, S. 28 f.
268 Vgl. W. Florin, S. 237 ff.
269 K. Rabe, S. 91 ff. Vgl. a. W. Florin, S. 264 ff.
270 K. Rabe, S. 130 ff.
271 ebd., S. 26 f.
272 W. Florin, S. 244.
273 ebd., S. 299 f.
274 ebd., S. 300.

Anmerkungen zu Kapitel 3.1

1 H. W. H. Mithoff 1871, S. 87. Vgl. a. L. Klappauf, M. H. Schormann, S. 30 f.
2 UB Hann Nr. 11.
3 H. Kühnel 1984, S. 79.
4 Grote/Broennenberg, S. 513 f.; A. Nöldeke, S. 445.
5 StadtA H B 8269 m fol. 321 f (1566).
6 C. Meckseper; I. Krüger.
7 K. F. Leonhardt 1924, S. 26.
8 Karte von R. Dismer im Anhang von J. Studtmann 1941.
9 ebd.
10 StadtA H B 8263 m fol. 464 Nr. 914 (1448).
11 StadtA H A 650.
12 K. F. Leonhardt 1924.
13 ebd., S. 26.
14 ebd., S. 29.
15 H. Plath u. a., S. 163 f. sowie die Stadtpläne von K. F. Leonhardt.
16 K. F. Leonhardt 1924, S. 27.
17 ebd., S. 32.
18 StadtA H B 8264 m fol. 185 Nr. 669/53 (1461). Vgl. a. Grote/Broennenberg, S. 257 f. (1431).
19 H. W. H. Mithoff 1871, S. 89 ff.
20 A. Riemer 1914, S. 132 ff.; M. Heyne I, S. 216 f.
21 A. Jugler 1883², S. 323.
22 (»overhengh«), s. dazu H. W. H. Mithoff 1871, S. 89.
23 StadtA H B 8263 m fol. 96 Nr. 196.
24 StadtA H A 650, Brief vom 26. 6. 1649.
25 ebd., Brief von 1643.
26 StadtA H A 743.
27 M. Heyne I, S. 213.
28 ebd., S. 220.
29 H. Plath u. a., S. 164.

30 StadtA H B 8263 m fol. 1441 Nr. 406/44. S. a. StadtA H B 8264 m fol. 81 Nr. 282/38 (1455).
31 K. Bedal 1978, S. 119 ff.
32 M. Heyne I, S. 221 ff.
33 O. Jürgens 1928, S. 160.
34 StadtA H A 779, Brief von 1596. Vgl. a. O. Jürgens 1928, S. 108.
35 StadtA H A 650.
36 M. Heyne I, S. 210.
37 H. Kühnel 1984, S. 263.
38 O. Jürgens 1928, S. 145.
39 StadtA H B 8264 m fol. 408 Nr. 1548/60.
40 M. Heyne I, S. 236.
41 A. Jugler 1883², S. 178.
42 ebd., S. 177.
43 U. Dirlmeier 1978, S. 240 ff.
44 H. Mauersberg, S. 146. Weitere Häuslings-Verzeichnisse 1652–1661 s. StadtA H A 974.
45 H. Mauersberg, S. 147. S. a. StadtA H A B 7649.
46 K. F. Leonhardt 1937, S. 69.
47 Kopfsteuerbeschreibung nach H. Mauersberg, S. 62.
48 K. F. Leonhardt 1937, S. 69.
49 H. Mauersberg, S. 59.
50 ebd., S. 61.
51 S. Müller, Dissertation.
52 Allgemein U. Dirlmeier 1978, S. 257 f.
53 F. Tewes 1899, S. 197 f.
54 Allgemein H. Kühnel 1977, S. 38.
55 StadtA H A 2240, abgedr. b. F. Tewes 1899, S. 180.
56 F. Tewes 1899, S. 197 f.
57 M. Heyne I, S. 246 ff.
58 ebd., S. 246.
59 H. Kühnel 1984, S. 264.
60 ebd.
61 F. Tewes 1899, S. 180 f.; M. Heyne I, S. 256.
62 H. Kühnel 1984, S. 264.
63 F. Tewes 1899, S. 181.
64 ebd., S. 180.
65 ebd., S. 181; E. Büttner 1926, S. 120 f. Allgemein s. H. Kühnel 1984, S. 265.
66 F. Tewes 1899, S. 180 f.
67 ebd., S. 181.
68 ebd., S. 197 f.
69 Zu den Böhrten in Johann Duves Haus s. ebd.
70 ebd., S. 180.
71 ebd., S. 181.
72 E. W. Zeeden, S. 161. Der Verfasser verdankt diesem Buch viele Anregungen.
73 F. Tewes 1899, S. 180 f. Vgl. a. M. Heyne I, S. 264 ff. Als Bettdecke dienten im wohlhabenden Haushalt auch Pelzdecken. S. dazu O. Jürgens 1928, S. 162; E. Büttner 1926, S. 120 f.
74 M. Heyne I, S. 265 f.
75 F. Tewes 1899, S. 181.
76 Vgl. auch den Nachlaß des Johann von Hildensen 1442, gedr. b. E. Büttner 1926, S. 120 f.
77 H. W. H. Mithoff 1870, S. 162.
78 M. Heyne I, S. 242 und F. Tewes 1899, S. 197 f.
79 M. Heyne I, S. 243.
80 StadtA H A 2240, gedr. b. F. Tewes 1899, S. 180.
81 StadtA H B 8263 m fol. 11 Nr. 18 (1432).
82 Auch von reichen Nürnberger Familien wissen wir, daß es im 16. Jahrhundert nicht üblich war, mehrere Zimmer zu heizen. S. dazu H. Kühnel 1977, S. 57 und U. Dirlmeier 1978, S. 246 ff.
83 K. Bedal 1978, S. 100 f.
84 M. Heyne I, S. 239.
85 Vgl. a. ebd., S. 167 Anm. 56.
86 StadtA H A 779, Brief von 1651.
87 StadtA H B 8233 m fol. 227–232.
88 Vgl. H. Kühnel 1977, S. 41 ff.
89 StadtA H B 8233 m fol. 228.
90 StadtA H B 8263 m fol. 464 Nr. 914 (1448).
91 StadtA H B 8233 m fol. 229.
92 ebd.
93 StadtA H B 8254 m fol. 185 v–186 v; B 8070 m fol. 27 v–28 v.
94 StadtA H B 8250 k fol. 33 (1542). Die Auswertung der Feuerherrenprotokolle des 16. und 17. Jahrhunderts behält sich der Verfasser vor.
95 StadtA H A 650.
96 Vgl. a. H. Kühnel 1977, S. 40.
97 zit. n. A. Jugler 1883², S. 175.
98 StadtA H A 781.
99 Vgl. H. Plath 1950.
100 StadtA H B 8254 fol. 9 v.
101 StadtA H A 781. Vgl. a. L. H. Wüthrich (Hrsg.), S. 101.
102 Th. Walter 1957, S. 156.
103 StadtA H B 8264 m fol. 228 Nr. 818/4 (1464), fol. 783 f. Nr. 3520/104, fol. 949 Nr. 4193/2 (1503); B 8265 m fol. 1630 Nr. 1402/100 (1524).
104 E. Büttner 1926, S. 120 f. (1442) und O. Jürgens 1928, S. 162 (1480).
105 StadtA H Urkd. I Nr. 593.
106 F. Voß, S. 190.
107 StadtA H B 8264 m fol. 8 Nr. 29.
108 F. Voß, S. 190. Allgemein U. Dirlmeier 1981, S. 134.
109 StadtA H B 8264 m fol. 1159 f. Nr. 4937/67 (1510), fol. 1182 Nr. 5008/38 (1511).
110 Th. Walter, S. 158.
111 L. H. Wüthrich (Hrsg.), S. 101.
112 U. Stille 1955.
113 A. Nöldeke, S. 733 f.
114 Th. Walter, S. 158 f.
115 StadtA H B 8266 m fol. 652.
116 StadtA H B 8223 b fol. 132 v–133 r.
117 StadtA H B 8117 fol. 214 r–v. Vgl. a. B 8254 fol. 14 r (1534), B 8070 m fol. 45 (1640).
118 StadtA H B 8262 m fol. 47 v–48 r.
119 Allgemein M. E. Hilger; J. Sydow (Hrsg.) 1981; dort auch weitere Literatur.
120 StadtA H B 8263 m fol. 205 Nr. 406 (1441). Für Braunschweig s. H. Thomsen, S. 62 ff.
121 F. Tewes 1899, S. 181 (1673).
122 H. Kühnel 1977, S. 53.
123 M. E. Hilger, S. 130.
124 H. Kühnel 1977, S. 52; U. Dirlmeier 1981, S. 122 f.
125 Grote/Broennenberg, S. 259 f. Vgl. a. U. Dirlmeier 1981, S. 122 f.
126 Grote/Broennenberg, S. 259 f.
127 Allgemein U. Dirlmeier 1981, S. 126; W. Lehnert, S. 157 f.
128 Vgl. z. B. StadtA H A 650. Die Ratsprotokollbücher sind voll von Beispielen dieser Art.
129 StadtA H B 8232 k fol. 34 Nr. 151.
130 StadtA H B 8264 m fol. 1151 Nr. 4905/35.
131 Für Nürnberg s. W. Lehnert, S. 155 f.
132 U. Dirlmeier 1981, S. 146.
133 StadtA H B 8250 k fol. 50.
134 StadtA H B 8223 fol. 257 v (1551).
135 M. Heyne I, S. 179.
136 StadtA H B 8234 m fol. 243. Vgl. a. Grote/Broennenberg, S. 557.
137 E. Büttner 1926, S. 44–50, Nr. 56, hier: S. 45 Nr. 5.
138 StadtA H B 8092 fol. 23 v. S. auch den Ratserlaß von 1551 (StadtA H B 8223 a fol. 257 v).
139 StadtA H A 748.
140 StadtA H B 8223 a fol. 138 v (1548).
141 StadtA H A 1044; A 748, Brief von 1631.
142 StadtA H B 8264 m fol. 1162 Nr. 4944/74 (1510); StadtA H B 8265 m fol. 1507 Nr. 83/138 (1520). Für Nürnberg s. W. Lehnert, S. 158 f.
143 H. Kühnel 1984, S. 58.
144 StadtA H A 1044. Allgemein E. W. Zeeden, S. 88.
145 StadtA H A 574, Antwort Nr. 13 des Rates auf die Beschwerdeschrift der Bürgeropposition vom 15./16. 8. 1532. Allgemein s. H. Kühnel 1977, S. 54; U. Dirlmeier 1981, S. 124.
146 StadtA H B 8233 m fol. 229 ff.
147 ebd., fol. 231.
148 ebd.
149 StadtA H B 8263 m fol. 58 Nr. 134.
150 ebd., fol. 214 Nr. 421.
151 O. Jürgens 1928, S. 110; weitere Beispiele bei F. Voß, S. 194.
152 StadtA H B 8265 m fol. 1826 Nr. 2200/126.
153 StadtA H B 8092 fol. 29 v (vor der Reformation).
154 StadtA H B 8254 fol. 189 r. Vgl. a. fol. 127 v. (1544).
155 StadtA H B 8262 m fol. 44 r–45 r. S. a. B 8070 m fol. 42 v (1640).
156 StadtA H A 650, Brief von 1619.
157 ebd., Brief der Nachbarschaft bei der Osterstove an die Feuerherren vom 25. 5. 1649.
158 StadtA H A 781.
159 StadtA B 8233 m fol. 231 (1390); StadtA H B 8092 fol. 27 r (vor der Reformation).
160 U. Dirlmeier 1981, S. 118.
161 StadtA H B 8092 fol. 27 r, vor der Reformation.
162 StadtA H B 8254 fol. 189 r (1558).
163 K. F. Leonhardt 1924, S. 52 ff.

164 Allgemein H. Kühnel 1977, S. 55.
165 StadtA H B 8254 fol. 80 r (1543), fol. 127 v, fol. 148 r (1546), fol. 189 r (1558).
166 StadtA H B 8262 m fol. 44 v–45 r.

Anmerkungen zu Kapitel 3.2

1 Z. B. StadtA H A 581.
2 StadtA H B 8052 (4. 4. 1651).
3 G. Hampl-Kallbrunner, S. 8 und S. 18; L. C. Eisenbart, S. 52 ff.; V. Baur, S. 120 ff.
4 Allgemein F. Hottenroth; G. Hampl-Kallbrunner; L. C. Eisenbart; V. Baur; E. Maschke 1973 a, S. 360; E. Thiel; W. Hansen.
5 G. F. Fiedeler 1876, S. 19 f.
6 Grote/Broennenberg, S. 33 ff. Vgl. a. S. 29 ff.
7 StadtA H B 8264 m fol. 796 f. Nr. 3512/50.
8 Allgemein s. L. C. Eisenbart, S. 57: *»Erst seit den achtziger Jahren des 15. Jahrhunderts zeichnet sich auch in den deutschen Kleiderordnungen das Bestreben ab, »Stände« gegeneinander abzugrenzen.«*
9 StadtA H A 584.
10 StadtA H B 8254 fol. 65 r–67 r.
11 ebd., fol. 110 r–112 v. Zur allgemeinen Entwicklung vgl. L. C. Eisenbart, S. 55.
12 StadtA H B 8262 m fol. 80 r–v.
13 StadtA H B 8052 m.
14 Daran änderten auch Bestimmungen in Eheverträgen und Testamenten wenig (StadtA H XVII G, Eheakten A–Z; B 8223 a fol. 142 r (1548)).
15 StadtA H B 7521 k fol. 4 v und B 7522 k fol. 3 v.
16 Zu den Stoffarten allgemein s. L. C. Eisenbart, S. 123 ff.
17 ebd., S. 69.
18 Die folgende Interpretation der Bildwerke bezieht sich auf die Abbildungen in C. Schuchhardt.
19 ebd., Nr. 2.
20 F. Hottenroth, S. 333.
21 C. Schuchhardt, Nr. 7.
22 F. Hottenroth, S. 334.
23 ebd., S. 343.
24 C. Schuchhardt, Nr. 2.
25 ebd., Nr. 7. Vgl. a. die Bestimmung aus dem Statut der Kürschner von 1588, demzufolge es jedem Gesellen verboten war, *barfuß* (ohne Strümpfe/Hose) über den Steinweg seines Meisters zu gehen (E. Büttner 1926, S. 57–60, hier: S. 58 § 12. S. dazu a. E. Maschke 1973 a, S. 360).
26 C. Schuchhardt, Nr. 26. S. a. Nr. 25 und Nr. 27–29.
27 F. Hottenroth, S. 502; C. Schuchhardt, Nr. 10, 15, 19, 25–29. Die Kleiderordnung von 1627 verbot diese Hosenform für die Männer des 2. Standes (StadtA H B 8053). Vgl. auch die Kleiderordnung von 1635.
28 F. Hottenroth, S. 541.
29 C. Schuchhardt, Nr. 36.
30 F. Hottenroth, S. 541.
31 C. Schuchhardt, Nr. 26.
32 ebd., Nr. 72.
33 F. Hottenroth, S. 543.
34 C. Schuchhardt, Nr. 36.
35 F. Hottenroth, S. 543. Vgl. a. C. Schuchhardt, Nr. 10.
36 C. Schuchhardt, Nr. 36.
37 ebd., Nr. 26 und Nr. 36.
38 ebd., Nr. 10.
39 F. Hottenroth, S. 519; C. Schuchhardt, Nr. 7.
40 F. Hottenroth, S. 623 f.; C. Schuchhardt, Nr. 77.
41 C. Schuchhardt, Nr. 77.
42 ebd., Nr. 61, 79, 80.
43 F. Hottenroth, S. 625; C. Schuchhardt, Nr. 77.
44 F. Hottenroth, S. 625.
45 ebd.
46 C. Schuchhardt, Nr. 61, 90, 91.
47 ebd., Nr. 53.
48 ebd., Nr. 120.
49 ebd., Nr. 141.
50 ebd., Nr. 56.
51 So die vorreformatorische Kleiderordnung und die von 1543 und 1544.
52 F. Hottenroth, S. 555.
53 StadtA H A 584; B 8092 fol. 28 r; L. C. Eisenbart, S. 135.
54 StadtA H A 584.
55 StadtA H B 8254 fol. 65 r–67 r.
56 Grote/Broennenberg, S. 336 ff.
57 ebd., S. 297. Vgl. auch die Prozessionsordnung von 1366.
58 F. Hottenroth, S. 573.
59 C. Schuchhardt, Nr. 7, 20, 26, 27; StadtA H A 585.
60 StadtA H B 8052.
61 ebd., Kleiderordnungen von 1658, 1663 und 1671.
62 F. Hottenroth, S. 665; C. Schuchhardt, Nr. 75.
63 ebd., Nr. 55. Vgl. a. Nr. 58.
64 ebd., Nr. 78.
65 F. Hottenroth, S. 668.
66 StadtA H A 573, Kleiderordnung vom 14. 4. 1656. Allgemein F. Hottenroth, S. 667.
67 StadtA H A 573.
68 StadtA H B 8052, Kleiderordnung von 1658.
69 ebd., Kleiderordnung von 1663.
70 StadtA H A 581.
71 StadtA H A 573 fol. 64 r–65 v, gedr. b. A. Jugler 1873, S. 32–35.
72 F. Hottenroth, S. 663 ff.
73 ebd., S. 673.
74 StadtA H B 8052. Vgl. a. F. Hottenroth, S. 663.
75 StadtA H B 8052.
76 StadtA H A 573.
77 StadtA H A 581.
78 F. Hottenroth, S. 645 f. und S. 673.
79 StadtA H A 573.
80 E. Thiel.
81 A. Broennenberg (Hrsg.) 1842, S. 125 f. Nr. 35.
82 W. Hansen, S. 166.
83 C. Schuchhardt, Nr. 75.

Anmerkungen zu Kapitel 3.3

1 F. Tewes 1899 a.
2 Vgl. dazu W. Abel 1978³; U. Dirlmeier 1978, S. 328 ff.
3 StadtA H B 8263 m fol. 255 f. Nr. 521.
4 StadtA H B 8264 m fol. 102 Nr. 352/38.
5 S. Müller, Dissertation.
6 StadtA H Sammlung Homeister, Bd. 59.
7 W. Abel Hamburg, Berlin 1978³.
8 StadtA H Sammlung Homeister, Bd. 59.
9 M. Heyne II, S. 276.
10 F. Tewes 1899 a.
11 StadtA H A 573 (1633).
12 StadtA H A 748 (1631).
13 U. Dirlmeier 1978, S. 357 ff.
14 Z. B. StadtA H A 8120 fol. 103 r (1554); B 8119 fol. 38 v–40 r (1557); B 8125 fol. 3 r–v (1574). Zu Preisen vgl. z. B. StadtA H B 8120 fol. 127 v (1557). S. a. Grote/Broennenberg, S. 441 ff.
15 H.-H. Müller, S. 189 f.
16 Z. B. StadtA H A 2240 (1631). Vgl. a. M. Heyne II, S. 287 ff.
17 StadtA H A 2240.
18 ebd. Vgl. a. A 2244 (1568).
19 StadtA H A 2244 (1601).
20 M. Heyne II, S. 295.
21 F. Tewes 1899 a.
22 ebd.
23 StadtA H A 826 fol. 52 r–57 r.
24 H.-H. Müller, S. 189 f.
25 S. Müller, Dissertation.
26 H.-H. Müller, S. 189.
27 A. Jugler 1883², S. 152.
28 ebd.
29 StadtA H A 537 (1633).
30 StadtA H B 8264 m fol. 1210 Nr. 5075/19 (1512). Vgl. a. StadtA H Urkd. I Nr. 651 (1430); B 8263 m fol. 202 Nr. 736/1 (1463).
31 S. Müller, Dissertation.
32 F. Tewes 1899 a.
33 ebd. S. a. StadtA H B 8092 fol. 12 v.
34 A. Jugler 1883², S. 152 f. S. a. ebd., S. 137 f.; F. Tewes 1899 a; StadtA H B 8092 fol. 12 v.
35 H.-H. Müller, S. 191 und S. 254.
36 F. Tewes 1899 a.
37 W. Abel 1978, S. 78.
38 W. Abel 1981, S. 13 ff.
39 H. W. H. Mithoff 1868, S. 232; F. Tewes 1899 a.
40 A. Jugler 1883², S. 174.
41 Zur Butter s. M. Heyne II, S. 309 ff.
42 H. Kühnel 1984, S. 205.
43 StadtA H A 537.
44 StadtA H A 826 fol. 12 r–17 r (1568).
45 StadtA H A 2240 (1631).
46 H. Wiswe.

47 F. Tewes 1899 a.
48 ebd.; StadtA H B 8186 fol. 110 (1529).
49 Allgemein H. Wiswe.
50 StadtA H A 537 (1628).
51 Allgemein M. Heyne II, S. 64 ff. und S. 324 ff.; E. Schmauderer, S. 58 ff.
52 StadtA H A 766.
53 H. Kühnel 1984, S. 204.
54 F. Tewes 1899 a; StadtA H A 826. Allgemein M. Heyne II, S. 88 f.
55 E. W. Zeeden, S. 205 f.
56 H. Wiswe.
57 F. Tewes 1899, S. 197.
58 A. Jugler 1883[2], S. 108.
59 StadtA H B 8263 m fol. 272 Nr. 550 (1443); B 8264 m fol. 185 Nr. 672/56 (1461), fol. 804 Nr. 3606/84 (1497), fol. 872 Nr. 3635/12 (1498). Allgemein s. M. Heyne II, S. 217 f.
60 StadtA H Alte Abteilung XVII T 2.
61 F. Tewes 1899 a.
62 Zum Folgenden s. A. Löhdefink und F. Voß.
63 Z. B. StadtA H B 8264 m fol. 341 Nr. 1202/17 (1470).
64 Vgl. H. Kühnel 1984, S. 208 f.
65 StadtA H A 537.
66 F. Voß, S. 160.
67 StadtA H B 8264m fol. 635 Nr. 2811/4 (1490), fol. 1044 Nr. 4528/6 (1506).
68 StadtA H B 8092 fol. 20 v.
69 StadtA H B 8264 m fol. 411 Nr. 1565/7 (1475).
70 ebd., fol. 983 f. Nr. 4295/3 (1504).
71 StadtA H B 8092 fol. 19 r.
72 StadtA H Sammlung Homeister, Bd. 72.
73 StadtA H B 8254 fol. 3 r.
74 StadtA H B 7522 k.
75 StadtA H B 8223 b fol. 29 r–30 r.
76 S. Müller 1983, S. 9 f.
77 ebd.
78 Z. B. StadtA H B 8268 m fol. 547 ff. (1559). Vgl. a. S. Müller 1983, S. 20.
79 S. Müller 1983, S. 26 ff.
80 Z. B. StadtA H A 2240 und A 2244.
81 H. Plath 1959.
82 ebd., S. 28 ff.
83 ebd., S. 17. S. a. A. Jugler 1883[2], S. 108.
84 F. Tewes 1899 a. Allgemein dazu O. Bloss, S. 48 ff.
85 StadtA H A 2240.
86 StadtA H A 2242.
87 StadtA H A 2240, 2242, 2244.
88 StadtA H A 2242 (1673).
89 StadtA H A 2240.
90 StadtA H A 2242.
91 A. Jugler 1883[2] S. 108.
92 N. Elias, S. 110 ff.

Anmerkungen zu Kapitel 3.4

1 StadtA H B 8263 m fol. 139 Nr. 289. Vgl. a. B 8092 fol. 37.
2 StadtA H B 8254 fol 39 v–r.
3 Grote/Broennenberg, S. 351.
4 StadtA H A 773 (1656). Vgl. a. B 7203 k fol. 408 r.
5 E. Sehling 6,2, S. 1013, Hannoversche Kirchenordnung von 1536.
6 Allgemein E. Maschke 1980, S. 41 f.
7 Z. B. StadtA H XVII G, Eheakten A–Z. Vgl. a. S. Müller 1983, S. 32 f.
8 StadtA H B 8266 m fol. 918 f. (1544); B 8254 fol. 166 r (1558).
9 StadtA H A 573.
10 StadtA H 8254 fol. 4 v.
11 E. Maschke 1980, S. 29.
12 E. W. Zeeden, S. 185.
13 zit. n. ebd., S. 184.
14 S. Müller, Dissertation.
15 StadtA H B 8092 fol. 8 r. Vgl. a. B 8268 fol. 208 ff. (1558): Die Eltern haben ihre Tochter jemandem *»ehelich versprochen und zugesagt«*.
16 L. Haenselmann (Hrsg.), S. 189 ff.
17 StadtA H A 638 fol. 13 v.
18 StadtA H B 8052 fol. 163 r.
19 StadtA H B 8254 fol. 167 v (1558).
20 StadtA H B 8263 m fol. 69 Nr. 142.
21 E. Büttner 1926, S. 78–80, Nr. 80.
22 StadtA H B 8254 fol. 173 v.
23 StadtA H A 573.
24 StadtA H B 8254 fol. 171 v (1558).
25 ebd., fol. 168 r.
26 E. W. Zeeden, S. 187.
27 ebd., S. 188.
28 StadtA H B 8254 fol. 65 r.
29 S. a. E. W. Zeeden, S. 187. Bei dieser Abkündigung von der Kanzel sollte jeweils der Tauf- und der Zuname verlesen werden (StadtA H B 8254 fol. 4 v (1534)).
30 StadtA H A 573; A 581.
31 StadtA H B 8092 fol. 8 r; B 8254 fol. 173 r.
32 StadtA H A 573 (1656).
33 ebd.
34 StadtA H B 8254 fol. 172 v (1558).
35 M. Buhlers (Hrsg.), S. 147 f.
36 StadtA H B 8254 fol. 173 r (1558).
37 L. Haenselmann (Hrsg.), S. 191.
38 StadtA H A 1543.
39 1534 hatte es noch jedermann frei gestanden, ob er Orgelmusik wollte oder nicht (StadtA H B 8254 fol. 4 v).
40 ebd., fol. 109 v.
41 ebd., fol. 173 r (1558).
42 StadtA H A 573.
43 StadtA H B 8092 fol. 8 r.
44 StadtA H B 8254 fol. 171 v.
45 ebd., fol. 172 r.
46 ebd., fol. 172 r–v.
47 StadtA H B 7521 k fol. 9 v.
48 StadtA H A 573. So auch schon vor der Reformation sowie in den Stadtordnungen von 1543 und 1544 (B 8092 fol. 8 r; B 8254 fol. 67 v und 113 r).
49 StadtA H A 581.
50 Z. B. StadtA H B 8254 fol. 114 r (1544). Vgl. a. G. F. Fiedeler 1876, S. 6 (1303); L. Haenselmann (Hrsg.), S. 191.
51 StadtA H A 581.
52 Vor der Reformation war es noch erlaubt, auch Hamburger und Einbekker Bier zu trinken (StadtA H B 8092 fol. 8 r; L. Haenselmann (Hrsg.), S. 191); 1544 war Hamburger Bier schon verboten (B 8254 fol. 114 r); 1558 auch Einbecker Bier (ebd., fol. 173 r).
53 StadtA H B 8254 fol. 174 v. Spielleute des Rates sind spätestens seit 1435 bezeugt (B 8263 m fol. 54 Nr. 122, fol. 100 Nr. 207 (1437), fol. 252 Nr. 517 (1443) (*»Piper und Bassuner«*).
54 StadtA H Sammlung Homeister, Bd. 87.
55 StadtA H B 8254 fol. 170 r.
56 ebd., fol. 67 v.
57 M. Buhlers (Hrsg.), S. 125.
58 StadtA H B 8092 fol. 31 v.
59 L. Haenselmann (Hrsg.), S. 191.
60 ebd.
61 Vgl. a. StadtA H B 8254 fol. 170 r (1558). Der Stadtordnung von 1543 zufolge durfte dieses Hemd nicht mit einer goldenen Borte bestickt sein (B 8254 fol. 67 r).
62 StadtA H B 8092 fol. 8 r, vor der Reformation.
63 StadtA H B 8254 fol. 170 r (1558).
64 StadtA H A 573 (1656).
65 Z. B. StadtA H A 581 (1671).
66 StadtA H B 8254 fol. 175 r.
67 StadtA H B 7521 k fol. 8 v und 10 r.
68 StadtA H A 585.
69 StadtA H A 753 (1656).
70 StadtA H A 1166.
71 StadtA H A 573 (1656); A 581 (1671).
72 StadtA H B 7522 k fol. 10 v.
73 StadtA H A 573. Diese Bestimmung galt seit 1309 (G. F. Fiedeler 1876, S. 19. Vgl. a. A 584; B 8092 fol. 9 v–10 r; B 8254 fol. 55 r (1543). Nach der Stadtordnung von 1543 hatte der Kirchgang um 7 Uhr stattzufinden (B 8254 fol. 55 r).
74 StadtA H B 8092 fol. 9 v–10 r, vor der Reformation.
75 StadtA H A 573.
76 StadtA H B 8254 fol. 176 v (1558).
77 Z. B. StadtA H B 8092 fol. 9 v–10 r, vor der Reformation; M. Buhlers (Hrsg.), S. 213 Zeile 19 ff. (1584).
78 StadtA H A 584, vor der Reformation; A 573 (1656).
79 StadtA H A 573 (1656).
80 E. W. Zeeden, S. 195.
81 StadtA H A 573.
82 E. W. Zeeden, S. 197.
83 StadtA H B 8254 fol. 55 v.
84 StadtA H B 8264 m fol. 634 f. Nr. 2810/3.
85 StadtA H B 8223 a fol. 141/1.

86 HannGBll 8 (1905), S. 12 (Auszug aus dem Kirchenbuch der Marktkirche).
87 S. Müller 1983, S. 32 f.
88 Zum Folgenden ebd., S. 10 f.
89 E. Maschke 1980.
90 Stammtafel Volger im Stadtarchiv Hannover.
91 S. Müller 1983.
92 Die Ratsprotokolle sind voll von Beispielen dieser Art.
93 StadtA H B 8070 m fol. 43 r–44 v (1640).
94 StadtA H B 8254 fol. 18 r.
95 ebd., fol. 49 r. S. a. fol. 190 r (1558). Vgl. a. B 8070 m fol. 43 r–44 v (1640).
96 E. Büttner 1926, S. 78, Nr. 79.
97 ders., S. 120 Nr. 120.
98 StadtA H B 8265 m fol. 1693 Nr. 1703/74.
99 ebd., fol. 1270 Nr. 6/6.
100 ebd., fol. 1692 Nr. 1702/73.
101 StadtA H B 8092 fol. 14 v.
102 StadtA H B 8254 fol. 17 r–18 v. Vgl. a. fol. 48 r–49 v (1536), fol. 189 v–190 r (1558).
103 StadtA H B 8268 m fol. 941 ff.
104 StadtA H B 8254 fol. 68 v.
105 StadtA H A 573. S. a. B 8052 fol. 203 v (1663).
106 StadtA H A 872.
107 StadtA H A 573.
108 ebd.
109 StadtA H A 872 fol. 10 und 11.
110 Die Leichenpredigt wurde 1658 abgeschafft, »*doch wurden auf der Bürgerschaft Ansuchen hernach wieder welche gehalten*« (HannGBll 8 (1905), S. 9 (Auszug aus dem Kirchenbuch der Marktkirche).
111 StadtA H B 7522 k fol. 2 v (11. 6. 1658). Vgl. a. S. Müller 1983, S. 22.
112 StadtA H A 872 fol. 13.
113 StadtA H A 872.
114 A. Jugler 1873, S. 18 ff.; S. Müller 1980, S. 116. Allgemein E. Maschke 1973 a, S. 441 ff.

Anmerkungen zu Kapitel 3.5

1 Grundlegend F. Paulsen.
2 Vgl. K. Schreiner.
3 P. Classen; H. Grundmann.
4 B. Moeller u. a. (Hrsg.) 1983.
5 S. Müller, Dissertation.
6 Weniger begüterte Schüler erhielten einen sogenannten *Freitisch* im Haus eines Bürgers. S. dazu StadtA H A 1476 Gerichtsverhandlung vom 8. 8. 1532, fol. 75 r–76 v. Zum Freitisch in Hannover im 18. Jahrhundert vgl. die Schilderung des Anton Reiser.
7 StadtA H B 8264 m fol. 867 Nr. 3866/3.
8 S. Müller, Dissertation.
9 ebd.
10 ebd.
11 E. Büttner 1926, S. 109 Nr. 104. Diese Schule bestand bis 1833 (H. Eckelmann).
12 K. Schreiner.
13 Der hannoversche Geistliche Mag. Rupert Erythropel sagt 1590 über Melanchthon, er habe sich um Kirche und Schule sehr verdient gemacht und sei »*des tewren mannes D. Martini Lutheri getrewer beistand und gehulff gewesen*« (StadtA H Alte Abteilung XVII G 2 a, Brief vom 28. 4. 1590).
14 Zum Schulwesen Norddeutschlands jetzt zusammenfassend C. Haase.
15 H. Plath u. a., S. 64.
16 L. Green.
17 G. Strauss.
18 A. Beimes, S. 57 ff.
19 F. Bertram, S. 103 ff.
20 E. Bodemann.
21 E. Sehling, 6,2, S. 1012.
22 ebd., S. 1004.
23 S. Müller 1983.
24 E. Sehling, 1,1, S. 173. Vgl. a. F. Hahn.
25 E. Sehling, 1,1, S. 173.
26 StadtA H Alte Abteilung XIII D 3, 3.1.
27 StadtA H A 579 fol. 14. Zum Musikunterricht s. a. E. Sehling, 1.1, S. 172 f.
28 StadtA H Alte Abteilung XIII V 4. Vgl. a. die Bewerbung des Conrad Hagemann vom 15. 2. 1559.
29 U. Mayer, S. 398.
30 StadtA H Alte Abteilung XIII D 3. Vgl. a. U. Schindel 1976, S. 237 f.
31 StadtA H Alte Abteilung XIII H 4.
32 S. dazu U. Schindel 1976, S. 232, wo er schreibt: Die »*Neubewertung der Geschichte an der Universität seit der Mitte des 16. Jahrhunderts hat Rückwirkungen auf die Lehrinhalte der obersten Klasse der Gelehrten Schule ...*«
33 F. Bertram, S. 78 f.
34 ebd., S. 82 f.
35 Vgl. a. ebd., S. 105.
36 ebd., S. 125.
37 StadtA H Alte Abteilung XIII D 3, 1.9.
38 ebd., 1.10.
39 Das Betragen der Schüler war auch schon in der Schulordnung von 1599 geregelt worden (*de discipulorum officio universali*«, VIII und IX). Danach war es den Schülern verboten, sich überall an Freß- und Saufgelagen zu beteiligen, vor allem in Wirtshäusern und verdächtigen Orten. An Hochzeiten durften sie nur mit Erlaubnis des Rektors teilnehmen. Würfel- und Kartenspiel sowie andere Spiele waren untersagt, ebenso das Kaltbaden, Eislaufen und Schneeballschlachten. Die Kleidung hatte stets tadellos und anständig zu sein. Das Degentragen war verboten.
40 StadtA H Alte Abteilung XIII D 3, Notwendige Schulerinnerung vom 11. 6. 1646, 1.9(6).
41 F. Bertram, S. 101.
42 ebd., S. 92 f.
43 ebd., S. 40.
44 StadtA H Alte Abteilung XVII G 2 a.
45 StadtA H Alte Abteilung XIII C 2, Brief vom 21. 8. 1666.
46 Zum Verhältnis Lateinschule/Privatschule s. die Resolution der Lateinlehrer an den Rat vom 21. 8. 1666 (StadtA H Alte Abteilung XIII C 2). Für Braunschweig s. C. R. Friedrichs.
47 StadtA H Alte Abteilung XIII W 1, Brief von 1569. Vgl. a. die Antwort des Schulmeisters, Johann Warendorf, vom 25. 10. 1569.
48 StadtA H Alte Abteilung XIII W 1.
49 StadtA H Alte Abteilung XIII D 5, Einleitung.
50 StadtA H Alte Abteilung XIII W 1, Brief vom 24. 8. 1668. Vgl. a. den Brief vom 3. 4. 1667.
51 StadtA H Alte Abteilung XIII W 1.
52 A. Schuster.
53 Zum Folgenden S. Müller, Dissertation.

Anmerkungen zu Kapitel 3.6

1 G. Kocher, S. 57 ff.
2 StadtA H B 8254 fol. 7 v (1534). Vgl. a. StadtA H B 8092 fol. 14 r (1500–1533).
3 A. Broennenberg 1842, S. 81. S. a. StadtA H B 8255 m fol. 100 v.
4 StadtA H B 8266 m fol. 207 f.
5 H. Deichert 1908, S. 186 ff. Für Hildesheim s. M. Buhlers (Hg.), S. 55.
6 StadtA H Urkd. I Nr. 1597, gedr. b. E. Büttner 1926, S. 118 f. Nr. 118.
7 StadtA H B 8186 fol. 120.
8 ebd., fol. 125.
9 StadtA H B 8223 b fol. 129 r–130 v.
10 S. Müller 1983, S. 20 f. S. a. K. Besecke, S. 122.
11 StadtA H B 8186 fol. 67. S. a. H.-F. Rosenfeld, H. Rosenfeld, S. 247 f.
12 H.-F. Rosenfeld, H. Rosenfeld, S. 248 f.
13 StadtA H B 8269 m fol. 201 f.
14 M. Buhlers (Hg.), S. 428.
15 StadtA H B 8269 m fol. 201.
16 A. Broennenberg 1842, S. 72.
17 ebd., S. 69 ff.
18 E. Büttner 1926, S. 114 Nr. 112. Vielleicht handelt es sich dabei um Sicherung von Faustpfändern (Salz!) gegenüber der notorisch schlechten Zahlungsmoral der Fürsten.
19 StadtA H B 8092 fol. 12 v, vor der Reformation.
20 ebd., fol. 22 v.
21 ebd., fol. 40.
22 StadtA H B 8264 m fol. 1035 Nr. 4493/78 (1505).
23 StadtA H B 8092 fol. 21 v, vor der Reformation. Zu den räumlichen Grenzen der Ausjagd s. StadtA H B 8263 m fol. 263 f. Nr. 535 (1443).
24 A. Jugler 1880.
25 StadtA H B 8254 fol. 7. 1560 sagt der Rat, er werde dafür sorgen, »*datt ein ider borger mit frede moge up der strate gahn*«. S. dazu a. StadtA H B 8268 fol. 670 ff.
26 StadtA H B 8186 fol. 126 (1532).
27 Blumenbach, S. 115 ff.
28 StadtA H B 8254 fol. 4.
29 E. W. Zeeden, S. 268; A. Jugler 1883^2, S. 177, zu Caspar Hanebuth. S. a. den Brief der Judengemeinde in der Neustadt an den Rat vom 1. 8. 1574, in dem u. a. davon die Rede ist, daß die inhaftierten Juden »*von dem*

unziffer und stanck des dodts werdenn« (StadtA H Alte Abteilung XVII Q 3).

30 Z. B. StadtA H B 8186 fol. 116 (1530). Vgl. a. K. Besecke, S. 154. S. a. A. Jugler 1883[2], S. 171, der für 1596 einen Korb vor dem Ägidientor erwähnt, in den der Missetäter nach seinem Gefängnisaufenthalt gesetzt wurde, um dort zu *speisen.* Vgl. dazu a. S. 175, Eintrag zum Jahr 1648.
31 StadtA H B 8186 fol. 107.
32 ebd., fol. 124.
33 ebd.,fol. 132.
34 StadtA H B 8254 fol. 5 v.
35 StadtA H B 7521 k fol. 4 r, 6 r, 11 r.
36 StadtA H B 8264 m fol. 508 Nr. 2124/50 (1482).
37 Grote/Broennenberg, S. 287 ff. Vgl. a. StadtA H B 8186 fol. 19 v: Wegen einer gestohlenen Speckseite wird 1504 der Dieb der Stadt verwiesen.
38 StadtA H B 8264 m fol. 195 Nr. 710/29. S. a. Grote/Broennenberg, S. 309; StadtA H B 8254 fol. 7 (1534).
39 StadtA H B 8269 m fol. 444 f.
40 G. F. Fiedeler 1853.
41 K. Besecke, S. 60.
42 ebd., S. 122. Vgl. a. StadtA H Urkd. I Nr. 1857 (1619).
43 K. Besecke, S. 128.
44 ebd., S. 153 f.
45 H.-F. Rosenfeld, H. Rosenfeld, S. 246.
46 ebd.,S. 249.
47 StadtA H A 1476 fol. 109 r–110 v.
48 Z. B. Ratsbeschluß vom 16. 3. 1530, gedr. b. E. Büttner 1926, S. 42.
49 StadtA H A 1110 (1610).
50 S. Müller 1983, S. a. K. Besecke, S. 75 f.
51 H. Deichert 1912, S. 131 Anm. 2.
52 ebd., S. 156 ff. Zur Henkersmahlzeit s. A. Jugler 1883[2], S. 177.
53 E. W. Zeeden, S. 277.
54 StadtA H B 8254 fol. 8 r. Vgl. a. A. Jugler 1883[2], S. 174, zum Fall Caspar Molin.
55 Z. B. StadtA H B 8186 fol. 130 (1533).
56 ebd., fol. 128 (1532).
57 ebd., fol. 113 (1530). H.-F. Rosenfeld, H. Rosenfeld, S. 247, schreiben dazu: *»Der Deliquent wurde am Boden angepflockt und mit einem Wagenrad zerschlagen und dann lebend oder tot zwischen die Speichen des Rades geflochten und das Rad waagrecht hochaufgerichtet.«*
58 Z. B. StadtA H B 8186 fol. 126 (1532).
59 ebd., fol. 112 (1530).
60 ebd., fol. 112. Vgl. a. O. Jürgens 1928, S. 135.
61 StadtA H B 8186 fol. 42 v–44 r.
62 W. Reinhard, S. 24.
63 ebd., S. 21.
64 H. Deichert 1912, S. 136.
65 E. Büttner 1926, S. 114 f. Nr. 113.
66 Zu den Privilegien des Klerus S. Müller, Dissertation.
67 K. Besecke, S. 104 f.

Anmerkungen zu Kapitel 3.7

1 Z. B. StadtA H B 8263 m fol. 102 Nr. 214 (1437), fol. 248 Nr. 506 (1443).
2 H.-F. Rosenfeld, H. Rosenfeld, S. 232; E. W. Zeeden, S. 283.
3 A. Jugler 1883[2], S. 351.
4 A. Wüstenfeld, S. 477.
5 StadtA H B 8186 fol. 10.
6 E. Büttner 1926, S. 70 Nr. 64.
7 Die Insassen des Siechenhauses hatten ihr eigenes Bad. S. dazu StadtA H Urkd. I Nr. 618 (1427).
8 StadtA H B 8232 k fol. 36 f. Nr. 161; StadtA H Urkd. I Nr. 444. Vgl. a. StadtA H B 8263 m fol. 41 Nr. 89 (1434). Zu den Seelbädern s. a. A. Martin, S. 188 ff.
9 StadtA H B 8264 m fol. 1234 Nr. 5159/5 (1513).
10 E. Büttner 1926, S. 70 f., Nr. 64.
11 ebd., S. 54, Nr. 60.
12 A. Martin, S. 207 ff.
13 M. Buhlers (Hg.), S. 16.
14 E. W. Zeeden, S. 284.
15 StadtA H A 845; A 857. Vgl. a. A 650.
16 StadtA H A 828. Ich beziehe mich im folgenden auf diese Quelle.
17 H. Deichert 1909, S. 121; H. Peters 1901; S. 345.
18 E. W. Zeeden, S. 296.
19 ebd.
20 R. Schmitz S. 16 f.
21 E. W. Zeeden, S. 296.
22 StadtA H B 8263 m fol. 340 Nr. 677 (1446); B 8264 m fol. 95 Nr. 332/18. Vgl. a. fol. 141 Nr. 480/46 (1458). Der Ratsarzt mußte die Mitglieder des Rates unentgeltlich behandeln; von den Bürgern durfte er Honorar *(redlichen Lohn)* nehmen.
23 StadtA H B 8264 m fol. 261 Nr. 932/45. Vgl. a. fol. 838 f. Nr. 3753/3 (1499).
24 A. Wüstefeld, S. 384.
25 A. Martin, S. 96 ff.; H. Deichert 1908, S. 51 ff.; G. Gensthaler, S. 47; R. Schmitz, S. 23.
26 A. Jugler 1883[2], S. 351 f.
27 StadtA H A 785.
28 StadtA H A 846.
29 ebd. S. a. H. Deichert 1908, S. 60. Vgl. a. ders. 1909, S. 130 f.
30 StadtA H A 846.
31 Vgl. dazu a. E. W. Zeeden, S. 295.
32 StadtA H A 857.
33 ebd. und A 787.
34 StadtA H A 862.
35 ebd. Zu den Streitigkeiten zwischen Badern und Barbieren von 1710 s. H. Deichert 1908, S. 53.
36 StadtA H A 846.
37 ebd.
38 StadtA H A 866.
39 ebd.
40 HannGBll 11 (1908), S. 77 f.
41 StadtA H B 8186 fol. 58 v.
42 M. Buhlers (Hg.), S. 16.
43 StadtA H A 826.
44 ebd.
45 ebd., fol. 52 r–57 r.
46 StadtA H A 826, Brief vom 31. 7. 1566, zit. n. H. Peters 1901, S. 344.
47 R. Schmitz, S. 16 f.
48 ebd., S. 20.
49 ebd.
50 StadtA H B 8264 m fol. 589 Nr. 2553/89.
51 StadtA H B 8118 fol. 342 r–343 v. Allgemein zum hannoverschen Apothekenwesen O. Winter 1901.
52 StadtA H A 826 fol. 37 r–38 r.
53 H. Höcklin.
54 StadtA H B 8249 fol. 53 r–55 v. Vgl. a. fol. 100 r–104 v. Zum Eid der Apothekenherren s. fol. 43 r.
55 H. Peters 1901, S. 359. Vgl. a. A. Jugler 1883[2], S. 331 und S. 338.
56 G. Richter, S. 43 f.
57 ebd., S. 46.
58 S. Müller, Dissertation, S. 19 ff.; dort auch weiterführende Literatur.
59 H. Mundhenke 1957, S. 16.
60 ebd., S. 18.
61 H. Mundhenke 1958, S. 244.
62 E. W. Zeeden, S. 288 f.
63 G. Gensthaler, S. 51; H. Deichert 1908.
64 StadtA H Sammlung Homeister, Bd. 81.
65 Zur Heimsuchung Norddeutschlands von der Pest s. H. Deichert 1908, S. 212 ff.
66 H.-P. Becht, S. 88.
67 H. Deichert 1908, S. 205.
68 ders. 1911, S. 279.
69 StadtA H A 783, Brief des Stadtphysikus an den Rat vom 15. 6. 1680.
70 H.-P. Becht, S. 82.
71 ebd., S. 83.
72 StadtA H A 1020. Eine Auswertung dieses Rezeptbuches wäre sicher lohnend.
73 ebd.
74 StadtA H A 827, Pestrezepte.
75 ebd.
76 ebd.
77 ebd., fol. 28 r–31 v. Für die Datierung der Quelle habe ich Herrn Prof. Dr. H. Patze, Göttingen, zu danken.
78 H. Deichert 1911, S. 284.
79 A. Jugler 1883[2], S. 171.
80 M. Buhlers 1903, S. 437.
81 StadtA H A Alte Abteilung XIII C 2.
82 StadtA H A 783.
83 ebd., Brief vom 20. 6. 1680.
84 H. Deichert 1908, S. 213.
85 ebd., S. 216.
86 ebd., S. 217. Dem Sterberegister der Ägidienkirche von 1598/99 zufolge fielen der Pest im Kirchspiel dieser Gemeinde von ca. 1500 Personen etwa 500 zum Opfer. S. dazu H. Mauersberg, S. 59. Vgl. a. F. Bertram, S. 40.

87 H. Deichert 1908, S. 231 f.
88 StadtA H A 783, Verordnung vom 1. 8. 1682. Vgl. auch die Verordnung vom 8. 11. 1680.
89 StadtA H A 783.

Anmerkungen zu Kapitel 3.8

1 E. W. Zeeden, S. 333.
2 StadtA H B 8263 m fol. 11 f. Nr. 18 (1432). Hier soll nur die äußerliche Seite der Angelegenheit dargestellt werden. Das Mahl nach der konstituierenden Sitzung ist eine rituelle Speisegemeinschaft mit hoher rechtlicher Symbolik.
3 StadtA H I E, Brief Herzog Erichs I. von 1498.
4 A. Jugler 1883^{2}, S. 138. Die Entrée des Fürsten und ihr Zeremoniell ist eine der wichtigsten Offenbarungen von Herrschaft. Das Bankett gehört seit der Karolingerzeit dazu und hat ebenfalls hohe Symbolkraft. Sie hatten neben allen anderen Funktionen auch die, die Stadt in dieser Form zu Abgaben zu bringen.
5 ebd., S. 139.
6 ebd., S. 151. Vgl. a. S. 157–159 zum 6. 6. 1661. Zu den Warenlieferungen der Apotheke (Konfekt etc.) anläßlich solcher Feierlichkeiten s. StadtA H A 537.
7 A. Jugler 1883^{2}, S. 160.
8 ebd., S. 161.
9 ebd., S. 159.
10 ebd.
11 StadtA H A 541.
12 ebd., Brief vom 7. 8. 1584.
13 ebd., Brief vom 7. 11. 1589.
14 Vgl. die Beispiele bei R. Wissel II, S. 21 ff. Zur Symbolik der Festlichkeiten vgl. Kapitel »Handel und Handwerk«.
15 E. Büttner 1926, S. 70 f. Nr. 64.
16 ebd., S. 71.
17 ebd., S. 53–56 Nr. 60, hier: S. 54.
18 G. F. Fiedeler 1878, S. 149 f.
19 StadtA H B 8254 fol. 121 r (1544). Vgl. die Zusammenstellung der Kirchenfeste bei E. Büttner 1933, S. 82 ff.
20 StadtA H B 8092 fol. 14 v.
21 StadtA H B 8254 fol. 10 r.
22 ebd., fol. 120 v (1544)
23 ebd., fol. 9 v (1534).
24 ebd., fol. 187 r.
25 StadtA H B 8092 fol. 24 r, vor der Reformation; B 8264 m fol. 403 Nr. 1887/54 (1479). Vgl. a. R. Wissel II, S. 419.
26 StadtA H B 8254 fol. 10 r.
27 ebd., fol. 121 r; B 8255 fol. 116 v–117 r (1696).
28 O. Jürgens 1928, S. 163. Vgl. a. StadtA H B 8263 m fol. 11 f. Nr. 18 (1432); R. Wissel III, S. 237 f.
29 StadtA H B 8092 fol. 14 v.
30 StadtA H B 8254 fol. 9 v. Zum Vermummungsverbot in anderen Städten s. H. Kühnel 1984, S. 349 ff.
31 StadtA H B 8254 fol. 120 v.
32 ebd., fol. 186 v. (1558); B 8262 m fol. 39 r (1603).
33 A Broennenberg 1842, S. 125 f.
34 E. W. Zeeden, S. 343.
35 Zum Folgenden S. Müller 1983, S. 12 f.
36 C. Beckmann.
37 StadtA H A 774.
38 ebd.

Anmerkungen zu Kapitel 3.9

1 StadtA H A 1044.
2 StadtA H A 703.
3 StadtA H B 8263 m fol. 175 f. Vgl. a. A. Jugler 1883^{2}, S. 14 ff.
4 StadtA H A 568.
5 ebd.
6 StadtA H A 1042.
7 StadtA H A 568.
8 StadtA H B 7540 k.
9 StadtA H A 1042. Am 7. Mai 1696 löste er auf dem Verordnungsweg die Bürgerwache vor den Stadttoren auf (StadtA H A 955), ohne daß der Rat erkennbar gegen diesen Eingriff in sein Privileg protestiert hätte.
10 Z. B. StadtA H B 8263 m fol. 226 (1442); H. W. H. Mithoff 1870, S. 99 (1484); B 8264 m fol. 1146 Nr. 4883/13 (1510).
11 StadtA H B 8264 m fol. 326 Nr. 1124/9 (1469), fol. 328 Nr. 1132/17; H. W. H. Mithoff 1870, S. 104 (1486).
12 E. Büttner 1926, S. 42 Nr. 52.
13 ebd.
14 StadtA H B 8264 m fol. 286 Nr. 1009/54.
15 StadtA H Alte Abteilung XVII G 1, Brief Erichs I. vom April 1522. Vgl. a. StadtA H B 8234 m fol. 7 (Ratsstatut von 1527).
16 StadtA H B 8263 m fol. 16 Nr. 28 (1432), fol. 76 f. Nr. 161 (1436). Vgl. a. StadtA H B 8263 m fol. 259 Nr. 529.
17 G. F. Fiedeler 1876, S. 5 f.
18 StadtA H A 961. Zur Einteilung der 4 Straßen in jeweils 10 Corporalschaften s. StadtA H A 974.
19 StadtA H A 886; A. Jugler 1883^{2}, S. 7.
20 Das Musterungsregister von 1602 teilt die Bürgerschaft in 87 Rotten ein, also in etwa 22 Rotten pro Straße. Auf jede Rotte entfallen durchschnittlich 13 Personen (StadtA H A B 7414 k).
21 StadtA B 7514 k fol. 44 v.
22 StadtA H B 8264 m fol. 286 Nr. 1008/53.
23 StadtA H B 8254 fol. 185 r–v.
24 StadtA H B 8255 fol. 114 v. Vgl. a. B 8262 fol. 37 r (1603); B 8255 fol. 43 v–44 v.
25 S. Müller 1983, S. 9; StadtA H B 8092 fol. 22 v, vor der Reformation.
26 S. Müller 1983, S. 9.
27 StadtA H A 961.
28 ebd.
29 StadtA H A 886.
30 StadtA H Alte Abteilung XVII Q 1.
31 StadtA H A 703 (1640).
32 StadtA H B 8243 k fol. 15 r–v.
33 StadtA H B 7540 k.
34 StadtA H A 953.
35 H. Zimmermann 1981.
36 W. Hummelberger, S. 199 f.
37 StadtA H Urkd. I Nr. 1777.
38 A. Jugler 1883^{2}, S. 6.
39 zit. n. ebd., S. 10.
40 Allgemein O. Brunner, S. 58 ff.
41 StadtA H Urkd. I Nr. 690. S. a. Urkd. I Nr. 1101 (1485).
42 H. W. H. Mithoff 1870, S. 112. Vgl. a. StadtA H A 956 (1634).
43 StadtA H A 962. Vgl. a. A 957 (1540).
44 StadtA H B 8263 m fol. 116 Nr. 238 (1438); B 8264 m fol. 145 Nr. 499/4 (1459).
45 StadtA H A 961.
46 E. Büttner 1926, S. 41, Nr. 49 (1520); StadtA H A 568, Wachordnung des Rates vom 19. 3. 1634, § 11. Allgemein W. Hummelberger, S. 198.
47 H. Plath u. a., S. 12 ff.
48 ebd., S. 8.
49 E. Kalthoff 1983^{2}, S. 51.
50 UB Hann Nr. 64. S. a. Nr. 65.
51 E. Büttner 1926, S. 16–18, Nr. 20.
52 H. Plath u. a., S. 49.
53 StadtA H A 703.
54 O. Jürgens 1907, S. 363 ff.; K. Janicke; H. Schmidt.
55 O. Jürgens 1907, S. 367.
56 ebd., S. 370 ff.
57 K. Janicke.
58 HannGBll 8 (1905), S. 7.
59 ebd.
60 ebd.
61 StadtA H A 703.

Anmerkungen zu Kapitel 4.1

1 Zum Folgenden S. Müller 1980.
2 J. A. J. Wegmann, S. 38.
3 Zum Folgenden S. Müller, Dissertation.
4 Beginen waren fromme Frauen, die in Armut und Zurückgezogenheit ein religiöses Leben führten, ohne an einen Orden angeschlossen zu sein. S. dazu K. Elm.
5 E. W. Zeeden, S. 360.

6. QUELLEN- UND LITERATURVERZEICHNIS

Ungedruckte Quellen

Stadtarchiv Hannover

A 535–537, 541, 568, 573, 574, 581, 584, 585, 638, 650, 685, 703, 743, 748, 753, 766, 773, 774, 779, 781, 783, 787, 827, 828, 845, 846, 857, 862, 866, 872, 886, 953, 956, 957, 961, 962, 974, 1020, 1042, 1044, 1110, 1166, 1476, 1543, 2107, 2150, 2240, 2242, 2244, 2259

Alte Abteilung XIII C 2
D 3/5
E 11, 16
H 4
W 1
XVII C 2
G 1, 1 a, 2 a, Eheakten A–Z
Q 1–3, 6
T 2

B 7203 k, 7414 k, 7514 k, 7521 k, 7522 k, 7540 k, 7649, 8052, 8053, 8057, 8070 m, 8092, 8117–8120, 8125, 8128, 8186, 8223 a, 8223 b, 8232 k, 8233 m, 8234 m, 8242, 8243 k, 8246, 8249, 8250 k, 8254, 8255 m, 8262 m–8266 m, 8268 m, 8269 g, 8269 m, 8292 k, 8293 k, 8424, 8477 m, 8479 m, 8506, 8512, 8557 k, 8558 k, 8610 ls, 8611 k

Sammlung Homeister Bde. 59, 72, 81, 87

Urkunden I, III, XI

Gedruckte Quellen

Auszug aus dem Kirchenbuch der Marktkirche, HannGBll 8 (1905), S. 1–39.

Beckmann, C., Scholae Hannoveranae duce deo post dissipationem a peste introductam instauratae doctrina et disciplina, amplissimi et prudentissimi senatus decreto in lucem emissa a M. Christiano Beckmanno rectore, Lemgo 1599.

Broennenberg, A. (Hg.), Urkundliche Beiträge zur Staats- und Rechts-Geschichte der Stadt Hannover, Hannover 1842.

Büttner, E., Kulturbilder aus dem mittelalterlichen Hannover (Alt-Hannover, BeitrrKulturundGeschHannover 1), Hannover 1926.

Buhlers, M. (Hg.), Joachim Brandis' des Jüngeren Diarium, Hildesheim 1903.

Fiedeler, G. F.Mittheilungen aus dem alten Bürgerbuche und dem alten Stadtbuche der Stadt Hannover, ZHistVNdSachs 1876, S. 1–46.

–, Mittheilungen aus dem Rothen Buche der Kaufmanns-Innung der Stadt Hannover, ZHistVNdSachs 1878, S. 121–150.

Grote, J., Broennenberg, A. (Hg.), Das hannoversche Stadtrecht, Vaterl. Archiv. Jg. 1844, S. 117–558.

Grotefend, C. L., Fiedeler, G. F. (Hg.), Urkundenbuch der Stadt Hannover bis zum Jahre 1369, Hannover 1860, ND Aalen 1975.

–, Nachtrag zum Urkundenbuch der Stadt Hannover, ZHistVNdSachs 1870, S. 1–80.

Haenselmann, L. (Hg.), Henning Brandis' Diarium, Hildesheim 1896.

HannGBll 11 (1908), S. 77 ff.

Historische Kommission bei der Königlichen Akademie der Wissenschaften (Hg.), Hanse-Recesse V, Leipzig 1880.

Jürgens, O. (Hg.), Hannoversche Chronik (VeröffNdSächsG 6), Hannover 1907.

Kunze, K.(Bearb.), Hansisches Urkundenbuch, Bd. 5, Leipzig 1899.

Leonhardt, K. F., Das älteste Bürgerbuch der Stadt Hannover (VeröffHauptstadtHannover Reihe A, Quellen I, Bd. 1), Hannover 1933.

–, Das Haus- und Verlassungsbuch der Altstadt Hannover 1428–1533 (VeröffHauptstadt Hannover Reihe A, Quellen II, Bd. 1), Hannover 1941.

Meyer, H., Die Statuten des Schmiede-Amts der Stadt Hannover vom Jahre 1510, mit Nachträgen von 1542, 1594 und 1634, ZHistVNdSachs 1872, S. 126–144.

Mithoff, H. W. H., Ergebnisse aus mittelalterlichen Lohnregistern der Stadt Hannover, ZHistVNdSachs 1867, S. 171–215; 1868, S. 153–234; 1869, S. 153–234; 1870, S. 97–163; 1871, S. 129–226.

Moritz, K. Ph., Anton Reiser. Ein psychologischer Roman, Frankfurt/M. 1979.

Schnath, G. (Hg.), Geschichtlicher Handatlas Niedersachsen, Berlin 1939.

Sehling, E. (Hg.), Die evangelischen Kirchenordnungen des 16. Jahrhunderts, 1,1, Leipzig 1902, S. 149–174; 6,2, Tübingen 1957, S. 944–1017.

Stammtafel Volger im Stadtarchiv Hannover (zusammengestellt von D. Volger).

Studtmann, J., Die Kopfsteuerbeschreibung der Alt- und Neustadt Hannover sowie der Fürstlichen Kanzlei von 1689 (VeröffHauptstadtHannover Reihe A, Quellen III), Hannover 1941.

Sudendorf, H. (Hg.), Urkundenbuch zur Geschichte der Herzöge von Braunschweig und Lüneburg und ihrer Lande, Teile 4 und 5, Hannover 1864 und 1865.

Tewes, F., Aus einem althannoverschen Hause, HannGBll 2 (1899), S. 197–198.

–, Urväter Hausrath, HannGBll 2 (1899), S. 180–182.

–, Der Rat zu Hannover als Gevatter, HannGBll 2 (1899), S. 284–285, 294.

–, Vom »Fürstlichen Convivium« zu Hannover 14.–17. Februar 1618, HannGBll 2 (1899 a), S. 268–271, 276, 285–286.

Wüthrich, L. H. (Hg.), Matthaeus Merian, Bd. 6, Kassel 1961.

Literatur

Abel, W., Geschichte der deutschen Landwirtschaft vom frühen Mittelalter bis zum 19. Jahrhundert (Dt. Agrargesch. 2), Stuttgart 1978[3].

–, Agrarkrisen und Agrarkonjunktur. Eine Geschichte der Land- und Ernährungswirtschaft Mitteleuropas seit dem hohen Mittelalter, Hamburg, Berlin 1978[3].

–, Strukturen und Krisen der spätmittelalterlichen Wirtschaft (QForschAgarG 32), Stuttgart, New York 1980.

–, Stufen der Ernährung. Eine historische Skizze, Göttingen 1981.

Ahrens, H. L., Geschichte des Lyceums zu Hannover von 1267 bis 1533, JbLyceumHannover 1870, S. 1–50.

Ammann, H., Deutschland und die Tuchindustrie Nordwesteuropas im Mittelalter, HansGBll 72 (1954), S. 1–63, erneut abgedr. in: C. Haase (Hg.), Die Stadt des Mittelalters (WdF 245), Bd. 3, Darmstadt 1973, S. 55–136.

Aufgebauer, P., Die Geschichte der Juden in der Stadt Hildesheim im Mittelalter und in der frühen Neuzeit (SchrrReiheStadtarchivundStadtbibliothekHildesheim 12), Hildesheim 1984, zugl. phil. Diss. Göttingen 1982/83.

Barner, W., Einführendes Referat zum Rahmenthema: Schule und Literatur im 17. Jahrhundert, in: A. Schöne (Hg.), Stadt-Schule-Universität-Buchwesen und die deutsche Literatur im 17. Jahrhundert, München 1976, S. 175–184.

Bátori, I. (Hg.), Städtische Gesellschaft und Reformation (Spätmittelalter u. Frühe Neuzeit 12: Kl. Schr. 2), Stuttgart 1980.

Baur, V., Kleiderordnungen in Bayern vom 14. bis zum 19. Jahrhundert (Misc.Bav.Mon. 62), München 1975.

Becht, H.-P., Medizinische Implikationen der historischen Pestforschung am Beispiel des »Schwarzen Todes« von 1347/51, in: B. Kirchgässner, J.

Sydow (Hg.), Stadt und Gesundheitspflege (Stadt in der Geschichte 9), Sigmaringen 1982, S. 78–94.

Becker, M., Kurzgefaßte Bauchronik Alt-Hannovers bis zum Tode des Königs Ernst-August 1851, Sonderheft HannGBll 1937.

Becker, W., Reformation und Revolution (Kathol. Leben u. Kirchenreform im Zeitalter d. Glaubensspaltung 34), Münster 1974.

Bedal, K., Historische Hausforschung. Eine Einführung in Arbeitsweise, Begriffe und Literatur (BeitrrVolkskulturNordwestdt. 8), Münster 1978.

Beimes, A., Schulreformen im 15. und 16. Jahrhundert und die Stadtschule zu Hannover, phil. Diss. Borna-Leipzig 1912.

Bertram, F., Geschichte des Ratsgymnasiums (vormals Lyceum) zu Hannover (VeröffNdSächsG 10), Hannover 1915.

Besecke, K., Das Vogteigericht der Altstadt Hannover, jur. Diss. Göttingen 1964.

Blickle, P., Die Reformation im Reich, Stuttgart 1982.

Bloss, O., Die ältesten Glashütten in Südniedersachsen (VeröffInstHistLdsforschGöttingen 9), Göttingen 1977.

Blumenbach, Die Strafe des Luderziehens aus einem alten Basrelief am Rathaus zu Hannover erklärt, Vaterl. Archiv 1823, S. 102–119.

Bodemann, E., Der Rector Wichmann Schulrabe zu Hannover und sein Streit mit den Geistlichen der Stadt 1575/76, ZHistVNdSachs 1870, S. 203–234.

–, Über den ältesten Handelsverkehr der Stadt Hannover, vornehmlich mit Bremen, bis 1450, ZHistVNdSachs 1872, S. 48–72; 1876, S. 281–284.

Böse, H., Lüneburgs politische Stellung im Wendischen Quartier der Hanse in der zweiten Hälfte des 15. Jahrhunderts, Lüneburg 1971.

Bogucka, M., Das alte Danzig, Alltagsleben vom 15. bis 17. Jahrhundert, Leipzig 1980.

Borscheid, P., Teuteberg, H. J., Ehe, Liebe, Tod. Zum Wandel der Familie, der Geschlechts- und Generationsbeziehungen in der Neuzeit (StudGeschAlltag 1), Münster 1983.

Brandt, A. v., Die Hanse und die nordischen Mächte im Mittelalter (AGForschLandNordrhein-Westf. 102), Köln, Opladen 1962.

Brauns, H., Die Eilenriede, Sonderheft HannGBll 1938.

Brix, E., Vom Markt zur Metropole. Die Stadt Hannover und ihre Wirtschaftsentwicklung in 7 Jahrhunderten, Hannover 1951.

Brunner, O., Land und Herrschaft, Wien, Wiesbaden 1959[4].

Bruns, F., Weczerka, H., Hansische Handelsstraßen (QDarstHansG 13), 2 Teile, Köln, Graz 1962 und 1967.

Büttner, E., Die Kirche im spätmittelalterlichen Hannover. Organisation und Geist, ZGesNdSächsKG 38 (1933), S. 10–139.

–, Die Stadtgemeinde und ihre geschichtliche und administrative Entwicklung, SD JbGeogrGes Hannover 1942.

–, Geschichte der Stadt Hannover, Hannover 1951.

Classen, P., Die Hohen Schulen und die Gesellschaft im 12. Jahrhundert, ArchKulturg 48 (1966), S. 155–180.

Deckwirth, H., Das Haus- und Verlassungsbuch der Altstadt Hannovers von 1428–1533/40, HannGBll 26 (1972), S. 1–98.

Deichert, H., Geschichte des Medizinalwesens im Gebiet des ehemaligen Königreichs Hannover (QDarstGNdSachs 26), Hannover, Leipzig 1908.

–, Wissenschaftliche und volkstümliche Heilkunst im 16. Jahrhundert, HannGBll 12 (1909), S. 113-167.

–, Die Pest in Hannover, HannGBll 14 (1911), S. 274–290.

–, Zur Geschichte der peinlichen Rechtspflege im alten Hannover, HannGBll 15 (1912), S. 97–175.

–, Das ehemalige Wachgericht der Altstadt Hannover, HannGBll 17 (1914), S. 401–407.

Diestelkamp, B., Die Städteprivilegien Herzog Ottos des Kindes, ersten Herzogs von Braunschweig-Lüneburg (QDarstGNdSachs 59), Hildesheim 1961.

Dirlmeier, U., Untersuchungen zu Einkommensverhältnissen und Lebenshaltungskosten in oberdeutschen Städten des Spätmittelalters (AbhhAkadHeidelberg 1), Heidelberg 1978.

–, Die kommunalpolitischen Zuständigkeiten und Leistungen süddeutscher Städte im Spätmittelalter in: J. Sydow (Hg.). Städtische Versorgung und Entsorgung im Wandel der Geschichte (VeröffSüdwestdtArbeitskreisStadtG 8), Sigmaringen 1981, S. 113–150.

–, Zu Arbeitsbedingungen und Löhnen von Bauhandwerkern im Spätmittelalter, in: R. S. Elkar (Hg.), Deutsches Handwerk in Spätmittelalter und Früher Neuzeit (GöttBeitrrWirtschSozialG 9), Göttingen 1983, S. 35–54.

Dollinger, Ph., Die Hanse, Stuttgart 1976[2].

Eckelmann, H., Wo stand die alte Rats-Schreib- und Rechenschule in Hannover?, HannGBll 15 (1961), S. 291–295.

Ehbrecht, W., Zu Ordnung und Selbstverständnis städtischer Gesellschaft im späten Mittelalter, BllDtLdG 110 (1974), S. 83–103.

Eisenbart, L. C., Kleiderordnungen der deutschen Städte zwischen 1350 und 1700. Ein Beitrag zur Kulturgeschichte des deutschen Bürgertums (GöttBausteineGWiss 32), Göttingen 1962.

Elias, N., Über den Prozeß der Zivilisation, Bd. 1, Bern 1969[2].

Ellermeyer, J. E., Ein Diskussionsbeitrag zur Erforschung spätmittelalterlicher Stadtgesellschaft, BllDtLdG 113 (1977), S. 203–275.

Elm, K., Ketzer oder fromme Frauen? Das Beginentum im europäischen Mittelalter, JournGesch 2 (1980), S. 42–46.

Engemann, H., Die Goslarer Gilden im 15. und 16. Jahrhundert (BeitrrGGoslar 16), Goslar 1957.

Ennen, E., Die europäische Stadt des Mittelalters, Göttingen 1979[3].

–, Frauen im Mittelalter, München 1984.

Ennen, R., Zünfte und Wettbewerb. Möglichkeiten und Grenzen zünftlerischer Wettbewerbsbeschränkungen im städtischen Handel und Gewerbe des Spätmittelalters (Neue WirtschG 3), Köln, Wien 1971.

Fahse, H., Die Hannoversche Brauergilde im 17. Jahrhundert, HannGBll 23 (1969), S. 1–75.

Fiedeler, G. F., Ein Hannoverscher Criminalrechtsfall aus der ersten Hälfte des 15ten Jahrhunderts, ZHistVNdSachs 1853, S. 267–282.

Fischer, H., Zum Gebietsrecht der Stadtallmende, ZSRG.Germ 71 (1954), S. 209–242.

Florin, W., Die Auswirkungen des fürstlichen Absolutismus auf Verfassung, Verwaltung und Wirtschaft der Stadt Hannover, HannGBll 7 (1954), S. 195–342.

Frensdorff, F., Die Stadtverfassung in alter und neuer Zeit, HannGBll 1882, S. 3–38.

Friedrichs, C. R., Deutsche Schulen nach der Reformation Einige Belege aus Braunschweig, BraunschwJb 63 (1982), S. 127–135.

Garzmann, M. R. W., Stadtherr und Gemeinde in Braunschweig (Braunschw. Werkstücke Reihe A, Bd. 13/Der ganzen Reihe Bd. 53), Braunschweig 1976, zugl. phil. Diss. Kiel 1974/75.

Gensthaler, G., Das Medizinalwesen der Freien Reichsstadt Augsburg bis zum 16. Jahrhundert (AbhhGAugsburg 21), Augsburg 1973.

Graus, F., Randgruppen der städtischen Gesellschaft im Spätmittelalter, ZHistForsch 8 (1981), S. 385–437.

Green, L., The Education of Women in the Reformation, HistEducQuart 19 (1977), S. 93–116.

Grundmann, H., Vom Ursprung der Universität im Mittelalter (BerrAkad-Leipzig 103, Heft 2), Berlin 1957.

Grupen, C. U., Origines et antiquitates Hanoverenses, Göttingen 1740.

Haase, C., Bildung und Wissenschaft von der Reformation bis 1803, in: H. Patze, Geschichte Niedersachsens, Bd. 3,2: Kirche und Kultur von der Reformation bis zum Beginn des 19. Jahrhunderts (VeröffHistKommNdSachsBremen 36), Hildesheim 1983, S. 261–493.

Hahn, F., Die evangelische Unterweisung in den Schulen des 16. Jahrhunderts (Pädag. Forschungen 3), Heidelberg 1957.

Hampl-Kallbrunner, G., Beiträge zur Geschichte der Kleiderordnung mit besonderer Berücksichtigung Österreichs, Bd. 1 der Wiener Diss. aus dem Gebiet der Geschichte, Wien 1962.

Hansen, W., Aufgaben der historischen Kleiderforschung, in: G. Wiegelmann (Hg.), Geschichte der Alltagskultur, Münster 1980, S. 149–174.

Hegel, K., Städte und Gilden der germanischen Völker im Mittelalter, Leipzig 1891.

Heimpel, H., Auf neuen Wegen der Wirtschaftsgeschichte, in: Vergangenheit und Gegenwart 23 (1933), S. 495–515, erneut abgedr. in: C. Haase (Hg.), Die Stadt des Mittelalters (WdF 245), Bd. 3, Darmstadt 1973, S. 9–32.

Herborn, W., Reichsstädte und Reichsritterschaften, in: K. G. A. Jeserich u. a. (Hg.), Deutsche Verwaltungsgeschichte, Bd. 1: Vom Spätmittelalter bis zum Ende des Reiches, Stuttgart 1983, S. 658–679.

Heyne, M., Fünf Bücher deutscher Hausaltertümer von den ältesten geschichtlichen Zeiten bis zum 16. Jahrhundert:
Bd. 1: Das deutsche Wohnungswesen von den ältesten geschichtlichen Zeiten bis zum 16. Jahrhundert, Leipzig 1899,
Bd. 2: Das deutsche Nahrungswesen von den ältesten geschichtlichen Zeiten bis ins 16. Jahrhundert, Leipzig 1901,

Bd. 3: Körperpflege und Kleidung bei den Deutschen von den ältesten geschichtlichen Zeiten bis zum 16. Jahrhundert, Leipzig 1903.

Hilger, M. E., Umweltprobleme als Alltagserfahrung in der frühneuzeitlichen Stadt?, Die Alte Stadt 2 (1984), S. 112–138.

Höcklin, H., Die Ratsapotheke zu Hildesheim als Medizinalanstalt und stadteigener Handelsbetrieb von den ersten Nachrichten 1318 bis 1820 (SchrrReiheStadtarchivundStadtbibliothekHildesheim 4), Hildesheim 1970.

Höing, H., Die »Civitas Wunstorpensis« von 1181, in: Civitatum communitas. FS H. Stoob (Städteforschung Reihe A, Darst. Bd. 21), Köln 1984, S. 96–114.

Hoffmann, A., Über Siegel und Wappen der Stadt Hannover, HannGBll 13 (1910), S. 313–333.

Horst, U., »Wer ein guot muos wil haben...« oder: vom Essen und Trinken im Mittelalter, Geschichtsdidaktik 9/4 (1984), S. 383–394.

Hottenroth, F., Handbuch der Deutschen Tracht, Stuttgart o. J.

Hummelberger, W., Die Bewaffnung der Bürgerschaft im Spätmittelalter am Beispiel Wiens, in: Das Leben in der Stadt des Spätmittelalters (VeröffInstMARealienkdeÖsterreichs 2), Wien 1977, S. 191–206.

Irsigler, F., Juden und Lombarden am Niederrhein im 14. Jahrhundert, in: A. Haverkamp (Hg.), Zur Geschichte der Juden im Deutschland des Späten Mittelalters und der Frühen Neuzeit (MonogrGMA 24), Stuttgart 1981, S. 122–162.

Janicke, K., Die Einnahme der Veste Calenberg durch Tilly am 22. Oktober 1625, ZHistVNdSachs 1873, S. 42–59.

Johansen, P., Der hansische Rußlandhandel, insbesondere nach Novgorod, in kritischer Betrachtung, in: A. v. Brandt u. a. (Hg.), Die Deutsche Hanse als Mittler zwischen Ost und West (WissAbhhAGForschNordrhein-Westf. 27), Opladen 1963, S. 39–57).

Jürgens, O., Das Hannoversche Patricier-Buch, HannGBll 1 (1898), S. 337–339.

–, Die ältesten Straßennamen der Stadt Hannover, HannGBll 8 (1905), S. 404–428.

–, Überblick über die Entwicklung der Stadt Hannover, HannGBll 12 (1909), S. 1–38.

–, Aus der Vergangenheit der Stadt Hannover, HannGBll 31 (1928), S. 1 216.

Jugler, A., Beitrag zur Geschichte der geselligen Verhältnisse, insbesondere der Familienfeste in der Stadt Hannover, ZHistVNdSachs 1873, S. 1–41.

–, Der Raubmörder Jasper Hanebuth. Ein Lebensbild aus dem dreißigjährigen Krieg, Hannover 1880.

–, Aus Hannovers Vorzeit, Hannover 1883².

–, Die Eilenriede in alter Zeit, Hannover 1884.

Kalthoff, E., Militärwesen in Calenberg, in: Historisches Museum Hannover (Hg.), Calenberg Von der Burg zum Fürstentum, Hannover 1983², S. 43–52.

Kellenbenz, H., Der Pfeffermarkt um 1600 und die Hansestädte, HansGBll 74 (1956), S. 28–49.

–, Rheinische Verkehrswege der Hanse zwischen Ostsee und Mittelmeer, in: A. v. Brandt u. a. (Hg.), Die Deutsche Hanse als Mittler zwischen Ost und West (WissAbhhAGForschNordrhein-Westf. 27), Köln, Opladen 1963, S. 103–115.

–, Die unternehmerische Befähigung der verschiedenen Stände während des Übergangs zur Neuzeit. VjschrSozialWirtschG 4 (1957), S. 1–25.

Keutgen, F., Ämter und Zünfte. Zur Entstehung des Zunftwesens, Jena 1903, ND Aalen 1965.

Kießling, R., Bürgerliche Gesellschaft und Kirche in Augsburg im Spätmittelalter. Ein Beitrag zur Strukturanalyse der oberdeutschen Reichsstadt (AbhhGAugsburg 19), Augsburg 1971.

Klappauf, L., Schormann, M. H., Zur Ausgrabung am Bohlendamm in Hannover, HannGBll 38 (1984), S. 23–36.

Klötzer, W., Schwerpunkt kulturellen Lebens in der spätmittelalterlichen Stadt, mit besonderer Berücksichtigung von Frankfurt am Main, in: H. E. Specker (Hg.), Stadt und Kultur (VeröffSüdwestdtArbeitskreisStadtG 10), Sigmaringen 1982, S. 78–94.

Kober, E., Die Wehrverfassungen Braunschweigs und seiner Nachbarstädte Hildesheim, Göttingen und Goslar im Mittelalter, phil. Diss. Marburg 1909.

Kocher, G., Spätmittelalterliches städtisches Rechtsleben, in: Das Leben in der Stadt des Spätmittelalters (VeröffInstMARealienkdeÖsterreichs 2), Wien 1977, S. 51–75.

Köppke, J., Hildesheim, Einbeck, Göttingen und ihre Stadtmark im Mittelalter. Untersuchungen zum Problem von Stadt und Umland (SchrrReiheStadtarchivundStadtbibliothekHildesheim 2), Hildesheim 1967.

Konrich, G. F., Aus der Stadtverwaltung im 14. Jahrhundert, HannGBll 8 (1905), S. 314–330.

Krüger, I., Das Leibnizhaus in Hannover. Eine bau- und kunsthistorische Untersuchung (BochumerSchrrKunstG 6), Frankfurt/M., Bern, New York 1985.

Kühnel, H., Das Alltagsleben im Hause der spätmittelalterlichen Stadt, in: Das Leben in der Stadt des Spätmittelalters (VeröffInstMARealienkdeÖsterreichs 2), Wien 1977, S. 37–62.

–, (Hg.), Alltag im Spätmittelalter, Graz, Wien, Köln 1984.

Lehnert, W., Entsorgungsprobleme der Reichsstadt Nürnberg, in: J. Sydow (Hg.), Städtische Versorgung und Entsorgung im Wandel der Geschichte (VeröffSüdwestdtArbeitskreisStadtG 8), Sigmaringen 1981, S. 151–163.

Leonhardt, K. F., Strassen und Häuser im alten Hannover, HannGBll 27 (1924), S. 22–139; 29 (1926), S. 1–128, 209–242.

–, Ursprung und Entwicklung der Stadt Hannover, JbGeogrGes 1932/33, S. 1–14, Hannover 1933.

–, Hannovers Einwohnerschaft vor 500 Jahren, HannGBll 2 (1937), S. 69–96.

Lindenberg, J., Stadt und Kirche im spätmittelalterlichen Hildesheim (QDarstGNdSachs 61), Hildesheim 1963.

Löhdefink, A., Die Entwicklung der Brauergilde der Stadt Hannover zur heutigen Erwerbsgesellschaft, HannGBll 28 (1925), S. 1–194.

Lütge, F., Die wirtschaftliche Lage Deutschlands vor Ausbruch des Dreissigjährigen Krieges, JbNationalök.Statistik 170 (1958), S. 43–99, erneut abgedr. in: H. U. Rudolf (Hg.), Der Dreissigjährige Krieg (WdF 451), Darmstadt 1977, S. 458–539.

Mahrenholz, H., Die von Wintheim, ein hannoversches Stadtgeschlecht, GöttMitt Jg. 4 Nr. 16 (1951), S. 282 291.

Maimon, s. v. »Hannover«, in: Z. Avneri (Hg.), Germania Judaica II/1, Tübingen 1968, S. 337–340.

Martin, A., Deutsches Badewesen in vergangenen Tagen, Jena 1906.

Maschke, E., Das Berufsbewußtsein des mittelalterlichen Fernkaufmanns, Misc.Med. 3 (1964), S. 306–335., erneut abgedr. in: C. Haase (Hg.), Die Stadt des Mittelalters (WdF 245), Bd. 3, Darmstadt 1973, S. 177–216.

–, Die Unterschichten der mittelalterlichen Städte Deutschlands, in: Gesellschaftliche Unteschichten in den südwestdeutschen Städten, Stuttgart 1967, S. 1–74, erneut abgedr. in: C. Haase (Hg.), Die Stadt des Mittelalters (WdF 245), Bd. 3, Darmstadt 1973 a, S. 345–454.

–, Deutsche Städte am Ausgang des Mittelalters, in: W. Rausch (Hg.), Die Stadt am Ausgang des Mittelalters (BeitrrGStädteMittelEuropas III), Linz 1974, S. 1–44.

–, Die Familie in der deutschen Stadt des späten Mittelalters (SbHeidelbergerAkadWiss 4), Heidelberg 1980.

Mauersberg, H., Wirtschafts- und Sozialgeschichte zentraleuropäischer Städte. Dargestellt an den Beispielen von Basel, Frankfurt a. Main, Hamburg, Hannover und München, Göttingen 1960.

Mayer, U., Die Anfänge historisch-politischer Bildung in Deutschland im evangelischen Schulwesen des 16. bis 18. Jahrhunderts, GWU 30 (1979), S. 393–419.

Meckseper, C., Das Leibnizhaus in Hannover, Hannover 1983.

Meier, P. J. (Hg.), Niedersächsischer Städteatlas Abtl. II: Einzelne Städte, Braunschweig, Hamburg 1933.

Meisel, P., Die Verfassung und Verwaltung der Stadt Konstanz im 16. Jahrhundert, Konstanz 1957.

Mithoff, H. W. H., Kunstdenkmale und Altertümer im Hannoverschen, I: Fürstentum Calenberg, Hannover 1871.

Moeller, B., Reichsstadt und Reformation (SchrrVRefG 182, Jg. 69), Gütersloh 1962.

–, Frömmigkeit in Deutschland um 1500, ArchRefG 56 (1965), S. 5–31.

–, Deutschland im Zeitalter der Reformation (Dt. Gesch. 4), Göttingen 1977.

–, (Hg.), Stadt und Kirche im 16. Jahrhundert (SchrrVRefG 190), Gütersloh 1978.

Mörke, O., Rat und Bürger in der Reformation. Soziale Gruppen und kirchlicher Wandel in den welfischen Hansestädten Lüneburg, Braunschweig und Göttingen (VeröffInstHistLdsforschGött 19), Hildesheim 1983, zugl. phil. Diss. Marburg 1980/81.

Mommsen, W., Alter, P., Scribner, R. W. (Hg.), Stadtbürgertum und Adel in der Reformation (VeröffDtHistInstLondon5), Stuttgart 1979.

Müller, G. H., Über die Einwohnerschaft der Stadt Hannover im Jahre 1602, ZHistVNdSachs 1907, S. 147–157.

Müller, H.-H., Die Tierreste von Alt-Hannover, HannGBll 12 (1959), S. 179–259.

Müller, S., Frömmigkeit im spätmittelalterlichen Hannover. Ein Beitrag zu den Beziehungen zwischen Stadt und Kirche, HannGBll 34 (1980), S. 101–117.

–, Die Sittenaufsicht des hannoverschen Rates über Laien in Spätmittelalter und früher Neuzeit. Ein Versuch, HannGBll 37 (1983), S. 2–43.

–, Die Ratsneuwahl in Hannover vom 26. April 1534, HannGBll 38 (1984), S. 37-44.

–, Stadt, Kirche und Reformation: Das Beispiel der Landstadt Hannover, masch. phil. Diss. Hannover 1984/85.

Mundhenke, H., Die Straßenbeleuchtung der Stadt Hannover 1815–1835. Ein Beitrag zum 125jährigen Jubiläum des hannoverschen Gaswerks, HannGBll 7 (1954), S. 1–47.

–, Hospital und Stift zum Hl. Geist in Hannover 1256–1956, HannGBll 10 (1957), S. 3–102.

–, Hospital und Stift St. Nikolai zu Hannover, HannGBll 11 (1958), S. 193–379.

–, Curtis hannovere, curis hannovere, ein Beitrag zur Frühgeschichte Hannovers, HannGBll 15 (1961), S. 217–224.

Munzel, D. u. H., Die Bestimmungen des kleinen Kaiserrechtes über Allmende und Markwald, in: H.-J. Becher u. a. (Hg.), Rechtsgeschichte als Kulturgeschichte, FS A. Erler, Aalen 1976, S. 313–344.

Nöldeke, A.(Bearb.), Die Kunstdenkmäler der Provinz Hannover, 1,2: Stadt Hannover, Hannover 1932.

Oexle, O. G., Die mittelalterlichen Gilden: ihre Selbstbedeutung und ihr Beitrag zur Formung sozialer Strukturen, in: A. Zimmermann (Hg.), Soziale Ordnung im Selbstverständnis des Mittelalters, Berlin, New York 1979, S. 203–226.

Olechnowitz, K. F., Handel und Seeschiffahrt der späten Hanse (AbhhHandelsundSozialG 6), Weimar 1965.

Patze, H., Bürgertum und Frömmigkeit im mittelalterlichen Braunschweig, BraunschwJb 58 (1977), S. 9–30.

Paulsen, F., Geschichte des gelehrten Unterrichts, Bd. 1, Leipzig 1913^{3}, ND Berlin 1960.

Peters, G., Norddeutsches Beginen- und Begardenwesen im Mittelalter, NdSächsJbLdG 41/42 (1969/70), S. 50–118.

Peters, H., Die Heilkunst in der Stadt Hannover während des sechzehnten Jahrhunderts, HannGBll 4 (1901), S. 337–361.

Pitz, E., Wirtschaftliche und soziale Probleme der gewerblichen Entwicklung im 15./16. Jahrhundert nach hansisch-niederdeutschen Quellen, JbNationalökundStatistik 179 (1966), S. 200–227, erneut abgedr. in: C. Haase (Hg.), Die Stadt des Mittelalters (WdF 245), Bd. 3, Darmstadt 1973, S. 137–176.

Plath, H., Mittelalterliche Brunnen in Hannover, NArchNdSachs 4 (1950), S. 135 142.

–, Der Marktplatz vom 12. bis zum 15. Jahrhundert, HannGBll 8 (1955), S. 75–127.

–, Zur Baugeschichte des Minoritenklosters an der Leinstraße in Hannover, HannGBll 9 (1956), S. 1–18.

–, Mittelalterliche Keramik vom 12. bis zum 15. Jahrhundert in Hannover, HannGBll 12 (1959), S. 1–40.

–, Die Anfange der Stadt Hannover, HannGBll 15 (1961), S. 167–216.

–, Der Ballhof bis zum Jahre 1936, HannGBll 29 (1975), S. 89–119.

–, u. a., Heimatchronik der Hauptstadt Hannover, Köln 1956.

Rabe, K., Die Wandlungen im wirtschaftlichen Wesen und in der wirtschaftlichen Stellung der Altstadt Hannover im 17. Jahrhundert, HannGBll 3 (1934/35), S. 1–156.

Raiser, E., Städtische Territorialpolitik im Mittelalter (HistStud 406), Lubeck, Hamburg 1969.

Reif, H. (Hg.), Die Familie in der Geschichte, Göttingen 1982.

Reinhard, W., Die Hexen und die Obrigkeit, JournGesch5 (1983), S. 18–25.

Reininghaus, W., Die Entstehung der Gesellengilden im Spätmittelalter (VjschrSozialWirtschG Beiheft 71), Wiesbaden 1981 a.

–, Die Migration der Handwerksgesellen in der Zeit der Entstehung ihrer Gilden (14./15. Jahrhundert), VjschrSozialWirtschG 68 (1981 b), S. 1–21.

–, Das »ganze Haus« und die Gesellengilden. Über die Beziehungen zwischen Meistern und Gesellen im Spätmittelalter, in: R. S. Elkar (Hg.), Deutsches Handwerk in Spätmittelalter und Früher Neuzeit (GöttBeitrrWirtschSozialG 9), Göttingen 1983, S. 55–70.

Richter, G., Die Ratsapotheken-Gärten der Stadt Hannover, HannGBll 21 (1967), S. 37–52.

Riemer, A., Alt-Hannoversches Bürgerhaus, HannGBll 19 (1916), S. 215–218.

–, Zur stadthannoverschen Baugeschichte,

1: Die bürgerlichen Steinhäuser des Mittelalters (HannGBll 13 (1910), S. 35–58,

2: Die Fachwerkbauten des Mittelalters in Hannover, HannGBll 15 (1912), S. 84–93,

3: Bauten der Renaissance-Zeit, HannGBll 17 (1914), S. 102–295.

Röhrbein, W. R., Von Hannovers alten Friedhöfen, in: H. W. Dannowski, W. R. Röhrbein (Hg.), Geschichten um Hannovers Kirchen, Hannover 1983, S. 97–102.

Röhrig, H., Johann Duve – Aufstieg und Untergang des ersten hannoverschen Unternehmers, HannGBll 15 (1961), S. 225–280.

Rörig, F., Wirtschaftskräfte im Mittelalter. Abhandlungen zur Stadt- und Hansegeschichte, hg. v. P . Kaegbein, Köln, Graz 1959.

Rosenfeld, H.-F., Rosenfeld, H., Deutsche Kultur im Spätmittelalter (Handbuch d. Kulturgeschichte, 1. Abt.), Wiesbaden 1978.

Rublack, H.-Chr., Gescheiterte Reformation (Spätmittelalter u. Frühe Neuzeit 4), Stuttgart 1978.

Sachers, E., s. v. »Allmende«, in: A. Erler, E. Kaufmann (Hg.), Handwörterbuch zur Deutschen Rechtsgeschichte I, Berlin 1971, Sp. 108–120.

Scheschkewitz, U., Das Zunftwesen der Stadt Lüneburg von den Anfängen bis zur Änderung der Stadtverfassung im Jahre 1639, Lüneburg 1966.

Schilling, H., Konfessionskonflikt und Staatsbildung. Eine Fallstudie über das Verhältnis von religiösem und sozialem Wandel in der Frühneuzeit am Beispiel der Grafschaft Lippe (QForschRefG 48), Gütersloh 1981.

Schindel, U., Antike Historie im Unterricht der Gelehrten Schulen des 17. Jahrhunderts, in: A. Schöne (Hg.), Stadt-Schule-Unviersität-Buchwesen und die deutsche Literatur im 17. Jahrhundert, München 1976, S. 225–242.

–, Die »auctores« im Unterricht deutscher Stadtschulen im Spätmittelalter und in der frühen Neuzeit, in: B. Moeller (Hg.), Studien zum städtischen Bildungswesen des späten Mittelalters und der frühen Neuzeit (AbhhAkadWissGött 137), Göttingen 1983, S. 430–452.

Schlegel, J. K. F., Churhannoversches Kirchenrecht, Teil 1, Hannover 1801, Teil 2, Hannover 1802.

Schmauderer, E., Studien zur Geschichte der Lebensmittelwissenschaft (VjschrSozialWirtschG Beiheft 62), Wiesbaden 1975.

Schmidt, H., Die Stadt Hannover im dreißigjährigen Kriege, ZHistVNdSachs 1895, S. 164–206.

–, Der Einfluß der alten Handelswege in Niedersachsen auf die Städte am Nordrande des Mittelgebirges, ZHistVNdSachs 1896, S. 443–518.

Schmitz, R., Stadtarzt – Stadtapotheker im Mittelalter, in: B. Kirchgässner, J. Sydow (Hg.), Stadt und Gesundheitspflege (Stadt in der Geschichte 9), Sigmaringen 1982, S. 9–25.

Schnath, G., Die Geschichte des Leineschlosses 1636–1943, HannGBll 9 (1965), S. 19–206.

Schreiner, K., Laienbildung als Herausforderung für Kirche und Gesellschaft, ZHistForsch 3/11 (1984), S. 257–354.

Schubert, E., Der Wald im Mittelalter, JournGesch 6 (1982), S. 48–55.

Schuchhardt, C., Die hannoverschen Bildhauer der Renaissance, Hannover 1909.

Schulz, K., Die Stellung der Gesellen in der spätmittelalterlichen Stadt, in: A. Haverkamp (Hg.), Haus und Familie in der spätmittelalterlichen Stadt (Städteforschung Reihe A, Darst. Bd. 18), Köln 1984, S. 304–326.

Schuster, A., Zweiter Beitrag zur Geschichte des Lyceums I zu Hannover, HannGBll 1900, S. 278 f., 286–288, 294 f., 303 f., 310 f.

Seedorf, H. H., Stufen der Kulturlandschaftsentwicklung im hannoverschen Stadtgebiet vom frühen Mittelalter bis zur Gegenwart, JbGeogrGes Hannover 1978, S. 18–49.

Siedentopf, P., Die Eilenriede im Wandel der Zeiten, Hannover 1934.

Sörensson, P., Das Kriegswesen während der letzten Periode des Dreißigjährigen Krieges, HistVjSchrift 27 (1932), S. 575–600, erneut abgedr. in:

H. U. Rudolf (Hg.), Der Dreißigjährige Krieg (WdF 451), Darmstadt 1977, S. 431–457.

Specker, H. E. (Hg.), Stadt und Kultur (Stadt in der Geschichte 11), Sigmaringen 1983.

Sprandel, R., Der handwerkliche Familienbetrieb des Spätmittelalters und seine Probleme, in: A. Haverkamp (Hg.), Haus und Familie in der spätmittelalterlichen Stadt (Städteforschung Reihe A, Darst. Bd. 18), Köln 1984, S. 327–337.

Stille, U., Der Piepenborn von 1551, HannGBll 8 (1955), S. 128–139.

Stradal, H., s. v. »Gilde«, in: A. Erler, E. Kaufmann (Hg.), Handwörterbuch zur Deutschen Rechtsgeschichte, Bd. 1, Berlin 1971, Sp. 1687–1692.

Strauss, G., Reformation und Pedagogy: Educational Thought and Practice in the Lutheran Reformation, in: Ch. Trinkaus, H. A. Obermann (Hg.), The Pursuit of Holiness in Later Medieval and Renaissance Religion (Studies in Medieval and Reformation Thought 10), Leiden 1974, S. 272–293.

Studtmann, J., Geschichte des Franziskaner-Klosters zu Hannover, Unsere Diözese 2 (1928), S. 45–80.

Thiel, E., Geschichte des Kostüms: von den Anfängen bis zur Gegenwart, Heinrichshofen 1980[5].

Thomsen, H., Der volkstümliche Wohnungsbau der Stadt Braunschweig im Mittelalter, Leipzig 1937.

Vogel, W., Geschichte der deutschen Seeschiffahrt, Bd. 1, Berlin, New York 1973 (ND).

Vogelsang, Stadt und Kirche im mittelalterlichen Göttingen (StudGGött 2), Göttingen 1968.

Voß, F., Das Finanzwesen der Stadt Hannover im Mittelalter, HannGBll 24 (1921), S. 89–213.

Voßberg, Chr., Der großstädtische Volksschulbau, dargestellt am Beispiel Hannover, HannGBll 8 (1955), S. 1–74.

Walter, Th., Wasserversorgung im alten Hannover, HannGBll 10 (1957), S. 155–164.

Wege, E., Die Zünfte als Träger wirtschaftlicher Kollektivmaßnahmen (VjschrSozialWirtschG Beiheft 20), Stuttgart 1930.

Wegmann, J. A. J., »Procedere« und Prozession. Eine Typologie, LiturgJb 27 (1977), S. 28–41.

Wiener, M., Zur Geschichte der Juden in der Residenzstadt Hannover, HbGeschJudenundJudentum I (1860), S. 167–216.

Winkelmüller, O., Hausmarken und Bürgerwappen, ihr Wesen und ihre Verbreitung, HannGBll 2 (1932/33). S. 249.

Winter, O., Zur Geschichte der älteren Apotheken in der Stadt Hannover seit dem sechzehnten Jahrhundert, HannGBll 9 (1901), S. 385–401.

Wissel, R., Des alten Handwerks Recht und Gewohnheit (EinzelveröffHistKommBerlin 7), 3 Bde., hg. v. E. Schraepler, Berlin 1971 ff.[2].

Wiswe, H., Ein mittelniederdeutsches Kochbuch des 15. Jahrhunderts, BraunschwJb 37 (1956), S. 19–55; 39 (1958), S. 103–121.

Wohlfeil, R., Einführung in die Geschichte der deutschen Reformation, München 1982.

Wriedt, K., Schulen und bürgerliches Bildungswesen in Norddeutschland im Spätmittelalter, in: B. Moeller (Hg.), Studien zum städtischen Bildungswesen des späten Mittelalters und der frühen Neuzeit (AbhhAkadWissGött 137), Göttingen 1983, S. 152–172.

Wüstefeld, A., Sanitäre Einrichtungen im alten Hannover, ZHistVNdSachs 1897, S. 467–494.

Zeeden, E. W., Deutsche Kultur in der frühen Neuzeit (Handbuch d. Kulturgeschichte, 1. Abt.), Frankfurt/M. 1968.

Zimmermann, H., Übersicht über Quellen und Literatur zur Personengeschichte bis 1874 in der Landeshauptstadt Hannover, HannGBll 29 (1975), S. 163–190.

–, Das große hannoversche Schützenbuch, Hannover 1981.

7. REGISTER

7.1. Personenregister

M

N

O

P

R

S

T

7.2. Ortsregister

7.3. Abbildungsnachweis

Historisches Museum am Hohen Ufer, Hannover: 1, 2, 3, 4, 5, 6, 9, 10, 12, 13, 14, 15, 17, 18, 19, 20, 21, 22, 23, 24, 25, 26, 27, 28, 29, 30, 31, 32, 33, 34, 35, 36, 37, 38, 42, 43, 45, 47, 52, 53, 54, 55, 56, 58, 59, 60.

Stadtarchiv Hannover: 7, 8, 11, 39, 40, 41, 44, 46, 48, 49, 50, 51, 57.

Universitätsbibliothek Hannover, Sammlung Haupt: 16.